W0190717

Eugen Drewermann
Hat der Glaube Hoffnung?

Eugen Drewermann

Hat der Glaube Hoffnung?

Von der Zukunft der Religion
am Beginn des 21. Jahrhunderts

Walter Verlag

Umschlagbild: Römischer Tempel in Xanten
Foto: Eugen Drewermann

© der Originalausgabe: Uitgeverij Meinema, Zoetermeer 2000

Die Deutsche Bibliothek – CIP-Einheitsaufnahme

Drewermann, Eugen:
Hat der Glaube Hoffnung? Von der Zukunft der Religion
am Beginn des 21. Jahrhunderts / Eugen Drewermann. –
Düsseldorf; Zürich: Walter, 2000
ISBN 3-530-16905-6

© 2000 Patmos Verlag GmbH & Co. KG
Walter Verlag, Düsseldorf und Zürich
3. Auflage 2001
Alle Rechte, einschließlich derjenigen des auszugsweisen
Abdrucks sowie der fotomechanischen und elektronischen
Wiedergabe, vorbehalten.
Satz: Fotosatz Moers, Mönchengladbach
Druck und Einband: Friedrich Pustet, Regensburg
ISBN 3-530-16905-6

INHALT

VORWORT

Stets wenn ich, gleich, ob in Amsterdam, Antwerpen oder Brüssel, mit dem Vertreter des Verlages Meinema, mit dem ebenso engagierten wie liebenswürdigen Herrn Korenhof, zusammentraf, empfahl er, ja, auferlegte er mir, ganz unbedingt ein Buch über MARTIN LUTHER zu schreiben. Der Reichstag zu Worms: Luthers berühmtes «Hier stehe ich, ich kann nicht anders» – welch eine Kraft schenkt der Glaube einem Menschen, der so fühlt, und worin eigentlich besteht ein solcher Glaube, der eine derartige Macht verleiht? KAISER KARL V., der Herrscher eines Reiches, in dem die Sonne nicht unterging, erklärte am Ende des Reichstags zu den Verhandlungen, die keine waren: «Es will mir nicht erscheinen, wie ein einzelner Mönch recht haben könnte gegen die ganze Christenheit!» Doch eben diese unerhörte Möglichkeit liegt der Existenz der Propheten in der Bibel zugrunde, diese Möglichkeit prägte sich aus im Leben Jesu, mit dieser äußersten Herausforderung eines Einzelnen begann das, was wir im Rückblick heute als Reformation bezeichnen. Nie gehen wirkliche menschlich bedeutsame Veränderungen aus dem Kalkül politischer oder wirtschaftlicher Erfolgsstrategien hervor; sie ereignen sich, wenn und weil einzelne Menschen sich wagen, in der Überzeugung einer sie tragenden Wahrheit und im Angesicht einer für sie unerträglichen Gegenwart. Davon zu reden, weiß Gott, ist buchstäblich notwendig. Es gibt kaum etwas Wichtigeres.

Deshalb handelt dieses Büchlein thematisch *nicht* von MARTIN LUTHER; doch es greift, im Abstand von 500 Jahren, seine Fragen auf.

Irgendwo sind wir – immer noch – Magier: Da kleben wir den Schattenspielen der Sonne auf unserem Planeten bestimmte Zeitmaße auf, fixieren sie mit einer speziellen Chronologie, welche die

7

(legendäre und um ca. 5 Jahre zu spät angenommene) Geburt JESU in Bethlehem zum Ausgangspunkt nimmt, und schon wähnen wir uns als Zeugen des Großereignisses einer Jahrtausendwende. Seit vier Jahren bereits nutzt Papst JOHANNES PAUL II. in Rom alle Möglichkeiten des Vatikanstaates aus, um die katholische Kirche als Hüterin von Zeit und Ewigkeit zu reklamieren; die Vorbereitungen auf das «Millennium» überschlagen sich, niemand in der Öffentlichkeit, der auch nur ein wenig auf sich hält, durfte und dürfte darauf verzichten, sich etwa nicht als Deuter und Seher der Weltenläufe für das nächste Jahrtausend zu präsentieren. Egal, daß die Asiaten, daß die Muslime, daß die Juden, daß alle Religionen außerhalb des westlichen Kulturkreises einem anderen Kalender folgen – nicht einmal die Kirchen der christlichen Orthodoxie sind bis heute auf dasselbe Neujahrsdatum festzulegen –; es muß und will mit feierlicher Miene orakelt, beschworen, verkündet und geheiligt sein, wovon wir definitiv nichts wissen können und wohl auch nicht wissen müssen: unsere Zukunft.

Fest steht nur eines: Am 1. Januar des Jahres, das wir als das 2000. zählen, hat die Welt sich nicht viel anders befunden als am Tage zuvor, und alle Silvesterwünsche und -vorsätze mußten wirken wie ein Drache, den ein Junge im Herbstwind über dem Stoppelacker steigen läßt: stolz begleitet er ihn mit seinen Augen, – was für ein Anblick, den sein Drache am Himmel ihm bietet! Doch alles das ändert nichts an der Tatsache, daß er mit seinen Füßen noch immer und unverändert auf morastigem Boden steht.

Zum Glück wird dieses Bändchen erscheinen, wenn mancherlei Spuk sich gelichtet hat; es will und kann nicht sein ein nachgestellter Beitrag zur allgemeinen Hysterie.

Doch gibt es eine Reihe von Fragen, die sich gewiß nicht in Abhängigkeit vom Kalender, wohl aber in Abhängigkeit von den Lebensbedingungen, die wir selber uns schaffen, in unserer Zeit in aller Dringlichkeit stellen: Wer sind wir als Menschen? Was hilft uns, Menschen zu werden oder zu bleiben? Wie gehen wir um mit den Folgen eines gründlich veränderten Bildes von Welt und Natur?

8

Die überkommene Theologie, die kirchlich institutionalisierte Dogmenfrömmigkeit stehen vor diesen Problemen wie rat- und wie hilflos; große Teile der westlichen Bevölkerung haben inzwischen der verbeamteten Religion den Rücken gekehrt. Doch das Suchen nach Sinn, die Sehnsucht nach Zuflucht, das Verlangen nach einer absoluten Form von Akzeptation und Bestätigung haben nicht nachgelassen, sie sind im Gegenteil intensiver, in gewissem Sinn auch ehrlicher, offener, vorurteilsfreier geworden. Was wir derzeit geistig erleben, kommt in der Tat einer neuen Reformation gleich, in der die alten Problemstellungen und Lösungsversuche in veränderter Form fortleben. LUTHERS: «Wie finde ich einen gnädigen Gott?» bildet nach wie vor den Kern alles religiösen Fragens. Nur: was heißt da Gott? Was Gnade? Was Ich? Was finden? Es geht nicht allein um eine neue Übersetzung der überkommenen religiösen Rede in die Sprache unserer Zeit, es geht um die Einbindung der wesentlichen Fragen, die wir stellen müssen, weil und solange wir Menschen sind, in die Erlebnis- und Denkvoraussetzungen unserer Zeit. Was JESUS wollte, was LUTHER meinte, was es zu lernen gäbe vom BUDDHA, was von dem chinesischen Weisen LAOTSE, was von dem Propheten MOHAMMED – was Religion ist und zu sagen hat, werden wir nur in Erfahrung bringen, indem wir uns selber zur Sprache bringen: mit unseren Nöten, mit unseren Gebrochenheiten, mit unserem Scheitern, mit unserem Zweifeln, mit unserer Verzweiflung. Eine Religion, die darauf nicht eingeht, geht an der feierlichen Inhaltsleere ihrer lehrhaften Redensarten von selber zugrunde. Ja, lieber Herr Korenhof, wir müssen das Verlagsprogramm ändern. – Der «Luther» kann warten, oder, besser, er ist überhaupt erst gekommen, wenn wir sein Werk neu aufnehmen: die ganze Bibel auf teutsch, – mündig, mutig und menschlich.

RELIGION NÜTZT NICHTS
ODER: VON BUDDHA, LAOTSE UND DER BERGPREDIGT

Vom Ende eines zerstörerischen Mißbrauchs der Religion

Den Kirchen laufen die Leute fort.» Kaum eine Zeitung, die nicht Grund hat, davon zu berichten. Schuld daran trage der Zeitgeist, erklären routinemäßig die Pressesprecher der Bischofskonferenzen, und diese wiederum geben sich zuversichtlich, mit einem verbesserten Medienmarketing, durch eine offensive «Neuevangelisation», die Seelen der Verlorenen zurückgewinnen zu können. Als ob falsche Auskünfte richtiger würden, im Maße man sie öfter zu hören bekommt! Die Frage vieler lautet schon lange nicht mehr, ob und mit welchen Mitteln Gott sich «beweisen» lasse, wie die römische Kirche im 1. Vatikanischen Konzil im Jahre 1881 noch stolz ihren Gläubigen als Dogma vorzuschreiben sich getraute; 150 Jahre nach FEUERBACH, SCHOPENHAUER und MARX, 130 Jahre nach NIETZSCHE, 100 Jahre nach FREUD steht ganz einfach der «Gebrauchswert» der Religion in Frage: Wozu soll sie gut sein? War sie je etwas anderes als ein Herrschaftsmittel der Reichen, der Krankheitszustand einer Gesellschaft, in welcher die Güter nur allzu unterschiedlich verteilt sind, eine Art der Vertröstung auf eine Welt, die auf Erden nicht kommen wollte und die, bei Lichte betrachtet, auf Erden auch gar niemals kommen sollte? Basierte sie nicht erkennbar auf illusionären Wunscherfüllungen, – die neurotische Ersatzbefriedigung eines ungelebten Lebens, das sich schon seiner Lebensverweigerung wegen für ein überirdisches Ideal und ein heiligmäßiges Vorbild deklariert?

Was alles ist nicht allein in diesem zurückliegenden blutgetränkten 20. Jh. den Menschen im Namen der Religion versprochen und weisgemacht worden! «Gott steht auf unserer Seite.» «Gott ist mit uns.» Das verhießen die «Militärgeistlichen» aller Kirchen an allen Frontabschnitten, auf allen Seiten, mit immer gutem Gewissen und in der Gewißheit, daß Gott es «so» wolle. Kein Krieg ohne kirchlichen Beistand. Die Giftgasangriffe vor Verdun, die Materialschlachten an der Somme, das heißt das Massenabschlachten von Menschen, als wenn es gälte, planquadratweise Ungeziefer zu beseitigen, die Einführung immer scheußlicherer Mordinstrumente – es mußte sein, erklärten die Theologen, weil Gott gerecht ist, es sollte so sein zur Heiligung seines Gerechtigkeitswillens; und die Priester segneten die Waffen, auf daß die «gute», die eigene Seite siegreich sein möge.

So nützte die Religion dem Staatserhalt, so diente sie der Stählung und Stärkung des Gruppenegoismus der jeweiligen Kirchenklientel, so erwies Gott der Allmächtige seine Macht – und war doch bei alledem nichts als ein ohnmächtiger Popanz, ein mißbrauchbarer Götze in den Händen spielender Pastöre, ein scheinbar unentbehrliches Dekorativum bestimmter Traditionsverbände. Zu spät der Aufruf der römischen Kirche im Jahre 2000 für eine Generalamnestie all ihrer Fehler und Verbrechen. Die Toten stehen nicht mehr auf, und die Überlebenden sind gewarnt. Was sollte denn auch noch geschehen?

Da steigt in der Nacht zum 6. August 1945 auf der Südseeinsel Tinian ein Flugzeug mit Kurs Hiroshima in den Himmel; es trägt den Namen der Mutter des Piloten, Enola Gay, und trägt in seinem Bauch die Ausgeburt des Todes, die erste Uranspaltbombe, die mehr als 100 000 Menschen in wenigen Sekunden umbringen soll und umbringen wird, «der kleine Junge» wird sie liebevoll heißen; doch die Soldaten, noch vor dem Einsteigen, vernehmen als letztes vor ihrer Tat die Worte des Bitt- und Preisgebets ihres Pfarrers: «Allmächtiger Vater, der Du die Gebete jener erhörst, die Dich lieben, wir bitten Dich, denen beizustehen, die sich in die

Höhen Deines Himmels wagen und den Kampf zu unseren Feinden vortragen ... Wir werden im Vertrauen auf Dich weiter unseren Weg gehen.»

Oder Januar 1991 ... Endlich sind die Vereinigten Staaten von Amerika soweit, im Verein mit den Kampfverbänden von rund 50 anderen Nationen mit einem bis dahin unvorstellbaren «konventionellen» Zerstörungspotential von Splitterbomben, Napalmbomben und «intelligenten Bomben» ihr militärisches Planspiel gegen den Irak abrollen zu lassen; unbekannt wie viele 100 000 arabische Frauen, Männer und Kinder wird dieser Krieg töten oder verstümmeln, unbekannt wie viele, allein 3 000 Kinder monatlich, schätzen die UNO, wird er durch die Folgen des Siegfriedens, durch die Mangelversorgung mit Medikamenten und Nahrungsmitteln auf Grund des amerikanischen Wirtschaftsembargos auf unbekannt wie viele Jahre hin zum Tode verurteilen; doch bevor all das geschieht, muß demonstrativ der Segen der Geistlichen in all den beteiligten Ländern eingeholt werden, und natürlich, dieser Segen wird erteilt. «Gott ist mit den Standhaften», sagen die Imame. «Selbst ein Atomkrieg kann als eine Manifestation des göttlichen Gerechtigkeitswillens erscheinen», erklären Moraltheologen 1955. Ach, immer, immer war Religion dazu gut, selbst noch das Ungeheuerliche zu rechtfertigen. Darin bestand ihr «Nutzen». Doch eben darin verriet sie sich selber. In dieser Weise sollte sie niemals mehr sich nützlich machen.

Doch nicht nur im Bereich des Öffentlichen ist der «Nutzen» der verordneten und verwalteten Religion auf fatale Weise vor Augen getreten; im Privaten wirken ihre Mißweisungen nicht weniger und nicht harmloser.

Welch eine Fülle moralischer Reglements gingen beispielsweise in der römischen Kirche nicht allein auf dem Gebiet der Sexualmoral, erneut natürlich in der Pose des absoluten göttlichen Wissens, auf die Menschen nieder! Wann ist was mit wem («allein oder mit anderen») vor der Ehe, in der Ehe, außerhalb der Ehe erlaubt oder verboten? All diese Fragen entschieden quadratzentimetergenau über den Aufenthalt in Hölle und Himmel. Selbst angesichts der Verdoppelung der Menschheit von 3 auf 6 Milliarden innerhalb von knapp 50 Jahren und angesichts von heute bereits ca. 50 Millionen Menschen, die weltweit an Hunger und Hungerfolgen dahinsterben, hielt es das Oberhaupt der römischen Kirche für gottgewollt, im Verein mit persischen Gottesgelehrten auf der letzten Weltbevölkerungskonferenz des 20. Jh.'s in Kairo Mitte der 90er Jahre eine Sperrminorität gegen ein verbindliches Geburtenkontrollprogramm für die nächsten 10 Jahre durchzusetzen und alle Machtmittel des Vatikanstaates (des einzigen religiösen Staatsgebildes der Erde!) dafür einzusetzen, sämtliche Formen künstlicher Empfängnisverhütung nach wie vor als «schwer sündhaft» zu brandmarken. Andererseits anempfahl man zu derselben Zeit, sich in allerlei Nöten: im Falle des näherrückenden Todes eines nahestehenden, geliebten Menschen, oder wenn einem selber der Arzt eine unheilvolle Diagnose stellte, oder wenn die Ernte auf dem Halm durch Gewitter und Hagel bedroht war, oder wenn eine Schwankung der Konjunktur den Arbeitsplatz gefährdete, oder wenn..., oder wenn..., sich vertrauensvoll, entlang den vorformulierten Gebeten und Andachtsformen der Kirche, an Gott zu wenden: – Er, der alles Wissende, er, der Allgnädige, werde es hören, werde es erhören.

Doch wann je «hörte» er? Wann je «erhörte» er?

Wieviel kindliches Vertrauen zu einem so verkündeten Gott wurde notwendigerweise auf das bitterste getäuscht und enttäuscht! Das Ergebnis konnte anders nicht sein: Eine Verkehrsbehörde, die ein Autobahnkreuz so ausschildern wollte, daß man in einer ständigen Achterbahn darin gefangen bliebe, statt den Autofahrern einen brauchbaren Weg über Land anzuzeigen, würde riskieren, daß diese irgendwann die nächstbeste Ausfahrt ansteuerten und sich selbst zu behelfen suchten. Genau das ist religionspsychologisch die Situation, in der die Mehrheit der westlichen Bevölkerung (im «christlichen» Abendland) derzeit sich befindet. Sie glaubt zu wissen, daß die Religion, die sie kennengelernt hat, entweder zu etwas Falschem verhilft oder gar nicht hilft. Gewiß, wenn die Not sehr groß ist, wenn sozusagen alle Stricke reißen, kann man erleben, daß selbst überzeugte Atheisten die Hände falten und beten; doch betrachten sie es selber im Rückblick später wie eine schwer zu vergebende Schwäche. Andere mögen gläubig versichern, das Beten habe ihnen nachweislich schon mehrfach geholfen; es ist so, wie sie's meinen, nicht länger glaubhaft angesichts der Psychologie sich selbst erfüllender Prophezeiungen nebst einer entsprechenden interessengeleiteten Wahrnehmung und vor allem: angesichts der ernüchternden Zahlenbeispiele bloßer Statistik.

Der Eindruck aus all dem ist weit verbreitet: Religion nützt *nichts*. Sie hat nie genützt, ja, schlimmer, sie hätte in der Weise, wie es dann war, nie «nützlich» sein sollen. Sie ist ein überflüssiger, unnützer Kraftaufwand. Nicht daß besonders viele, in gedanklicher Konsequenz, heute bereits diesen Standpunkt verträten, aber sie teilen ihn praktisch im alltäglichen Verhalten.

In dieser Lage versuchen die Religionsgemeinschaften, wenigstens den Unterhaltungswert der Religion zurückzugewinnen. Bildete sie mit allem liturgischen Gepränge nicht einmal das Zentrum von Musik, Malerei, Kunst und Architektur? War sie es nicht, die jede Form von Freude und Festlichkeit auf die Stunde pünktlich ansagen oder untersagen konnte und mußte? Ersichtlich sind derlei Zeiten vorüber. Doch wie, man schaffte sich neuen Zugang zu den «Events» und «Highlights» der Entertainment-Industry? Man peppte und poppte den «Gottesdienst» auf? Heischte das nicht ein Wohlgefallen des Herrn ebenso wie der heranwachsenden Generation? Endlich machte es wieder Spaß, katholisch oder evangelisch (oder was auch immer) zu sein!

Eine neue Agende also ist nötig, ein neues Kirchengesangbuch in Vorbereitung, und vor allem: viel häufiger Veranstaltungen in den Verbänden! Schließlich ist Glauben gebunden an die Gemeinschaft, und zumindest zur Auferbauung einer gläubigen Gemeinde sollte der «Glaube» doch nützlich sein …

Die Hilflosigkeit der «Groß»Kirchen könnte größer nicht sein. Sie schaffen es nicht mehr, deutlich zu machen, wozu Religion heute noch nützlich sein könnte. Eine unnütze Religion aber –

wen sollte *die* noch erreichen? Wer sollte so etwas suchen? Die erstaunliche Antwort ist: Jeder sucht eine solche «unnütze» Religion, wenn er's nur richtig begreift.

Die Lage ist paradox: Da hört nach aller Erfahrung die gute alte Religion nun endlich auf, für irgend etwas noch «gut» zu sein, da mehren sich im gleichen Augenblick die Anzeichen, daß wir durchaus nicht der Beerdigung der Religion im Museum der Geschichte beiwohnen, sondern lediglich im Raum der «christlichen» Religionsform etwas durchmachen, das einer überfälligen und überaus dringlichen Selbstreinigung des Religiösen gleichkommt, daß wir etwas erleben, das anderenorts und zu anderen Zeiten längst schon erlebt und durchlitten wurde und das nicht zuletzt den wesentlichen Inhalt auch der Botschaft Jesu etwa bestimmt. Es geht buchstäblich um die *Zwecklosigkeit* der Religion; es geht, darin eingeschlossen, um die *Zweckfreiheit* des Menschen als Person. Es geht um etwas, das wir vor allem in der westlichen Kultur so dringend brauchen wie Luft zum Atmen und Wasser zum Trinken.

Der Kontrast ist grell erkennbar.

Alles in unserer Gesellschaft scheint derzeit unter einen absurden Zwang gestellt: Es muß, wenn es für die Zukunft sich als überlebensfähig erweisen will, immer schneller, immer größer, immer stärker, immer reicher, immer mächtiger werden. Keine Firma, keine Handelskette, keine Bank, kein Unternehmen, dem es erlaubt wäre, diesem «Gesetz» zu entrinnen, ohne das Todesurteil fürchten zu müssen. Erfolgreich zu sein, effizient zu agieren, Leistung zu erbringen, indem in stets sich verkürzender Zeit ein stets sich erweiterndes Quantum an Arbeit zu bewältigen ist, immer raschere Umschlagsraten an erzeugten Waren, Informationen und Dienstleistungen, und das alles unter dem sich globalisierenden Druck einer rabiaten Vernichtungskonkurrenz – so sieht die Welt aus, in die wir in den nächsten Jahrzehnten nicht hinein*gehen*, sondern -geschleudert werden. Wie aber in einer solchen Welt leben?

An Ratschlägen und Vorschlägen, was denn zu machen sei, mangelt es nicht. Da eine Hauptursache der allgemeinen Hektik in unserem Wirtschafts- und Geldsystem zu suchen ist, scheint viel, scheint gewissermaßen alles schon gewonnen, wenn jemand es lernt, mit viel Geld noch viel mehr Geld zu gewinnen, und in die entsprechende Richtung gehen denn auch die wichtigsten Empfehlungen. Doch um welch einen Preis?

Wenn alle Dinge auf Erden käuflich werden, erscheint das Geld, das über den Preis auf dem Markt sich erzielen läßt, als der einzige Wert, der im folgenden alle Aktionen bestimmt. Kein Baum, kein Wald, kein Fluß, kein Meer besitzt, wenn es so steht, noch irgendeinen Wert in sich selbst; sie alle sind vollständig und restlos entwertet bereits durch die Tatsache, daß sie kein *Geld* sind. Millionen fühlender Lebewesen – Hühner, Rinder, Schweine, Pferde, des Menschen Haustiere, die er in Jahrtausenden seiner Geschichte sich vertraut gemacht hat – sind nach Erstellung der Kosten- und Nutzen-Rechnung nichts weiter als die industriell gehaltenen Produzenten von Schlachtfleisch: All ihre Leiden während der Aufzucht und bei ihrer Hinrichtung zählen absolut nichts gegenüber dem Zwang, die Veräußerung ihrer geschundenen Körper immer noch billiger, immer noch preisgünstiger zu gestalten. Alles Wissen, das wir über die Natur gewinnen, nutzen wir unter diesen Umständen zur verbesserten Ausbeutung der Natur, nicht zur Wahrung ihrer Weisheit in den so vielgestaltigen hochkomplexen Zusammenhängen aus den Jahrmillionen der Evolution.

Und wie mit der Welt ringsum verfahren wir auch mit uns selber und unseresgleichen. Wie denn auch nicht? Auch die menschliche Arbeitskraft muß immer weiter verbilligt, das heißt, ihr maschineller Wirkungsgrad muß immer weiter erhöht werden, und so durchmessen wir den Erdball auf der Suche nach den letzten verbliebenen Regionen mit den geringsten Lohnerwartungen und dem niedrigsten Lebensstandard. Tag für Tag wächst auf diese Weise die Differenz zwischen Arm und Reich, zwischen Hoch und Niedrig, zwischen den Vermögenden und den Habenichtsen, verbreitert sich die Kluft zwischen der Ersten und der Dritten Welt, nimmt der Abstand zwischen den 40 Millionen *working*

poor beispielsweise in den USA und dem einen Prozent, dem 99 %
des gesamten Volksvermögens gehören, nur immer weiter zu.

In dieser Lage sehen wir uns gezwungen, immer mehr zu machen, und werden dabei doch selber als Menschen nur immer weniger. Denn die scheinbar einzig wichtige Frage, die sich uns stellt:
wie nützlich bist du zur Vermehrung der Profitrate des Kapitals,
wird zusehends unbeantwortbar. Schon befinden wir uns in einem
verzweifelten Wettlauf mit immer kürzeren Zeitintervallen: eine
hundertstel Sekunde, Meßeinheiten weit unterhalb des menschlichen Reaktionsvermögens, entscheiden im Wettkampf etwa
eines Ski-Abfahrtlaufes oder eines Formel-1-Rennens über Erfolge
und Mißerfolge in Millionenhöhe für die jeweiligen Teilnehmer,
Sponsoren oder Veranstalter. Geschichte, in solch einem Tempo
immer weiter beschleunigt, sei das Menetekel an der Wand des Palastes von Babylon, meinte REINHOLD SCHNEIDER in den 50er
Jahren. Man kann ihm kaum widersprechen.

Natürlich erheben angesichts der reinen Veräußerlichung und
Entfremdung immer weiterer Lebensprozesse auch die verfaßten
Religionen inzwischen warnend und mahnend wieder ihre Stimme, doch tun sie es immer noch mit dem Anspruch zu wissen, was
denn da «richtig» zu machen sei; sie möchten noch immer so etwas halten wie ein Monopol auf die Moral der Menschheit. Für
eine «Kultur des Todes» gilt, was sich ihnen nicht fügt. Doch die
Frage fällt auf sie selber zurück: Was machten denn sie, als *sie* über
die Macht verfügten? Und das Allerwichtigste: Es ist nicht möglich, die Welt mit moralischen Mitteln «bessern» zu wollen! Alle
Appelle an das, was zu tun ist, nützen gar nichts; denn sie halten
sich immer noch auf im Denken von Nutzen, Erfolg und Leistung. Wesentlich aber geht es gerade darum, dieses Denken ein
für allemal aufzugeben und den entscheidenden Schritt weg von
der Moral zurück zur Religion zu tun.

Eine gute Vorübung für einen solchen Salto mortale des Geistes
bietet die Philosophie IMMANUEL KANTs. Bestrebt, einen für jedermann evidenten Grundsatz des sittlichen Handelns zu erstellen,
gelangte der Königsberger Philosoph vor 200 Jahren zu der be-

rühmt gewordenen Aussage, sittlich sei einzig ein Handeln, in dem der Mensch, als einzelner wie als Mitglied der Menschheit, niemals zum Mittel, sondern stets als Zweck an sich selber betrachtet werde.

Man wende diese Lehre nur an auf die Art des Umgangs mit Menschen im Militär – beim Drill auf dem Kasernenhof und beim «Fronteinsatz» – oder auf die Politik – beim Ausbrüten neuer Strategien zum Stimmenfang möglichst vieler Bürger bei der nächsten Wahl –, und man wird sogleich erkennen, wie richtig und berechtigt KANTS Forderung war. Warum aber lebt «man» dann offenkundig noch immer nicht danach? Der Mensch als Vernunftwesen ist frei, lehrte KANT und betrachte ihn schon deshalb als den Ursprungsort aller Sittlichkeit. Wie frei aber ist ein Mensch? Daß ein Mensch frei sei, lasse sich niemals beweisen, behauptete aus erkenntnistheoretischen Gründen IMMANUEL KANT, an die Freiheit des Menschen könne man nur glauben, nicht anders als an die Person Gottes und an das ewige Leben. KANT erschienen die Inhalte der Religion als absolut notwendig zur Begründung von Ethik; sie bildeten für ihn die Bedingung, unter der allein es möglich sein sollte, dem Anspruch der Ethik zu folgen.

Mit dieser außerordentlich wichtigen Auffassung hätte KANT, wie mit all seinen anderen erkenntnistheoretischen Einsichten, bahnbrechend für das religiöse Bewußtsein im Abendland werden können, hätte man das idealistische Konzept seiner Theoriebildung mit den Fragen der Psychologie schon des 19. Jh.'s und erst recht mit den Fragestellungen der Psychoanalyse und der Existenzphilosophie im 20. Jh. zu verbinden gewußt; – hätte man sie aus der Logik ins Leben übersetzt! Doch das hat man nicht getan. Von daher ist das, worum es uns an dieser Stelle gehen muß, in gewissem Sinne eine Art Nachholarbeit an einer entscheidenden Stelle des Selbstverständnisses von Religion und Menschlichkeit. Denn leicht läßt sich zeigen, daß Religion überhaupt nicht «logisch», wohl aber psychologisch und existentiell die Bedingung der Möglichkeit gelingender Menschlichkeit darstellt.

Vom Anfang eines therapeutischen Gebrauchs der Religion oder: Die Botschaft Jesu

Oft in der multikulturellen Begegnung verschiedener Religions-formen stellt sich die Frage nach dem «Spezifischen» des jeweili-gen Glaubens. Was zum Beispiel ist «spezifisch» an einer «christli-chen» Grundhaltung? – Ob aus dieser Grundhaltung jemals eine «Religion» hätte werden sollen und in welch einem Sinne eine «Religion» daraus tatsächlich geworden ist, können wir hier auf sich beruhen lassen. Die Antwort auf diese wichtige Frage besteht in dem Hinweis, daß JESUS im Rahmen der jüdischen Religion et-was in die Welt gebracht hat, das man wesentlich als *therapeutisch* bezeichnen muß.

Der Unterschied ist eklatant: Die jüdische ebenso wie die isla-mische Religion sind ausgesprochene Gesetzesreligionen; sie ba-sieren zentral auf dem Bemühen, mit Hilfe von Satzungen und Geboten, die für den geoffenbarten Willen Gottes selber gelten, das menschliche Leben und Zusammenleben zu ordnen und zu regeln. JESUS hat das Gesetz des MOSES nicht geleugnet, ganz im Gegenteil, er hat es überaus ernst genommen, doch gerade des-halb machte er eine alles verändernde Entdeckung; er fand etwas heraus, das sein Schüler im Geiste, der «Völkerapostel» PAULUS, später als eine allgemein menschliche Erfahrung theologisiert und dann tatsächlich zur Grundlage des «Christentums» erhoben hat, nämlich daß es für einen Menschen unmöglich sei, im gesetzlich-moralischen Sinne «gut» zu sein, nur einfach weil er es möchte.

Der christliche Mythos erzählt, nach seinem Tode am Kreuz sei JESUS «hinabgestiegen in die Hölle», um den Verdammten die Erlösung zu bringen. In Wirklichkeit stellen diese Worte nur dar, was JESU Leben eigentlich war: Er schaute sich um und sah uns alle wie arme Teufel an, ein jeder aus lauter Not dazu getrieben, sich und den anderen die Hölle immer noch heißer – oder immer noch kälter – zu machen, und er unternahm alles, um uns aus die-ser Hölle herauszuholen. Unser ganz normales, alltägliches, vertrautes Leben erschien ihm als eine Ungeheuerlichkeit, die er im Namen all der leidenden Menschen nicht länger akzeptieren wollte noch akzeptieren konnte, mußte er doch unvermeidbar mit ansehen, wie immer wieder Menschen auf gräßliche Weise unter die Räder kamen; er fragte sich, was geschehen müßte und könnte, um das zu verhindern. Dabei war das Wichtigste bereits mit dieser Fragestellung selber geschehen.

Beginnt man erst einmal, die Welt aus der Perspektive der Außenstehenden: der Ausgelieferten, der Ausgesetzten, der Ausgegrenzten, der Ausgestoßenen zu betrachten, so ändert sich die ganze Wahrnehmung. Bis dahin mochte man noch fragen, wie Menschen in die vorgegebenen Spielregeln von Staat und Gesellschaft, von Religion und Kirche sich einfügen ließen; ab sofort gilt die Frage nicht mehr der Bewertung und der Beurteilung dessen, was Menschen nach außen hin tun, fortan richtet sie sich wesentlich darauf, was man ihnen angetan hat, was in ihnen vor sich ging, ehe sie «so» vorgehen konnten, wer sie selbst als Personen sind, daß sie «so» zu werden vermochten.

«Der Gott Israels ist ein Gott der Opfer, nicht der Täter.» Diesen Satz sprechen die Theologen beider christlichen Großkirchen heute gern und in gewisser Weise mit Stolz aus. Sie wollen damit sagen, daß andere «Götter» allemal parteilich genug sind, die Sache der Mächtigen und der Reichen zu fördern, als deren Projektionsgestalten sie den Armen und Elenden seit eh und je vor Augen gestellt wurden, nicht so indessen der Gott der Bibel, nicht so der «Vater» JESU. An diesem Gedanken ist zweifellos etwas Richtiges, wenn er nicht zur Diffamierung anderer Religionen dient, sondern der Reinigung der eigenen Religiosität. Und doch langt selbst dieses Richtige keinesfalls aus, um die Revolution zu verstehen, die sich mit der Person JESU unauflöslich verknüpft. Denn auch die Zweiteilung der Menschen in Täter und Opfer verbleibt noch im Bannkreis der Vorstellung einer möglichen «Gerechtigkeit» mit der ihr eigenen Logik von Lohn und Strafe, Schuld und Verurteilung und der damit verbundenen Zweiteilung der Menschen in Gute und Böse, Richtige und Falsche, Rechte und Unrechte. Dieser Denkweise gegenüber bedeutet es einen qualitativen Sprung sondergleichen, daß JESUS gerade diese Differenz nicht nur in Frage gestellt, sondern in seiner Haltung ebenso wie in seinem Verhalten schlechterdings außer Kraft gesetzt hat. Gibt es denn überhaupt einen «Täter», der nicht zuvörderst selber zum «Opfer» geworden ist? Muß nicht, ehe ein Mensch einen anderen tötet, in ihm selbst seine Seele gemordet worden sein? Verrät nicht jedes Verbrechen unter anderem auch die Gebrochenheit der menschlichen Verflechtungen, die es gewaltsam zerbrach?

In DOSTOJEWSKIS Roman *«Schuld und Sühne»*, als der junge Student Raskolnikow der Dirne Sonja nach langem Zögern gesteht, daß er es war, der ihre Freundin Lisaweta und deren Schwester, die Pfandleiherin Aljona, mit dem Beil erschlagen hat, fällt das Mädchen dem Mörder um den Hals und stammelt ebenso erschrocken wie erschüttert: «Rodja, was mußt du gelitten haben!» Solch eine Szene in der Kraft solcher Dichtung trägt JESU Format.

Da existiert eine Zusammengehörigkeit aller Menschen, die niemals, auch nicht durch ein noch so schweres Verbrechen, aufgelöst oder aufgekündigt werden kann; im Gegenteil: Jeder Mensch, der anderen Leiden zufügt, ist selbst als jemand zu betrachten, dem auf bestimmte Weise Leid zugefügt wurde, und nur wenn man diesem Leid nachgeht, kann es gelingen, ihn wieder zu seiner Menschlichkeit zurückzuleiten. Oder anders gesagt: Niemandem, der wirklich in Not ist, vermag man zu helfen mit der Pose des erhobenen Zeigefingers, einzig mit der verbindlichen Gebärde einer ausgestreckten, offenen Hand. Ein Mensch kann nicht einfach gut sein, wenn er will; ergänzen wir diese Erfahrung: Er vermag nur gut zu sein im Gegenüber einer Güte, der er vertrauen kann, daß sie ihn absolut meint, – daß er in ihren Augen «berechtigt» ist. Da plötzlich hören wir LUTHERS Frage nach der «Rechtfertigung» wieder und finden sie beantwortet allein in dem Erfordernis einer absoluten Bejahung.

Nichts anderes war es im wesentlichen, was JESUS in die Hölle unserer Existenz tragen wollte, als einen solchen Umsturz und Umbau einer «Ordnung» in «Gerechtigkeit» zugunsten der unbedingten Akzeptation eines jeden Einzelnen im Felde einer völlig unverdienten, doch um so sicherer und zuverlässiger geschenkten Zuneigung und Zuwendung.

Die Gleichnisse etwa, die JESUS erzählte, atmen allesamt diesen Geist – Lk 15,1–7 zum Beispiel, die Geschichte von dem verlorenen Schaf. In den Augen JESU war es Gott selber, der keinen Menschen verloren gibt, sondern der möchte, daß man jedem Verlorenen und Verlaufenen nachgeht, bis man ihn findet wie ein hilfloses Tier, das weder den Weg weiß noch auch die Kraft besitzt, aus eigenem Vermögen nach Haus zu gelangen; man muß es zu seinem Glück, zu dem Ort seiner Heimat (seiner «Identität») förmlich «tragen».

Oder das Gleichnis von dem verlorenen Sohn an gleicher Stelle (Lk 15,11–32): Da erzählt JESUS von Gott als von einem Vater, der seinem Sohn nicht untersagt, zu tun, was er will, und der doch aufs äußerste darunter leidet, mit ansehen zu müssen, wie dieser sein Sohn, als wäre der Vater lebendig schon tot, sich sein Erbteil auszahlen läßt und möglichst weit weg von seinem Elternhaus in die Ferne zieht; dieser Vater muß denken, daß alles, was nun geschieht, seinen Sohn ruinieren wird, und doch wartet er insgeheim auf seine Rückkehr; und als er ihn wirklich kommen sieht, läuft er selbst ihm entgegen, erspart ihm vollends das Geständnis der Schande und ist nur noch besorgt, seine Würde und Schönheit wiederherzustellen, aus Freude, ihn endlich wiederzuhaben.

Für JESUS war es keine Frage, daß all das, was die Frommen als «Sünde» bezeichnen, in Wahrheit einer abgrundtiefen Verzweiflung gleichkommt, und seine Frage war nur, ob die Frommen, die immer Gerechten, sich jemals auf eine solche Sicht der Dinge einlassen würden. Daß der verlorene Sohn in JESU Gleichnis nach Hause zurückkehrt, ist ein sicherer Inhalt seiner Erzählung; ob hingegen der ältere Sohn die Freude des Vaters über die Rückkehr des «Verlorenen» akzeptiert, steht in der Geschichte bis zum Ende dahin.

An dieser Stelle ergab sich das eigentliche, das alles entscheidende Problem im Leben JESU: seine Ablehnung von seiten der moralisch Richtigen, der gesetzlich Korrekten: Sie entbehren des Mitleids! In der Geschichte vom Pharisäer und dem Zöllner (Lk 18,9–14) wird JESUS sich zu der Aussage versteigen, daß überhaupt nur die Ausgeschlossenen, die «Zöllner» und die «Huren», in das «Himmelreich» kommen, nicht aber die ewig «Gerechten», die immer nur Selbstgerechten. Auch für ihn selber ist damit der Bruch vollzogen.

Womöglich hat JESUS in dieser alles umstürzenden Haltung eine bestimmte Evidenz, eine bestimmte eigene Erfahrung auf alle Menschen ausgedehnt. Eine Legende im Neuen Testament jedenfalls erzählt, daß er, wie viele andere, dem Aufruf JOHANNES DES TÄUFERS gefolgt sei, seine Sünden zu bekennen und Gott um Vergebung zu bitten; für den Täufer bedeutete diese Handlung die letzte Chance, dem vernichtenden Strafgericht Gottes zu entrinnen. Auch JESUS muß so geglaubt haben; auch er beugte sich unter den Händen des Täufers in den Jordan, wie wenn eine neue Sintflut über ihn erginge; doch dann, erzählt die Legende, erlebte er etwas, das in der Tat sein ganzes Leben symbolisch zusammenzufassen vermag: Der Himmel öffnete sich vor seinen Augen, und eine himmlische Stimme sagte zu ihm: «(Aber) Du bist doch mein Sohn!»

Wer sich Gott in die Hand gibt – das war die zentrale Erfahrung und Überzeugung JESU –, der versinkt nicht im Nichts, der geht nicht unter in dem Morast einer unendlichen Gleichgültigkeit oder Strafegerechtigkeit, der erfährt ganz im Gegenteil Gott wie eine Hand, die sich auftut zur Rettung. «Aber Du bist doch mein Sohn» (Mk 1,9–11) – dieses von der kirchlichen Dogmatik stets als «Beweis» der sogenannten «Gottessohnschaft» JESU gelesene Wort bildet in Wahrheit den Inhalt all dessen, was JESUS später zum Kern seiner gesamten Botschaft machen wird: Ihr seid, wird er sagen, doch die Töchter und Söhne einer Macht, die Euch liebt und versteht; mit ihr könnt Ihr sprechen und beten wie ein Kind mit seinem Vater; und wenn Ihr es lernt, im Vertrauen auf ihn all die Angst zu überwinden, die Euch gefangenhält, so werdet Ihr wie von selbst Euch zurückgegeben; dann endlich vermögt Ihr zu leben, wie Ihr eigentlich leben möchtet. «Das Himmelreich ist da.» (Mk 1,15)! Das war seine Botschaft.

Insbesondere die Worte der Bergpredigt (Mt 5–7) atmen diesen Geist. «Glücklich die Menschen, die in dieser Welt noch weinen können»; so kann man, etwas frei, die ersten Sätze der «Seligpreisungen» (Mt 5,3–12; Lk 6,20–26) wiedergeben. «Glücklich die Menschen, die um ihre Armut wissen; denn nur sie werden fähig zum Erbarmen sein.» (Mt 5,3.7) «Glücklich die Wehrlosen; denn nur sie werden fähig zum Frieden sein.» (Mt 5,5.9) In der Sprache der herrschenden Theologie stellt sich in Aussagen dieser Art der «Topos der Reichsgottespredigt» dar. Was aber JESUS meinte, wenn er vom «Reich Gottes» sprach, war etwas viel Einfacheres – Selbstverständlicheres – Aufregenderes: Er formulierte ganz simpel, wie eine Welt aussehen müßte, in der auch die Schwachen, auch die Leidenden, gerade sie, eine Chance zum Leben besäßen; und natürlich, er glaubte, daß eine solche Welt möglich sei, das heißt, er war überzeugt, daß sie unbedingt und unaufschiebbar jetzt nötig, weil notwendig sei.

An dieser Stelle scheiden sich bis heute die Geister. Jeder, der von sich glaubt, mit beiden Beinen fest auf der Erde zu stehen, wird diesen Umsturz des Mitleids zugunsten der Leidenden instinktiv ablehnen; er wird in ihm, nicht zu Unrecht, eine Bedrohung seiner gesamten Lebensgrundlage erblicken. Mag sein, daß er das «Christentum» in seiner liturgisch verfeierlichten, kirchlich domestizierten Form für gesellschaftragend und gemeinschaftstiftend zu schätzen beliebt, doch schützen muß er sich und die Menschen an seiner Seite und auf seiner Seite vor der Radikalität, mit der JESUS auftrat und eben diese Welt der falschen Sicherheiten aus den Angeln heben wollte. All diejenigen hingegen, die irgendwie wissen, was seelisch und sozial Not und Elend bedeuten, werden die Botschaft JESU ergreifen wie Ertrinkende die Planken eines im Sturm gekenterten Schiffes; sie wissen, daß sie anders gar niemals zu leben vermöchten. Und auf Leute dieser Art setzte JESUS. Er wurde, zum Skandal für all die «Ordentlichen», zum «Freund der Sünder und der Zöllner» (Mt 11,19); er lud sie

alle an *einen* Tisch: die Verachteten und die Geächteten, die Bettler, die Huren: – sie, durch ihre Hilflosigkeit schon, zeigten in seinen Augen, wovon die Menschen wirklich leben: allein von der
Güte, allein von der Vergebung, allein von einer Liebe, die niemanden ausschließt.

Alle Begriffe der kirchlichen Moraltheologie und Glaubenslehre müßten sich ändern, wenn das stimmt.

Nehmen wir nur den Begriff der «Sünde», von welcher nach
kirchlicher Auffassung uns JESUS erlöst hat durch seinen Kreuzestod. Stets wird die «Sünde» als Übertretung bestimmter Gebote
gefaßt, und so gilt als Gegenbegriff der «Sünde» im Grunde die
Tugend. Damit hält die gesamte Lehre von der «Erlösung» sich
noch im Raum des Ethischen auf, – eigentlich brauchte es gar keine «Erlösung», wenn nur die Menschen endlich richtig leben
wollten. Es war vor etwa 150 Jahren bereits der dänische Religionsphilosoph SÖREN KIERKEGAARD, der diese Gegenüberstellung von
Sünde und Tugend in christlichem Sinne als schlechterdings
falsch bezeichnete, weil sie die wirkliche Dramatik und Tragik des
menschlichen Daseins in unsinniger Weise verkürze. Nicht von
«Sünde» wollte KIERKEGAARD sprechen, sondern von Verzweiflung, von der «Krankheit zum Tode». Wieder verschiebt sich mit
einem solchen Wort alles.

Solange jemand noch glaubt, die Übel der Welt in moralischem
Sinne als «Sünde» bestimmen zu können, wird er geneigt sein, die
Einhaltung der Gebote anzumahnen und nach strengen Strafen
zu streben; wenn aber erst einmal feststeht, daß dieser Mann mit
seiner Trunksucht, daß diese Frau mit ihrer zerbrochenen Ehe,
daß dieses Mädchen mit einem Kind, das es unter den gegebenen Bedingungen wohl wird abtreiben lassen müssen, *Verzweifelte*
sind, so verbietet sich all das wohlfeile Moralisieren schon aus Respekt vor der menschlichen Not von ganz alleine. Die Frage: Was
muß ich tun?, ist jetzt nicht mehr vorrangig; sie läßt sich überhaupt erst beantworten, wenn eine ganz andere Frage, langsam,
geduldig, ohne jeden äußeren Druck und Zwang, sich nach und
nach klärt: Wer bin ich denn selbst?

Verzweiflung bedeutete für KIERKEGAARD, daß ein Mensch mit sich selber zerfallen ist; er darf und will nicht sein, was er ist, und er ist nicht das, was er sein will oder zu sein hat; erst wenn er durch eine tiefere Bejahung seiner selbst aus diesem Widerspruch seiner Existenz herausfindet, wird er von innen her wissen, was für ihn richtig zu tun und zu unterlassen ist; dann auch erst tritt die Moral in begrenztem Umfang wieder in ihr Recht.

Wie anders müßte die verfaßte Kirchenordnung mit Menschen verfahren, wenn auch nur irgend das Beispiel JESU Schule machen würde? Seine Einladung aller an *einen* Tisch – was für ein Widersinn, daraus zum Beispiel im Sinne der Kirchendogmatik eine Prämie der Rechtgläubigkeit und der Rechtschaffenheit machen zu wollen, so daß kein Protestant etwa, keine wiederverheiratete geschiedene Frau, kein verheirateter Priester, von Juden und Muslimen erst gar nicht zu reden, an der Kommunionfeier in einer katholischen Kirche teilhaben darf! Doch man versteht: Nur die Verrechtlichung der «Gnade» ermöglicht es, die Menschen nach fertigem Muster durch Kirchenbeamte zu verwalten (und seelisch zu vergewaltigen). Die befreiende Kraft, die von JESUS ausging, reduziert sich unter solchen Umständen zu einem schmückenden Eigenschaftswort, das die Institution der jeweiligen Kirche sich zumißt, indem sie es den Einzelnen fortnimmt. Die Freiheit des Menschen ist damit vertan. Daran liegt es, daß die kirchenabhängige Theologie sich einfachhin weigert und wohl auch weigern muß, die therapeutische Dimension der Botschaft sich einzugestehen: – Das gesamte gußeisern errichtete Kirchengewölbe käme zum Einsturz. Doch genau dieser Einsturz *ist* JESUS.

«Ich», erklärt er bereits im 2. Kapitel des Markus-Evangeliums (Mk 2,17), «bin nicht gekommen zu den ‹Gesunden›, sondern zu den Kranken.» Und die Kranken ihrerseits kamen «von überall her» (Mk 1,32; 3,7.8; 6,55). Man muß in dieser Welt der Kälte und der Härte nur ein Wort der Milde sagen, und es wird «alle, die übel dran sind» (Mt 4,24), anziehen wie die Nachtfalter das Licht. Immer wieder erzählt das Neue Testament, daß JESUS sich vor dem Andrang der Menge von Hilfesuchenden kaum habe retten können, und diese Mitteilung dürfte auch historisch wohl zutreffen. Dabei geht die Vorstellung der kirchlichen Glaubenslehre offensichtlich in die Irre, wonach JESUS in der Macht Gottes so viele Kranke hätte heilen können, wie immer er wollte, – das Markus-Evangelium (Mk 6,5) etwa berichtet, daß JESUS in Nazareth gar keine Heilungen habe vollbringen können, weil er das nötige Vertrauen nicht fand. Die göttliche Macht, mit der JESUS heilte, bestand nicht in einer metaphysischen Übernatur, sondern einzig und allein in seiner Liebe zu den Menschen und in dem Vertrauen, das diese Liebe erzeugte.

Schon deswegen ist es nicht möglich, die Heilungen JESU als «Wunder» dogmatisch zu überhöhen und in sakramentalisierter Form kirchenintern zu ritualisieren. Sie sind wesentlich gemeint als Anregung und Beispiel, ein Gleiches zu tun. Als JESUS in Mk 6,7.13 seine Jünger in die Dörfer Galiläas aussendet, befiehlt er ihnen ausdrücklich, die Kranken zu heilen, die Dämonen auszutreiben und dann den Menschen zu sagen, wie nahe Gott ihrem Leben sei. Die Heilung des Menschen bildete für JESUS ein entscheidendes Zeichen der Nähe zu Gott, während das Leid und die Qual der Menschen für ihn etwas Gottwidriges, Dämonisches an sich hatten.

Das Wort von den «Dämonen» bedarf einer Klärung. Das Kirchendogma zögert nicht, die Sprache der Bibel unmittelbar «metaphysisch» zu lesen: Es gibt *den* Teufel, und es gibt *die* Teufel, und sie können in den Menschen einfahren und von ihm nach Belieben Besitz ergreifen. Statt die Bibel mit ihren Dämonenaustreibungen symbolisch beziehungsweise psychologisch zu lesen, folgt die vatikanische Theologie mit einer solchen Auslegung immer noch einem sozusagen mittelalterlichen «Realismus». Gerade erst im Jahre 1998 erschien eine erneuerte Fassung des sogenannten «Exorzismus», der offiziellen Sammlung der Formeln und Gebete, die zu verrichten sind, um «wirksam» Teufelsaustreibungen vornehmen zu können. Dabei ist es allem Anschein nach nicht wichtig, daß die betroffenen «Besessenen» selber die Sprache des Exorzisten verstehen, es genügt, wenn die Dämonen es tun, und so empfiehlt sich nach römischer Ansicht vorzüglich das Lateinische, die Kirchensprache verstehen die Dämonen anscheinend nach wie vor am besten ...

Welch eine Energie hingegen könnte in den «Teufelsaustreibungen» der biblischen Erzählungen liegen, läse man sie, wie man sollte, als Darstellungen seelischer Zerrissenheit und als Beschreibungen einer möglichen Heilung. Nicht von «Dämonen» wäre dann die Rede, wohl aber von all dem, was in der menschlichen Seele seit Kindertagen verteufelt wurde; von all den Formen der Entfremdung, der seelischen Abspaltungen, der Ichzerstörung und Icheinschränkung wäre da zu sprechen und vor allem immer wieder von der scheinbaren Allmacht der Angst in einem Leben, das aufgehört hat, sich selbst zu gehören. «Was ist dein Name?» fragt JESUS in Mk 5,9 den Besessenen von Gerasa, und seine Antwort ist: «Legion ist mein Name, denn viele sind wir.» Da marschiert es in der Seele eines Menschen straßauf, straßab mit eisernen Stiefeln einher, und es hält ihn gefangen wie eine fremde Besatzungsmacht; wollte man sich dafür interessieren, wie es zu diesem Zustand gekommen ist, so müßte man in den Stimmen der «Dämonen» das Echo all derer vernehmen, die immer schon wußten, wie ein solcher Mensch zu sein hat: – der Eltern, der Lehrer, des Pastors, des älteren Bruders etc.; eben deswegen weiß und wußte ein solcher Mensch selber niemals, wer er wirklich ist und war. Ein solcher Mensch *hat* keinen Namen. Er ist eine Unperson.

Was wir heute als Psychotherapie bezeichnen, ist im Prinzip nichts anderes, als die Frage an einen Menschen zu richten, wer er ist, und sie besteht in der Erfahrung, daß es ihm völlig unmöglich fallen wird, diese Frage zu beantworten, es sei denn, man führte ihn in ein Feld der Geborgenheit, an dem er nach und nach zu glauben beginnt, er werde ganz sicher nicht wieder zensiert, dirigiert, manipuliert oder moralisiert, hier werde er einzig akzeptiert. Insbesondere wird es darum zu tun sein, all den Selbsthaß eines solchen Menschen, seine «teuflische» Tendenz zur Selbstbestrafung und Selbstzerstörung, nach außen zu setzen: – In der biblischen Erzählung des Besessenen von Gerasa fahren die «Dämonen» in 2000 Schweine und stürzen sich in den See. All die Formen, so darf man diese bildhafte Szene wohl interpretieren, in denen dieser «Besessene», wie man im Deutschen sagt, «zur Sau gemacht» wurde, all die «Schweinereien», die man mit ihm veranstaltet hat, wird er in wörtlichem Sinne «ausdrücken» und aus sich herausrücken müssen, um nach Entfernung des «Spuks» sich selber zu finden.

Freilich endet speziell die Geschichte vom Besessenen in Gerasa geradezu typisch: Die Leute des Ortes fordern JESUS auf, nur ja schnell aus ihrem Ort zu verschwinden; er soll sich bei ihnen nicht länger aufhalten; denn sie wehren sich gegen diese Art von Heilung; und das wird wohl immer wieder so sein.

Ein Hauptproblem der Psychotherapie nämlich liegt bereits darin, daß sie bestimmte Zwangsstrukturen keinesfalls nur rein innerseelisch bekämpft, sondern daß sie, indem sie das tut, zugleich auch die gesellschaftlichen, kulturellen oder kirchlichen Strukturen durcharbeiten muß, die sich auf dem Boden des Ichs eines Patienten als verinnerlichte Gewalt verfestigt haben. Es ist unter diesen Umständen unvermeidbar, all die Autoritäten einer entwürdigenden Außenlenkung mit in Frage zu stellen, die das Überich eines Patienten gebildet haben. Wer auch nur einen einzigen Menschen zur Freiheit führen will, der muß die Unfreiheit der Strukturen durcharbeiten, die in seinem seelischen Leiden eingefroren sind; wer auch nur ein wenig Menschlichkeit in die Welt bringen will, der wird konfrontiert sein mit der real existierenden Unmenschlichkeit in allen Bereichen des öffentlichen Lebens.

Man hat der «therapeutischen» Theologie immer wieder von verschiedenen Seiten vorgeworfen, sie ignoriere die gesellschaftlichen Probleme und kreise einzig um die Selbstbespiegelung des Individuums, sie etabliere sich als ein hochbezahlter Luxus der Reichen auf dem Rücken der Armen, sie sei eine bloße Anpassungstechnik zur Ruhigstellung des Bewußtseins und zur Lähmung des revolutionären Widerstandes. Kein Wort an diesen Vorwürfen ist richtig.

Wahr ist, daß man auch die Psychotherapie mißbrauchen kann. So drängen leitende Kreise des Opus Dei in Deutschland derzeit in Kliniken in Bonn und in Köln danach, den rechtesten Rand der katholischen Kirche ideologisch zu stabilisieren und die Patienten davon zu überzeugen, daß die beste Hilfe, die ihnen angedeihen könnte, in einer engeren Bindung an eine Gemeinschaft just wie die katholische Kirche bestehe; Mönche in der Abtei Münster Schwarzach bei Würzburg sollen – bei wachsendem Widerstand –, als innerkirchlicher «Reparaturbetrieb» für gestrandete Priester und Ordensleute, ihren homosexuellen Brüdern im Amte beibringen, daß es nicht verboten sei, homosexuell zu fühlen, wohl aber homosexuell zu handeln, daß es nicht verboten sei, eine Frau zu lieben, wohl aber, mit ihr zu leben, – und was der Absurditäten mehr sind. Es *gibt* eine Anpassungspsychiatrie, und es muß sie geben in jedem System, das sich an Gottes Stelle über die Menschen stellt; doch in Wirklichkeit nötigt jede Psychotherapie zur Parteilichkeit mit den Leidenden und zum Widerstand gegen diejenigen Institutionen, die Leiden schaffen.

Es war allem Anschein nach gerade diese Tatsache, die auch JESUS immer mehr in die Auseinandersetzung mit den religiösen Führern seines Volkes trieb: mit der Elite der gesetzestreuen Pharisäer, aus deren Kreisen er wohl selber kam, und mit der sadduzäischen Priesterkaste am Tempel, die von der Familien-Dynastie der Hannas-Clique geprägt war und letztlich den Tod JESU mitbestimmte. – Ein paar Beispiele aus der Gegenwart mögen genügen, um zu zeigen, was bei dem notwendigen Durcharbeiten äußerer Strukturen von Unfreiheit und Zerstörung, die im Bewußtsein sich verinnerlichen, auf dem Spiel steht.

Der *patriarchale Zentralismus und Absolutismus des Papsttums* zum Beispiel – er ist ein Ärgernis für jede vernünftige Ökumene der Christenheit, aber er stellt natürlich auch ein psychologisches Problem dar: Wie ist es möglich, Menschen mündig zu machen, die in eidlich geschworenem Gehorsam auf lebenslänglich an ihren Bischof, an ihren Abt oder an ihre «Mutter Oberin» gebunden sind? «Laßt ihr euch nicht Vater noch Lehrer nennen», sagt

31

JESUS (Mt 23,9–10) zu seinen Jüngern; ein «Heiliger» Vater und ein «unfehlbarer» «Lehramtsinhaber» stehen in schreiendem Widerspruch zu allem, was JESUS «therapeutisch» zur religiösen Befreiung der Menschen im Namen Gottes gewollt hat.

Oder *gesellschaftspolitische* Fragen!

Wie ist es möglich, sich in aller Intensität und mit aller Sensibilität auf die Fragen Einzelner einzulassen und es dann hinzunehmen, daß Einrichtungen existieren wie *die Special Forces der US-Armee*, in denen junge Männer und inzwischen auch Frauen mit einem absolut brutalen, menschenverachtenden Training aus fühlenden, denkenden Menschen in Killermaschinen umgedrillt werden?

Wie ist es möglich, die *Verflechtung von Tätern und Opfern* in der Psychotherapie zu begreifen und es noch länger hinzunehmen, daß die einzig verbleibende Weltmacht, die USA, mit wachsender Roheit und Skrupellosigkeit Menschen zur «Strafe» vergast, erhenkt, erschießt oder mit Elektroschocks eliminiert?

Wie ist es möglich, die innere *Beziehung von Mensch und Natur* zum Beispiel bei der Arbeit mit den Träumen eines Patienten zu begreifen und es dann zu akzeptieren, daß die in 60 Millionen Jahren gewachsenen tropischen Regenwälder in ganzen 60 Jahren unter den Motorsägen der Industrienationen ausgerottet werden? Oder daß Milliarden von Tieren in der industrialisierten Landwirtschaft buchstäblich zu Tode gequält werden?

Die Liste der Beispiele ließe sich endlos vermehren. Sie deutet an, was auf einen Menschen zukommt, der, wie JESUS es getan hat, versucht, seine therapeutische Sicht auf die Welt konsequent durchzuhalten. Er wird, so viel ist sicher, ein aufregendes, ein gefahrvolles Leben zu führen haben, und es wird nur die Frage sein, wie lange es mit ihm «gut» gehen kann.

Im Falle JESU ist das Markus-Evangelium gerade drei Kapitel alt, da erzählt es (Mk 3,22), wie sie von Jerusalem kommen und den Vorwurf erheben, er treibe die «Dämonen» nur aus mit Hilfe des Obersten der Satane: des Baalzebul. Es ist also möglich, ja, nach allem Gesagten überaus wahrscheinlich, daß jemand ersichtlich Menschen hilft und heilt, und die Reaktion wird sein, daß er all das nur tut und tun kann, weil er mit dem Teufel im Bunde steht; es ist Schwarze Magie, was er da treibt, und der Grund: Er richtet seine Heilkunst notwendigerweise direkt oder indirekt gegen gerade diejenigen Behörden und Institutionen, die beanspruchen, Gott selber auf Erden zu sein oder zu vertreten. Wer Menschen befreit und sie unabhängig von diesen Kreisen zu machen sucht, der muß ihnen gelten als Widersacher Gottes, als Abkömmling des Teufels oder als Wahnsinniger. Wie auch sollten sie jemals anerkennen, daß sie selber es sind, welche die Welt in eine Hölle verwandeln, daß sie selber es sind, welche die Menschen wahnsinnig machen? Lieber töten sie, physisch, geistig, moralisch, denjenigen, der sich gegen sie erhebt, als daß sie eingestehen würden, selber physisch, geistig und moralisch nichts weiter zu sein als der verkörperte Tod, als der verkörperte Irrsinn, als die verkörperte Unmoral von Außenlenkung und Entfremdung.

Stets beharrte das christliche Dogma auf der Erklärung, JESUS sei am Kreuze «für uns» gestorben zu unserer Erlösung von den Mächten des Todes. In gewissem Sinne ist diese Auffassung ganz wortwörtlich wahr, vorausgesetzt, man löst sie aus der abenteuerlichen Konstruktion, die Theologen der Kirche wüßten, was Gott sich am Karfreitag gedacht habe: Er habe den Tod seines «Sohnes» selber «gewollt» und in «Glaubensgehorsam» befohlen, um seinen «Gerechtigkeitswillen» angesichts der strafeheischenden Sündigkeit des Menschen mit seiner Liebe zu versöhnen. Natürlich ging JESUS *nicht* zugrunde wegen derlei horrender Widersprüche im Herzen der Gottheit, er wurde vernichtet und er wird immer wieder vernichtet werden wegen der Widersprüche, die in uns selber und in unserer geschichtlichen Wirklichkeit liegen.

Immer wieder appellieren die Moralphilosophen und -theologen an unsere Freiheit, und leicht sind wir geneigt, ihnen Glauben zu schenken; doch sobald wir jemanden sehen, der wirklich frei ist, da erfaßt uns eine tödliche Angst, und wir bringen ihn um, ja, wir halten es noch für einen «Gottesdienst» (Joh 16,2), so zu tun. Jesus starb wirklich «für uns». Er nahm das therapeutische Engagement unserer Befreiung mit aller Energie und bis zur äußersten Konsequenz auf; er trug stellvertretend für uns genau *die* Auseinandersetzungen aus, die auszutragen es uns immer wieder an Mut gebricht. Solange das Wort: «Ich habe Angst», von uns wie ein Argument gebraucht wird, um etwas, das wir als völlig richtig vor Augen sehen, sein zu lassen, solange werden wir in den Kerkern des Todes weiter dahinvegetieren. Es ist in der Tat der entscheidende Unterschied: Für JESUS bedeutete «Angst» eine Herausforderung, im Vertrauen auf Gott durch sie hindurchzugehen. «Wenn Gott für mich ist, – was kann ein Mensch mir dann tun?» Kein Psalmenwort (Ps 56,10.12) drückt so sehr die Grundhaltung JESU aus, wie wir sie in all seinen Verhaltensweisen im Neuen Testament dargestellt finden, als dieses. Wie auf manchen Osterbildern griechischer Ikonen ist es diese angstbesiegende Hand, die er ausstreckt, um «Adam und Eva» aus den «Gräbern» herauszuholen.

Zweifellos bedeutete es eine maßlose Übertreibung, wenn wir behaupten wollten, jede Psychotherapie setze auf seiten des Therapeuten eine solche Angstfreiheit voraus. Wahr aber ist es, daß man einen anderen Menschen nur bis zu dem Punkt begleiten kann, bis zu dem man in seinem Leben selber gekommen ist; und man wird im anderen stets nur diejenigen Konflikte zu lösen vermögen, die man in sich selber durchgearbeitet hat. Da besteht eine tiefe Solidarität, ja, Identität und Identifikation in der Gemeinsamkeit gleicher Probleme und vergleichbarer Erfahrungen, die sich zu der Gemeinschaft eines therapeutischen Geschehens öffnet.

Es gibt gleichwohl einen «Widerstand» gegen die therapeutische Grundhaltung, der immer wieder in rationalisierter Form von Moraltheologen ebenso wie von den Vertretern des «gesunden Menschenverstandes» geltend gemacht wird; er lautet in generalisierter Form: «Aber Gesetze muß es doch geben!» Oder: «Aber Strafe muß sein!» Oder: «Kinder brauchen nicht nur Liebe, sondern auch Strenge.» Diesem «Einwand» ist zuzugeben, daß keine

Gemeinschaft von Menschen (und Tieren) ohne bestimmte Regeln des Zusammenlebens auskommen kann und daß es unter kulturellen Bedingungen nicht angeht, wenn jeder für sich immer von neuem den Faustkeil, das Feuer und die Hochzeit erfinden müßte. Indessen haben wir gerade gesehen, daß es einer psychischen (oder existentiellen) Voraussetzung bedarf, damit ein Mensch überhaupt in einer menschlichen Gemeinschaft zu leben vermag, und eben mit diesen «Sozialisations»bedingungen hat es die Psychotherapie zu tun: Sie muß versuchen, die fehlenden oder fehlerhaften Sozialisationsformen nachzuarbeiten.

Im Bilde gesprochen: Nehmen wir an, jemand komme an einem Sommernachmittag nach Hause und finde seine Lieblingsblume auf dem Fensterbrett unter den Strahlen der Sonne wie verdorrt; dann kann er sich sagen, daß eine «ordentliche» Blume nicht derart den Kopf und die Blätter hängen läßt, und er kann versuchen, ein Spalier zu errichten und die Blume daran aufzubinden; der Erfolg ist augenblicklich zu sehen: Die Blume steht wieder so, wie sie sollte, – doch der Preis dafür ist hoch: es wird nicht lange dauern, und die Blume wird wirklich verdorren. So das Vorgehen aller, denen die äußere Anpassung und der Augenschein wichtiger sind als die Wirklichkeit. Anders, wenn jemand seine Blume wirklich liebhat. Dann wird er sie aus der Sonne in den Schatten setzen und sie vorsichtig begießen. – Setzt man für «Schatten» und «Wasser» «Geduld» und «Liebe», so hat man alles, was Blumen und was Menschen von innen her aufrichtet. Alles, was Psychotherapie heißt, ist ein solcher Versuch, gebrochene Blumen von innen her aufzurichten.

«Aber gibt es denn nicht auch Grenzen?» so lautet unfehlbar ein letzter verbleibender Zweifel. «Kann es denn darum gehen, alles und jedes zu verstehen? Auch etwa HITLER? Auch etwa HIMMLER? Auch etwa HEYDRICH? Soll am Ende wirklich allen alles vergeben werden? Und wird damit nicht der Unterschied zwischen Gut und Böse schlicht ignoriert, ja, egalisiert?»

Nein, muß man sagen, keineswegs wird der Gegensatz zwischen Gut und Böse ignoriert, geschweige denn egalisiert. Im

Gegenteil. Je deutlicher wir einen Menschen wie «Hitler» oder «Himmler» oder «Heydrich» zu verstehen beginnen, wird uns die Furchtbarkeit ihrer Möglichkeiten und die Entsetzlichkeit ihrer Motive nur immer deutlicher werden, und es ist mehr als zweifelhaft, daß wir bis heute Verfahren besäßen, um ein solches Meer von Haß und Gefügigkeit therapeutisch austrocknen zu können; von daher besteht gewiß oft genug die Notwendigkeit, Menschen vor sich selber und andere Menschen vor ihnen zu schützen. Doch solche Notwendigkeit exekutiert sich nicht mit dem Anspruch göttlicher oder gesellschaftlicher Gerechtigkeit; sie ist nichts als ein Ausweis unserer Unwissenheit und Unfähigkeit, ein noch nicht geklärter Rest dunkler Vergangenheit. Den Weg in die *Zukunft* werden wir nur finden, wenn wir prinzipiell bereit sind, das Verstehen an die Stelle des Verurteilens und des Hinrichtens zu setzen. Es ist wahr: Viel muß geschehen, ehe ein Rodion Raskolnikow begreifen wird, was er überhaupt getan hat, und es wird schon den entscheidenden Schritt seiner «Umkehr» oder Heilung bedeuten, wenn er es begreifen wird, aber es gibt auch jetzt schon den beispielgebenden Weg einer Sonja, die sich bemüht, in dem Verbrecher den Menschen wiederzufinden ...

Immer noch höre ich die Klage einer Ordensschwester, die irgendwann während der Therapie sagte: «Sie wissen ja gar nicht, was hier geschieht. Mein Leben war wie das einer Eisblume am Fenster. Ich habe niemals wirklich gelebt. Ich war nichts als eine erstarrte Ordnung in Form gefrorener Tränen. Sie aber hauchen darüber, und alles fließt aus. Ich bin doch gar nichts! Ich war doch gar nichts!» Wie aber, wenn das rinnende Wasser die Erde durchfeuchtet? Es wäre wie die Erfüllung eines prophetischen Traums (Jes 44,3)! Es wäre der Anfang blühenden Lebens!

Oder sagen wir es noch einmal anders. Irgendwo bei Tarent finden Taucher im Ionischen Meer eine Statue, in der sie die Gestalt einer Göttin vermuten. 2000 Jahre lang haben Tang und Muscheln die Statue überzogen und ihr Bild nahezu unsichtbar gemacht. Nun aber kommen Archäologen, entfernen das Verformende, ergänzen das Fehlende und stellen nach und nach die verlorene Schönheit eines vollendeten Kunstwerkes wieder her. Eine solche Restaurationsarbeit des verlorenen Wesens eines Menschen, das unter noch so vielen Überlagerungen für den, der sich Mühe gibt, trotz allem deutlich genug erkennbar bleibt, ist das, was «Therapie» heißen mag.

Es gibt immer noch Theologen, die meinen, sich auf JESUS berufen zu können, wenn sie den Menschen, gestützt auf die Bibel, die Hölle predigen und zu glauben vorschreiben, und die jeden für einen Ungläubigen erklären, der diesen unmenschlichen Glauben nicht teilt. Gott, so erklären sie, habe den Menschen frei geschaffen, und so respektiere er die Freiheit des Menschen; ein Mensch, der wirklich das Böse wolle, schließe sich selbst von Gott aus, und Gott nehme in alle Ewigkeit diese Entscheidung ernst; er strafe nicht, er überlasse – aus Respekt vor seinem eigenen Geschöpf – den Menschen lediglich seiner eigenen furchtbaren Freiheitsentscheidung. In Wahrheit kann nichts aberwitziger sein als eine solche Erklärung. Als gäbe es je einen Menschen, der seine eigene Verzweiflung, der seine eigene Hölle «freiwillig» «gewählt» hätte! Es ist wahr, daß *wir* Stümper sind und immer wieder, bei allem guten Willen, an der vermeintlichen «Bosheit» der Menschen scheitern können; aber sollten wir nicht wenigstens Gott zutrauen, daß er zumindest am Ende des Lebens sogar die Wunder wirkt, die selbst JESUS manchmal in Galiläa nicht zu wirken vermochte? Sollte er, den wir als die ewige Liebe verehren, sich dem Abgrund der menschlichen Seele in ihrer Lieblosigkeit nicht schließlich gewachsen zeigen? Hoffnung sollten wir hegen auch noch für «Hitler», statt auf eine Hölle zu hoffen, die niemandem hilft, nicht einmal Gott. Gott selber, wenn es die Hölle gäbe, wäre gescheitert an seinem eigenen Geschöpf, das er zum Glück, nicht zum Leiden bestellt und bestimmt hat.

Von der Absichtslosigkeit der Güte
oder: Die Botschaft des Buddha

Dabei haben wir das «therapeutische» Anliegen der Botschaft JESU bisher nur in Richtung oder aus der Perspektive des «Patienten» beschrieben. Genauso wichtig aber, wenn nicht noch wichtiger für den therapeutischen Prozeß sind die Voraussetzungen und Einstellungen, die sich auf seiten des Therapeuten finden sollten. Er hat seine Klienten nicht zu zensieren, nicht zu moralisieren, nicht zu dirigieren, nicht zu evangelisieren, gewiß; was aber besagt ein solches Verhalten der Selbstzurücknahme für ihn selber? Diese Frage wird mit Bezug auf die Person JESU selten gestellt, die dogmatische Vergöttlichung seiner Gestalt hat all seine menschlichen Züge stets überstrahlt, und wenn man auch im Jahre 680 beim 3. Konzil von Konstantinopel dahin gelangte, JESUS *zwei* Willen zuzubilligen, einen göttlichen und einen menschlichen, so hat es eine «Psychologie» des «menschlichen» «Willens» JESU doch niemals gegeben. Andererseits zeigt schon die Überlieferung der Evangelien sich an der historischen Gestalt des Mannes aus Nazareth denkbar uninteressiert; nicht wer JESUS biologisch war, sondern was er wollte und wirkte, sollte in zeitlos gültigen Bildern (in gewissem Sinne auf mythischem Niveau) gemalt werden. Von daher ist es für alle Zeiten schlechthin unmöglich, ein psychologisches Portrait JESU zu erstellen, ohne ins rein Projektive und Phantastische zu geraten.

Doch um so nützlicher ist es, wenn wir in einer ganz anderen Religion bereits ein halbes Jahrtausend zuvor, im *Buddhismus*, gerade *die* Frage gestellt sehen, die in der Bibel bei allem richtigen (oder falschen) Tun entlang den «Geboten» fast unterzugehen droht: was denn auf der Seite dessen, der helfen will, auf der Seite des «Therapeuten» also, dazugehört, wirklich hilfreich sein zu können. Bezeichnenderweise lautet die Frage, buddhistisch gestellt, allerdings bereits nicht: wie muß ich sein, oder was muß ich tun, um anderen helfen zu können, die Frage dort lautet allein:

Abb. 1: Die Geburt des Siddharta Gautama, National Museum Neu Delhi

wie ist es möglich, innerlich klar und wahr zu werden; alles andere, so die Überzeugung, wird sich dann zeigen.

Jeder im buddhistischen Kulturraum kennt die Geschichte, wie
der Königssohn SIDDHARTHA GAUTAMA im Palast von Kapilavastu
auf das köstlichste gehalten wurde, um als künftiger Thronnach-
folger erzogen zu werden. Man fürchtete sich vor einer Weissa-
gung, die der Legende nach der Seher ASITA bei der Geburt des
Kindes gegeben hatte: dieser Knabe werde entweder ein macht-
voller Herrscher auf Erden oder aber ein großer Weiser werden.
Von Anfang an lag es offenbar wie eine schicksalhafte Wahl über
dem Leben des späteren BUDDHA, wofür er sich wirklich entschei-
de: äußere oder innere Macht, äußerer oder innerer Reichtum,
Wissen oder Weisheit, Politik oder Religion, moralisch motivierte
Maßnahmen zu mancherlei Verbesserung der Lage von Menschen
oder eine innere Verwandlung des Menschseins im ganzen, – dazwischen bestehe nur ein Entweder-Oder. Die Wahl galt, und sie
gilt bis heute absolut. Doch welch ein Mensch hat eine Wahl?
Prinz GAUTAMA jedenfalls hatte sie nicht.

Seine Mutter MAHAMAYA starb, wie in so vielen Heroenge-
schichten der Menschheit, wenige Tage, nachdem sie ihr Kind
jungfräulich, wie die Mythe erzählt, stehend, aus ihrer Seite, unter
einem Baum im heiligen Hain von Lumbini zur Welt gebracht
hatte (vgl. Abb. 1). Äußerlich wuchs das Kind mit allen Annehmlichkeiten des höfischen Lebens heran, doch litt es, je älter es wurde, um so mehr an dem Gefühl innerer Unausgefülltheit. Was
Prinz SIDDHARTHA GAUTAMA im Palast leben sollte, war nicht *sein*
Leben. Er heiratete. Ihm wurde ein Söhnlein geschenkt, das den
Namen RAHULA erhielt. (Abb. 2) Doch blieb da ein unerklärlicher,
ein nicht zu stillender Rest an Melancholie. Es geschah, erzählt die
Legende, daß dreimal der junge Königssohn von dem Wagenlen-
ker CHANDAKA in die Stadt geleitet wurde und daß er bei jeder der
Ausfahrten nacheinander einem Bettler, einem Greis und einem
Trauerzuge begegnete, bei dem, in ein weißes Leinen gehüllt, ein

Abb. 2: Prinz Siddhartha Gautama neben seiner Frau Yashodhara, die er als
seine Cousine geheiratet hatte, mit dem Sohn Rahula. Gerade an dem Tag
der Geburt des Sohnes verließ Siddharta den Palast in Kapilavastu und seine
Familie und zog in die Hauslosigkeit eines mönchischen Wanderlebens zur
Befreiung vom Leid der Vergänglichkeit, der Gier und der Unwissenheit. Re-
liefdarstellung aus Ellora, ca. 6. Jh. n. u. Z.

Verstorbener von vier Männern hinaus zur Verbrennungsstätte getragen wurde; und jedesmal fragte der Prinz den Wagenlenker, was denn das sei, und jedesmal antwortete dieser wahrheitsgemäß: «Eines Tages, o Fürst, wirst auch Du ganz arm sein, ganz alt und gebrechlich werden, eines Tages, o Fürst, wirst auch Du von vier Männern in einem weißen Laken zur Verbrennung getragen.»

Alle Menschen haben und hatten in ihrem Leben schon einmal Bettler, Kranke und Sterbende gesehen, doch für wen je hätte dieser Anblick mehr bedeutet als die Erschütterung eines Augenblicks? Für SIDDHARTHA GAUTAMA bedeuteten diese Erfahrungen eine Erschütterung, die sein ganzes Leben veränderte. Wenn Armut, Alter, Krankheit und Tod *unausweichlich* zum Leben gehören, wie soll es dann möglich sein, glücklich zu leben? fragte er sich. Alles Leben, wenn es so steht, ist *voller Leid*: Immer von neuem und allerorten werden Menschen weinen müssen ihrer zerstörten Hoffnungen wegen, ihrer unvollendeten Taten wegen, ihrer zärtlichen Liebe wegen, die sie mit dem Geliebten verband und die nun durch den Tod für immer getrennt werden soll, oder auch umgekehrt wegen des Unglücks, miteinander leben zu müssen ohne wirkliche Liebe. Und was hinzukommt: Ein jeder in seinem Leiden ist ganz *allein*. Jeder leidet für sich, kein anderer kann ihm das Leiden abnehmen. Auf seine ganz besondere individuelle Weise leidet ein jeder. Leiden *vereinzelt*. Und vor allem: Wenn immer von neuem die besten Anstrengungen sich als vergeblich erweisen, so ist das Dasein insgesamt *leer*, nichtig und hohl.

Niemals in der Religionsgeschichte der Menschheit ist die Infragestellung von allem, was «Welt» ist, so weit getrieben worden wie in der Religion, die wir heute als Buddhismus bezeichnen und die doch nichts ist als der Versuch, eine Antwort zu finden auf das namenlose Leid, das es bedeutet, inmitten dieser Welt zu leben.

Eines war Prinz SIDDHARTHA GAUTAMA von vornherein klar: Er würde die täuschende Eitelkeit des Palastes, er würde die Schmutzgasse des Hauslebens verlassen müssen, um das muschelblanke Reinheitsleben eines der erlösungsuchenden Asketen anzunehmen; – die Priester, die Brahmanen mit ihren Gebeten und

Riten würden an der Grundsituation nichts zu ändern vermögen; all ihr Flehen um Götterbeistand und Erhörung vermehrte in den Augen des Prinzen nur die Anhänglichkeit an diese Welt des Leids, es führte aus dieser Welt nicht ins Freie; im Gegenteil: die Furcht vor den göttlichen Mächten versklavte die Menschen nur immer tiefer und hielt sie in Priestergehorsam und damit in innerer wie äußerer Unfreiheit. Wenn es überhaupt eine Antwort gäbe, so würde sie bei den Menschen liegen, die auf die Armut des Daseins nicht passiv warteten, sondern sie selber ergriffen. Und wirklich: Eines Nachts verließ der Prinz seine Frau, seinen Sohn, den Palast. Eines Tages wurde er selber ein Bettelmönch.

Er tat zunächst, was die Asketen ihn lehrten: Er meditierte, er fastete, er enthielt sich aufs strengste allen Genüssen, und doch spürte er mehr und mehr, daß es auf diese Weise unmöglich sein würde, eine Lösung zu finden für die drei Grundinfragestellungen des menschlichen Daseins: für die Armut, das Alter und den Tod. Die Mönche verhießen, daß ein Leben in äußerer Armut und äußerster Bedürfnislosigkeit frei machen werde von allem Leiden. Doch was der BUDDHA erlebte, war in gewissem Sinne genau das Gegenteil: Gerade der rigorose Kampf gegen sich selber konnte den Willen in Wahrheit noch ärger versklaven als die Auslieferung an ein Leben in Genuß (und Verdruß). Auch die Anstrengungen des Willens konnten «reich» und stolz machen; die ständige Konzentration auf die Vermeidung bestimmter Annehmlichkeiten heftete das Denken um so heftiger an die entsprechenden Vorstellungsinhalte; die fanatische Verneinung äußeren Lebensglücks bedeutete noch lange nicht die versprochene Aufhebung des Lebensunglücks.

Niemals hat später der BUDDHA etwas gelehrt, das er nicht selber erfahren und auf Grund eigener Erfahrung erkannt hätte. Nicht eine dogmatische Doktrin, vielmehr eine Anleitung zur Erfahrung und Einsicht ist die «Religion» oder, besser, die Weisheitslehre des «Erhabenen»; sie ist ihrem Wesen nach ungeeignet für jede Ideologisierung oder lehramtliche Hierarchisierung. Das aber ist es, was der BUDDHA erfuhr: Er saß unter einem Baum in Bodhgaya am Ufer des Ganges, entschlossen, von der Meditation nicht mehr aufzustehen, bis er den Weg zur Erlösung endlich gefunden hätte. Sein Körper war ausgemergelt vom Fasten, so daß sein Gesäß das Aussehen eines Kamelhufs annahm, sein Rückgrat war wie ein Strick, seine Rippen wie Dachsparren, und wenn er vorne die Bauchhaut strich, fühlte er durch sie hindurch seinen Rücken. Weiter in diese Richtung zu gehen, war nicht möglich. Doch gerade in dieser Lage gelang dem BUDDHA der Schritt zur Erleuchtung; er entdeckte die Lehre vom Mittleren Pfad.

Noch heute wird, wer einen buddhistischen Tempel betritt, drei Türen bemerken, von denen nur die mittlere ins Innere führt; die beiden anderen erschließen nur scheinbar einen Eingang, in Wahrheit versperren sie ihn. Diese beiden Scheintüren bestehen in der Auslieferung an die Welt der Sinne und in der Auslieferung an die Verweigerung alles Sinnenglücks; psychoanalytisch läßt sich auch sagen, ein Mensch könne erst frei werden, er könne Eingang zu sich selber erst finden, wenn er sich von dem Andrang der Triebe ebenso gelöst habe wie von dem Diktat moralischer Askese; versklavend kann das Es ebenso sein wie das Überich. FREUDS Meinung besteht wohl zu Recht, daß beide Instanzen der Psyche den gleichen Kräften entstammen: – Das Überich wird gebildet durch Umlenkung von Es-Energien gegen sich selbst. Freiheit kann es daher nur geben, wenn der Gegensatz von Sittlichkeit und Sinnlichkeit, von Kultur und Natur, von Sollen und Wollen sich zugunsten einer vernünftigen Synthese auflösen läßt. Auch der Asket will noch, daß er nicht will, und zwar muß er ebenso stark nicht wollen, wie er ursprünglich wollte. Was aber der BUDDHA als den Mittleren Pfad entdeckte, besteht in der vollständigen Aufhebung des Wollens überhaupt.

Man betrachte, um die Bedeutung des Nicht-Wollens in der buddhistischen Grundhaltung zu begreifen, nur einmal die Gesinnung «christlicher» Gebetsanmutungen im Vergleich zu der Haltung östlicher Meditationstechniken. Auf der einen Seite findet sich ein gewissermaßen ins Unendliche gedehnter Ichstandpunkt, der den Himmel bestürmt, einem einzelnen Menschen in seiner Not trotz allem denn doch dies und das zu gewähren, ganz als sei selber die Gottheit ein wenig zu alt und gebrechlich geworden und mithin menschlicher Gedächtnishilfe bedürftig; auf der anderen Seite steht genau umgekehrt ein Verfahren der allmählichen Loslösung von allen Bewußtseinsinhalten und Willensabsichten. «Das ist nicht mein Selbst» – so lautet eine häufig gebrauchte Meditationsformel im indischen Buddhismus. Sie löst die Gedanken und Vorstellungen von allen möglichen Inhalten, bis daß Ruhe einkehrt und nichts mehr den inneren Frieden zu stören vermag. Schon die Sitzhaltung tut dabei kund, was erreicht werden soll: Da findet ein Mensch eine Haltung, die ihm Halt in sich selber verleiht. Viele Stunden vermag ein Mönch in Meditation wie unbeweglich zuzubringen; er ist in sich gelöst, und diese Gelöstheit selbst ist die Lösung der meisten Probleme im eigenen wie in anderer Leute Leben.

Nur scheinbar steht diese Erkenntnis im Widerspruch zu den Lehren JESU im Neuen Testament. Gewiß, in geradezu dramatischen Gleichnissen spricht JESUS davon, daß wir zu Gott vertrauensvoll und inständig beten sollten: – wie eine Witwe, die einem ungerechten Dorfkadi so lange in den Ohren liegt, bis daß er ihr willfährt (Lk 18,1–8), oder wie ein Mann, der des Nachts zur Bewirtung eines überraschenden Gastes so lange an die Tür seines Nachbarn klopft, bis dieser ihm aufmacht und ihm gibt, was er braucht (Lk 11,5–8); – selbst wenn man Gott «lästig» fallen müßte, um ihn sich gefügig zu stimmen, meint JESUS, sollte man es unter allen Umständen probieren. «Gott weiß doch längst, bevor ihr ihm sagt, was ihr braucht», erklärt er (Mt 6,7–8); und: «alles, worum ihr den Vater bitten werdet, das wird er euch in meinem Namen geben» (Joh 17,23).

Den Worten nach zweifellos wird hier zugesichert, daß Gott jedem Wunsch der Menschen, wenn er nur beharrlich genug vorgetragen wird, irgendwann entsprechen werde, und in gerade diesem Sinne hat die «christliche» Theologie die «Gläubigen» denn auch instruiert. Aber meint JESUS das wirklich? Im Grunde widerlegt er das «materielle Mißverständnis», nach dem die Religion des «Ich gebe, damit du gibst» wesentlich auf dem Austausch von «Leistung» und «Gegenleistung» zwischen Mensch und Gott beruht. «‹Alles› wird Gott euch geben»? Was heißt da «alles» außer: – Gott selbst? Alles Beten hat nur den Zweck, nach und nach ein Vertrauen zu üben, das nicht mehr an «Gegenstände» oder an «Zustände» geheftet bleibt, sondern das unbedingt gilt. Am Ende gibt Gott niemals «etwas», sondern sich selbst. Und zu dieser Erfahrung soll all das führen, was wir ein «Bittgebet» in JESU Namen heißen.

Kinder vor Weihnachten beispielsweise. Sie bitten um einen Ball, um eine Puppenstube oder um ein Püppchen, sie wünschen sich, mit HANS CHRISTIAN ANDERSEN zu sprechen, «die ganze Welt und ein paar Schlittschuhe», und dabei heraus kommt am Weihnachtsabend vielleicht rein gar nichts; – der Vater ist gerade arbeitslos geworden, das nötige Geld ist einfach nicht da; und doch können alle gestellten Wünsche sich darin erfüllen, daß die Kinder zumindest etwas merken von der Liebe ihrer Eltern. Alle Bitten, so zeigt sich jetzt, galten im Grunde der Frage der Liebe. Tausend Geschenke könnten sie nicht ersetzen; doch eine einzige Regung spürbarer Liebe ist unendlich viel mehr als alle Gegenstände, in denen sie sich ausdrücken könnte.

In der *Bhagavadgita*, als die zwei Brudersippen der Pandavas und der Kauravas bei Kurukshetra im Kampf gegeneinander angetreten waren (jeder Krieg, so besehen, ist Brudermord!), forderte der Gott Krishna die Generale beider Armeen auf, entweder den Beistand der Götter oder die Armee der Götter sich zu erflehen. Arjuna bat Krishna, ihm den Beistand der Götter zu schenken; mehr brauche er nicht. In der Tat: Mehr braucht ein Mensch nicht! Und alles Bitten, auch und gerade im Sinne JESU, soll oder sollte doch einmünden in eine solche Haltung.

Fast buddhistisch mutet es an, wenn im Neuen Testament JESUS etwa das *Sorgen* verbietet (Mt 6,34). «Sorgt euch nicht um den morgigen Tag», sagt er. Er spricht diese Worte in eine Welt hinein, in der die Sorge allmächtig scheint; so sehr, daß wir die buddhistische Haltung geradezu brauchen, um im «christlichen Abendland» «Christus» zu finden.

Alles in der heutigen Sozialpolitik etwa hat es mit der «Zukunftssicherung» zu tun, weiß doch ein jeder oder ahnt doch ein jeder, daß die Zukunft noch nie so unsicher war. «Sind die Renten gesichert?» «Was ist der zu leistende Beitrag zur Alterssicherung?» Es ist, als lebten wir überhaupt nur für die Zeit nach 65 Lebensjahren und als begönne das, was wir sind, überhaupt dann erst. Man jagt uns allem Anschein nach wie Windhunde einem elektrischen Hasen hinterdrein, den wir indessen niemals erhaschen sollen, denn würden wir ihn zwischen die Zähne bekommen, hielten wir nichts als Blech und Schießdraht im Maul; derweilen schließen die Zuschauer, denen das Rennen zur Belustigung dient, längst schon die Wetten auf den schnellsten der Jagdhunde ab, und mehr als diese Prämien für den «richtigen» Wetteinsatz der «Spekulanten» in wörtlichem Sinne ist und war mit all dem Gehetze wohl niemals verbunden! Niemand hat je unser Glück gemeint! Und was für ein Wahn auch, wir könnten leben bestimmt erst dann, wenn wir es im Rentenalter so richtig verdient hätten! Dann, am Ende eines vollkommen gestohlenen Lebens, wüßten wir ganz bestimmt, was es bedeutete, glücklich zu sein: Dann unternähmen wir endlich eine Kreuzfahrt im Mittelmeer, bestiegen die Maya-Pyramiden im Petén, erkletterten den Mauna Loa auf Hawaii, ganz bestimmt gehörte uns dann die Welt; denn wir hätten es uns verdient, – durch all unsere Vorsorge! Schon die 15jährigen lehren wir so.

Es ist eine Alternative, die der BUDDHA nicht anders sah als jener galiläische Jude aus Nazareth: Entweder wir vertun unser Leben im Besorgen des Lebens, oder wir lernen es, im Vertrauen *heute* zu leben und Menschen zu werden; wir «besorgen» gar nichts; wir bemühen uns einfach, anwesend zu sein, – und wir werden erleben, daß in dieser Anwesenheit alles Heilsame bereits geschieht.

Für die Haltung eines Psychotherapeuten jedenfalls gibt es

nichts Wichtigeres. Er sollte, wie man sich «technisch» ausdrückt, mit seinen «Gegenübertragungen» umgehen können. Nicht nur die Patienten, die zu ihm ins Gespräch kommen, tragen vor dem Hintergrund ihrer Biographie eine Fülle von positiven wie negativen Erwartungen («Übertragungen») in die therapeutische Beziehung ein, auch der Therapeut unterliegt einer Reihe von Reaktionsbereitschaften, die er selber aus Kindertagen mitgebracht hat. SIGMUND FREUD verlangte, ein Psychoanalytiker solle während der Behandlung die Äußerungen seines Patienten «mit freischwebender Aufmerksamkeit» verfolgen. Das wird in dieser «Reinheit» kaum möglich sein, ja, es ist schon die Frage, ob es menschlich überhaupt als wünschenswert erscheinen kann, daß so etwas möglich sei. Auch ein Psychotherapeut ist «nur» ein Mensch, und er sollte nicht so tun, wie wenn er sich am besten in das emotionslose «Objektiv» eines Mikroskops oder Photoapparates zu verwandeln hätte. Mit seinen «Gegenübertragungen» verrät er zumindest ein menschliches Eigeninteresse an seinem «Gegenüber». Andererseits stimmt es: «Eigeninteresse» darf nicht zur Eigensucht mißraten. Kein Therapeut vermag irgend etwas Hilfreiches zu leisten, so lange er seinen Patienten in bestimmte vorgegebene Erwartungen seiner eigenen Person einzuzwängen sucht. Das gesamte gesellschaftsübliche System von Lohn und Strafe, Lob und Tadel, Anerkennung und Aberkennung sollte therapeutisch nach Möglichkeit außer Kraft gesetzt werden; – es hat (im Ideal) nicht wichtig zu sein, ob eine bestimmte Einsicht oder ob eine bestimmte Einstellung des Patienten dem Therapeuten gefällt oder nicht; die Frage sollte einzig sein, ob sie mit der nicht-neurotischen Persönlichkeitsstruktur des Patienten, mit seinem Ich und mit seiner Art, die Realität wahrzunehmen, übereinstimmt oder nicht.

Feststeht: Der Patient hat ein Recht auf sich selbst; und nur bei der Durchsetzung dieses Rechts kann und soll die Psychotherapie ihm zu Diensten sein. Zu diesem Zwecke aber muß der Therapeut sich soweit als möglich von seinen eigenen Vorstellungen und Vorlieben freigemacht haben. Er darf nichts «wollen». Er kann nur «etwas» erreichen, wenn er nichts erreichen will. Er muß in gewissem Sinne auch die Angst und die «Sorge» um seinen Patienten aufgeben, und gewiß sollte er die Beziehung zu ihm nicht zur Stabilisierung seiner eigenen Persönlichkeit gebrauchen oder mißbrauchen.

Es ist wesentlich diese Zweckfreiheit, es ist diese Absichtslosigkeit, welche die therapeutische Grundhaltung ausmacht. Sie allein eröffnet jenen Raum, an dem ein Mensch zu sich selbst zu finden vermag. So wie der Patient in der Therapie es *verlernt*, als erstes sich zu fragen, was er machen soll, so hat auch der Therapeut sich nicht zu fragen, was er mit dem Patienten, für den Patienten oder statt des Patienten machen soll. Daß er in Gelassenheit und Gelöstheit anwesend ist, darin besteht alles, was einen Patienten dahin zu führen vermag, von bestimmten Fehlidentifikationen zu lassen und dadurch seine Konflikte nach und nach aufzulösen.

«Das ist nicht mein Selbst.»

Diese rein negativ klingende Meditationsformel im Buddhismus läßt sich psychoanalytisch in einen Arbeitsweg zur Durcharbeitung all der Vorschriften und Dressate übersetzen, mit denen das Ich eines Patienten seit Kindertagen als den vorbildlichen Inhalten seines *Überichs* sich zu identifizieren hatte, ohne jemals selber über den Wert oder Unwert dieser Zwangsverordnungen entscheiden zu dürfen. Und genauso mit den Inhalten des *Es*: Seine Wunschregungen sind oft genug unter der Dreinrede des Überichs in solchem Maße verborgen und verbogen worden, daß es sehr nötig ist, ihnen ihre ursprüngliche Unschuld und ihr ruhiges Fließen zurückzugeben.

«Hütet, ihr Mönche, euch vor der Gefahr des Alligators», meinte der BUDDHA, und er dachte dabei an die Macht der Triebe, das Ich zu verschlingen und in den Abgrund zu ziehen. Doch dann fügte er hinzu: «Und hütet, ihr Mönche, euch vor der Gefahr der Lotosblume», und er dachte dabei an die Gefahr, im Element der Reinheit selber, im Wasser, fleckig und faulig zu werden wie eine Wasserrose; – zu viel an Reinheitswillen zerstört! Genau zwischen dem «Alligator» und der «Lotosblume» verläuft der Mittlere Pfad.

Es gibt im Neuen Testament eine außerordentlich schöne und tiefsinnige Legende darüber, wie es möglich ist, auf eine wirklich «therapeutische» Weise religiös zu sein, und es ist kein Wunder, daß dieselbe Erzählung im Buddhismus ebenso wie im Christentum überliefert wird.

Vor keiner Gefahr hat ein Mensch größere Angst als vor dem Tod, und so überliefert eine buddhistische Erzählung, wie ein Laienbruder den Fluß Aciravati, da ein Fährmann fehlt, trockenen Fußes überschreitet; im Grunde handelt es sich bei dem «Fluß» um die Wasser des Todes, um den Strom der Zeit, den der Schüler des BUDDHA auf diese Art überwindet. Ganz ähnlich steht Petrus in Mt 14,24–33 vor der Frage, wovon er sich bestimmen läßt: Als er im «Sturm» seinen «Herrn» über den «See» auf sich zukommen sieht, verläßt er das «Boot» und wagt sich selbst, ihm entgegen, aufs Wasser; doch was sich nun zeigt, ist die Situation unseres ganzen Lebens: Entweder wir starren voller Angst auf die sich türmenden Wogen, wir hören voller Angst auf das Stürmen des Winds, dann erweist sich die Welt als ein Abgrund, der sich nie mehr schließen wird, oder aber wir schauen fest auf die Gestalt, die vom anderen «Ufer» her auf uns zukommt, und wir hören ihr Wort, das uns ruft, dann trägt uns der Abgrund und alle Angst vergeht.

Der Buddhismus hat die Angst des Menschen niemals derart zum Thema erhoben wie das Christentum in der Gestalt des JESUS in Gethsemane (Lk 22,39–46) und auf Golgotha; und doch sind die Weisen der Loslösung, die er bietet, wie ein unerläßlicher Kommentar zu der Haltung jenes Vertrauens, von dem JESUS her die Kraft gewann, Menschen in ihren Ängsten zu heilen. Therapeutisch vermag nur eine Religionsform zu sein, die abseits allen dogmatischen Zwangs «mystisch» genug ist, um individuell, wahr und frei zu sein, und nur eine solche Glaubensform wird man in Zukunft noch glaubwürdig finden.

«Durch das Nichtmachen ist alles gemacht»
oder: Die Botschaft Laotses

Man könnte meinen, daß eine Haltung, die nichts will, weder vom anderen noch für den anderen noch anstelle des anderen oder gar gegen den anderen, therapeutisch und menschlich höchst ineffektiv ausfallen müßte. Wer «interesselos» ist, wer kein «Interesse» am anderen hat, wie soll der in ein verbindliches Verhältnis zu einem anderen treten? Wir sind (im «christlichen» Abendland) gewöhnt, es für eine unerläßliche Bedingung jeder «nahen» und «intensiven» Beziehung zu halten, daß wir eine Reihe «vitaler», das heißt egoistischer Gründe angeben können, warum wir zu einem anderen Mann oder zu einer anderen Frau Kontakt aufnehmen: Erst wenn der andere als Geschäftspartner oder Sexualpartner oder zumindest als «Lebensabschnittspartner» (LAP) in Frage kommt, vermuten wir eine rege menschliche «Kommunikation». Worauf wir nicht kommen, ist die Möglichkeit, daß es ein Nicht-Wollen aus Liebe gibt. Doch gerade diese Möglichkeit ist menschlich entscheidend; sie bildet einen der wichtigsten Punkte, an der wir die Einseitigkeit, ja, die Destruktivität unserer «christlich»-abendländischen «Kultur» am allerdeutlichsten zu spüren bekommen.

Was geschieht wirklich, wenn zum Beispiel ein Mann und eine Frau einander liebgewinnen? Bereits in der äußeren Wahrnehmung bildet sich ein dankbares, freudiges Verlangen danach, die Gestalt und die Gegenwart des anderen nachzuzeichnen: Das sind seine Haare, dies ist seine Stirn, so schimmern seine Augen, so bewegen sich die Lippen seines Mundes – es sind all die Linien, die man später im Liebesspiel mit den Fingern, mit den Händen, mit Streicheln und Küssen nachzuziehen und wie ein Wunder zu «begreifen» versuchen wird.

«Will» man im Spiel der Zärtlichkeit den anderen? Unbedingt! Doch auch wieder nicht!

Man möchte ihn so, wie er ist, und man möchte, daß alles, was in ihm liegt, sich entfalte wie eine Blume im Licht; unter gar keinem Umstand möchte man dieser Sonne des Glücks, die den anderen umstrahlt, in irgendeiner Weise als Schatten im Wege stehn. Das Bedürfnis wächst, den anderen in Worten zu malen, die seine Schönheit in einen Gesang des Frohlockens verwandeln und die sein Wesen hervorzaubern möchten, auf daß es sich immer mehr ans Licht wage. AUGUSTINUS konnte davon sprechen: Alles Erkennen, meinte er, sei getragen von einer tiefen Liebe. Und in der Tat: Die Liebe *ist* dieser Wunsch, den anderen ganz und gar von innen heraus zu verstehen, und jeder, der liebt, wird erleben, daß seine Zuneigung immer mehr wächst, je tiefer sein Verstehen reicht. «Ich suche dich zu verstehen, weil ich dich liebe, und ich liebe dich um so mehr, je mehr ich dich verstehe», so lautete, frei übersetzt, die «Formel» des AUGUSTINUS. Doch liegt gerade darin nicht ein Höchstmaß an «Wollen», an «Begehren», an «Streben», an «Verlangen», an «Sehnsucht» – an lauter «Interessiertheit»?

Gewiß. Aber auch nicht!

Denn was AUGUSTINUS mit den Worten von Lieben und Erkennen beschrieb, ist schon dadurch bemerkenswert, daß es das aller Subjektivste: die Liebe, mit dem aller Objektivsten: dem Erkennen, zu einer sich wechselseitig bedingenden und verstärkenden Einheit zusammenschließt. Eine solche Subjekt-Objekt-Verschmelzung ist nur möglich zwischen Personen. Von allem rein Gegenständlichen gilt, daß es sich am besten erkennen läßt, indem alle subjektiven Erwartungen zugunsten eines rein sachlich objektiven Beobachtens und Erklärens zurückgestellt werden; von allem Personhaften indessen gilt, daß es sich überhaupt nur erkennen läßt, indem der Betrachter den subjektiven Standpunkt des Subjekts, das er verstehen möchte, von innen her, durch *Identifikation*, nachzubilden sucht. Es geht um jenen wichtigen Unterschied, den WILHELM DILTHEY als die Differenz von Erklären und Verstehen gefaßt hat: Die Wahrheit eines sich selber reflektierenden, selber erkennenden, selber wollenden Wesens läßt sich niemals von außen vergegenständlicht «erklären», sie läßt sich nur durch einen Akt der Ich- und Du-Verschränkung, durch Einnahme des Standpunktes, an welchem der andere sich befindet, *verstehen*. Dabei geht es um ein in der Tat höchst engagiertes «Wollen», das aber nicht *etwas* vom anderen (haben, sich aneignen, erkennen) will, sondern das den anderen in seinem Dasein will und meint. Und dieses unbedingte Wollen des anderen in seinem Dasein ist gerade so viel wie ein Nicht-Wollen. Es ist eine reine Form der Bestätigung des Wesens des anderen: So, wie er ist, soll er sein! Das ist alles. Da existiert keinerlei Absicht mehr, den anderen zu verändern, zu modellieren oder zu bestimmten Zwecken zu funktionalisieren und zu instrumentalisieren; da vergehen vielmehr alle «Absichten» unter der glückseligen Einsicht, daß es besser, schöner und wahrer gar nicht zu «machen» ist, als es sich ganz ohne eigenes Zutun so offensichtlich schon findet.

Was die therapeutische Haltung der Psychoanalyse auf der Suche nach einer wirklich hilfreichen Einstellung gegenüber einem hilfebedürftigen Menschen in diesem Zusammenhang notgedrungen herausfinden *mußte*, ist etwas, das man systemtheoretisch auch als Vertrauen in die *Selbstorganisation komplexer Systeme* bezeichnen kann und was praktisch dem Besten gleichkommt, das religiös in der Weisheit des chinesischen *Taoismus* entdeckt wurde; es geht um die Haltung des *Nichtmachens*.

Noch bis in die Mitte des 20. Jh.'s herrschte in der «christlichen» Theologie die Auffassung, daß – biblisch gesprochen – Gott seine Macht (und Weisheit und Güte) am klarsten erwiesen habe, indem er die Welt «machte». Die Vorstellung war durchaus die von einem technischen Handwerker auf mehr oder minder hohem Niveau: Ein Weltenbaumeister wurde geglaubt, der nach der Erstellung einer wohlüberlegten, alle Details berücksichtigenden und klug überlegenden Blaupause, für welche er offenbar eine ganze Ewigkeit benötigte, sich vor etlichen Milliarden Jahren an die Ausführung seines Planes begeben habe. Wir werden im dritten Kapitel dieses Büchleins noch auf die Ungereimtheiten einer solchen Weltsicht zurückkommen; *hier* genügt die Bemerkung, daß wir nur froh sein können, daß es vor 3,5 Milliarden Jahren, als die ersten lebenden Strukturen auf dem Planeten Erde sich bildeten, keinen Biochemiker gab, der die RNA-Welt von außen nach seinen Vorstellungen zu «optimieren» versucht hätte; denn soviel ist sicher: *Wir*, die Vertreter jener *Spezies*, die wir nicht ohne Hybris als «*homo sapiens sapiens*» bezeichnen, wären gewiß nicht dabei herausgekommen. Wir sind das Ergebnis nicht einer zeitübergreifenden Planung, sondern das Resultat einer Vielzahl von sich selbst organisierenden Prozessen. Und nun ist es einfach nötig, diese naturwissenschaftlich gewonnene Einsicht der letzten 50 Jahre biologischer Forschung dazu zu verwenden, Weisheit im Umgang mit Menschen, mit Tieren, mit allem, was lebt, zu erlernen.

Das Vertrauen kann walten, daß zum Beispiel die «Seele» eines Menschen ein hochsensibles Organ ist, das sich selber am besten vollzieht, wenn man seine Selbststeuerungsprozesse möglichst wenig stört. Die FREUDsche Traumanalyse, die Technik der freien Assoziation, die therapeutische Regel, alles zu sagen, was durch die Seele geht, erweisen sich, so betrachtet, als bloße Formen der Wahrung und Wahrnehmung des Respekts vor der «Kompetenz» der Psyche, sich selber zu steuern. Nicht zu Unrecht beginnen Naturwissenschaftler das, was die Metaphysiker früherer Zeiten als «Seele» bezeichneten, als eine Struktureigenschaft komplexer Systeme zu interpretieren; sie meinen, daß die Seele sich geradewegs aus der Form des Zusammenwirkens der verschiedenen Teile eines auf sich selber zurückwirkenden (selbstreferentiellen) Systems ergebe; die Form der Selbstorganisation eines Systems – das eben *sei* seine «Seele».

Wenn diese Annahme zutrifft, so gibt es auch «objektiv» im Umgang mit denkenden, fühlenden Subjekten nichts Besseres zu machen, als sie «machen» zu lassen, freilich nicht in distanzierter Gleichgültigkeit, sondern im Gegenteil: in einer Haltung äußerster Zugewandtheit und innerer Beteiligung. Es geht um einen Balance-Akt: Auf der einen Seite gibt es diesen Respekt einer zärtlichen Scheu, in das Leben des anderen «einzugreifen», während auf der anderen Seite doch vollkommen klar ist, daß alle Prozesse des «Subjektiven» sich nur «richtig» ordnen und gestalten können in der Gegenwart eines anderen Subjekts, das in seiner Liebe möchte, daß es den anderen in seiner Eigenart gibt. Denn nur die innere Zugewandtheit der Liebe ermöglicht es, sich selbst als Subjekt zu begreifen, zu vollziehen und zu wollen. Ähnlich wie die Sonne es den Blumen ermöglicht, zu ihrer vollen Blüte sich zu entfalten, so erschließen die Knospen der Seele sich nur in der Wärme und Helle der Liebe. Ein Dich-Wollen, das zum Sich-Wollen wird, eine Du-Anrede, die zur Ich-Aussage reift, ein Umfangen, das ein Empfangen wird, und dies alles in Wechselseitigkeit – das ist Liebe. Sie ist selber ein «selbstreferentielles» System, ein energetischer Schwingkreis zwischen zwei Polen. Selbst das Bild von Gott, dessen Vorstellung von einem «Weltenbaumeister» ein für allemal seine Glaubwürdigkeit eingebüßt hat, müßte und sollte sich in diesem Sinne: einer nicht-eingreifenden, und gerade darin alles ermöglichenden Liebe erneuern.

Ganz und gar paradox, doch auf dem Hintergrund des so Gesagten auch für uns im «christlichen» Abendland gut verständlich, muten die Aussagen an, die bereits im 6. Jh. v. u. Z. der chinesische Weise LAO TSE (*Tao te king*) und nach ihm die religiöse Bewegung des *Taoismus*, insbesondere im 4. Jh. die beiden Meister DSCHUANG DSI (*Südliches Blütenland*) und LIÄ DSI (*Quellender Urgrund*), zu machen wußten; wichtig erscheint in ihren Äußerungen vor allem die enge Verknüpfung, die zwischen der Ordnung im Leben des Einzelnen und der Begründung politisch-gesellschaftlicher Ordnung gesehen wird.

Welch eine Rolle können Moral und Gesetz spielen? Das war bisher die entscheidende Frage.

Kennzeichnend für die *taoistischen* Grundschriften ist die Tatsache, daß sie von dem Appell an den «guten Willen» und von den Tugendpredigten der Ethiklehrer und Juristen nicht nur nichts Gutes, sondern geradewegs Schädliches und Zerstörerisches erwarten; und zwar nicht, weil die gelehrten Tugenden in sich falsch wären, sondern weil ihre Lehre, statt den Menschen zu innerer Erfahrung zu werden, von außen an die Menschen herangetragen wird und sie damit nur immer weiter von sich wegführt; wenn die

Menschen die Einheit mit sich selber verloren haben, *dann* benötigen sie «Gesetze», doch je mehr Gesetze es gibt, desto stärker wächst die Entfremdung – ein Teufelskreis, innerhalb dessen die «Moral» als Symptom und Ursache zugleich auftritt und damit das Problem vertieft, als dessen Lösung sie auftritt.

«Die Tugenden der Liebe und Pflicht», erklärt DSCHUANG DSI (XXIV 12), «bringen nur Unwahrheit hervor; (ihre Pflege ist), wie wenn man einem Vogelsteller noch Netze leihen wollte.»

Nehmen wir, um diese Einstellung zu verstehen, nur einmal den Begriff der *Gerechtigkeit*. Er scheint uns das Kronjuwel aller Sittlichkeit zu sein, und gewiß lassen sich die Ziele künftiger Jahrtausende allesamt mit dem Erlangen von Gerechtigkeit weltweit verbinden: Gerechtigkeit zwischen Erster und Dritter Welt, zwischen Nord und Süd, zwischen West und Ost, zwischen Oben und Unten, zwischen Reich und Arm, zwischen Arbeitgebern und Arbeitnehmern, zwischen Arbeitsplatzbesitzern und Arbeitslosen, zwischen Weißen und Farbigen, zwischen Männern und Frauen – es ist enorm, was zur Durchsetzung von Gerechtigkeit alles getan werden müßte! Und doch erkannte schon JESUS, daß es nicht darum gehen kann, «Gerechtigkeit» «durchzusetzen»; er forderte ganz im Gegenteil dazu auf, den Gang zum Richter zu meiden und sich in einem Rechtsstreit durch Nachgeben zu einigen (Mt 5,25–26); seiner Meinung nach gibt es keine «Rechte», auf die wir uns gegeneinander berufen könnten; vielmehr sah er unsere Lage unter den Augen Gottes als derart hoffnungslos verschuldet an, daß wir absolut verloren wären, wollte Gott sich an die Maßstäbe der «Gerechtigkeit» halten.

In Mt 18,23–35 erzählte er in diesem Sinne zum Beispiel das Gleichnis von einem Minister, der bei seinem König in phantastischer Weise in die roten Zahlen geraten ist; auf seinen Knien bittet er den König um Aufschub – alles werde er verkaufen, seine ganze Habe, sogar seine Familie, doch kann er im Grunde machen, was er will, es wird nicht ein Weniges von seiner Schuld abgetragen. Und nun: *Weil* das so ist, vergibt ihm der König aus lauter Mitleid all seine Schuld, er entschuldet ihn vollkommen, um ihm die Chance zu einem Neuanfang zu geben! Wir leben, will JESUS mit dieser Geschichte sagen, einzig und allein, weil Gott *nicht* «gerecht» ist, sondern weil er uns all unsere Schulden erläßt; nur eines wird Gott uns nach JESU Meinung *nicht* nachsehen: wenn wir bei den vergleichsweise winzigen Beträgen, die wir als Menschen untereinander zu verrechnen haben, unnachsichtig nach «Gerechtigkeit» rufen und unbarmherzig unsere Schuldforderungen einzutreiben suchen. Was uns leben läßt, ist, mit PAULUS ausgedrückt, nicht das «Gesetz», sondern allein die «Gnade» (Röm 3,24; Gal 2,16); wie aber wäre es dann möglich, ungnädig im Umgang mit der Not des anderen zu sein?

Die *taoistische* Einstellung zu Moral und Gesetz ist im Grunde weit reservierter noch als diese Botschaft des Neuen Testamentes; anders als JESUS und PAULUS glaubt sie von vornherein nicht, daß Moral und Justiz etwas Nützliches bewirken könnten, und so läßt sie sich erst gar nicht darauf ein, das «Gesetz» als göttliches Gebot bis zu dem Punkt hin ernst zu nehmen, daß aus dem Zusammenbruch der Gesetzesfrömmigkeit die unbedingte Notwendigkeit einer alles vergebenden Güte erfahrbar würde. Für DSCHUANG DSI stand es einfach fest, daß das Streben nach «Gerechtigkeit» die Welt nicht friedfertiger, sondern nur immer kriegerischer macht.

Der Unterschied könnte größer nicht sein.

«*Opus justitiae pax*» – «der Friede ist das Resultat der Gerechtigkeit», so lautete noch in den 50er Jahren des vergangenen Jahrhunderts der Wahlspruch Papst Pius' XII. Im 4. Jh. *vor* unserer Zeitrechnung hingegen konnte der chinesische Weise DSCHUANG DSI sagen: «Durch Ausübung von Gerechtigkeit dem Krieg ein Ende machen wollen heißt, die Wurzel des Krieges pflanzen ... Jedes verwirklichte Ideal führt zum Übel ... Alles, was in einer Richtung vollkommen ist, ist in anderer Richtung von Nachteil, und die daraus entstehende Verwirrung führt notwendig zu Verwicklungen mit der Außenwelt ... Das beste wäre, daß Ihr mit all dem ein Ende macht, daß Ihr die Aufrichtigkeit Eures Herzens pflegt, um den Verhältnissen in der Welt in rechter Weise zu entsprechen.» (XXIV 2)

Wie man sieht, verläuft die «Argumentation» der Taoisten eher psychologisch als theologisch oder philosophisch: Jede «ideale» Forderung drängt denjenigen, der ihr folgen will, in die Richtung einer immer ausgeprägteren Vollkommenheit – auf Kosten der seelischen Vollständigkeit! Seine Frage ist nicht, wie er mit sich selber in Übereinstimmung kommt, sondern wie er der vorgesetzten Norm entspricht; der Maßstab seines Lebens liegt, psychoanalytisch ausgedrückt, nicht in seinem Ich, sondern in seinem Überich. Subjektiv mag er sich eben deswegen als wortwörtlich «selbstlos» in seinem Handeln empfinden; tatsächlich aber steht er außerordentlich in der Gefahr, mit anderen Menschen ebenso gewalttätig und rücksichtslos zu verfahren, wie man es ihn im Umgang mit sich selbst gelehrt hat. Und treten nun gar noch Inhalte hinzu wie der Begriff der «Gerechtigkeit», der von vornherein eine Forderung auch an alle anderen Menschen enthält, so ist der Friede nicht «gesichert», er steht im Gegenteil in höchster Gefahr. Wer, wenn er Krieg führt, fragte bereits im 16. Jh. ERASMUS VON ROTTERDAM, hätte denn jemals seine eigene Sache für «unrecht» gehalten! «Gerechtigkeit» schafft nicht Frieden, sie ist ein Hauptmotiv des Krieges! Die ganze Tugendmoral ist bei Lichte besehen so etwas wie der Versuch, einen Zuckerkranken mit immer höheren Zuckerdosen therapieren zu wollen: – Man fördert das krankhafte Symptom bis zur Zerstörung des Organismus, indem man die Ursache der Krankheit nicht sieht oder nicht sehen will: Das «Symptom», das «Moral» und «Justiz» auf den Plan ruft, ist die «Unmoral» und die «Ungesetzlichkeit» im Verhalten von Menschen; was man nicht sieht oder nicht sehen will, ist die psychische Ursache, die sich in dem Fehlverhalten äußert: daß ein Mensch sich selber verloren hat.

Es liegt auf der Hand, daß all die «ordentlichen» Leute, sobald sie sehen, daß ihre Ratschläge und Zwangsmaßnahmen den Zustand eines «Verlorenen» nicht bessern, sondern verschlimmern, ihrem «Patienten» «Böswilligkeit» unterstellen und darauf drängen, endlich mit strengeren *Strafen* gegen die «Unbußfertigen», gegen die «Verbrecher», gegen die «Unbelehrbaren» vorzugehen und die Mechanismen der Ausgrenzung zu verschärfen. Das «christliche» Abendland verfügt in dieser Praxis über eine besonders «gründliche» Erfahrung, – immerhin ist es der einzige Kulturkreis, in dem es jahrhundertelang kirchliches Dogma und staatliche Überzeugung war, daß Menschen so abgrundtief «böse» sein könnten, daß man sie für vom «Bösen», vom Teufel selbst, für «besessen» erachten müsse; man metaphysizierte die psychischen Verdrängungen und Deformationen, die man aus seelischer Ignoranz selber geschaffen hatte, und glaubte sich hernach verpflichtet, dem «Besessenen» die Hölle, in die man ihn bereits verstoßen sah, schon auf Erden zu bereiten: Indem man ihn bei lebendigem Leibe verbrannte, nutzte man die Strafe der ewigen Verdammnis als irdisches Exekutionsmittel!

Das alles geschah im Namen dessen, der am Ende der Bergpredigt (Mt 7,1–5) ausdrücklich den Gedanken verwarf, daß Menschen über Menschen zu Gericht sitzen könnten – womöglich noch im Namen Gottes! Tatsächlich hat speziell die römische Kirche in den Hunderten von Strafbestimmungen ihres «Kirchenrechtes» und ihrer «Moraltheologie» ihre Auffassungen im Grunde bis heute kaum geändert, sie hat lediglich die politische Macht verloren, ihre mittelalterlichen Vorstellungen weiter zu exekutieren; staatlicherseits aber geht in säkularisierter Form das alte Denken unverändert weiter: Da gibt es immer noch den «absolut Bösen», gegen den man im Namen der «Gerechtigkeit» mit harten Stra-fen, individuell mit der Todesstrafe, kollektiv mit «gerechten Kriegen» «vorgehen» muß. Wie aber, wenn wir in vielleicht 50 Jahren schon bei unserem wachsenden Wissen über den Menschen erkennen würden, daß die gesamte bipolare Typologie von «Gut» und «Böse» viel zu simpel ist, um irgend etwas im Verhalten von Menschen verstehen zu können! Wie, wenn uns die seit den Tagen der alten Babylonier bestehende «Rechtspraxis» noch des 20. Jh.'s als schlicht unmenschlich, unsinnig und unverständig vorkommen müßte und wir darauf eben so entsetzt und erschrocken zurückblicken würden wie auf die Hexenprozesse und Ketzerverbrennungen der römischen Inquisition! «Verurteilt niemals, denn sonst wäret ihr – nach dem Maßstab eurer ‹Gerechtig-keit› – bei Gott selber Verurteilte!» sagt JESUS sinngemäß in Mt 7,1. Wann je hätte man in der Religion, als deren «Gründer» er gilt, sich danach gerichtet!

Es ist unter diesen Umständen nicht nur sinnvoll, sondern ge-radezu geboten, von den Taoisten des alten China zu lernen. Denn genau so selbstverständlich, wie sie Moral und Justiz im ganzen verwarfen, lehnten sie natürlich auch das zugehörige Sy-stem von Lohn und Strafe ab. «Ich weiß davon, daß man die Welt leben und gewähren lassen soll», schreibt DSCHUANG DSI (XI 1). «Ich weiß nichts davon, daß man die Welt ordnen soll. Sie leben lassen, das heißt, besorgt sein, daß die Welt nicht ihre Natur ver-dreht; sie gewähren lassen, das heißt, besorgt sein, daß die Welt nicht abweicht von ihrem wahren *Leben*. Wenn die Welt ihre Na-tur nicht verdreht und nicht abweicht von ihrem wahren *Leben*, so ist damit die Ordnung der Welt schon erreicht. Der heilige Herr-scher Yau suchte die Welt zu ordnen, indem er sie fröhlich mach-te; aber wenn die Menschen mit Lust ihrer Natur bewußt werden, geht die Ruhe verloren. Der Tyrann Gie suchte die Welt zu ord-nen, indem er sie traurig machte; aber wenn die Menschen unter ihrer Natur zu leiden haben, so geht die Zufriedenheit verloren. Verlust der Ruhe und Zufriedenheit ist nicht das wahre *Leben*. Daß ohne das wahre *Leben* dauernde Zustände geschaffen werden, ist unmöglich … Darum ist es unzulänglich, die Welt heben zu wollen durch Belohnung der Guten, und es ist unmöglich, die Welt zu heben durch Bestrafung der Bösen. Die Welt ist so groß, daß man ihr mit Lohn und Strafe nicht beikommen kann. Von Anbeginn der Weltgeschichte gab es nur Aufregung. Immer gab man sich nur damit ab, zu belohnen und zu strafen. Da hatte man dann freilich keine Zeit mehr, sich ruhig abzufinden mit den Ver-hältnissen der Naturordnung.»

Was also ist zu «tun»? Die Antwort ist eindeutig: die Lebewe-sen *sein* zu lassen, sie nicht zu stören und zu zerstören, so lautet die wichtigste Lebensregel. «Es kam einmal ein Vogel», erzählt DSCHUANG DSI in einer seiner schönsten und bekanntesten Para-

beln (XIX 13), «der ließ sich nieder auf dem Anger vor der Haupt-
stadt von Lu. Der Fürst von Lu hatte eine Freude an ihm und
brachte Schlachtopfer dar, um ihn zu füttern, und ließ herrliche
Musik machen, um ihn zu ergötzen. Aber der Vogel wurde traurig
und blickte ins Leere. Er aß nicht und trank nicht. Das», führte
der chinesische Weise aus, «kommt davon, wenn man einen Vogel
hegen will nach seinem eigenen Geschmack. Will man einen Vogel hegen nach dem Geschmack des Vogels, so muß man ihn ni-
sten lassen in tiefen Wäldern, man muß ihn schwimmen lassen
auf Flüssen und Seen, ihn fressen lassen nach seinem Belieben und
ihn frei lassen auf der Ebene ... (Sonst ist es), wie wenn man eine
Spitzmaus im Pferdewagen führen oder eine Wachtel mit Glocken
und Pauken ergötzen wollte.»

Wie absurd es ist, den Menschen eine Moral aufzuerlegen, die
im wesentlichen nur die Widersprüche der Gesellschaft artikuliert
und stabilisiert, hat DSCHUANG DSI (XXV 7) in die folgenden Worte gekleidet: «Es heißt wohl: Du sollst nicht rauben! Es heißt
wohl: Du sollst nicht töten! Dadurch (sc. aber, d.V.), daß (sc. die
Unterschiede des moralischen und gesellschaftlichen Anstands
von, d.V.) Ehre und Schmach eingeführt wurden, begannen die
Menschen auf das zu sehen, was ihnen fehlte; dadurch, daß Gut
und Geld angehäuft wurde, erblickten die Leute Dinge, um die sie
sich stritten. Wenn man nun Dinge einführt, die den Leuten
Schmerz bereiten; wenn man Güter anhäuft, um die die Menschen sich streiten; die Leute in Bedrängnis bringen, daß sie keinen Augenblick mehr Ruhe finden, und dennoch verlangt, daß sie
sich an jene Gebote halten, will man da nicht etwas Unmögliches?
– Die Fürsten des Altertums schrieben allen Gewinn dem Volke
zu und allen Verlust sich selbst, schrieben alles Gute dem Volke zu
und alles Verkehrte sich selbst. Darum, wenn irgend etwas in Un-
ordnung geriet, so zogen sie sich zurück und suchten den Fehler
bei sich. Heutzutage machen sie's nicht also. Sie verhehlen die
Dinge, die sie wollen, und erklären die Leute für Toren, wenn sie
sie nicht erraten; sie vergrößern die Schwierigkeiten und rechnen's
den Leuten als Sünde zu, wenn sie sich nicht daranwagen. Sie er-

schweren die Verantwortung und strafen die Leute, wenn sie ihr nicht gewachsen sind. Sie machen die Wege weit und richten die Leute hin, die nicht ans Ziel gelangen. Wenn so die Leute am Ende sind mit ihrem Wissen und ihrer Kraft, so werfen sie sich auf den Betrug. Wenn die Herrscher täglich betrügen, wie kann man da erwarten, daß die Untertanen nicht betrügen? Wo die Kraft nicht ausreicht, da muß man betrügen; wo das Wissen nicht ausreicht, da muß man lügen; wo der Besitz nicht ausreicht, da muß man rauben. Alle die Taten der Diebe und Räuber, wem fallen sie wirklich zur Last?»

Hier wird nicht nur sozial- und kulturkritisch das Verbrechen als Folge einer verfehlten Politik und Gesellschaftsordnung betrachtet, es wird zugleich, wie es typisch ist für den Taoismus, auch eine psychologische Begründung für all das «Böse» geboten, an dem die Menschen individuell wie kollektiv leiden: Alles «Böse», so erfahren wir, geschieht auf Grund eines Mangels und ist das Ergebnis einer tiefen Hilflosigkeit; der «Mangel» aber entsteht nur, wenn man Menschen und Dinge nach Maßstäben bemißt, die nicht ihre eigenen sind, und die «Hilflosigkeit» entsteht nur, wenn man die Lebewesen in Situationen versetzt, für die sie nicht geschaffen sind. Es ist so, wie wenn man eine Ente dafür verhöhnen wollte, daß sie zu kurze Beine hat, auf denen sie nur watschelnd gehen kann, oder wie wenn man einem Kranich vorwerfen wollte, daß er zu lange Beine hat, mit denen er nur staksig schreiten, statt «vernünftig» gehen kann. In Wahrheit sind die Beine einer Ente nicht «kurz», sie sind ganz einfach, wie sie sind; das «Fehlerhafte» kommt einzig durch eine buchstäblich «unangemessene» Betrachtungs- und Bewertungsweise zustande.

Noch einmal also gefragt: Was ist zu tun, um das Leben von Menschen in Ordnung zu bringen? Das einzige, was sich wirklich «tun» läßt, ist, wenn es so steht, das *Nicht-Tun*, das heißt, das Preisgeben aller Vorschläge und aller Vorschriften, wie es psychotherapeutisch selbstverständlich ist; wirklich helfen kann nur, daß ein Mensch herausfindet, ob er eine «Ente» oder ein «Kranich» ist, und daß er es lernt, nichts anderes sein zu wollen, als er ist. Genau das aber läßt sich nicht «machen»; es kann nur gedeihen, wenn jegliches Herummodeln aufhört. «Kann man den Lückenbeißer zum Herrscher der Welt machen?» fragte einmal der Herrscher Yau; doch die Antwort, die DSCHUANG DSI (XII 5) zitiert, lautete: «Lückenbeißer ist ein Mensch von scharfem Verstand, der sich auf sein Wissen verläßt, energisch allen Anforderungen zu entsprechen. Sein Wesen ist dem der anderen überlegen, aber er sucht durch Kunst die Natur zu erreichen. Durch strenges Richten sucht er die Mißstände zu verhindern, aber er sieht nicht die Quellen, aus denen diese Mißstände entspringen... Mag einer brauchbar sein zur Unterdrückung von Unruhen: als Ratgeber ist er ein Unglück, als Herrscher ein Räuber.»

Gerade weil im «christlichen» Abendland, entgegen der Meinung und Mahnung JESU, das «Besorgen» der Symptome kirchlich wie staatlich das Suchen nach den Ursachen völlig in den Hintergrund gedrängt hat, läßt sich die zur bloßen dogmatischen Formel verkommene «Gnadenlehre» des Christentums in ihrer ursprünglichen Bedeutung wohl nur zurückgewinnen durch eine Verbindung von Psychoanalyse und asiatischer Weisheit: Die Religion kann das, was sie wirken sollte und wirken muß, nur bewirken, wenn sie, allem kirchen- und staatspolitischen Pragmatismus zuwider, buchstäblich «unnütz» ist.

«Alle Welt sagt, mein *Sinn* sei zwar groß, aber sozusagen unbrauchbar», klagte LAOTSE (*Tao te king*, Nr. 67), der «Gründer» des Taoismus; der erwiderte: «Gerade weil er groß ist, deshalb ist er sozusagen unbrauchbar. Wenn er brauchbar wäre, so wäre er längst klein geworden. Ich habe drei Schätze, die ich schätze und wahre. Der eine heißt: die Liebe; der zweite heißt: die Genügsamkeit; der dritte heißt: nicht wagen, in der Welt voranzustehen. Durch Liebe kann man mutig sein, durch Genügsamkeit kann man weitherzig sein. Wenn man nicht wagt, in der Welt voranzustehen, kann man das Haupt der fertigen Menschen sein. Wenn man nun ohne Liebe mutig sein will, wenn man ohne Genügsamkeit weitherzig sein will, wenn man ohne zurückzustehen vorankommen will: Das ist der Tod. Wenn man Liebe hat im Kampf, so siegt man. Wenn man sie hat bei der Verteidigung, so ist man unüberwindlich. Wen der Himmel retten will, den schützt er durch die Liebe.»

Die kirchliche «Glaubenslehre» bezeichnet JESUS als «König», als «Messias», als «Christus», als «Sohn Gottes»; doch wann je hätte man begriffen, in welch einem Sinne JESUS, als er das «Reich Gottes» in seiner Person als «gekommen» betrachtete (Mk 1,15), eben weil er niemals «vorstehen» wollte, durch den Mut seiner Liebe und durch die Weitherzigkeit seiner «Demut» das «Haupt der fertigen Menschen» ist und sein könnte? Das «Reich», in dem *er* «herrschen» würde, ist von LAOTSE (*Tao te king*, 3) ein halbes Jahrtausend zuvor im alten China mit den Worten beschrieben worden: «Die Tüchtigen nicht bevorzugen, so macht man, daß das Volk nicht streitet. (Vgl.: «Die Ersten werden die Letzten sein und die Letzten die Ersten», Mt 19,30!) Kostbarkeiten nicht schätzen, so macht man, daß das Volk nicht stiehlt. (Vgl.: «Sammelt euch nicht Schätze auf der Erde, wo Motte und Wurm sie zerstören und Diebe einbrechen und stehlen», Mt 6,19!) Nichts Begehrenswertes zeigen, so macht man, daß des Volkes Herz nicht wirr wird. – Darum regiert der Berufene also: Er leert ihre Herzen und füllt ihren Leib. (Vgl.: «Sorgt euch nicht …, daß ihr etwas zu essen habt … Ist nicht das Leben wichtiger …?» Mt 6,25) Er schwächt ihren Willen und stärkt ihre Knochen und macht, daß das Volk ohne Wissen und ohne Wünsche bleibt, und sorgt dafür, daß jene Wissenden nicht zu handeln wagen. (Vgl.: «Ich preise dich, Vater, Herr des Himmels und der Erde, weil du all das den Weisen und Klugen verborgen, den Unmündigen aber offenbart hast!» Mt 11,25) Er macht das Nichtmachen, so kommt alles in Ordnung.»

Einzig eine «Ordnung», die sich so beschreiben ließe, eine Ordnung ohne Konkurrenz um Leistungserfolg und Besitz, könnte politisch als «friedfertig» und psychisch als «heilsam» gelten; eine solche Weltordnung freilich wäre das gerade Gegenteil dessen, was derzeit unter der Ägide der Vereinigten Staaten von Amerika als die Krönung abendländischer Kulturentwicklung unter dem

Stichwort der «Globalisierung» des Kapitals und des «freien» Marktes zur Weltbeglückung und Weltzerstörung propagiert wird. Irgendwann freilich muß man wählen zwischen der Heilung des Menschen oder der Ausbeutung des Menschen. Welch einem Konzept über kurz oder lang die Zukunft gehört, darüber allerdings kann ernsthaft kein Zweifel sein.

EINE PROPHETISCHE REINIGUNG
ODER: VON ELIJA, JEREMIA, JESUS UND
MOHAMMED

Die Stimme eines verschwebenden Schweigens

Doch «Therapie» ist nur ein Wort, das den Weg beschreibt, den die (christliche) Religion gehen sollte, um ihren eigentlichen Auftrag zu erfüllen; was ist das Ziel, wie das Ergebnis, wenn sie in angegebenem Sinne «erfolgreich» ist? *Eine* Antwort auf diese Frage verkörpert in der Bibel die Gestalt des größten aller Propheten: die Person des ELIJA. Seit altersher ist die Hoffnung Israels verknüpft mit der «Wiederkehr» dieses Mannes; schon im Neuen Testament wird das Auftreten JESU nach dem Vorbild der ELIJA-Legenden gedeutet; Grund genug, auf ihn an wichtiger Stelle zu sprechen zu kommen.

Auf dem Höhepunkt des Markus-Evangeliums, in Mk 9,2–13, wird erzählt, wie JESUS, auf einem Berge stehend, MOSE und ELIJA mit sich habe reden hören. MOSE steht für den Exodus Israels aus Ägypten hinüber in die Freiheit, die Vision eines bilderlosen Gottes vor Augen, der auf die Frage: «Was ist dein Name?» nur antworten wird: «Ich bin da, als der ich dasein werde» (Ex 3,14). Dieser «Ich werde dasein» verheißt «seinem» Volke in der Erscheinung vom brennenden Dornbusch ein Ende von Menschenabhängigkeit und Entfremdung, er verspricht ihm eigenen Boden unter den Füßen, und er ermöglicht ihm Wege durch «Wasser» und «Wüste». Im Zentrum des ganzen Alten Testamentes steht die legendäre Szene vom Durchgang durch das Schilfmeer, als die «Verfolger» in Form der Streitwagenabteilungen des Pharao das Volk bereits einzuholen drohten und am anderen Ufer MOSE stand und die Zaudernden aufrief: «Kommt», und die Wogen wichen, so daß trockenen Fußes alle unbeschadet hinübergelangten, während die zurückkehrenden Fluten die nachsetzenden Ägypter unter sich begruben; was dem folgte, waren die «40 Jahre» des Irrgangs zwischen Hoffnung und Furcht, des Lebens von der Hand in den Mund, so daß jeder Morgen ward wie ein Wunder, gewirkt aus Gottes gütiger Hand. «Was ist das?» – *Man hu* – fragte man sich, als man die Körner auflas, die schmeckten süßlich wie Koriandersamen. «Niemals mehr», versichert Dt 34,10–12, «stand noch einmal ein Prophet auf wie Mose, mit dem der Herr geredet hätte von Angesicht zu Angesicht, mit all den Wundern und Großtaten... Und es starb Mose in den Steppen von Moab nach dem Munde Jahwes (hinauf)»; es war, meint die rabbinische Auslegung, daß Gott im Tode seinem Propheten zärtlich die Seele hinwegküßte. Vom Berge Nebo aus erschaute er mit seinen sogar im Alter noch hellen Augen die Palmenoase von Jericho und das ganze «gelobte Land» von Dan im Norden bis hinunter im Süden nach Beerscheba, doch selbst es betreten durfte er nicht, zur Strafe für seine Zweifel und Ängste. Wer immer einen anderen Menschen durch die Kraft seiner inneren Gesichte hinüberhilft zu Freiheit und Eigenständigkeit, in dem meldet «MOSE» sich zu Wort. Ein solcher Mensch, ganz sicher, war JESUS.

Doch ist damit noch nicht alles getan. Möglich ist es, daß Menschen einen eigenen Grund und Boden unter die Füße bekommen haben und äußerlich aller alten Bindungen ledig zu leben vermögen, während sie innerlich zu Selbstbestimmung und Glück nicht gelangen können, weil sich die Zwänge von einst auf dem Boden des Ichs längst verfestigt haben. Religionspsychologisch reflektiert ein solcher Zustand sich in der Art und Weise, wie ELIJA die «Götter Kanaans», näherhin den Kult des Baal, im Namen «seines» Gottes, des Jahwe, bekämpfte.

Es will deutlich bemerkt sein, daß die Methode, die eine – historisch viel spätere! – Erzählung dem Propheten im Kampf für «seinen» Gott zuschreibt, die Äußerlichkeit des Religiösen selber mit äußerlichen Mitteln zu bekämpfen sucht: Die Vorgehensweise

des ELIJA (1 Kg 18,1–46) fiel äußerst brutal, gewaltsam und blut-
rünstig aus; über 400 Priester des Baal soll er eigenmächtig auf
dem Berg Karmel an *einem* Nachmittag abgeschlachtet haben! Er
war der Prototyp des Propheten mit dem Schwert, eine Nachfol-
gegestalt der altisraelitischen Richter. Es markiert offenbar die Gefahr und die Grenze der gesamten biblischen Botschaft, daß sie
den «Kampf» zwischen Gott und den Göttern immer auch in die
Beanspruchung äußerer Macht und die Durchsetzung militanter
Gewalt gesetzt hat. Der «heilige Krieg» aus der blutrünstigen Geschichte des Alten Orients wurde im «christlichen» Abendland
zum religiösen Vorbild all der Kreuzzüge und «gerechten» Kriege,
die man mit dem Schlachtruf: «Gott will es», leidensbereit wie der
Christus am Kreuz, in seligem Fanatismus immer von neuem ins
Land rief.

Wer alles war da der «Antichrist»? – Der Sultan, die Katharer,
der LUTHER, die Juden, der Türke, der Franzose, der Slawe … die
«christliche» Feindschablone paßte auf alle, die man zu «Wider-
sachern Gottes» stempeln wollte. Kein jüdisches Passah vergeht
ohne die flehentliche Erwartung, dieses Mal möge ELIJA erscheinen; in jüdischen Augen ist ELIJA niemals noch zurückgekehrt;
doch den «Christen» kehrte er in ihrem Handeln in jedem Jahrhundert ihrer Geschichte von neuem zurück.

Daß es auch anders, *ganz* anders gehen kann, zeigte, wie in wei-
sem Kontrast zum Blutrausch der Bibel, der BUDDHA. Als er unter
dem Baum der Erkenntnis, in Bodhgaya, zur Erkenntnis gelangte,
traten der Legende nach alle Götter des Hindu-Himmels an ihn
heran und unterwarfen sich ihm. Alle Mächte der Seele, die in
projizierter Form dem Bewußtsein als «Götter» erscheinen, hören
zufolge dieser Erzählung wie von selbst auf, selbständige Personen, Kräfte oder Instanzen zu sein, wenn ein Mensch erst einmal
seiner selbst bewußt geworden ist. Ganz ohne Gewalt, in innerer
Klarheit, löste der BUDDHA die Mächte des Überichs auf und gewann damit seine geistige Souveränität; er wurde frei auch von der
Gefahr der Intoleranz und der Intransigenz.

Aller Fanatismus besteht darin, daß das Ich eines Menschen mit den Idealen seiner Gruppe, verfestigt im Überich, ununterscheidbar identifiziert ist: Er selber setzt seine Würde darein, als Individuum gewissermaßen die Musterausgabe des Allgemeinen zu sein; er selber existiert überhaupt nur als Anwendungsfall des Kollektiven; das Persönliche in ihm ist «behördlich» geworden, und das «Behördliche» in ihm ist zur (Un)Person geworden. Genauso rücksichtslos wie mit sich selbst wird er deshalb auch mit anderen Menschen verfahren: Auch sie werden in seinen Augen Wert nur besitzen in Übereinstimmung mit den Inhalten seiner Normen, Ideale und Ideologien. Daß der Buddhismus in seiner Geschichte um so vieles friedfertiger erscheint als das «Christentum», hat offenbar zu tun mit der Differenz zwischen «Mystik» und «Äußerlichkeit», zwischen Überich-Gebundenheit und Freiheit, zwischen innerer Gelöstheit und mangelnder Bewußtheit bereits in den Ausgangserfahrungen. *Der* ELIJA, den wir aus der Legende vom «Gottesurteil auf dem Karmel» kennen, hätte nie «wiederkehren» sollen und sollte niemals mehr wiederkehren. Doch, Gott sei Dank, schon in den Legenden, die auf dem Boden der Bibel sich um ihn ranken, läutert sich sein eignes Bild.

Denn derselbe Mann, der eben noch in rabiater Selbstgewißheit auf dem Berg Karmel alles hinmordete, was seinem Wähnen widersprach, findet sich wenig später ausgesetzt, verfolgt und wie erschöpft unter dem Ginsterstrauch am Rand des Wallfahrtsweges zum Gottesberge Horeb (beziehungsweise, richtiger, zum Sinai). Der vorhin noch so selbstsichere Prophet erscheint wie gebrochen und voller Angst; ISABEL, die phönizische Königsgemahlin AHABS, des Herrschers des Nordreichs, fordert entsprechend dem Jus talionis seinen Tod. Der Gottesmann, der die Baals-Anhänger tötete, ist in ihren Augen selber des Todes schuldig.

In dieser Situation weiß ELIJA nicht mehr weiter. Wohl kennt er den Weg, der zum Horeb führt, doch verfügt er nicht länger über die Kraft, ihn zu gehen. Er ist sterbensmüde. Er ist erschöpft. Alle «moralischen» Mahnungen: «Du mußt diesen Weg gehen», «Du mußt diese Richtung einschlagen», können in diesem Augenblick gar nichts mehr bewirken. Was einzig hilft, erzählt die Legende, ist ein «Engel des Herrn», ein Stück Religion, das tröstet und stärkt, indem es etwas von Gott zu Gesicht bringt. Dieser Aspekt, daß Gott «da ist», ganz wie es MOSE verhieß, wirkt für ELIJA wie «Aschenbrot» und «Wasser», wie Nahrung und Schlaf, wie Hitze und Kühlung. In der Kraft dieser Erfahrung gelangte er wirklich zum Gottesberg (1 Kg 19,1–8).

Wie erlebt ein Mensch Gott? Man hat die Gottesbegegnung des ELIJA am «Horeb» literarkritisch sehr unterschiedlich einzuordnen versucht; in Wahrheit ist sie zeitlos, ein kostbares Bild reiner Mystik, eine Erfahrung, die ohne Zeitbezug in sich selber ruht.

Schon die Kulisse hat mythisches Format: der «Gottesberg»! Die gesamte Kritik der Propheten gegen die Kulte Kanaas wird die heiligen Koppen und Berge als religiöse Zentren der Götzenverehrung zu attackieren suchen: Baumheiligtümer, Bergheiligtümer, all die Requisiten der Naturreligion sind ihnen zutiefst verhaßt. Doch hier nun der Horeb gilt als ein Gottesberg! Da wird mitten im schärfsten Kontrast zu den Religionen der «Heiden» mit einem Male ELIJA selber zu einem Pilger zu einem «Ort», da die Gottheit erscheint auf dem *Berge!* Von alters her sind diese «Berge» Nachbilder des «Baums in der Mitte des Gartens» (Gen 3,13), bilden sie Zonen, an denen das «Paradies» der Welt an einem «richtigen» Punkte zentriert ist und Himmel und Erde sich miteinander verbinden; an solchen «Kraftpunkten» einer verborgenen mythischen «Landkarte» der «Traumzeit» ist das Göttliche den Menschen näher als an anderen Stellen; Gott wohnt, entsprechend diesem Weltbild, nicht «überall», er findet sich nur, wo er sich zeigt und wo man ihn einläßt.

Und dann die *Höhle*, in welcher ELIJA sich verbirgt.

Jedes Kirchengebäude leitet, recht verstanden, wie die eiszeitlichen Höhlen im franko-kantabrischen Raum, wie die Kathedralen des Paläolithikum in Altamira, Niaux oder Lascaux, in den mütterlichen Schoß der Erde zurück, da das Leben selber mit all den Tieren und Menschen sich regeneriert und im Inneren der

Gebirge Geborgenheit spürt. Kirche und Turm, Höhle und Berg, Garten und Baum vereinigen sich zu einem Bild des höchsten Vertrauens und der weitesten Hingegebenheit der menschlichen Seele an ihren Gott.

Was dann folgt, ist in der Auslegung der Stelle mit Vorliebe als eine Widerlegung der Naturreligionen Kanaans aufgefaßt worden, doch ist eine solche Deutung keinesfalls sicher, vielmehr wird ELIJA am Horeb nunmehr zum Träger einer Gotteserfahrung, die weit sublimer noch ist und sein muß als jene, die sich mit der Gestalt des MOSES am Sinai verbindet. Da zieht ein Sturmwind vorbei, doch der Sturm ist nicht Gott; da erschüttert ein Erdbeben den Boden, auf dem ELIJA steht, doch dieses Erdbeben ist nicht Gott; da geht ein Feuer an ihm vorüber, doch Gott ist nicht in dem Feuer. Wer also ist Gott? Er ist für die Bibel kein Teil der äußeren Natur, gewiß; doch er ist auch kein Teil mehr der inneren Natur. Die Erschütterungen des Es, die Verwerfungen des Unbewußten sind in den Religionen der Menschheit immer wieder mit göttlichen Erscheinungen identifiziert worden – diese Stelle einer späten Legende über ELIJA aber warnt ausdrücklich davor! Desgleichen hat man im «*Feuer*», in der glühenden Begeisterung der Frommen selber ein Wirken Gottes erkennen wollen, doch wie ambivalent, ja, gefährlich ist es, wenn Menschen religiös «Feuer» zu fangen beginnen! Und der «*Sturm*», der sie mitreißt, nicht minder: Es, Überich und Ich werden zu gefährlichen Instanzen der Psyche, sobald sie isoliert als «absolute» Mächte auftreten. Dann aber erlebt ELIJA etwas, das man als die wohl tiefsinnigste und glücklichste Beschreibung gültiger Gotteserfahrung in der Bibel überhaupt bezeichnen darf: Vernehmen läßt sich «die Stimme eines verschwebenden Schweigens», und dieses Unausgesprochene – darinnen eben spricht Gott sich aus! Dort, wo die Worte enden, da, wo die Begriffe scheitern, im Jenseits der Aussagbarkeiten beginnt Gott selber sich mitzuteilen.

Erfahrungen dieser Art sind es, welche den Kern aller religiösen Überlieferung bilden. «Das Tao, das sich aussprechen läßt, ist nicht das ewige Tao. Der Name, der sich nennen läßt, ist nicht der

ewige Name.» Mit diesen Worten beginnt LAOTSE das *Tao te king*
(Nr. 1). Die Brücke dieses Ansatzes spannt sich im Abendland
über MEISTER ECKEHART bis zu LUDWIG WITTGENSTEINS *Tractatus
logico-philosophicus* (Nr. 6.522; 7). «Worüber man nicht reden
kann, darüber soll man schweigen.» «Es gibt allerdings Unaus-
sprechliches. Dies zeigt sich, es ist das Mystische.»

Stets in der Religionsgeschichte ging die Befreiung von den
vergegenständlichten, projizierten Vorstellungen des Göttlichen
einher mit der Ausprägung bestimmter Formen der Selbstwahrnehmung des menschlichen Bewußtseins. So bedeutete es eine absolute Kulturschwelle, als die biblische Frömmigkeitshaltung mit
der Konzentration auf die Verehrung eines einzigen Gottes den
Menschen aus der Bestimmung durch die Naturmächte herauslö-
ste und ihn als ein freies Geschöpf auf der Bühne der Welt seinem
Schöpfer rechenschaftspflichtig, in Verantwortung für sein Tun,
gegenüberstellte. Gleichwohl wäre es verfehlt, Texte in der Bibel
vor dem Ende des 6. Jh.'s vor unserer Zeitrechnung als «mono-
theistisch» zu bezeichnen. Man behauptet auf dem Boden der
Bibel ursprünglich nicht die Existenz *eines* Gottes, man sucht lediglich in der Art eines Konkurrenzvergleichs die Götter der Völker als «Gottnichtse», als «nichtige» Wesen zu erweisen. Noch um
530 v. u. Z. beruft zum Beispiel der *Zweite Jesaja* (Jes 40–55) im
Kapitel 43,8–15 ein «Gottesgericht» ein, indem er die Götter aller
Völker zum Reden gegen den Gott Jahwe einlädt – doch die haben nichts zu sagen, sie müssen verstummen! Der Grund für diese erstaunliche Vorstellung liegt in der Erfahrung der Rück-
führung aus dem babylonischen Exil: Da ist ein Gott, der «sein»
Volk erneut durch Entfremdung und Not begleitet und der sich
bekennt auch und gerade zu den Ohnmächtigen und Wehrlosen.
Im Schatten dieses Gottesbildes dehnt sich die Haltung des
menschlichen Vertrauens über Bereiche seelischer Erfahrung aus,
die zuvor nur als «Gottesferne» und «Fluch» erlebt werden konnten. Und eben diese Haltung eines krisengereiften Vertrauens bestimmt fortan auch die Einstellung zur «Welt».

Für die «christliche» Schöpfungstheologie scheint es eine ausgemachte Sache zu sein, daß zu dem «Begriff» Gott auch die Idee des Weltenschöpfers unabtrennbar gehört. Doch «Logik» ist gewiß nicht das vorherrschende Element der Religionsgeschichte, und die religiöse Erfahrung hat mit metaphysischen Spekulationen durchaus wenig oder fast gar nichts zu tun. Es geschah in der Frömmigkeitshaltung Israels erst nach und nach, daß man dem Stammesgott Jahwe, dem Gott Abrahams, Isaaks und Jakobs, die «Schöpfung» der «Welt» zutraute. Propheten wie HOSEA waren es, die, erneut in polemischer Abgrenzung gegen den Baalskult der Kanaanäer, hervorhoben, daß nicht etwa das Manneswasser des Baal der Erde die Fruchtbarkeit schenke, sondern allein die belebende Kraft des «Wortes» Jahwes. Damit ging wohlgemerkt nur erst von einem bescheidenen Aspekt der Gestaltung, keinesfalls schon von der Schöpfung der Welt durch die Gottheit die Rede, doch begann in solchen Äußerungen die «Macht» eines Gottes sich erkennbar auszudehnen, dessen Domäne bis dahin ausschließlich die Geschichte der Menschen, keinesfalls die Geschichte der Erde oder des Weltalls gewesen war; immer noch aber bleibt Grund zur Bescheidenheit: Auch von einer Geschichte der Menschen darf noch nicht gesprochen werden im Rahmen einer «Theologie», die viel zu eng ist, um *mehr* zu umfassen als just die «Erwählung» und «Führung» des eigenen Volkes. Wir werden später, im nächsten Kapitel, Gelegenheit nehmen, auf diesen Punkt noch einmal zurückzukommen; an dieser Stelle genügt es, wenn wir der Frage nachgehen, was in der «Psychologie» eines Menschen sich ändert, je nachdem, ob er an «Götter» glaubt oder an «Gott» und was wiederum die Veränderungen seiner Gottesvorstellung an sich für ihn selber bedeuten; speziell wie sich psychoanalytisch die entsprechenden Neuansätze vom eigenen Erleben her nachzeichnen lassen, muß uns in unserem Zusammenhang interessieren.

Festzustehen scheint das Urteil, das SIGMUND FREUD über sich selbst und mit ihm die Anhänger nach ihm abgegeben haben: daß er ein durch und durch «ungläubiger Jude» sei (für solche pflegte man in der katholischen Kirche bis in die 50er Jahre des soeben vergangenen Jahrhunderts hinein an jedem Karfreitag um Vergebung zu beten – ergebnislos im Falle FREUDS!). Zwar betonte FREUD, daß die Psychoanalyse selber weltanschaulich neutral sei, etwa wie die Infinitesimalrechnung in der Mathematik, doch mußte er auf der Berggasse 19 eine Erfahrung machen, die bis heute Gültigkeit besitzt: Wann immer in der Therapie ein Patient von «Gott» zu reden beginnt, spricht er, ohne es zu wissen, fast immer von den Ängsten seiner Kindheit, von der nicht-aufgelösten Bindung an seine Mutter, von den Strafängsten gegenüber seinem Vater, kurz, er gibt sich im Raum der Religion gerade nicht als ein in sich ruhender, erwachsen gewordener, durch Vertrauen zu Liebe und Arbeit befähigter Mensch zu erkennen, sondern im Gegenteil, er stellt sich dar als eine infantil gebundene, seelisch unterdrückte und weit unter seinen Möglichkeiten agierende Persönlichkeit. Es hat den Eindruck, als sei in die religiöse Vorstellung von «Gott» lediglich das Bild der eigenen Eltern hineinprojiziert worden und als kehre dieses Bild nun ins Unendliche gesteigert, dogmatisch metaphysiziert und göttlich überhöht in die Welt des geängsteten Bewußtseins des Patienten als Teil seines Überichs zurück. Hinzu kommt, daß die institutionalisierte Form der Religion zu allen Zeiten und zu allen Orten ein außerordentliches Interesse an den Tag legt, just diesen Zustand infantiler Abhängigkeit zu befördern, ja, zu fordern, und so gab FREUD sich schließlich selber überzeugt, in der Religion nichts anderes sehen zu dürfen als ein kindliches Gefühlsensemble voller Ambivalenzen und Widersprüche in den Themenstellungen des Ödipuskomplexes, basierend auf einer Dreiheit von Merkmalen, die er insbesondere in der römischen «Kirche» anzutreffen meinte: eine zentrale Vaterautorität (der Papst), eine rigide Triebunterdrückung (das Ideal der sexuellen Unerfahrenheit) sowie die Doppelbödigkeit des Bildes der Frau, die als «Sünderin» (EVA) verflucht und als Schutzmantelmadonna (MARIA) in Zeiten der Not aufgesucht wird; als «himmlische Königin» ist diese Madonna ein ausgesprochenes Widerspruchsidol, gilt sie doch gleichzeitig als Jungfrau und Mutter – eine Vorstellung, die 300 Jahre vor Christus in der

buddhistischen Legende von der Empfängnis und Geburt MAHA-
MAYAS bereits ausgeprägt war, ohne dort freilich die ausgespro-
chen sexualfeindliche Attitüde aufzuweisen, die dem katholischen
Marienkult eigen ist.

Vollends als FREUD die archaisch-steinzeitliche Sozialpsycholo-
gie der «Kirche» Roms durch einen systematischen Vergleich mit
den Strukturen und Verhaltensanweisungen beim Militär zu beschreiben suchte, mußte er zu dem Ergebnis gelangen, daß der
«Sinn» der religiösen Veranstaltungen nicht sowohl darin liege, die
«Gläubigen» zu sich selber zu führen und miteinander in einen
fruchtbaren Dialog zu setzen, sondern daß hier das Ziel verfolgt
werde, die Mitglieder von sich selbst zu entfremden, von einander
zu isolieren und sie desto nachhaltiger auf die Befehlszentrale des
«Stellvertreters» Christi auf Erden: des Papstes in Rom auszurich-
ten. FREUD zögerte nicht, dieses Gebilde der Unfreiheit und der
Unterdrückung für neurotisierend und psychohygienisch schädlich zu erklären.

Ein größerer Widerspruch zwischen der therapeutischen Aus-
richtung, die einer Frömmigkeitshaltung, wie JESUS sie verkörperte, zukommen sollte, und der Erfahrungswirklichkeit einer
kränkenden und krankmachenden Kirchenorganisation läßt sich
gewiß nicht formulieren; und es sollte zudem außer Frage stehen,
daß dieser Widerspruch nicht mit theologischer Sophisterei aus
der Welt zu schaffen ist, sondern nur durch schleunige Änderung
der Verhältnisse. Daß es danach gerade in der «Kirche» Roms ganz
und gar nicht aussieht, steht auf einem anderen Blatt.

Was wir nach und nach jedenfalls jetzt zu verstehen lernen, ist die
bleibende Aktualität einer Gestalt wie ELIJA, vorausgesetzt, daß
wir die Legenden, die sich biblisch um ihn ranken, nicht «historisch» (-kritisch), sondern symbolisch lesen.

Was nämlich bleibt, wenn die Vielfalt der «Götter» in der Seele
eines Menschen überwunden ist? Zurückbleibt eine weniger widersprüchliche, selbstbewußtere, in sich geschlossenere Persönlichkeit, die den äußeren Autoritäten und inneren Zwängen weniger

ausgeliefert ist als zuvor. Eine solche Persönlichkeit denkt freier und klarer, fühlt leidenschaftlicher und wärmer und tritt den Widerwärtigkeiten und Widersetzlichkeiten der Welt mutiger und entschlossener entgegen. Ein solcher Mensch lebt «richtiger» und «gesünder», und es ist dieses Ergebnis, dem der Kampf des ELIJA in exemplarischer Symbolik gilt.

Freilich ist es therapeutisch absolut unmöglich, auf dem Wege zu einem solchen Ziel in der Weise vorzugehen, wie es die Bibel in der Person des ELIJA beschreibt: mit Gewalt.

Im Bilde gesprochen, hängen Menschen sich an ihre religiösen Vorstellungen wie ein Kind, wenn es dunkel wird, an sein Püppchen und an seinen Teddy. Zweifellos bedeutete es nichts als einen Akt seelischer Grausamkeit, einem Kind, das mit seinem Teddy im Arm einzuschlafen sucht, sein phantastisches Stofftierchen fortzunehmen; eine solche Vorgehensweise würde die Verselbständigung des Kindes nicht fördern, sondern hinauszögern, wo nicht verhindern. Dasselbe Kind aber wird ganz von selbst nach und nach seinen Teddy aufgeben, in dem Maße es seine Angst verliert. Je mehr es von Angst zu Vertrauen hin reift, wird es sich seiner magischen Reste ohne jede Gewaltsamkeit selber entledigen; es bedarf ganz einfach der vergegenständlichten Wunschgebilde im Schatten seiner Kinderängste nicht länger.

Ganz so die «Evolution» des religiösen Bewußtseins. Zur Vorstellung *eines* Gottes, der «die ganze Welt» «geschaffen» hat, gelangt es nicht anders als auf dem Wege einer allmählichen Entängstigung und, damit verbunden, einer allmählich wachsenden Einheit in sich selbst und mit sich selbst. So wie die Sonne in einem zerbrochenen Spiegel nur die Abbildungen vieler Sonnen zu hinterlassen vermag, so wird ein in sich zersplittertes Bewußtsein das Göttliche nur als ein Vielerlei von Gestalten wahrnehmen können. Die Vereinheitlichung des menschlichen Bewußtseins geht deshalb einher mit der Vereinheitlichung der Gottesidee selbst, und je mehr das Ich des Menschen dazu gelangt, sich selber in eigenständiger Verantwortung als Ursprung seines Weltentwurfs zu verstehen, wird ihm auch der Begriff eines Gottes, der die gesamte Welt entworfen («geschaffen») hat, als plausibel erscheinen.

Allerdings auch dann erst! Bis dahin gilt das gewalttätig klingende, doch in Wahrheit alle Gewalt überwindende zen-buddhistische Sprichwort: «Begegnet dir der Buddha auf dem Wege, töte ihn.»

«Der Tempel des Herrn,
der Tempel des Herrn ist hier!»

Unter den großen Propheten-Gestalten Israels ist uns keine in ihrer persönlichen Tragik und Größe so sehr vertraut wie der Priestersohn JEREMIA aus Anatot. Auch er dient im Neuen Testament mindestens zweimal als Vorbild und Interpretationsfigur für das Wirken und Auftreten Jesu.

In Mt 16,13–14, als JESUS die Jünger fragt, für wen die Leute ihn halten, erklären einige, er sei der wiedererstandene JEREMIA, «oder einer der (anderen) Propheten» – und das offenbar nicht zu Unrecht. Als JESUS nach seinem Einzug in die heilige Stadt Jerusalem den Tempel betritt und miterlebt, wie man in den Kreisen der Hochpriester die Angst der Menschen vor Gott ausnutzt zum Geschäftemachen, da, in der Tat, bricht «Jeremia» aus ihm hervor: Er jagt die Geldwechsler und Händler hinaus, und er klagt die Sadduzäer im Hintergrund an, eine «Räuberhöhle» aus Gottes Heiligtum gemacht zu haben (Mk 11,15–17)!

Was JESUS in dieser Szene im herodianischen Tempel aufführt, ist unter vergleichbaren Umständen dasselbe, was JEREMIA 600 Jahre zuvor im Tempel SALOMOS zu tun und zu sagen gewagt hat.

Jahrhundertelang hatten die Priester das Volk gelehrt, daß Gott just im Tempelinneren wohne; daß der Tempel der Heiligtumsort seiner Gegenwart sei; daß also überhaupt nur besonders Erwählte: Gottesexperten und Ritualspezialisten, ohne Gefahr dem Allerhöchsten im Tempel sich zu nahen vermöchten; einzig sie seien imstande, durch ihre Opfer die zürnende Gottheit mit der Schuld der Menschen zu versöhnen; und sie hatten mit diesen Lehren Erfolg gehabt.

In allen Religionen der Menschheit leben die Priester davon, das «Volk» in einer scheuen Distanz gegenüber dem Göttlichen zu halten. Die Menschen sind «unrein» und «sündig», sie sind «unwert» und «unwürdig» der Gottesbegegnung, die Priester aber repräsentieren schon durch ihr Amt den Raum des Sakralen und können und müssen daher vermitteln zwischen dem Heiligen und dem Profanen. Das «Volk», wie sich zeigt, ist zu allen Zeiten geneigt, eine solche «arbeitsteilige» Einteilung der Wirklichkeit zu akzeptieren und sich schon zu seiner Entlastung dem Diktat der Priesterherrschaft zu beugen.

In den Tagen des JEREMIA glaubte man in gewissem Sinne sogar besonderen Grund zu haben, dem gottwohlgefälligen Wirken der Priester dankbar sein zu sollen. Unter König MANASSE (696–642) war eine Zeit ausgesprochener Prosperität ins Land gegangen; Wirtschaft und Handel blühten, die außenpolitischen Gefahren durch das Heraufziehen der neubabylonischen Großmacht schienen durch kluges, auch religionspolitisches Entgegenkommen neutralisiert, Thron und Altar taten offensichtlich ihr Bestes zum Wohlergehen aller. Mitten in diese Zeit des kollektiven «Optimismus» war die «Berufung» des JEREMIA gefallen – ein Schreckgesicht drohender Vernichtung, das ihn nicht mehr losließ und das er aussagen mußte, trotz der Gewißheit, daß man ihn nicht verstehen und zunehmend nur immer empfindlicher ausgrenzen und ausstoßen würde.

Bereits in dieser Situation durchlebte und durchlitt JEREMIA das Schicksal eines «Propheten», doch gerade so, durch sein persönliches Schicksal, trug er dazu bei, das religiöse Verhältnis zu Gott vollkommen neu zu definieren.

Frömmigkeit – das ist auch in der Bibel auf weiten Strecken eine Daseinsform der Menge: Man wird durch Geburt zum Mitglied des «auserwählten Volkes», man weiß durch Gewohnheit von alters her um den «Willen» Gottes, Tradition und Konvention befreien von vornherein den Einzelnen von jeder persönlichen Verantwortung. Auch JEREMIA als Priestersohn dachte und fühlte ursprünglich so; wie alle großen Reformer war er im Grunde konservativ. Das «Ideal», das ihm verpflichtend vor Augen stand, war der Bundesschluß Gottes mit «seinem» Volke am Sinai. Von diesem Glauben ging er aus, an ihm maß er die Wirklichkeit. Dasselbe tat auch das «Volk», auf den Bund mit Gott beriefen sich auch die «Theologen» am Hof, nur daß JEREMIA aus dieser gemeinsamen Voraussetzung nach und nach eine völlig konträre Folgerung zog: Gott freilich hat auch nach des Propheten Meinung in seiner Haltung sich nicht geändert, das «Volk» aber, verführt von der politischen Klasse, hat den «Bund» durch Götzendienst und sittliche Entartung gebrochen; und das *muß* Gott ahnden, das wird er ahnden, und seine Zuchtrute dabei wird NEBUKADNEZZAR sein, der König von Babylon (604–562). Es ist unter JOJAKIM (608–598), vermutlich beim Herbstfest, da rituell besonders feierlich des Bundesschlusses gedacht wird, daß JEREMIA, während das «Volk» sich im Tempel versammelt, als «Festredner» die Gelegenheit nimmt, den «Gläubigen» die Lage, in der sie sich seiner Meinung nach befinden, in greller Klarheit vorzustellen: Wie das Heiligtum von Schilo im Nordreich von den Assyrern vernichtet wurde, so wird bald schon Jerusalem mitsamt seinem Tempel von den Babyloniern verwüstet werden. Aus der Beistandsgarantie Gottes bei seinem Bundesschluß ist eine unabweisbare Strafgewißheit geworden. JEREMIA hat die Stirn, dieses Unausdenkbare nicht nur für möglich, sondern für sicher zu halten: Der Tempel ist nicht länger mehr ein Ort der Anwesenheit Gottes, er ist zum Organisationszentrum einer kriminellen Vereinigung, einer Räuberbande, geworden, die alles, was heilig zu halten wäre, beschmutzt, die das Wahre verlügt und die einfachsten Regungen von Mitleid und Menschlichkeit mit Füßen tritt; Gott ist längst ausgezogen aus diesem «Gotteshaus», das in Wahrheit nichts ist als eine Schenke zur Volksbelustigung, in der man Gott zum Narren hält.

An zwei Stellen (Jer 7,1–15; 26,1–29) bezeugt die Bibel historisch, daß JEREMIA in dieser Weise aufgetreten ist. Er provozierte bewußt einen Skandal. Er riskierte sein Leben. Um ein Haar hätte man ihn gelyncht wie den Propheten URIA, Sohn SCHEMAJAS, von dem wir nur wissen, daß er ähnlich dachte und redete wie JEREMIA und dafür hingerichtet wurde (Jer 26,20–24).

Der geistige Sprengstoff, der in der Botschaft des JEREMIA lag, mußte in der Tat wirken wie die zwei Teile einer Uranspaltbombe, die man zur kritischen Masse zusammenbringt, um eine Kettenreaktion auszulösen.

Da ist zum einen die radikale Einsamkeit, mit welcher der Prophet auf Grund der «Berufung» durch «seinen» Gott der Menge und Meute gegenübersteht. Mit einem Mal hört Religion auf, ein Massenphänomen zu sein, ein unterhaltsames Schauspiel mit Pomp, Prozessionen und prunkvollen Paraden, eine Groß-Ich-Veranstaltung, bei der das Dabeisein, das Dasein und das Mitmachen das eigene Sein und Handeln ersetzt. Plötzlich läßt sich Gott nicht mehr «sozialpsychologisch» als «Clan-Dämon», als «Gruppenseele» oder als «Volksgeist» interpretieren. Ab sofort steht in der Gestalt eines Propheten ein Einzelner vor seinem Gott, und es ist eben diese Vereinzelung, die fortan das Nadelöhr zum Durchgang in eine neue Form der Religion bilden wird.

Und damit zusammenhängend, ein zweites: An die Stelle der Ritualdienste tritt ab sofort die Frage nach der Glaubwürdigkeit der Existenz. Es gibt keine magischen Veranstaltungen mehr, mit denen man Gott um die Wirklichkeit des Lebens betrügen könnte; die Scheinsicherheit all der «heiligen», der jeder Kritik und Reflexion entzogenen, bis zur Denkverweigerung tabuisierten Formeln und Formen des religiösen «Konsenses» fallen fortan dahin. Das einzige, was jetzt noch gilt, ist die Integrität (je)des Einzelnen, ist die Wahrheit des Lebens, ist die Wahrhaftigkeit der Existenz.

Es ist gewiß nicht zuviel behauptet, wenn wir sagen, daß uns geistesgeschichtlich womöglich erste heute die Stunde des JEREMIA wirklich erreicht hat.

Man kann philosophisch darüber diskutieren, inwieweit nicht auch JEREMIA noch dem traditionellen mythischen Schema hebräischer Geschichtsdeutung verhaftet blieb, demzufolge Gott selber belohnend und strafend in den Geschichtsverlauf (zumindest «seines» Volkes) gestaltend «eingreift»; man kann theologiegeschichtlich darüber diskutieren, inwieweit die radikale «Kultkritik» des Propheten zu einem Wesensmerkmal der prophetischen Verkündigung in der Bibel insgesamt zählt; über *eines* aber kann man nicht diskutieren: über die unerhörte Aktualität der Erfahrungen, die JEREMIA in seinen Tagen exemplarisch für die Zukunft aller Religion machen mußte.

Es geht nicht einmal darum, daß der äußere Verlauf der Ereignisse den düstersten Erwartungen dieses Mannes ganz und gar recht gab: Im August 587 erobern die Babylonier (nach 597) zum zweiten Mal die «heilige Stadt», und diesmal plündern und brandschatzen sie so «gründlich», wie man es mit einem besiegten Feinde nach Kriegs«recht» zu tun pflegt; sie deportieren große Teile der Bevölkerung, soweit sie als Sklaven, Handwerker und Intellektuelle von Nutzen sind; sie lassen ein heimatloses, entwurzeltes Volk zurück, das sich buchstäblich «gottverlassen» inmitten einer «gnadenlosen» Welt vorfindet. Weit entscheidender als die faktische Bestätigung der dunklen Weissagungen des Propheten ist die Vision und Verheißung, mit der er der Katastrophe standzuhalten sucht: Mag auch alles zusammengebrochen sein, woran das Gottesverhältnis der Menge sich überkommenermaßen festmachen konnte, so liegt, denkt JEREMIA, doch gerade darin die Chance zu einem unerhörten Neuanfang. Es gibt keinen König mehr, der die Religion als Staatsideologie organisieren und verwalten könnte, nur um sich von den Priestern und Propheten selber bescheinigen zu lassen, daß er an Gottes Statt und in Gottes Gnadentum als der «Gesalbte des Herrn» auf Erden herrsche, – als ob die «Treue» zu Staat, Volk und Vaterland in sich selbst bereits «gottesdienstliche» Qualitäten besäße. Es gibt keine Priester mehr, die mit ihrem Ritualwissen Gottes Gegenwart garantieren könnten, so als bedeute Gott zu dienen das turnusmäßige Rezitieren der Psalmen, das Schächten und Schlachten von Schafen und Rindern sowie die Einhaltung bestimmter Fasten- und Festvorschriften. Es gibt keine «Theologen» mehr, die ein für allemal sich im Besitz der Pläne Gottes wähnen dürften, so als bedeute an Gott zu glauben so viel wie die Kenntnis einer geschichtsphilosophischen Gesamtschau der Welt. All die Versicherungen der «Lügenpropheten», wie JEREMIA sie nennt, daß Gott «sein Volk» in und zu Größe und Macht führen werde, wurden niemals zuvor derart kraß als falsch überführt denn in den Tagen des JEREMIA: Ohnmächtiger, verlassener und hilfloser hatte Israel sich niemals gefühlt! Aber warum?

Die Antwort, die JEREMIA auf diese Frage findet, bedeutet

einen Meilenstein in der Entwicklung des religiösen Bewußtseins. Die Entdeckung des Propheten nämlich läuft darauf hinaus, daß der Kern der Krise des Gottesglaubens in seiner Äußerlichkeit besteht. Immer bislang wurde Gott mit etwas identifiziert, das in Pracht und Macht, in Ehre und Lehre, in Wissen und Müssen dem Volke von außen zu präsentieren war und das folglich immer von neuem einer «Vermittlung» bedurfte. Gott aber, wenn er in Wahrheit redet, redet nicht äußerlich! Der Zusammenbruch aller institutionellen Absicherungen des Religiösen, erkennt JEREMIA, hat seinen Sinn darin, daß Gott etwas vollkommen Neues schafft: «Siehe», sagt ihm «sein» Gott, «es kommt die Zeit, … da will ich mit dem Hause Israel und mit dem Hause Juda einen neuen Bund schließen, nicht wie der Bund gewesen ist, den ich mit ihren Vätern schloß (sc. Dt 6,4–7, d. V.), als ich sie bei der Hand nahm, um sie aus Ägyptenland zu führen, ein Bund, den sie nicht gehalten haben, ob ich gleich ihr Herr war…, sondern das soll der Bund sein, den ich mit dem Hause Israel schließen will nach dieser Zeit, …: Ich will mein Gesetz in ihr Herz geben und in ihren Sinn schreiben, und sie sollen mein Volk sein, und ich will ihr Gott sein.» (Jer 31,31–33) Alles, was war, wird also bleiben, doch nur um den Preis einer radikalen Transformation ins Innere; es stirbt in den Verfestigungen der Vergangenheit, um von innen heraus sich zu regenerieren; es setzt sich frei von dem Zwang aller äußeren Vorstellungen und Verstellungen und beglaubigt sich ganz allein aus einer Evidenz von innen. Gott wird innerlich; einem jeden Menschen ist er unmittelbar; denn, so fährt der Prophet fort: «Da wird keiner den andern noch ein Bruder den andern lehren und sagen: ‹Erkenne den Herrn›, sondern sie sollen mich alle erkennen, beide, klein und groß, spricht der Herr; denn ich will ihnen ihre Missetat vergeben.» (Jer 31,34)

In dieser Vision einer künftigen Form von Frömmigkeit geht es nicht länger mehr um das Dozieren theologischer Doktrinen, geht es nicht mehr um das Vermitteln der «Sühne» angesichts der Verfehlungen des Volkes durch das kultische Können von Gotteskündern und Gotteskennern, es geht vielmehr um eine absolute und umfassende Einsicht in die *Notwendigkeit,* ganz wörtlich, einer Generalamnestie für alle Schuld. Der «Neue Bund» des JEREMIA gründet in der Erfahrung, nur weiterleben zu können durch eine absolut grundlose, abgrundtiefe Vergebung in allem und von allem. Wenn es jetzt, nach allen schon eingetretenen Katastrophen, ein Leben noch geben soll, so nur, weil Gott aufhört zu strafen, weil seine «Gerechtigkeit» an der Schuld der Menschen sich erschöpft hat, weil das nach allem nicht länger zu rechtfertigende Dasein des Menschen allein schon durch die Tatsache seines Daseins hinweist auf den unbegreiflichen, doch alles umgreifenden Willen Gottes, es solle trotz allem uns geben.

Eine solche Erfahrung läßt sich nicht lehrhaft noch kultisch, weder durch Dozenten noch Priester «vermitteln»; eine solche Erfahrung kann nur ein jeder für sich machen. Es ist, wie wenn jemand, der viele Jahre lang sich abgemüht hat und dabei doch stets nur immer weiter sich von sich selber entfernt hat, nun als ein Zerbrochener: als ein Alkohol- oder Drogenabhängiger, als ein durch einen Herzinfarkt am Rande des Todes Dahintaumelnder, als ein Bankrotteur nach dem Scheitern eines alles entscheidenden Kreditgeschäftes, kurz, als ein gerade noch einmal Davongekommener nunmehr endgültig begreift, daß er mit seinem Leben gänzlich von vorne beginnen muß und beginnen darf. Wenn es jetzt noch weitergehen soll, dann nur in der Form, daß die erste Frage nicht länger mehr lautet: Was wollen die anderen? Was muß ich noch tun?, sondern indem es primär darum geht, sich zu fragen: Wer bin ich selber? Was geht in mir vor sich? Was stimmt jetzt für mich? Dem Abbau der Äußerlichkeit im Religiösen entspricht eine vollkommene Zentrierung der Lebensführung auf das ganz und gar Persönliche, Individuelle, vom eigenen Subjekt Getragene.

Die «Wahrheit», die auf diese Weise zustande kommt, ist deshalb eine ganz und gar persönliche. Sie ist nicht zu lehren, sie ist nur zu leben, und wenn sie sich «vermitteln» läßt, dann nur durch persönlichen Austausch, als «Existenzmitteilung», wie SÖREN KIERKEGAARD es nannte, nicht durch ein akademisch-intellektuelles, «objektives» Auswendiglernen. Der «Inhalt» dieser «Wahrheit» aber besteht ganz und gar in dem Gefühl einer unverdienten Vergebung im ganzen.

Unter ganz anderen Verhältnissen hat der extrem nationalistisch und apokalyptisch gesonnene Prophet JOEL später einen ähnlichen, doch charakteristisch anders akzentuierten Gedanken geäußert, der an zentraler Stelle im Neuen Testament aufgegriffen wird. JOEL läßt «seinen» Gott davon sprechen, er werde seinen «Geist ausgießen über alles Fleisch (sc. über alle lebenden Menschen, d. V.), so daß euere Söhne und Töchter weissagen und euere Alten Träume haben und euere Jünglinge Gesichte sehen. Gleichzeitig werde ich auch über Knechte und Mägde meinen Geist ausgießen.» (Joel 3,1–2)

Das Wort vom «Geist» ist in der christlichen Dogmatik zunehmend als eine Energie, ja, «Person» Gottes verobjektiviert und metaphysiziert worden; doch läßt man nur einmal die Erfahrung stehen, die sich in solchen Worten ausspricht, so geht es auch hier um etwas, das als «Begeisterung», als «Mut zum Leben» oder als ein starkes emotionales Widerfahrnis, als Einbruch des Es oder des Überich in die Sphäre des Ich erfahren wird. (Religionspsychologisch hat man nicht selten den Eindruck, als solle das Sprechen vom «Heiligen Geist» geradewegs das Unbewußte in der menschlichen Psyche, wenn seine «Früchte» «positiv» ausfallen, mit dem Wirken Gottes selber identifizieren, wohingegen alles «Negative» als Wirken des «bösen Geistes», des Teufels verstanden werden soll.) Was JOEL mit seinen Worten in Aussicht stellt, ist in gewisser Weise eine *Folge* jener «Gottunmittelbarkeit» und Selbständigkeit, die als ein Leben voller Hoffnung und Glück jenseits sogar aller Standes- und Rangunterschiede erfahren werden. Da gibt es Menschen, die noch in hohem Alter sich ihre Träume bewahrt haben, – sie stellen das Gegenstück zu all den vom Leben Enttäuschten, innerlich Resignierten, müde und kraftlos Gewordenen dar; und andere sind, die als junge Leute sich eigener Visionen getrauen und einen eigenen Entwurf in ihr Leben zu tragen unternehmen – sie bilden das Gegenstück zu all den früh Angepaßten, den stromlinienförmig geschliffenen Karrieristen, deren Dasein den Horizont der in sie gesetzten «Erwartungen» nie überschreiten wird. Persönliche Lebendigkeit, innere Stimmigkeit und unverwechselbare Identität – in solchen Merkmalen zeigt sich der Gottesgeist.

Im Neuen Testament ist die Prophezeiung des JOEL in einer Form aufgegriffen worden, die den Gedanken des JEREMIA von einem Neuen Bund der Vergebung und der Verinnerlichung zusammenschließt mit einer Art von Geistsendung, welche das *Verstehen* unter den Menschen auf überraschende Weise universalisiert und totalisiert. In Apg 2,1–4 erzählt LUKAS davon, daß am «Pfingstmorgen» (am jüdischen Erntedankfest, 50 Tage nach dem Passahfest) über die Jünger, als sie im Gebet versammelt waren, der «Heilige Geist» in «Zungen wie von Feuer» herabgekommen sei und sich auf einen «jeden von ihnen» niedergelassen habe. Die Steigerung des Persönlichen, die in diesem legendären Bild angedeutet scheint, führt keineswegs, wie man argwöhnen könnte, zu einer Intensivierung von «Subjektivismus» und «Egozentrismus», sie bildet im Gegenteil in dieser Legende der Apostelgeschichte die Voraussetzung dafür, daß Menschen ganz unterschiedlicher Herkunft über die Grenzen von Kultur und Sprache hinweg miteinander ins Gespräch zu kommen vermögen und eine große Gemeinsamkeit untereinander zu spüren beginnen. Die zerstörerische Katastrophe von «Babylon», als Gott selber die Sprache der Menschen auf Grund ihres Hochmutes «verwirrte» (Gen 11,1–9), scheint endgültig überwunden; der «Neue Bund» des JEREMIA erweitert sich zu der Vision einer in sich vereinigten Menschlichkeit. Wann irgend man nach einer «Gründungsurkunde» sucht für das, was «Kirche» ist oder sein sollte, so könnte man sie hier finden. Deutlich wird jedenfalls, daß einzig Texte dieser Art aus der derzeitigen Krise der Religion herauszuführen imstande sind.

200 Jahre ist es nun her, daß in der «Aufklärung» die Gedanken IMMANUEL KANTS sich durchzusetzen begannen, die eine unerhörte geistige Erschütterung auslösten. Was irgend für «Religion» gel-

ten könne, verkündete damals IMMANUEL KANT, müsse auf Freiheit gegründet, also innerlich sein. Kein Gott, der von außen, durch seinen Machtwillen, dem Menschen seine «Gebote» aufoktroyiere, könne für wahrhaft «göttlich» gelten», ein Glaube, der äußerer Stützen wie «heiliger Väter», sakrosankter Autoritäten, ritueller Priesterdienste und wunderbarer Erscheinungen zu seiner Beglaubigung bedürfe, sei nicht länger als Glaube, sondern als purer Aberglaube zu betrachten. Einzig im Herzen des Menschen, in seiner «Vernunft», in seinem «Gewissen» rede Gott. Seither ist der Kampf gegen jede Form der Außenlenkung und der Äußerlichkeit in Fragen der Religion identisch geworden mit der Befreiung des religiösen Subjekts von den Fesseln jedweden kirchlichen Dogmatismus, Ritualismus und Moralismus.

Insbesondere in Frankreich übersetzte VOLTAIRE die kompliziert geschriebenen «Kritiken» KANTS in den polemischen Zynismus reiner Kampfschriften. «Ich höre», bemerkte er höhnisch, «daß zwölf ungebildete Männer nötig waren, um das Christentum zu gründen; ich werde zeigen, daß ein einziger Gebildeter genügt, es wieder abzuschaffen.» VOLTAIRE irrte und in gewissem Sinne vor ihm schon KANT: – Keinesfalls gründet oder widerlegt sich die Religion mit der Intellektualität noch so klug gedachter Gedanken. Doch was von der Religionskritik der Aufklärung blieb, war das unabweisbare Postulat der Freiheit, war der Einsturz des kirchenverordneten Glaubens im Rahmen oder gar auf Grund bestimmter «heiliger» Institutionen.

Seit 200 Jahren daher beweist die Länge einer Tradition von 2000 Jahren gar nichts mehr – vielleicht ist sie zumindest in Teilen ihrer selbst nichts weiter als ein langer Irrtum! Schon MARTIN LUTHER erklärte die 1500 Jahre Papsttum und Kaisertum in der katholischen Kirche für einen einzigen Abfall von der wahren Lehre Christi, und bereits 100 Jahre vor ihm hatte JAN HUS in der Bethlehemskirche zu Prag gepredigt: «Der Papst, die Kardinäle und die Bischöfe sind nicht die Nachfolger der Apostel, es sei denn, sie wollten leben wie dieselben.»

Da haben wir es wieder: Maßstab der christlichen Wahrheit ist nicht die Lehre, sondern das Leben, nicht das Amt, sondern der Mensch, nicht die Institution, sondern die Person.

Seither wirken die kostbaren Kirchen und Klöster der Christenheit nicht länger als Dokumente der Größe und Wahrheit der christlichen Religion, sie stehen viel eher in der Vermutung, bloße Museen einer kulturgeschichtlich manchmal wohl erstaunlichen, religiös aber desto zwiespältigeren Vergangenheit zu sein. Der Petersdom zum Beispiel – er war und wurde recht eigentlich der Kardinalpunkt für die Spaltung der Kirche im Abendland. Was hat ein solches Gebäude mit der Armut und Einfachheit JESU zu tun?

Seither erscheinen die magischen Opferdienste der Priester schlechthin obsolet; – man will nicht mehr hören von einem Gott, der seinen «Sohn» in den Tod gibt, um durch sein blutiges Opfer am Holze des Kreuzes gegenüber den Sünden der Menschen vergebungsbereit gestimmt zu werden. Die Vision des JEREMIA vom Untergang von Tempel, Thron und Tradition – sie hat uns längst eingeholt! Doch, Gott sei Dank, auch seine Vision eines inneren Neuanfangs!

Niemand wohl unter den religiösen Existenzen im «christlichen» Abendland kommt der Gestalt des Propheten JEREMIA (und überhaupt eines «Propheten») in der Neuzeit so nahe wie der dänische Religionsphilosoph SÖREN KIERKEGAARD vor rund 160 Jahren. Er ist der einzige, der den Einsturz des überkommenen Kirchenglaubens selber herbeirief und mit allen Kräften betrieb, um endlich den Punkt wiederzufinden, an welchem in religiöser Absicht an der Botschaft und an der Person des Mannes von Nazareth sich anknüpfen ließe. Die Geschichte der Christenheit sei völlig belanglos, erklärte KIERKEGAARD; entscheidend für den Glauben sei, christlich betrachtet, nicht die Länge der Zeit seiner Überlieferung, sondern das Verhältnis, in dem der Glaubende mit dem Ursprung des Glaubens sich «gleichzeitig» setze. Der gesamten Christenheit warf KIERKEGAARD vor, sich selbst zu belügen, indem sie JESUS zu einem göttlichen Wohltäter hochdogmatisiere, der ihr ein unerhörtes «Erbe» hinterlassen habe, so reich, daß man bequem nun reinweg von den Zinsen des aufgehäuften Stammkapitals des «Gründers» leben könne.

Im Grunde, meinte der dänische Religionsphilosoph, habe die Christenheit ganz einfach die Perspektive geändert: Das Leben, wie jeder weiß, verläuft in eine stets offene Zukunft, die sich nur gewinnen läßt, indem ein Mensch sich im Augenblick jetzt in aller Riskiertheit für das entscheidet, was er im Gegenüber Gottes, oft genug jenseits aller Absicherungen des Allgemeinen, glaubt verantworten zu können und zu müssen; doch eben an dieser Aufgabe des Daseins mogeln die «Dozenten» der Gotteslehre sich vorbei, indem sie das «Ergebnis» des Lebens JESU bereits kennen und als eine «Botschaft» zum Kennenlernen an die «Gläubigen» weitergeben. Statt den Blick nach vorn zu richten, wird er auf diese Weise nach rückwärts gerichtet; statt zu glauben mit JESUS, beginnt man, «an» JESUS zu glauben, und man erspart es sich damit, wie JESUS zu leben. Der «Gewinn» aus diesem existentiellen «Trick» ist vor der Hand einzustreichen: Indem die Theologen die Christenheit lehren, wie JESUS durch seine Zuwendung gerade an die Verlorenen und Verlaufenen im Namen Gottes die Grenzen der verfestigten Religion sprengte und dafür zuletzt in den Tod ging, wird der Kreis der Adressaten derartiger «Verkünder» dogmatisch immer enger, sie selber aber innerhalb dieser Kreise werden immer angesehener und geehrter. Sie selber, versteht sich, riskieren gar nichts, während sie anderen das «Golgotha» «Christi» erklären. Zugleich mit dem Entscheidungsernst des Augenblicks verschwindet notwendigerweise die Kategorie des *Einzelnen* aus der Religion. Die Frage stellt sich nicht länger, ob ich selber ein «Christ» bin, sondern ob ich ein Mitglied der «richtigen» Gruppe von «Christusverkündigern» bin.

Und selbst dieses «Problem» läßt sich vereinfachen.

Wie, wenn man *als Kind bereits* in die «richtige» Gruppe hineingeboren wird? Wie, wenn man als Kind schon in der «richtigen» Konfession «getauft» wurde – einfach auf Grund der Umstände: weil es die Eltern so wollten? Dann breitete die Christenheit sich, wie JAKOBS gesprenkelte Schafe (Gen 30,32–43), einfach durch «Zeugen» in der «richtigen» Umgebung aus! Die Naturalisierung des Glaubens hätte alle Fragen der Existenz ein für allemal neutralisiert...

Es war eben deswegen KIERKEGAARDs Hoffnung, daß der gesamte Stolz einer 2000 Jahre alten «Kirche» endlich zusammenbräche – ganz wie die «heilige Stadt» des JEREMIA. Es sollte fortan keinen «Glauben» mehr geben, der «billiger» zu haben wäre als in dem Sprung in die Vereinzelung, in die persönliche Freiheit, in die Aufnahme der Forderung, *das* zu tun und zu leben, was unter den Augen Gottes einzig durch die eigene Existenz in die Welt kommen kann.

Die Stunde des JEREMIA hat heute alle Kirchen erreicht. Doch standhalten kann dieser Krise keine Institution, keine «Gemeinde», kein «Lehramt», keine «Autorität», keine Tradition, keine Magie, kein Kirchenzwang und kein Aberglaube; nur der Einzelne, der den Ruf hört und ihm gehorcht, hilft, indem er standhält und durchhält. Die Zukunft der Religion kann nur liegen in einer solchen persönlich gelebten Existenz des Glaubens, in einer derartigen unableitbaren Freiheit, ein Individuum zu sein. Man mag diesen Standpunkt phänomenologisch als «Mystik» bezeichnen; weniger mißverständlich ist es, ihn psychologisch als das Ende aller Fremdbestimmung und Außenlenkung im Bereich des Religiösen zu charakterisieren.

Gewußt hat um diese Wende der gesamten religiösen Einstellung bereits der «Lehrer» JESU, JOHANNES DER TÄUFER. Inmitten eines «Volkes», das seine Sicherheit vor Gott in die Abstammung von dem «richtigen» Stammvater setzte, in die Herkunft mithin von einer jüdischen Mutter, in die biologisch gesicherte oder rituell durch «Beschneidung» garantierte Zugehörigkeit zu dem «auserwählten Volk», erklärte der Mann am Jordan empört: «Und bildet euch nur nicht ein, ihr könntet Gottes Zorn entkommen, indem ihr denkt: Wir haben ja den Abraham zum Vater. Kinder Abrahams kann Gott aus diesen Steinen hier erschaffen.» (Lk 3,7; Mt 3,7–9) Nicht zu welcher Gruppe, Partei oder Kirche sich jemand rechnet – was für ein Mensch er ist, entscheidet. Die großen

Zahlen zugehöriger Mitglieder täuschen, die Länge der Zeit des Bestands einer Gruppe ist trügerisch, die Durchsetzungskraft von Geldmitteln, Einfluß und Macht widerlegt eher Gott, als daß sie ihn zeigt. Nicht woher jemand kommt, sondern wohin einer geht, gibt seinem Dasein Richtung und Sinn; doch wohin er gehen soll, sagt ihm Gott einzig in dem Moment, da er «daist, als der er dasein wird». Es wird der «Schüler» des Täufers, es wird JESUS sein, der von diesem Ansatz her noch einmal eine ganz andere, unerhört neue Welt entwerfen wird, nicht im Gestus der Drohung, sondern der Tröstung, des Mitleids und einer Güte ohne Grenzen. Heilung kann nur an Einzelnen sich vollziehen, nicht an Völkern, Staaten, Kirchen oder Konfessionen, und nur Einzelne durch ihre Existenz sind zum Heilen imstande. Ein solcher heilender Einzelner wollte der Mann aus Nazareth sein: An solchen heilsam wirkenden Einzelnen erläuterte er mit Vorliebe, was er von Menschen für Menschen wollte.

«Wer aber ist denn mein Nächster?»

Stets steht die Kategorie des Einzelnen unter Verdacht, irgendwie «asozial», «egoman» oder gar «antihuman» zu sein, eine Art Wildheitsrelikt, das der Kulturwerdung sich widersetzt (hat). In Wahrheit ist das Gegenteil richtig. Der Einzelne steht für eine Existenzform, die das archaische Massendasein der Clan- oder Gruppenidentität endlich in Richtung Freiheit, Eigenständigkeit und Verantwortung überwindet; zum ersten Mal in der Existenz des Einzelnen gibt es überhaupt so etwas wie ein «Gewissen», das mehr ist als die im Überich verankerte Sozialangst, als die bloße Furcht vor dem Gruppenausstoß im Falle der Übertretung bestimmter gesellschaftlicher Normen; nur in der Existenz von Einzelnen wird die Differenz deutlich, die Gott als Person unterscheidet von der «Vernunft» des sittlich Allgemeinen; und nur die Angst, die es kostet, ein Individuum zu sein, verlangt förmlich nach einem Glauben an ein Gegenüber, das selber Subjekt in Freiheit ist.

Ein solcher Einzelner zu werden oder zu sein ist die Probe aufs Exempel für die Möglichkeit eines prophetischen Lebens. Doch bereits unterhalb einer solchen zum Äußersten getriebenen Existenzform bildet Vereinzelung in strengem Sinne die Basis für jede wahrhaft menschliche Errungenschaft. Gleich ob als Philosoph, Dichter, Musiker oder Maler – jeder Mensch, der anderen etwas zu «sagen» hat, kann nur reden als Einzelner, nicht als Behörde, nicht als Beamter, nicht als Anwalt von anderen. Und was er zu sagen hat, strömt stets aus der Dichte seiner Person. Nur so war JESUS all dies zugleich: Poet, Prophet und Psychotherapeut.

Daß JESUS in *Gleichnissen* redete, weiß wohl ein jeder. Doch was bedeutet es, wenn jemand sich weigert, die Beamtensprache der «Theologen» zu reden? Bereits in der *Sprachform* JESU liegt eine stille Revolution. Alle Dogmen grenzen bestimmte Ansichten ein und bestimmte Menschen anderer Meinungen aus; dafür sind sie da. Dichtung indessen lädt ein und vereint auf der Grundlage gleicher Erfahrung. Eben deswegen gab es für JESUS nur die Sprache der Dichter, um Gott zur Sprache zu bringen. Doch *was* er für «Gleichnisse» erzählte, trägt auch inhaltlich die beabsichtigte Reform des Religiösen über alle Beschränkungen und Beschränktheiten hinaus.

Zwei knappe Beispiele müssen und mögen in unserem Zusammenhang genügen.

In Lk 10,25–37 erzählt JESUS eine Geschichte, die zu den aufregendsten des ganzen Neuen Testamentes zählt. Wer kennte nicht ihren Anfang: «Ein Mann ging von Jerusalem nach Jericho und fiel unter die Räuber. Die plünderten ihn aus, schlugen ihn nieder und machten sich aus dem Staube; halbtot ließen sie ihn liegen. Da kam zufällig des Weges ein Priester ...»

Die Frage, auf die (in der Redaktion des LUKAS) das Gleichnis JESU antworten soll, stellt ein jüdischer Schriftgelehrter: «Wer ist mein Nächster?» Im Gesetz hat MOSES geboten, «den Nächsten zu lieben wie sich selbst» (Lv 19,18); doch galt es für ausgemacht, daß mit dem Wort «der Nächste» der «Volksgenosse» gemeint war, erklärt doch die Stelle selber: «Du sollst dich nicht rächen noch Zorn bewahren gegen die *Kinder deines Volkes.*» In der Gemeinde von Qumran hatte man (in der Sektenrolle, IQS I 9-10) den Begriff des «Nächsten» sogar noch weiter eingeengt auf die Mitglieder der Gemeinde: «Du sollst deinen Nächsten lieben und deinen Feind hassen» – so zitiert JESUS in Mt 5,43 das Gebot der Esséner und widerspricht dieser Satzung mit seiner Forderung der «Feindesliebe».

In der Auslegung der Bibel stellt sich immer wieder das Problem, welche Worte «wirklich» von JESUS gesagt wurden, welche nicht; doch was in historischer Sicht zumeist schwer oder gar nicht entscheidbar ist, weist eine erstaunliche Gleichsinnigkeit und Gemeinsamkeit auf, sobald man es nach seiner Bedeutung, statt nach seiner historischen Entstehung befragt. Zwischen dem *Matthäus-* und dem *Lukas-Evangelium* besteht historisch nur insofern eine Verbindung, als beide sich des *Markus-Evangelium*s als ihrer Quelle bedienen und darüber hinaus eine teils mündlich, teils schriftlich tradierte Sammlung von Worten, die JESUS zugeschrieben wurden, verwenden (die sogenannte «*Q-Quelle*»); und doch kann die Geschichte vom «barmherzigen Samariter», die LUKAS überliefert, als der beste Kommentar zu dem Gebot der «Feindesliebe» im *Matthäus-Evangelium* gelten.

Wer in den Tagen JESU von einem «Priester» erzählen hörte, wird die Ohren gespitzt haben. «Wie finde ich Gott?» Wer so fragt, dem wird unzweifelhaft zu allen Zeiten von den *Priestern* als Antwort zuteil, daß eine solche Frage auch nur die Zuständigkeit eines einfachen Laien bei weitem überfordere. Um zu wissen, wo Gott sich finden läßt, ist es allemal richtig, sich an diejenigen zu wenden, die es wissen müssen, weil sie es studiert haben: an die Gottesexperten von Amts wegen; «denn Du, ein Ungebildeter, darfst Dich niemals vermessen, in einer so bedeutenden Angelegenheit Bescheid wissen zu wollen!» – Man versteht, welch ein Affront darin liegt, wenn JESUS erzählt: «Der Priester sah den Verletzten da liegen *und ging vorüber.*»

Möglich, daß manche am Abend, da dieses Gleichnis erzählt wurde, zu JESUS gesagt haben: «So darfst Du nicht sprechen. Sie sind nicht alle so. Du bist ungerecht, Du pauschalierst. Bei uns im Dorf wohnt zum Beispiel ein ganz ausgezeichneter Priester.» Und womöglich auch, daß JESUS geantwortet hat: «Natürlich weiß ich, daß bei Euch ein ganz ausgezeichneter Priester lebt. Es gibt viele persönlich ganz ausgezeichnete Priester. Mir aber liegt jetzt nicht an den persönlich guten Priestern, mir liegt an dem Prinzip, auf dem das Priestertum beruht. Niemand bei uns wird zum Priester geweiht, er hätte nicht mit acht Jahren bereits das 3. Buch Mose (Leviticus) auswendig gelernt, Kapitel 21, Vers 1–3 zum Beispiel: Ein Priester hat sein Leben lang nicht die Erlaubnis, den Leichnam eines Menschen zu berühren, selbst wenn seine eigene Mutter verstorben wäre – nicht! Er hat nicht das Recht, sich mit Menschenblut zu ‹verunreinigen›, wenn er eben auf dem Weg nach Jerusalem ist; er hat vielmehr die göttliche Pflicht, kosher und pünktlich im Tempel anzulangen. Für diese Aufgabe steht er als

Priester. Mit einem Wort: Er *darf* überhaupt nicht vom Wege abweichen und dem Verletzten am Wegesrand helfen.»

Du möchtest, will JESUS offenbar in der Einleitung dieses Gleichnisses sagen, mit Deiner Frage Dich danach erkundigen, wie Du Gott findest, und die Priester werden Dir sagen: «Im Tempel», und sie werden hinzufügen: «wo wir unseren Dienst tun». Doch was die Priester ihren «Dienst» nennen, ist eine äußerst ambivalente Praxis: Stets muß da Gott mit blutigen Opfern versöhnt werden, stets haben da Menschen Angst vor diesem blutsaufenden Vampir, den die Priester zu ihrem Gott erklären, und nie darf die Angst der Menschen vor diesem Nachtmahr im Himmel vergehen, weil sonst die Priester selber als Stand, als Institution überflüssig würden. Die Priester brauchen die Angst vor dem Dämon, den sie sich selber schaffen, um für die Menge als Vermittlungsinstanz unentbehrlich zu bleiben. Es wird überhaupt nur so lange Priester geben, als dieses Gottesbild eines sadistischen Überichs Geltung beansprucht. Eben deshalb ist die Einrichtung des Priestertums mit all seinen Opferritualen selber verderblich; sie hält die Menschen in der ewigen Gefangenschaft ihrer Angst, sie erlaubt niemals jene Autonomie, die Menschen mündig macht in Gottvertrauen und Gottunmittelbarkeit, sie fördert niemals die Freiheit des Ichs der Person des Einzelnen, sie stärkt ganz allein die Gleichschaltung und Außenlenkung der Masse.

Und das alles kann man den Anfangsworten eines einzigen Gleichnisses entnehmen? mag man verwundert sich fragen. Man kann! Denn daß JESUS seine Erzählung so und nicht anders gemeint hat, kann man daran ersehen, daß er in den Fußspuren des «Priesters» noch einen «*Leviten*» hinterdrein schickt. Ein solcher Levit besäße an sich durchaus mehr Spielraum, als das Gesetz dem Priester zugesteht; doch ideell ist der Priester sein Vorbild, ist er das Musterexemplar des Religiösen – so wie der Priester sich verhält, so tut deshalb auch er: – Er läßt in heiliger Pflichterfüllung gegenüber dem Tempelritual den Schwerverletzten am Wegesrand liegen.

Aber vom Tempel in Jerusalem steht doch gar nichts in dem

Text, – möchte man vielleicht kritisch einwenden; die Antwort gibt die Erzählung JESU selber, wenn sie an dritter Stelle einen *Samaritaner* auftreten läßt. Ein «Samariter» ist für uns heute die Musterausgabe des «christlichen» Mitleids – erwachsen eben aus diesem Gleichnis. In den Tagen JESU indessen bedeutete ein «Samariter» etwas ganz anderes, das unmittelbar mit der Frage nach der Bedeutung des Jerusalemer Tempels zusammenhängt.

Der Streit zwischen Juden und Samaritanern in dieser Frage dauerte damals schon mehr als ein halbes Jahrtausend an. Als um 520 v. Chr., nach dem babylonischen Exil, die Zurückgekehrten mit der Wiedererrichtung des Tempels begannen, verweigerten Leute wie der «Prophet» HAGGAI den Samaritanern, sich an dem Neubau zu beteiligen; die Samaritaner daraufhin weigerten sich, den Tempel im judäischen Süden anzuerkennen. Sie konnten sich dabei auf Proteste berufen, die aus Prophetenkreisen von Anfang an gegen die Tempelbaupläne DAVIDs geltend gemacht worden waren: Gott ist zu groß, um ihn in ein Haus mit vier Wänden einzusperren, wie es die Priester in Ez 44,2 tatsächlich versuchen werden; Gott wohnt überall, können die Samaritaner zu Recht sagen, zum Beispiel auch auf den Bergen, etwa auch bei uns selber auf dem Berge Garizim in Samaria, in der Nähe von Nablus. Ein Samaritaner jedenfalls glaubte schlechterdings nicht an die Gegenwart Gottes im Tempel zu Jerusalem. Eine solche Idee war ihm durchaus fremd. Aber nun das Entscheidende in der Geschichte JESU: Eben deshalb hat so ein Samaritaner offene Augen und ein offenes Herz, um hinüberzugehen und dem Verletzten so gut als nur möglich zu helfen!

Ganz deutlich sind es religionspsychologisch zwei konträre Formen von Religion, die hier aufeinandertreffen. Auf der einen Seite steht ein «Gott», der nach priesterlicher Logik einfache Menschlichkeit geradewegs verbietet, auf der anderen Seite ist von «Gott» gar nicht die Rede, doch fragt man: Wo also wohnt Gott?, so lautet die Antwort des Gleichnisses JESU ganz eindeutig: Gott findest Du dort, wo Du mit Mitleid hinübergehst in das Leid eines anderen. Du fragtest: Wer ist denn mein Nächster? Nun denn: Die Frage vor Gott ist es, wie Du selber dem Menschen am nächsten kommst, der in seiner Not Dich am meisten braucht. Nicht im Kultus der Priester, einzig in der Kultur der Menschlichkeit findest Du Gott.

Kann JESUS wirklich derart prophetisch-radikal gedacht haben? Offensichtlich! Denn daß der Mann aus Nazareth tatsächlich so und nicht anders gedacht hat, zeigt ein anderes Gleichnis, das im *Matthäus-Evangelium* JESUS als zusammenfassender Abschluß all seiner Lehren zugeschrieben wird: Mt 25,31–46: *die Geschichte vom Großen Weltgericht.*

Worauf kommt es in unserem Leben entscheidend an? fragt diese Erzählung. Was bleibt, wenn unser Dasein wie Sand durch das Sieb läuft und Du nach den wenigen Goldkörnern suchst, die Dir nach allem am Ende übrigbleiben? Werden es nicht einzig diejenigen Momente sein, in denen Du irgendeinem Menschen wirklich hilfreich gewesen bist? Es ist möglich, daß Du Dein ganzes Leben lang an Gott kaum gedacht hast, dann wird er Dir selber erklären, daß er es war, dem Du begegnet bist in den Kranken, den Hungernden, den Gefangenen, den Fremden – wie Du *ihnen* begegnet bist, das entscheidet darüber, ob Du Gott gefunden hast oder nicht. Viele kann es geben, die Gott immerzu auf den Lippen führten und ihm nach Priestervorschrift alle zeremoniellen Honneurs erwiesen, und doch sind sie ihm niemals begegnet, das heißt, sie waren ganz einfach nicht zur Stelle, sie haben ihn übersehen, indem sie an den Notleidenden vorübergingen.

Brisanter als diese Ansicht JESU kann eine religiöse Lehre für das dogmatische «Christentum» der verfaßten Kirchen kaum sein.

Vor einiger Zeit fragte eine Frau, was sie ihrem Sohne sagen solle. Er war früher einmal ein fleißiger Meßdiener und ein religiös interessierter Schüler gewesen; nun aber, als Assistenzarzt an einem Universitätskrankenhaus, erklärte er seiner Mutter, er könne an ihren «Gott» nicht mehr glauben. «Ich sitze», sprach er, «an dem Bett einer 35jährigen Frau mit chronischer Nephritis, und ich weiß, daß sie sterben wird. Wir können ihr nicht helfen. Dabei hinterläßt sie zwei kleine Kinder! Wenn Gott allmächtig und allgütig ist, warum tut er dann nichts? Einen Arzt, der helfen könnte, aber nicht hilft, wird man wegen unterlassener Hilfeleistung verklagen. Ein Gott, der allmächtig und untätig ist, existiert doch nicht wirklich!» – «Was soll ich denn meinem Jungen nur sagen?» fragte diese Frau. «Ich bin doch kein studierter Mensch. Wenn es die Theologen und Pastöre nicht wissen ...! Aber Sie dürfen nicht glauben, daß mein Junge ein schlechter Mensch ist. ‹Eben deshalb habe ich doch Medizin studiert›, hat er gesagt, ‹damit, zumindest so viel an mir liegt, Menschen eine Chance haben, wenigstens ein paar Tage oder Wochen ohne Schmerz und Angst zu leben.› Mein Junge ist kein schlechter Mensch!» – Man konnte dieser Frau nur sagen, daß ihr Sohn gewiß im Begriff sei, sich mit Sieben-Meilen-Stiefeln von dem Gott der Kirche zu entfernen, – die Gründe dafür werden wir sogleich im nächsten Kapitel erörtern müssen –, daß er aber ganz sicher dabei sei, den Gott zu finden, den JESUS uns zu bringen kam.

Dieser «neue» Gott JESU hat erkennbar nichts, aber auch gar nichts zu tun mit den dogmatischen Eingrenzungen der «christlichen» Kirchen, doch hat er alles zu tun mit einer Haltung gelebter Menschlichkeit. Keine Priesterreligion wie die Frömmigkeitshaltung der «katholischen» Kirche Roms, keine Schriftgelehrtenreligion, wie sie der Frömmigkeitshaltung weiter Teile der protestantischen Kirche entspricht, kann mit dem zur Deckung gebracht werden, was JESUS in diese Welt bringen wollte. Ein Mann, der imstande ist, seinen jüdischen Zeitgenossen wie mutwillig den Glauben an ihre «Sondererwählung» als Juden zu nehmen und ihnen statt dessen einen Samaritaner, wenn er nur menschlich ist, als Vorbild hinzustellen, reduziert radikal alles, was Religion heißen könnte, auf gelebte Menschlichkeit. Nichts anderes zählt mehr für ihn. Er steht an der Spitze aller «Kultkritik», die von den Propheten Israels je geäußert wurde. Ein solcher Mann bedeutet eine absolute Wendemarke, das Ende dessen, was bis dahin «Religion» heißen konnte, und den Neuanfang dessen, was fortan «Religion» heißen müßte. Er ist, wenn man so will, in der Tat der Begründer eines «neuen Bundes» zwischen Gott und den Menschen.

Und doch ist es gerade deshalb nicht möglich, JESUS im Widerspruch zu seiner eigenen Haltung zum Gegenstand gottgleicher Anbetung zu erheben.

Bis heute sind Christen und Juden durch das Dogma voneinander getrennt, daß JESUS der *Messias* sei; die Christen glauben es, die Juden leugnen es. Dabei verfügen die Juden über ein unwiderlegliches «Argument» für ihren «Unglauben»: Wenn der «Messias» kommt, so ändert sich die Welt! Seit JESUS kam, vor nun 2000 Jahren, hat sich nichts geändert, allenfalls daß vom Circus maximus bis Auschwitz die Zustände sich ins Unvorstellbare verschlimmert haben. Ein Hauptgrund, der den «Glauben» der «Christen» an JESUS als an den «Christus» (den «Messias») fundamental widerlegt, ist die Tatsache, daß dieser «Glaube» im Anschluß an die altorientalischen Königsmythologien wesentlich als eine dogmatische Doktrin von der Gottessohnschaft des «Erlösers» definiert wurde, indem man die Bilder und Symbole der antiken Religionen historisierte und metaphysizierte. Aus der Person des «Christus» wurde damit eine «Tatsache» in weit zurückliegender Vergangenheit oder ein Anspruch im Status des bloßen An-sich-Seins. Wie anders hingegen könnte der «Glaube» der «Christen» an JESUS als den «König» aussehen, würde er einzig als Ausdruck einer existentiellen Beziehung verstanden werden, würde JESUS wirklich als «Herrscher der Welt» geglaubt werden, statt daß sein «Titel» zur Ideologie weltlicher und «geistlicher» Macht herhalten müßte!

Zwei Stichproben mögen genügen, um aufzuzeigen, wie anders die Welt aussähe, wären die Worte JESU wirklich wie die eines «Königs» maßgebend. «Ich war fremd», sagt zum Beispiel der «König» in dem Gleichnis JESU vom Großen Weltgericht (Mt 25,35). Und wir nun im zweitausendsten Jahre des Herrn? Im ganzen «christlichen» Europa muß die Antwort auf diese Selbstidentifikation Gottes mit den Fremden einhellig lauten: «Und wir haben Dich abgeschoben.» Hunger – das ist Wirtschaftsasylantentum, also kein Asylgrund. Bürgerkrieg – das ist Desertion, also kein Asylgrund. Politische Verfolgung – das kann Mitgliedschaft in einer terroristischen Vereinigung bedeuten, also kein Asyl-grund. Ethnische Unterdrückung – das ist eine innere Angelegen-heit des Herkunftslandes, also kein Asylgrund … Es gibt eine Menge hehrer Reden etwa des römischen Papstes zum Asylrecht, aber es gibt nicht den Hauch auch nur eines organisierten Wider-standes irgendeiner nationalen Bischofskonferenz gegen die «Ver-schärfung» des Asylrechts in der Europäischen Union und gegen die fatale «Abschiebepraxis» der betroffenen «Schüblinge» – lauter Wörter bereits, die man nach dem Desaster des «Dritten Reiches» im deutschen Sprachgebrauch für unmöglich halten sollte.

Aber dann auch die *psychische* «Fremdheit»! Wie viel gehört dazu, einen Menschen, der sich in seinem Leben niemals wirklich hat «zu Hause» fühlen können, «heimisch» in seiner eigenen Haut und in der Beziehung zu wenigstens *einem* Menschen zu machen? Wie lange kann es währen, bis all die Formen verinnerlichter Ent-fremdung in seinem Selbstwertgefühl, in seinem Selbstbewußtsein einer eigenen Stellungnahme gewichen sind? Wer immer einen solchen Weg mit einem anderen Menschen geht, begegnet Gott, gleich, ob er subjektiv sich als «fromm» oder «unfromm», als «gläubig» oder «ungläubig» bezeichnet, – diese Versicherung JESU spricht sich aus in dem Gleichnis vom «Großen Weltgericht».

Oder: «Ich war gefangen» – sagt der «König» in Mt 25,36. Wie ist es möglich, mit diesem Wort im Ohr, die «Rechtspraxis» aller Staaten der Erde zu akzeptieren, nach welcher ein «Verbrecher» aus der Gemeinschaft der «Bürger» ausgeschlossen gehört?

Wenn im zaristischen Rußland vor über 100 Jahren jemand als Straffällig-Gewordener zum Ort hinaus in die Verbannung ge-führt wurde, standen nicht selten die Frauen an den Straßenrän-dern, bekreuzigten sich tiefverneigt und küßten die Hände des «Täters», denn so sprachen sie: «Stellvertretend hat er unser aller Schuld auf sich genommen.» Was für ein Wissen herrschte da um den Symptomcharakter, den das «Verbrechen» für den Zustand des «Gemeinwesens» besitzt? «Sei besonders dessen eingedenk, daß du niemandes Richter zu sein vermagst», erklärt der Mönch

Sosima in F. M. DOSTOJEWSKIS *Die Brüder Karamasow* (2. Teil, 6. Buch, 3h). «Denn», so erläutert er, «es kann ja auf Erden niemand Richter sein über einen Verbrecher, bevor nicht dieser Richter selber eingesteht, daß auch er genauso ein Verbrecher ist wie der, der vor ihm steht, und daß vielleicht gerade er mehr als alle anderen Schuld trägt an dem Verbrechen dessen, der vor ihm steht ... Denn wäre ich ja selber ein Gerechter, so würde vielleicht der Verbrecher, der vor mir steht, kein Verbrecher sein.»

Muß man noch hinzufügen, daß «Gefangenschaft» nicht nur im Raum von Justiz, Polizei und Militär existiert, sondern vor allem seelisch ein äußerst quälendes Gefühl sein kann? Wie lassen die Herzen von Menschen sich öffnen, die aus lauter Angst wie fest verriegelt sind? Keine Macht der Welt wird imstande sein, sie von außen aufzustoßen, es wird nur möglich sein, so lange anzuklopfen, bis sie von innen her sich von selber erschließen. Doch wieviel Geduld ist vonnöten, um den Belagerungszustand einer Seele aufzuheben?

Für JESUS bestand die einzige Form eines wahren «Gottesdienstes» in einer solchen gelebten Menschlichkeit. Konsequent hob er sämtliche Abgrenzungen unter den Menschen im Namen Gottes auf. PAULUS hatte recht, als er diese Seite der prophetischen Botschaft JESU in die Formel faßte: «Hier ist nicht Jude noch Grieche, hier ist nicht Sklave noch Freier, hier ist nicht Mann noch Frau; denn ihr seid allesamt einer in Christus Jesus.» (Gal 3,28; vgl. Röm 10,12)

Es ist unmöglich zu verstehen, wer – gerade in jüdischem Sinne! – Gott ist, und ihn dann auf die Grenzen eines Volkes oder Staates, einer Kirche oder Sekte, einer sozialen Schicht oder einer biologischen Gruppe zu beschränken.

Man muß nur, statt von «Juden» und «Griechen», von römischen Katholiken und von griechischen Orthodoxen oder von Protestanten und Reformierten sprechen, und man begreift sofort, wie wenig abgegolten das Anliegen JESU und die Worte PAULI sind!

Sklaven waren in jenen Tagen die Träger der antiken Stadtkultur. Als ehedem Kriegsgefangene oder Verschuldete hatten sie die gesamte anfallende mechanische Arbeit zu verrichten; in den Händen ihrer Besitzer galten sie so viel wie gut dressiertes, sprechendes Vieh. Tatsächlich ist aus dem Munde JESU kein einziges Wort überliefert, mit dem er das soziale und menschliche Unrecht der Sklavenhaltergesellschaft angeprangert hätte, und selbst die Worte PAULI im *Philemon*-Brief zugunsten des entlaufenen Sklaven ONESIMOS (Philem 13–16) stellen das vermeintliche «Recht», Menschen als Sklaven zu halten, formal nicht in Frage, sie appellieren lediglich an eine gewisse Großzügigkeit und Freundlichkeit im Umgang mit ihnen. Bis ins 19. Jh. in den Südstaaten der USA und bis ins 20. Jh. in Südafrika schien es «christlichen» Theologen erlaubt, insbesondere Schwarze auf den Sklavenmärkten als menschliche Ware zu handeln. Die Verbrechen, die im 20. Jh. allein im Gefälle von Rassenwahn und Klassenwahn begangen wurden, erreichten ein ungeheueres Ausmaß. Demgegenüber war und ist es die Haltung JESU, die es ermöglicht, all die vermeintlichen Unterschiede zwischen den Menschen unter den Augen Gottes zu relativieren und zu neutralisieren.

Dasselbe gilt für den «Unterschied» zwischen Männern und Frauen! Selbst im 21. Jh. beschränkt der Patriarchalismus in weiten Teilen der Welt unzählige Frauen auf die Rolle von Geschlechtswesen im Dienste der biologischen Reproduktion. Die katholische Kirche Roms zum Beispiel legt unter dem Diktat des Papstes für 900 Millionen Menschen als «unfehlbare» Wahrheit Gottes fest, daß Frauen niemals Priesterinnen werden könnten, da JESUS nur Männer, nicht Frauen zu «Aposteln» erwählt habe; das römische «Lehramt» will mit diesem Standpunkt nicht wahrhaben, daß es historische Bedingtheiten ideologisch verewigt, daß es das «Priestertum» historisch falsch mit der (historisch nicht gesicherten!) Auswahl *der Zwölf* in Mk 3,13–19 in Verbindung bringt und daß es sich mit seinem Absolutheitsanspruch einem wichtigen Anliegen JESU entgegenstellt: Frauen als gleichberechtigte Menschen ohne Rangunterschiede und Privilegien zu behandeln.

«Niemand von euch lasse sich Vater nennen», sagt JESUS selber in Mt 23,9 zu seinen Jüngern; «ein einziger ist euer Vater – der im Himmel ist.» Es ist kein Wort denkbar, das den unseligen Patriarchalismus der Kirche in Gottes Stellvertreterschaft deutlicher beseitigen könnte als dieses. Ein «Heiliger Vater» oder mönchische «Patres» sind mit einem solchen Wort völlig unvereinbar.

Dabei gibt es eine alte biblische Geschichte, die ganz ähnlich denkt. In der Erzählung von der Vertreibung des Menschen aus dem Paradies wird die «Einführung» des Patriarchalismus als die erste Folge des Abfalls von Gott geschildert (Gen 3,16): Selbst die Liebe zwischen Mann und Frau verwandelt sich von einer Beziehung «unverschämten» Glücks und wechselseitiger Ergänzung im Felde der Angst vor den kritischen Augen des anderen in einen Machtkampf von Überlegenheit und Erniedrigung. Wer irgend sagt, JESUS habe die Menschheit von der «Sünde Adams» «erlöst», der kann nur eine «Kirche» wünschen und erwarten, die jeden Rest an patriarchalen Herrschaftsverhältnissen endgültig überwunden hat. Ob es dann noch «Priester» zur Darbringung von Opferritualen, zur Vermittlung der «sündigen» Menschen mit der Gottheit geben soll und geben kann, ist eine andere, im Grunde freilich bereits längst beantwortete Frage: sie sind an und für sich vollkommen überflüssig und gegebenenfalls schlimmer als das: sie sind hinderlich, lästig und lasterhaft.

Worum es in der Haltung JESU auf allen Ebenen geht, ist die Revolution, die darin liegt, die Freiheit der Liebe zu leben. Die Politiker töten die Liebe und die Priester beerdigen die Liebe, denn beide, so viel sie auch davon reden, fürchten sie: die einen, weil sie sonst zur Stärkung ihrer Macht keine Kriege mehr mit Hilfe der Kommandosklaven, die sie Soldaten nennen, zu führen vermöchten, die anderen, weil sie sonst ihre «Gläubigen» nicht mehr mit Schuldgefühlen und Dogmenzwang unter Kontrolle zu halten imstande wären. Die eigentliche Botschaft des ELIJA aber, der wirklich neue Bund des JEREMIA aber – das ist, zumindest in der Interpretation JESU, eine Liebe zum Leben, die keine Grenzen mehr kennt.

Ein modernes «Gleichnis», das die Geschichte vom «barmherzigen Samariter» in unseren Tagen erzählt, hat einmal der Filmregisseur GEORG WILHELM PABST 1931 in seinem Film *Kameradschaft* erzählt. PABST stand vor der Frage, wie es möglich sei, den Aufmarsch des braunen Spuks auf den Straßen Deutschlands in den nächsten Weltkrieg zu verhindern. Der Erste Weltkrieg, wohlgemerkt, war ausgebrochen unter anderem wegen der Frage, wozu Elsaß-Lothringen gehöre: zu Frankreich oder Deutschland. Damals hatte ein mächtiger Kirchenmann, der spätere Kardinal MICHAEL FAULHABER, nach dem heute noch in Bayern ehrfurchtsvoll Straßen und Plätze benannt werden, in seinen Predigten, deren Sammlung den Titel trug: *Die Waffen des Lichtes*, in dem Sinne gesprochen, daß unser Herr und Heiland zwar die Feindesliebe gebiete (Mt 5,44) und daß man sogar dem Aggressor den Mantel freiwillig lassen solle, wenn er den Rock von uns verlange (Mt 5,40), doch seien das Forderungen, die nur für den Einzelnen Geltung besäßen; nur der Einzelne habe eine unsterbliche Seele, Völker aber müßten in der Geschichte kämpfen und ringen um ihre Existenz; Recht müsse Recht bleiben, niemals dürfe dem Unrecht Raum gegeben werden, und Elsaß-Lothringen gehöre rechtmäßig zu Deutschland. «Deshalb, Ihr Drahtscheerer,» erklärte er sinngemäß – Drahtscheerer, das waren die armen Schweine, die man mit Kneifzangen in die Stacheldrahtverhaue des Gegners trieb, um Schneisen für die nächste Angriffswelle freizuarbeiten –, «Drahtscheerer, wenn sie Euch vorschicken in das Antlitz des Todes, so denkt, wie Christus sich für uns am Kreuz geopfert hat.» Niemals in dem hinter uns liegenden 20. Jh. sind Gotteslästerungen dieser Art und dieser Größenordnung aus dem Munde höchster kirchlicher «Würdenträger» bereut oder auch nur korrigiert worden.

Aber haben wir das 20. Jh. «hinter uns»? Da kann man Zweifel haben!

1931 jedenfalls versuchte GEORG WILHELM PABST, das 20. Jh. anzuhalten und ihm einen neuen Verlauf zu geben. Er erzählte von einem Grubenunglück in Elsaß-Lothringen. Ein Streb war zu

Bruch gegangen, die Männer im Berg eingeschlossen. Die französischen Kumpels versuchten, sich an die Stelle heranzuarbeiten, doch vergeblich. Von deutscher Seite aus wäre ein Zugang möglich gewesen, doch hinderte am Tage der Schlagbaum, bewacht von Gendamerie und Militär, den Verkehr über die Grenze. Da sagten sich die deutschen Bergleute: Was drüben jetzt los ist, können wir uns vorstellen. Es ist der Alptraum jedes Bergmanns: Du bist eingeschlossen in einer Kaverne von ein paar Kubikmetern Atemluft, und jeder Lungenstoß, den Du tust, raubt Deinem Nachbarn den Sauerstoff, den er braucht. Alles ist nur eine Frage der Zeit. Und noch schlimmer ist, was jetzt vor dem Werkstor passiert. Da stehen die Frauen, die Kinder und fragen: Was macht mein Papa, was macht mein Mann, was macht mein Bruder, was macht mein Freund? Und die Werksleitung wird sagen: Das wissen wir nicht. Doch die Werksleitung wird gottverdammt lügen, denn sie müßte sagen: Das wissen wir nur allzu gut. Dort drunten, in 600 Meter Tiefe, auf der vierten Sohle, werden sie alle verrecken. Und der Grund ist, daß sie Franzosen sind. Wir haben nicht vier Jahre lang Hunderttausende unserer jungen Poilus in das Sperrfeuer, in das Giftgas, in die Handgranaten, in die Bajonette der Boches getrieben, damit jetzt Angehörige der Grande Nation sich kujonieren lassen, indem sie Hilfe annehmen von den Deutschen. Lieber sterben sie im Streb, als daß sie leben in Schande. – So verrückt denken sie schon wieder in Frankreich, und so verrückt denken sie schon wieder in Deutschland. Sie sind schon wieder dabei, zu trainieren, wie man mit Flammenwerfern noch effizienter Bunkerbesetzungen ausräuchert und wie man noch skrupelloser mit Kettenfahrzeugen Menschenleiber zermalmt. Wir holen sie raus! Wir müssen nur die Eisenträger aufschweißen, die man im August 1914 in die Stollen getrieben hat. Unterirdisch hängen alle Gruben wie Maulwurfshügel zusammen. Wir holen sie raus!

Am Ende des Films hält einer der geretteten französischen Kumpels eine Dankesrede, und sein deutscher Kamerad erwidert: «Ich weiß nicht, was er gesagt hat. Ich spreche nicht Französisch.

Aber, Leute, was er gemeint hat, kann ich Euch sagen: Bergleute lassen sich nicht trennen!»

Da ist mit einem Mal in einem Film der linken pazifistischen Internationale etwas wieder spürbar vom Geist des Pfingstmorgens, allem Gephrase der Kirchen«gottesdienste» zum Trotz. Man mag einwenden, das sei aber nicht «Christus». Hier werde wieder polarisiert zwischen oben und unten, hier werde nur horizontal miteinander verbunden durch die gleichen Erfahrungen am gleichen Arbeitsplatz. Das ist wahr. JESUS wollte die Verbindung aller, auch die vertikale Verbundenheit der Menschen jenseits des Gefälles von Macht und Verwaltung. Doch wer die «Kameradschaft» unter den Menschen erst einmal begreift, der wird wissen, daß sie in keine Richtung mehr zu begrenzen ist.

Übrigens hat G. W. PABST sein Filmdrehbuch nicht einfach «erfunden». Eine solche Begebenheit hat sich wirklich zugetragen. Am 10. März 1906 war es auf vier Schächten im nordfranzösischen Courrières zu einer schweren Explosion mit einem nachfolgenden Grubenbrand gekommen, der die Untertageanlagen auf einer Länge von 110 km völlig zerstörte und über 1000 Bergleute tötete. Trotz der erheblichen außenpolitischen Spannungen, die bereits damals zwischen dem Kaiserreich und Frankreich bestanden, brachen schon am 11. März Rettungsmannschaften von der Zeche Rheinelbe bei Gelsenkirchen mit Spezialgeräten in die französische Grube auf und konnten noch am 30. März dreizehn Bergleute lebend retten, die drei Wochen lang in der verwüsteten Grube umhergeirrt waren. Wie soll man es verstehen, daß acht Jahre später dieselben Leute, nur weil es als vaterländische Pflicht, sagen die Politiker, und als göttlicher Wille, sagen die Pastöre, von ihnen verlangt wird, gegeneinander antreten und sich systematisch abschlachten und ausrotten, weil sie doch wieder als erstes nicht Menschen, sondern «Deutsche», sondern «Franzosen» sein sollen?

Im Namen des Allbarmherzigen

Die Wirklichkeit Gottes, die JESUS mit seiner Person herbeiführen wollte, das «Reich Gottes», das er verkündete, blieb aus; an die Stelle umfassender Menschlichkeit im Vertrauen auf Gott traten theologische und christologische Doktrinen, die das «Heil» im wesentlichen identisch setzten mit Kirchenmitgliedschaft und «glaubensgehorsamer» Unterwerfung unter ein für «unfehlbar» erklärtes Lehramt in Gestalt von Bischöfen und Päpsten. Die Wahrheit Gottes wurde der Person des Menschen damit wieder weggenommen und an die Institution bestimmter Ämter gebunden; die Vermittlungsfunktion der Priester, die JESUS gerade bekämpft hatte, wurde mit Berufung auf seinen «Sühnetod» am Kreuz wieder eingeführt; die Botschaft eben des Mannes, der gekommen war, «neuen Wein in neue Schläuche» zu gießen (Mk 2,22), sollte fortan in ihrer doktrinären «Richtigkeit» «garantiert» werden durch die Tradition beziehungsweise Sukzession der «richtigen» Ämter und ihrer «sakramentalen» bischöflichen Vermittlung; Ritualmagie und Begriffsfetischismus verdrängten auf diese Weise die freie, poetische Sprache und Umgangsweise, mit der JESUS die Herzen der Menschen berührt hatte; an die Stelle der offenen Einladung, die der Mann aus Nazareth an alle, insbesondere an die Verlorenen und Verlaufenen richten wollte, trat nun ein immer spezielleres Prämiensystem von Orthodoxie und Rechtverhalten im Sinne der Normenkontrolle von seiten der jeweils zuständigen Kirchenbehörden.

In diesem Zustand befand sich das «Christentum» in etwa bereits vor 1500 Jahren, nachdem es im 4. Jh. n. Chr. zur Staatsreligion des Römischen Reiches aufgestiegen und mit einer bis dahin nie gesehenen Rücksichtslosigkeit alle konkurrierenden Religionsformen gewaltsam ausgerottet hatte. Formal redete es die Sprache von griechisch-römischen Philosophen; seine «Glaubenslehren» aber bestanden in einer fälschlichen, doch nunmehr zur Glaubenspflicht erhobenen Historisierung der wichtigsten symbolischen Erzählungen der Bibel; aus Bildern zur Deutung der menschlichen Existenz im Spannungsfeld zwischen Angst und Vertrauen leitete man nun «objektive» Informationen über historische «Tatsachen» ab; und als ob diese mißverständliche Verschiebung der Kernaussagen vor allem des Neuen Testamentes noch nicht genügen würde, ging man zudem heran, die Vorstellungsbilder der hellenistischen Spätantike zu metaphysizieren und zu Eigenschaften Gottes zu erklären. Die komplizierten «Glaubensbegründungen» und «Glaubensvorschriften», die sich daraus ergaben, haben sich bis heute erhalten und entscheiden nach wie vor darüber, ob jemand in «christlichem» Sinne als «Gläubiger» gelten darf oder ob er als ein «Ungläubiger» zu betrachten ist. Wer zum Beispiel nicht «glaubt», daß in Gott die *eine* göttliche Natur in drei Personen «subsistiert», während in Jesus von Nazareth zwei Naturen, die göttliche und die menschliche, in einer einzigen göttlichen Person sich vereinigen, der ist nach dem Verständnis der Kirchendogmatik kein «Christ».

Es beeindruckt die «christlichen» Kirchen offenbar nicht, daß ihre Dogmensprache außerhalb der Begriffsgeschichte des Abendlandes schlechterdings sich nicht übersetzen, geschweige denn verständlich machen läßt, und es scheint ihnen desgleichen egal, daß diese Sprache sich nicht einmal mehr im «christlichen» Abendland der heute heranwachsenden Generation von Jugendlichen vermitteln läßt; man gibt sich vielmehr der trügerischen Hoffnung hin, mit Hilfe moderner Medien und durch entsprechende Marktanteile eine «Neuevangelisation» zumindest der westlichen Welt starten zu können. Dabei wartet das wichtigste und größte Reformangebot gegenüber dieser Art von «Christentum» nunmehr seit 1300 Jahren darauf, endlich die nötige Berechtigung zu finden, um die Sache JESU wirklich «menschheitlich» weitersagen zu können. Freilich ist dieses Reformangebot selbst zu einer eigenen Religionsform geworden: zum *Islam*; er in der Tat ist seit dem 7. Jh. zu der religionsgeschichtlich größten Herausforderung des Christentums geworden. Wenn es vorhin schon hieß, wir sollten in die Lehre gehen bei Taoisten und Buddhisten, um vieles an der Botschaft JESU besser zu verstehen, so ist dem jetzt hinzuzufügen, wir müßten «jüdisch» werden, um den Juden JESUS zu verstehen, und wir müßten von dem Propheten MOHAMMED lernen, was es heißt, dem Propheten aus Nazareth nahe zu kommen. «Wer mir nahe ist, der ist dem Feuer nahe», hat JESUS einer außerbiblischen Überlieferung zufolge einmal gesagt (vgl. Lk 12,49!) und hinzugefügt: «Doch wer fern von mir ist, der ist fern vom Reiche (Gottes).»

Allerdings: Von MOHAMMED etwas lernen über JESUS? Einen solchen Anspruch auch nur an die «Christen» zu stellen, scheint absurd, gibt sich doch zum Beispiel die römische «Kirche» selber als «der fortlebende Christus», wohingegen der *Koran* historisch über keine einzige «echte» Überlieferung von Worten oder Taten Jesu verfügt; zudem versteht sich die «Kirche», entsprechend dem vermeintlichen «Missionsbefehl» des «erhöhten Herrn» (in Mt 28,19–20), selber als die Institution, die «in alle», also auch in die islamische «Welt» gesandt ist, um die Völker zu «Christus» zu bekehren, – wie könnte sie da das Umgekehrte hinnehmen? Als Papst JOHANNES PAUL II. zum Weihnachtstage 1999 zur «Evangelisation Asiens» aufrief, setzte er damit nicht nur den alten Missionsgedanken wieder in Kraft, er bestätigte zugleich auch die Tatsache, daß dem Vatikan die Ausbreitung des Islam im kommenden Jahrhundert offenbar die größte Sorge bereitet – mehr jedenfalls als der faktische Atheismus eines erheblichen Teils der westlichen Bevölkerung. Unter allen theistischen Bekenntnissen ist es religionsstatistisch in der Tat allein die Religion MOHAMMEDS, die dem Christentum schon in naher Zukunft den Rang ablaufen könnte. Alles also spricht für eine neue (endgültige?) Runde von Konfrontation und Konkurrenz zwischen Christentum und Islam; SAMUEL HUNTINGTONs These vom *Krieg der Kulturen* muß so lange als eine wahrscheinliche Prognose gelten, als nicht eine neue Sicht auf beide Religionen eine vertiefte Form von Toleranz und Lernbereitschaft ermöglicht.

Aber der Islam ist doch selber «kriegerisch» und «fanatisch», lautet vermutlich bei manchem Leser als erstes die skeptische Frage. Fordert der *Koran* nicht an vielen Stellen selber zum «Heiligen

Krieg» auf? «Die Ungläubigen», heißt es (8,37.40), «sollen alle in die Hölle kommen ... Bekämpft sie, bis alle Versuchung aufhört und die Religion Allahs allgemein verbreitet ist.» «Rege, o Prophet», geht der Text (8,66.68) weiter, «die Gläubigen zum Kampf an; denn zwanzig standhaft Ausharrende von euch werden zweihundert besiegen ... Es wurde noch keinem Propheten erlaubt, Gefangene zu machen (statt sie zu töten).» Oder an anderer Stelle (9,39.41): «So ihr nicht auszieht zum Kampf, wird euch Allah mit schwerer Strafe belegen und ein anderes Volk an eure Stelle setzen.» «Zieht in den Kampf, leicht und schwer (bewaffnet), und kämpft mit Gut und Blut für die Religion Allahs.»

Mit Texten dieser Art könnte man beliebig fortfahren (vgl. 4,75.78–90 usw.); doch darf und kann man, gemessen am Christentum, aus solchen Stellen durchaus nicht auf einen besonders aggressiven Zug des Islam schließen; ähnliches, ja, weit «schlimmeres» findet sich in der Bibel – man lese nur den rassistisch-religiös begründeten Intoleranz- und Genozid-Befehl in Dt 7,1.2.5.16: «Wenn dich der Herr, dein Gott, ins Land bringt, in das du kommen wirst, es einzunehmen, und er ausrottet viele Völker vor dir her, die Hethiter, Girgasiter, Amoriter, Kanaaniter, Perisiter, Hewiter und Jebusiter, sieben Völker, die größer und stärker sind als du, und wenn sie der Herr, dein Gott, vor dir dahingibt, daß du sie schlägst, so sollst du an ihnen den Bann vollstrecken. Du sollst keinen Bund mit ihnen schließen und keine Gnade gegen sie üben ... Sondern so sollt ihr mit ihnen tun: Ihre Altäre sollt ihr einreißen, ihre Steinmale zerbrechen, ihre heiligen Pfähle abhauen und ihre Götzenbilder mit Feuer verbrennen ... Du wirst alle Völker vertilgen, die der Herr, dein Gott dir geben wird. Du sollst sie nicht schonen und ihren Göttern nicht dienen.» Es hilft nichts, zu erklären, was historisch natürlich zutrifft: daß Stellen wie diese aus einer viel späteren Zeit – vermutlich nach dem babylonischen Exil, also um 500 v. Chr. – stammen und sich niemals geschichtlich aufgeführt haben. Beide Religionen, das Christentum ebenso wie der Islam (und nicht minder «orthodoxe» Kreise des Judentums in Israel), stehen heute gemeinsam vor der Frage, wie sie ihre

Quellentexte lesen wollen: «historisch»-äußerlich als ideologische Begründung von religiöser und militärischer Gewalt oder symbolisch-innerlich; nur in letzterem Falle ist der «Heilige Krieg» eine Auseinandersetzung mit dem «Unglauben» im eigenen Herzen und somit eine Aufforderung zu einer tieferen Auseinandersetzung mit sich selbst.

Tatsächlich ist trotz der stürmischen Phase der Expansion des Islam unter den ersten Kalifen der Glaubenskrieg (*dschihad*) niemals zur «sechsten» Säule des Islam geworden. *Dagegen* stand seit eh und je, was der Prophet *auch* gesagt hat: «Zwinget keinen zum Glauben, da ja die wahre Lehre von der falschen deutlich und klar zu unterscheiden ist. Wer den Tagut (Irrglauben) abtut und an Allah glaubt, der hält sich an seine Stütze, die nimmer zerbricht.» (2,257) MOHAMMED lehrte, «daß, wer einen Menschen umbringt», so handelt, «als habe er alle Menschen umgebracht. Wer aber andererseits eines einzigen Menschen Leben rettet, nur *einen* am Leben erhält, sei es, als habe er das Leben aller Menschen erhalten.» (5,33) Nach eigenem Verständnis hat Gott zu dem Propheten gesagt, er sei «zu keinem andern Zweck gesandt, als daß du allen Geschöpfen unsere Barmherzigkeit verkündest». (21,108)

Man darf sich im Urteil über den Islam deshalb nicht irritieren lassen durch die in den Medien sehr einseitig dargestellten Erscheinungen des «Fundamentalismus», die in erster Linie eine vielschichtige Reaktion auf die Folgen von jahrhundertelanger Ausbeutung und Entfremdung durch Kolonialismus und kulturelle Destabilisierung darstellen nebst der künstlichen Förderung mittelalterlich-feudaler Regime mit Hilfe von Petrodollar und Waffenhandel, die aber keinesfalls als ein autochthones Zeugnis islamischer Frömmigkeit verstanden werden dürfen. Entscheidend war es in den ersten Jahrhunderten die – vergleichsweise – hohe Toleranz, die dem Islam eine Erfolgsgeschichte ohne Beispiel sicherte, und zwar vor allem im Bereich der beiden Machtgiganten der damaligen Zeit: Persien und Byzanz.

Man darf nicht vergessen, daß zur Zeit der Ausbreitung des Islam in diesen Staatsgebilden immer noch die Sklaverei und die

Leibeigenschaft, erwachsen aus der Sklavenhaltergesellschaft der antiken Stadtkultur, ökonomisch eine überragende Rolle spielten. Insbesondere die Leibeigenen in Persien, Kleinasien und Nordafrika begrüßten den Siegeszug des Islam als Ende ihrer bis dahin wie gottgegebenen Erniedrigung. Die Christen des Nahen Ostens waren nach kirchlicher Nomenklatur zudem «Monophysiten», das heißt, sie glaubten, daß JESUS in seiner Person nicht, wie es sich als dogmatische Korrektheit im Westen durchgesetzt hat, zwei Naturen in seiner göttlichen Person (dem «Logos», der zweiten Person der dreifaltigen Gottheit) vereinigte, sondern daß er wesentlich göttlicher Natur war – eine «Irrlehre», die von den «Orthodoxen» in Byzanz ebenso bekämpft wurde wie die koptische Kirche in Ägypten. Die innerchristliche Intoleranz, mit der solche dogmatischen Auseinandersetzungen als Machtkämpfe inszeniert und zum Zwecke des Machtgewinns ideologisiert wurden, trieb die politisch Unterlegenen wie von selbst in die Arme einer Religion, die über derlei Streitereien sich als erhaben erwies. Zudem hat der Islam (entsprechend der Vorschrift des *Koran* in 2,257!) in den eroberten Ländern niemals eine Zwangsmission betrieben. Grundsätzlich bestand die Erlaubnis, die überkommenen Kulte weiterzupflegen, nur daß eine jährliche Steuer dafür erhoben wurde. *Dieses* System war weit wirkungsvoller als die Schwertmission, mit der das Christentum zeitgleich im 8./9. Jh. sich im mittel- und nordeuropäischen Raum gegen Germanen und Slawen durchzusetzen suchte.

Um religiös verbindlich zu verstehen, was der *Koran* der Menschheit und dabei speziell dem Christentum sagen möchte und zu sagen hätte, muß man die 97. Sure, 1–6 lesen: «Im Namen Allahs, des Allbarmherzigen. Wahrlich, wir haben (den Koran) in der Nacht Al-Kadar (sc. in der Nacht der Herrlichkeit und Macht, in welcher der Engel Gabriel den *Koran* vom siebenten Himmel brachte, d. V.) offenbart. Was lehrt dich aber begreifen, was die Nacht Al-Kadar ist? Die Nacht Al-Kadar ist weit besser als tausend Monate. In ihr stiegen die Engel herab und der Geist (sc. der Engel Gabriel, d. V.), mit Erlaubnis ihres Herrn, mit den Anordnungen Allahs über alle Dinge. Friede und Heil bringt diese Nacht bis zum Erglühen der Morgenröte.»

Es ist nicht zu viel behauptet, wenn man diese enthusiastische, mystische «Buchwerdung» des Gotteswortes in Gestalt des *Koran* innerhalb des Islam für analog so wichtig hält wie die Lehre von der «Menschwerdung» Gottes im Christentum. Doch statt nun sogleich «kontroverstheologisch» darüber zu debattieren, ob der *Koran* «erschaffen» oder «unerschaffen» ist (ein Streit ähnlich den Auseinandersetzungen der Zwei-Naturen-Lehre im Christentum) und wie die «christliche» Auffassung von der Inspiration der biblischen Autoren sich von der islamischen Auffassung über die göttliche Herkunft des Koran «entscheidend» unterscheidet, ist *eine* Botschaft, die den Kern der islamischen Glaubenshaltung überhaupt ausmacht, doch unübersehbar bereits in der Art der Offenbarung der Gottesbotschaft selbst enthalten. Es geht um die Unmittelbarkeit des Menschen zu Gott und damit um den direkten Anschluß an ein Hauptanliegen aller Propheten in Israel, an die Botschaft JESU insbesondere.

MOHAMMED zu hören, das bedeutet – entsprechend dem zweiten Teil des islamischen Glaubensbekenntnisses –, den Mann aus Mekka als *Propheten* zu würdigen. Wie revolutionär allein diese Tatsache auf das bestehende Kirchenchristentum wirken muß, mag man sich an dem abgrundtiefen Unterschied verdeutlichen, der etwa einen «Kirchenlehrer» wie CYRILL VON ALEXANDRIEN im 5. Jh. von der ganzen Art des Auftretens MOHAMMEDs im 7. Jh. trennt; wie nah steht gerade MOHAMMED in seiner glühenden Gotteserfahrung der Person des Propheten aus Nazareth! Es ist keine leere Behauptung, wenn der Prophet aus Mekka immer wieder betont, daß er im Grunde die Botschaft *aller* Propheten Israels, die Sendung JESU aber vor allem aufgreifen und fortsetzen möchte. «Ich», läßt er JESUS zu den Juden sagen, «bestätige die Thora, die ihr vorlängst erhalten, erlaube aber einiges, was euch sonst verboten; ich komme zu euch mit Zeichen (Wundertaten) von eurem Herrn. Fürchtet ihn und folgt ihm.» (*Koran*, 3,51)

Was MOHAMMED eigentlich wollte, war nicht eine neue Religion; ganz im Gegenteil, er wollte die eine und einzige, menschheitliche Religion (wieder)herstellen, wie sie seit den Urzeittagen Noahs und seit den Anfangstagen Abrahams bestand. Denn feststand es MOHAMMED, daß bereits Noah «ein dankbarer Diener» Gottes (Allahs) war (17,4); und wenn er zu schildern versuchte, was er inhaltlich mitteilen wollte, so war es Gott selbst, der ihm das Wort in den Mund legte: «Sprich: ‹Mich hat mein Herr auf den rechten Weg geleitet, zur wahren Religion, zur Religion des rechtgläubigen Abraham, der kein Götzendiener war.›» (6,162)

Der Gott MOHAMMEDs ist mithin derselbe wie der Gott Abrahams und Jakobs und wie der «Vater» JESU Christi, und es ist in islamischer Sicht im Grunde auch immer dasselbe, was Gott den Menschen zu allen Zeiten zu sagen hat, nur daß er es im *Koran*, in den Tagen MOHAMMEDs, auf arabisch gesagt hat. Gefragt, was der Inhalt dieser Einheitsreligion einer vereinigten Menschheit unter den Augen des einen, ewigen Gottes ist, antwortete der Prophet (*Koran*, 2,63): «All denen – seien es Gläubige, Juden, Christen oder Sabäer (sc. die Johannes-Christen, die Mandäer, d. V.) –, wenn sie nur an Gott glauben, an den Jüngsten Tag und das Rechte tun, wird einst Lohn von ihrem Herrn, und weder Furcht noch Traurigkeit wird über sie kommen.» Schon die Schrift, die MOSE von Gott gegeben war, bedeutete eine «Gnade» und «eine vollkommene Anleitung für die, welche nur, was recht ist, tun wollen … Auch diese Schrift (der Koran), die wir (sc. Gott, d. V.) nun offenbaren, ist gesegnet.» (6,155–156)

Nicht die vermeintlichen Unterschiede zwischen den Religionen sind nach MOHAMMEDs Meinung demnach das Wesentliche; was für ihn zählte, waren einzig der Glaube an die Einheit und Einzigkeit Gottes sowie der Glaube an die Auferstehung von den Toten und an das Gericht Gottes über jeden Einzelnen. Daraus folgte (ganz wie in Mt 25,31–45!) für ihn: «Wer einst (sc. wenn der Todesengel zu ihm kommt, d. V.) mit guten Werken kommt, der erhält zehnfachen Lohn dafür.» (6,161)

Alles, was es zu «bekennen» gibt, um ein «Muslim», ein Angehöriger des Islam, des «Gottesfriedens» zu sein, umfaßt daher (neben der absoluten Zuwendung zu Gott als dem Richter der Lebenden und der Toten) die Anerkennung aller israelitischen und vorisraelitischen Propheten, die Zustimmung also zu dem *Unisono* aller wahren Religion; der *Koran* formuliert (2,285–287): «Allah gehört, was im Himmel und was auf Erden ist; er wird von euch über das, was in euren Herzen ist – mögt ihr es kundtun oder verschweigen –, Rechenschaft fordern. Allah verzeiht, wem er will, und bestraft, wen er will, er, Allah, der über alle Dinge Macht hat. Der Prophet glaubt an das, was ihm geoffenbart wurde, und alle Gläubigen glauben an Allah, an seine Engel, an die Schrift und an seine Propheten (in dem Gedanken): Wir machen keinen Unterschied unter seinen Propheten. Sie sagen: ‹Wir hören und gehorchen! Dich aber, o Herr, bitten wir um deine Gnade, zu dir führt unsre Heimkehr.› Allah zwingt niemanden, über seine Kräfte hinaus zu handeln; doch den Lohn dafür, was man Gutes oder Böses tat, wird man erhalten. O Allah, bestrafe uns nicht, wenn wir ohne böse Absicht gefehlt oder wenn wir uns (gar) versündigt haben. Lege uns nicht das Joch auf, das du denen auferlegt hast, die vor uns lebten. Lege uns nicht mehr auf, als wir tragen können. Verzeih uns, vergib uns, erbarme dich unser. Du bist unser Beschützer. Hilf uns gegen die Ungläubigen.» – Das «Vergib uns unsere Schuld» und das «Führe uns nicht in Versuchung» aus dem *Vater-unser* (Mt 6,12.13) bildet erkennbar auch das Zentrum der islamischen Glaubenshaltung und den Inhalt aller Gebete, inklusive der Einsicht, daß Vergeben besser ist als Vergelten. (*Koran*, 42,41)

Jeder «Christ», aber auch jeder «Jude» könnte sich bis hierhin eigentlich ohne Schwierigkeiten auf die erste «Säule» des Islam stützen, auf das muslimische Glaubensbekenntnis, das da lautet: *aschhadu anna la ilaha illa' Llah, Muhammad rasul Allah* – «Ich bezeuge, daß es keine Gottheit gibt außer Gott und (sc. was dasselbe ist! d.V.:) daß Mohammed Gottes Prophet ist.»

Was auf seiten der *Juden* allerdings einem solchen gemeinsamen Bekenntnis aller drei biblischen Religionen im Wege steht, ist die existentiell im Grunde nichtige Bindung an die blutsmäßige Zugehörigkeit zum jüdischen «Volk», die Abstammung also von einer jüdischen Mutter, und daneben natürlich die zeitbedingten Unterschiede zwischen bestimmten juristischen Anweisungen im mosaischen Gesetz und im *Koran*; doch auch darüber müßte sich reden lassen, ist doch die Auslegung gerade dieses Teils der Bibel auch innerhalb des modernen Judentums, in Israel etwa zwischen den Ultras in Jerusalem und den Liberalen in Tel Aviv, äußerst umstritten.

Auf seiten der «*Christen*» freilich steht nichts Geringeres auf dem Spiel als die Frage, wie sie von oder an «Christus» glauben – inwieweit sie die prophetische Korrektur durch die Botschaft MOHAMMEDs als Abfall von der rechten Lehre begreifen oder aber als eine Chance zur Rückkehr zu der eigentlichen Verkündigung JESU ergreifen. Die Antwort darauf läßt ehrlicherweise indessen keinen Spielraum zu.

Für jeden historisch-kritisch geschulten Exegeten heute ist unstreitig klar, daß JESUS niemals Anspruch darauf erhoben hat, als «Messias» (als «Christus») zu gelten, ja, daß er es offenbar seinen Jüngern sogar verboten hat, davon auch nur zu sprechen (Mk 8,29-30), weil Vorstellungen dieser Art in jenen Tagen viel zu sehr mit Erwartungen theokratisch-apokalyptischer Gewalt einhergingen; was JESUS allenfalls verkörpern wollte, war die Erwartung des «Menschensohns», so wie der Prophet DANIEL (7,13–14) ihn am Ende der Tage in Aussicht gestellt hatte. JESUS sah seine Zeit «am Ende», nicht anders als 600 Jahre später MOHAMMED, nicht anders als mehr oder minder *alle* Propheten; – *alle* verlangte es sie nach einer vollkommen neuen, nach einer anderen Welt, in der Krieg, Unrecht und Ausbeutung nicht länger als «Normalität» zählen. Niemals hätte JESUS den metaphysisch intendierten Begriffen zugestimmt, mit denen die «christlichen» Theologen schon am Ende des 1. Jh.'s damit begonnen haben, die mythischen Bilder des alten Orients von der «Göttlichkeit» beziehungsweise von der «Gottessohnschaft» des «Königs» (des «Messias») auf ihn, den Mann aus Nazareth, zu beziehen. JESUS wollte nicht, daß man ihn vergöttlicht, er wollte, daß man tut, was er sagte, und daß man durch ihn hindurch auf Gott verwiesen werde. «Niemand, der (lediglich) sagt: Du bist der Herr, du bist der Herr, wird in das Himmelreich eingehen, einzig, wer den Willen meines Vaters im Himmel tut» (Mt 7,21), mit diesen Worten beendet JESUS im Matthäus-Evangelium die Bergpredigt; und dem reichen Jüngling, der ihn anredet mit: «Guter Meister», fährt er sogleich korrigierend ins Wort: «Was nennst du mich ‹gut›; keiner ist ‹gut› denn einer: Gott!» (Mk 10,17–18)

Im Grunde nichts anderes als diese durch und durch jüdische «Theologie» des Juden JESUS von Nazareth vertritt der *Koran*, wenn er (3,80) erklärt: «Es geziemt einem Menschen nicht, daß er zu den Menschen spräche: ‹Betet mich neben Allah an›; sondern es ziemt zu sagen: ‹Vervollkommnet euch in der Schrift.›» Zwar greift der *Koran* die Legenden von der «jungfräulichen» Zeugung JESU auf (19,17–41; vgl. 3,37–52), aber er verwahrt sich entschieden gegen die Vorstellung, daß Gott Kinder, «Töchter» oder «Söhne», zeuge und JESUS selber Gott sei (vgl. 2,171; 4,172–173; 5,18; 6,102; 10,69; 112,1–5). Von vornherein entfallen daher all die Sonderbarkeiten der «christlichen» Dreifaltigkeitslehre, deren Geschichte im Abendland eine Kette nicht endender Gewalttaten, Ausgrenzungen und unmenschlicher Zerstörungen gegenüber ganzen Völkern und Kulturen markiert hat. Wie, offen gesagt, hätte es auch anders sein sollen bei einer Lehre, die schon auf dem ersten Konzil der Christenheit, 325 in Nicaea, egal, in welcher Formulierung, für Kaiser KONSTANTIN wesentlich zur ideologischen Gleichschaltung der Angehörigen seines Reiches dienen sollte? Je «königlicher» und «göttlicher» JESUS von seinen Verteidigern gemalt wurde, desto mehr rückten die Kaiser, Könige und Päpste in den Rang des «Gottgnadentums» absolutistischer Monarchen ein. Man kann nur sagen: Die Sache JESU selber konnte nicht ärger in ihr Gegenteil verkehrt werden.

Im Grunde geht es bei all dem um eine zentrale Frage der Auslegung der menschheitlichen Symbole der Religionsgeschichte. Wie insbesondere interpretiert man das mythische Erbe der kleinasiatischen beziehungsweise der altorientalischen Religionen, das über den Hellenismus und das Diasporajudentum in die christliche Dogmenbildung Eingang gefunden hat? Hermeneutisch bedeutete es in der Theologiegeschichte des Christentums von Anfang an einen schweren Fehler, die symbolischen Geschichten über die wunderbare Geburt Jesu und seine Wundertaten bis hin zu seiner Himmelfahrt fälschlich *historisiert* zu haben, statt ihre existentielle Wahrheit und Bedeutung herauszuarbeiten und in das Leben der Gläubigen zu übersetzen. Der Fortschritt, den der Islam in diese Problemstellung hineinträgt, ist in der christlichen Theologie bis heute nicht annähernd erkannt. Auch der *Koran* übernimmt manche Überlieferungen über JESUS, die zum Teil gnostischen Quellen entstammen, in historisierter Fassung, so etwa die Darstellung von JESU Kreuzigung und Auferstehung – nach Sure 4,157–158 wurde JESUS nicht wirklich getötet noch gekreuzigt, sondern es erschien nur so. «Vielmehr erhöhte ihn Allah zu sich, denn Allah ist allmächtig und weise.» Ähnliches gilt auch von der Übernahme alttestamentlicher Wundergeschichten vor allem im Umfeld der Erzählungen vom Exodus. Doch entscheidend ist etwas anderes: Trotz allen Respekts vor der jüdisch-christlichen Tradition besitzt der *Koran* eine durch und durch anti-mythische, aufklärerisch-rationale Tendenz. Die Philosophie des IBN SINA (gest. 1037), des AVICENNA, konnte nur auf einer so «vernünftigen» Gottesidee und Gotteserfahrung erwachsen, wie sie im *Koran* angelegt ist; und eben diese Philosophie war es, die das «Christentum» im Abendland in der Theologie des THOMAS VON AQUIN im 13. Jh. zu seiner höchsten Leistung herausforderte; jedoch: was vermochte die überaus komplizierte «Beweisführung» des Aquinateon gegen die einfachen logischen Ableitungen der arabischen «Aufklärung»?

Mit Recht zeigte MOHAMMED im *Koran* sich immer wieder gewiß, daß seine Darlegungen über die Eigenschaften Gottes von jedem Menschen ohne weiteres verstanden werden könnten; von den Lehrinhalten der christlichen Dogmatik hingegen läßt sich genau das nicht behaupten. Um «Christ» in kirchlich gebundenem Sinne zu werden, läßt sich auf eine erhebliche Portion lehrhafter Vorgaben, die nicht sowohl zum Erkennen, als vielmehr zum Gehorchen bestimmt sind, durchaus nicht verzichten.

Kein Dogma ohne Außenlenkung, Unfreiheit und Zwang. Die Religion MOHAMMEDs hingegen kann im Prinzip auf all diese Elemente verzichten. Das einzige, was sie ebenso fordert wie fördert, ist eine Spiritualität der Innerlichkeit und der Wahrhaftigkeit, eine Einheit aus Mystik und Pragmatik, wie sie den Propheten aus Mekka ebenso kennzeichnet wie den Mann aus Nazareth. Beide vertreten eine Religiosität, die im Grunde keinerlei Mythologie benötigt, um von Gott Kunde zu geben.

Beiden ist deshalb die Ablehnung aller Vermittlungsdienste gemeinsam. Was sie verbindet, ist die Überzeugung, daß sie als Propheten selbst die von Gott erwählten Mittler sind und daß es anderer Mittler durchaus nicht bedarf. Im Neuen Testament ist es JESUS, der durch seine Person die Menschen ein Vertrauen lehrt, das es ihnen ermöglicht, Gott als «Vater» zu erleben und anzureden; im *Koran* ist es MOHAMMED, der die Kette der Propheten definitiv abschließt, indem er die letzte, endgültige Offenbarung Gottes den Menschen übermittelt. Vor allem die Institution der Priester ist in dieser Haltung glühender Gottunmittelbarkeit nicht nur hinderlich, sondern geradewegs schädlich, in jedem Falle überflüssig. Man kann nicht daran glauben, daß Gott in absoluter Souveränität dem Menschen die Schuld «vergibt, wem er will», und daneben einen priesterlichen Opferdienst unterhalten, dessen ganzer Zweck darin besteht, die Vergebung Gottes von bestimmten, rituell kalkulierbaren Bedingungen abhängig zu machen! Man kann nicht an die vollkommene «Herrschaft» Gottes über alles Leben glauben und dann eine Weltsicht akzeptieren, in der die Welt wieder in die zwei Bereiche des «Heiligen» und des «Profanen» gespalten ist, so daß es die Aufgabe der Priester sein könnte und müßte, einen außergöttlichen Bereich des Daseins mit der Sphäre des Göttlichen in Berührung zu bringen beziehungsweise die an sich tödliche Gegenwart des Göttlichen auf Menschenmaß herunterzutransformieren. Wer sein ganzes Leben, wie die erste

Sure des *Koran*, «im Namen Gottes, des Allbarmherzigen» beginnt, benötigt keine Priester.

Rein ästhetisch drückt sich diese Haltung bereits in der Architektur einer islamischen Moschee auf vollendete Weise aus. Da spannt sich die Kuppel als ein Bild für die endlose Weite und unerreichbare Höhe des Himmels über die Betenden, wenn vom Minarett herab der Ruf des Muezzins erschallt; im Hof steht der Brunnen für die vorgeschriebenen Waschungen, ganz so, als solle die Stätte der Anbetung eine Oase des Friedens und der Geborgenheit für alle Gläubigen versinnbilden; die Gebetsrichtung nach Mekka aber wird durch eine kleine Nische, den *Mihrab*, angezeigt, die meist mit Koranversen geschmückt ist, einem Zitat etwa aus Sure 3,38: «Sooft er (sc. Zacharias, d. V.) nun auf ihre (sc. Hannas, der Mutter Mariens, d.V.) Kammer (sc. *Mirhab*, d.V.) kam, fand er (sc. auf wunderbare Weise, d.V.) Speise (sc. von Allah,

Abb. 3: Gebetshalle in der Schahmoschee (*Masdjed Shah*) in Isfahan, einem Höhepunkt der Baukunst unter den Safawiden, zwischen 1612–1630 errichtet. – Die Gebetshalle wird von einer 54 m hohen Kuppel, mit glasierten Kacheln verziert, überwölbt. Neben dem *Mihrab,* der Gebetsnische, befindet sich der *Minbar,* die Kanzel; – Predigt und Gebet verschmelzen zu einer Einheit von Wort und Antwort im Raum der Religion.

d. V.) bei ihr vor.» Der *Mirhab* ist, so verstanden, der Ort, an dem ein Mensch es lernt, vom Worte Gottes zu leben (vgl. Mt 4,4; Joh 4,34), ähnlich wie der Prophet ELIJA, den in den Tagen der Hungersnot Raben am Bache Kerit ernährten (1 Kg 17,4–6); kein Priester ist da vonnöten, die heilige Speise (Joh 6,27–35) als «konsekrierte Hostie» auszuteilen; einzig der Prophet als Mittler des Gotteswortes mag sich wie JESUS (in Joh 6,48) als «Brot des Lebens» bezeichnen; er kann auch, wie MOHAMMED den Muslimen, als Vorbildgestalt des Glaubens erscheinen, der es in möglichst allen Einzelheiten nachzustreben gilt (vgl. Abb. 3).

Neben dem *Glaubensbekenntnis* und dem *Gebet* gibt es im Islam drei andere «Säulen»: das Almosengeben (die *zakat*), – eine Steuer für Arme und Bedürftige (vgl. *Koran,* 9,60), das Einhalten des Fastenmonats Ramadan (vgl. *Koran,* 2,184–189) sowie die Pilgerfahrt nach Mekka (vgl. *Koran,* 2,197–201).

Wie alle überlieferten Sondergebote der verschiedenen Religionen erscheinen vor allem diese drei Bestimmungen als zu speziell, um einer möglichen Einheit der Religionen nicht hindernd im Wege zu stehen. Doch das muß keinesfalls so sein. Die Bedeutung von «Gebet und Fasten» im Kampf gegen «die bösen Geister» hebt etwa im Neuen Testament auch JESUS hervor (Mk 9,29); und das Motiv der heiligen Wallfahrt konnte bereits von dem großen Mystiker ABU HAMID AL-GHAZZALI (gest. 1111) auf die «Karawanserei des Lebens» gedeutet werden. «Die Füchse haben ihre Höhlen und die Vögel ihre Nester; der Mensch(ensohn) aber hat nichts, wohin er sein Haupt legen kann», sagte auch JESUS sinngemäß nicht anders (Mt 8,20), und er griff dabei wohl nur einen Weisheitsspruch des Alten Orients auf.

Was immerhin als «Schwierigkeit» bleibt, ist die Fülle von Gesetzen, die MOHAMMED im *Koran* erläßt und die um so hermetischer den islamischen Kulturraum gegenüber dem Westen abgrenzen, als sie in Lehrtraditionen wie denen des MOHAMMED ABDUL WAHHAB (gest. 1765) als unveränderbares Gotteswort festgeschrieben werden – das Königshaus Saud, das nach dem 1. Weltkrieg in Zentralarabien an die Macht kam und das damit zur Hüterin der heiligen Stätten aufgestiegen ist, hat den Standpunkt der Wahhabiten im 20. Jh. sogar mit der Macht einer Art Staatsreligion ausgestattet. In Wahrheit könnte eine historisch fundierte, statt fundamentalistisch orientierte Gesetzesauslegung viele Beweise dafür erbringen, daß man die wahre Leistung MOHAMMEDs als eines Gesetzgebers überhaupt erst wirklich ermessen kann, wenn man die Zustände sich vor Augen stellt, die er durch neue Satzungen überwinden wollte.

Die Rolle der Frau in der islamischen Gesellschaft zum Beispiel bedarf heute einer dringenden Änderung, wenn sie im kommenden Jahrhundert nicht mit den Forderungen der Menschenrechte in erheblichen Widerspruch geraten will; tatsächlich aber hat der Prophet gerade die Stellung der Frau in der altarabischen Gesellschaft in vieler Hinsicht verbessert. So zum Beispiel gestand er der Frau zu, das Vermögen, das sie in die Ehe mitbrachte, selber zu verwalten, – eine äußerst wichtige Bestimmung gegen Mitgiftjägerei und ohne Zweifel eine Hilfe zur Verselbständigung der Frau in der Ehe. An all solchen und vielen anderen Stellen läßt sich von MOHAMMED als Gesetzgeber gerade nicht ein fanatischer Rigorismus und Anti-Historismus lernen, sondern ganz im Gegenteil ein weiser Pragmatismus. Vier Monate etwa soll ein Mann laut *Koran* sich bedenken, ehe er eine Scheidung ausspricht, aber nach drei Monaten darf eine Frau frei über sich verfügen und sich einen anderen Mann nehmen (*Koran*, 2,227.229.233); man vergleiche mit einer solchen 1200 Jahre alten liberalen Ehegesetzgebung nur einmal die Sturheit, mit der die römische Kirche bis heute für ein Sechstel der Menschheit jede Ehescheidung kategorisch untersagt! Ganz unrecht hat die aus dem Islam, im 19. Jh. hervorgegangene *Baha'i*-Bewegung wohl nicht, wenn sie lehrt, alle 1000 Jahre müßte es neue Gesetze geben.

Überhaupt sind die *Menschenkenntnis* und der Realitätssinn MOHAMMEDs erstaunlich. Die Erfahrung der absoluten Einheit Gottes führt ihn wie von selbst dahin, allen Aberglauben in Form von Bildermagie und Götzenverehrung zu unterbinden; es gibt keine Heiligenverehrung, wie der Katholizismus sie in Anlehnung an den heidnischen Polytheismus noch heute praktiziert, es gibt keine wundertätigen Reliquien, wie sie weit eher dem altägyptischen Mumienkult als der Botschaft JESU entstammen, und vor allem: es hört die Psyche des Menschen auf, in eine Vielzahl einander widersprechender Komplexe zu zerfallen. So einheitlich und widerspruchsfrei wie Gott dem Menschen im Islam gegenübersteht, so einheitlich und in sich geschlossen kann auch der Mensch sich fühlen. Wohl berichtet der *Koran* nicht, wie das Neue Testament, von der heilenden Kraft des Propheten, doch seine «Psychologie» verweist in die gleiche Richtung; jedenfalls ließe sie sich vorzüglich ergänzen und vertiefen durch den «therapeutischen» Ansatz der Botschaft JESU und, damit verbunden, durch das Erbe der Psychoanalyse des 20. Jh.'s.

Zum Einheitsdenken beziehungsweise zu der Einheitserfahrung MOHAMMEDs gehört im letzten auch die Überwindung der Vorstellung von der Hölle. Während der *Weltkatechismus* der römischen Kirche in Paragraph 1033 ff. noch im Jahre 1992 die Lehre von den ewigen Sündenstrafen dogmatisch festschrieb und damit nach wie vor die gütige Lehre des ORIGENES von der endgültigen Rettung *aller* Menschen zur Häresie stempelte, hat sich im Islam immer wieder der Gedanke an die Aufhebung der Hölle zu Wort gemeldet. Das ist um so erstaunlicher, als der *Koran* nicht müde wird, die Qualen der Hölle *en detail* zu schildern. Beispielsweise steht den Verdammten in Aussicht, daß ihre Haut, wenn sie in den Flammen gebraten wird, sich immer wieder erneuert, «damit sie um so peinlichere Strafe fühlen» (*Koran*, 4,57). Anderer Beispiele sind die Menge. Dennoch hat die Ahmadiyya-Mission, die in Indien von MIRZA GHULAM AHMAD (gest. 1908) begründet wurde, der seinen Anhängern als Mahdi (Messias) galt, im Vorwort der deutschen *Koran*-Ausgaben im Grunde ganz richtig vermerkt, niemand könne an die Unabänderlichkeit der Strafen Allahs glauben, wer den Sinn des ersten *Koran*-Verses verstanden habe: «Im Namen Gottes, des Allbarmherzigen».

Am schönsten und tiefsinnigsten mutet in der Frage nach der

Existenz der Hölle zweifellos bereits vor 1200 Jahren die Haltung der großen Liebes-Mystikerin RABIA VON BASRA (gest. 801) an: Von ihr wird berichtet, sie sei in den Straßen der südirakischen Stadt mit einer Fackel und einem Eimer herumgegangen, und als man erstaunt sie fragte, was das bedeute, habe sie erklärt, Feuer wolle sie ins Paradies werfen und Wasser gießen in die Hölle, damit diese beiden Schleier der Frömmigkeit dahinschwänden und niemand mehr Gott anbeten müsse aus Sehnsucht nach dem Paradies oder aus Furcht vor der Hölle, sondern ihn verehre einzig aus Liebe. – GOTTHOLD EPHRAIM LESSING hat es vor 200 Jahren nicht schöner gesagt, als er in der *Erziehung des Menschengeschlechtes* schrieb, die Vervollkommnung des Menschen finde ihren Abschluß in der Fähigkeit, das Gute jenseits aller Erwartungen von Lohn und Strafe rein um seiner selbst willen zu tun.

So viel jedenfalls steht fest: Ein Mensch kann nur mit sich selbst eins werden, wenn es *psychologisch* in ihm selber nichts gibt, das er absolut und für immer verteufeln müßte; die Menschen werden *sozial* nur eine Einheit bilden können, wenn sie zu begreifen beginnen, daß sie im Guten wie im Bösen zusammenhängen und man sie in Ewigkeit nicht zwischen Himmel und Hölle aufspalten kann; und *theologisch* wird sich die Einheit des Göttlichen nur behaupten lassen, wenn nicht ein «Teufel» als Widersacher Gott gegenübergestellt wird: Wie könnte ein Gott «allmächtig» sein, der um seine Macht gegen eine Vielzahl seiner Geschöpfe ernsthaft erst kämpfen müßte?

Tatsächlich weist die islamische Vorstellung von *Iblis*, von dem «Satan» der Christen, eine ergreifende Symbolik auf. In der christlichen Theologie (oder besser: in der aus einem kanaanäischen Mythos vom Morgenstern und der Sonne unter dem Einfluß des persischen Dualismus entwickelten Metaphysik) bleibt es unbegreifbar, wieso der «oberste der Engel» so «stolz» hätte (nicht «sein», sondern:) *werden* können, sich gegen Gott zu erheben. Um es deshalb so klar wie möglich zu sagen: Gerade *die* Theorie, mit der die christliche Theologie alle Übel der Welt sowie die «Erlösungsbedürftigkeit» des Menschen zu erklären versucht, ist in sich selber vollkommen unklar – nicht einmal das Motiv zum «Bösen» wird in ihr auch nur annähernd plausibel; die christlich dogmatisierte Fassung des alten Mythos ist ganz einfach widersprüchlich, verworren und schlecht erzählt. Genial hingegen nimmt sich die islamische Geschichte vom Teufel aus, wie sie im *Koran* (2,35; 7,12–20) überliefert wird: Als Gott den Menschen schuf, sprach er zu den Engeln: «Fallet vor Adam nieder.» Alle Engel taten das, «nur Iblis (sc. die arabisch verstümmelte Form von griechisch *Diabolos,* gleich dem deutschen Lehnwort *Teufel,* d. V.), der hochmütige Teufel, weigerte sich». Gedacht wird bei den Erklärern der Stelle zumeist daran, daß Iblis aus Feuer geschaffen war, Adam aber nur aus Lehm; der persisch-irakische Mystiker HUSAIN IBN MANSUR-AL-HALLADSCH hingegen, der seiner Lehren wegen im Jahre 922 hingerichtet wurde, dachte daran, daß es Iblis offenbar unmöglich erschienen sein muß, ein anderes Wesen neben Allah zu verehren. Beide Interpretationen lassen sich hören: Nach der ersten Vision gibt es nichts Schlimmeres auf Erden als eine Geistesart, die den Menschen als ein zu geringes Geschöpf verachtet, – sie steht stets in Gefahr, die Kreaturen durch das «Feuer» ihrer eigenen Wesensart gehen zu lassen; ein solcher «Iblis» ist wie geschaffen zur Warnung vor einer Gefahr, die anscheinend jeden Propheten in der Religionsgeschichte bedroht: ein glühender Idealismus, der zu einem verheerenden, menschenverachtenden Fanatismus sich auswachsen kann. Nach der anderen Version ist Iblis in gewissem Sinne ein tragischer Held, der es in ewiger Treue zu dem Gott vor aller Schöpfung nicht versteht, warum diese Welt und darinnen der Mensch überhaupt gemacht worden sein konnten; Gott ohne die Welt und den Menschen gilt ihm für *mehr* als Gott in Anbetracht der Welt und des Menschen als seiner Geschöpfe. Eine nicht-verwirrte («diabolische») Religion müßte im Umkehrschluß darin bestehen, um Gottes Willen all seine Geschöpfe zu lieben. Es ist der Gedanke des AURELIUS AUGUSTINUS, wahre Frömmigkeit bestehe darin, die Welt «in Gott» und um Gottes Willen zu lieben.

In *einem* Punkte nur scheint es schwer, dem Einheitsdenken des Islam aus westlicher Sicht zu folgen, das ist die Einheit von Religion und Politik, von Gottesmacht und Herrschermacht. Die islamische Kultur hat bis heute die Gedanken der europäischen Demokratie niemals an sich herangelassen: – JOHN STUART MILLS Ideen von der Meinungs- und Veröffentlichungsfreiheit, die Gedanken CHARLES MONTESQUIEUS von der Gewaltenteilung im Staat, oder das Ergebnis der Französischen Revolution, die Trennung von Staat und Kirche. Es ist gewiß für die Westeuropäer und Nordamerikaner längst an der Zeit zu begreifen, daß die Prinzipien der Westminster Democracy, die unter bestimmten historischen Voraussetzungen im Abendland gewachsen sind, nicht vollkommen unhistorisch dem Rest der Welt als Inbegriff von «Gerechtigkeit» und «Menschlichkeit» vorgeschrieben werden können, – auch in Zukunft stehen die islamischen Staaten gewiß nicht unter der Pflicht, die Verfassung und Lebensart der derzeitigen Großmacht USA zu imitieren. Und doch liegt in der Erfahrung MOHAMMEDs von der Einzigkeit Gottes und der vollkommenen, alles umgreifenden Einheit seiner «Herrschaft» eine äußerste Relativierung all dessen, was Menschen tun: Wer darf, etwa als *Kalif,* das Schwert Gottes führen, und führt Gott überhaupt ein Schwert? Wer ist der *Imam,* der Gottes Willen zweifelsfrei anzusagen weiß? Wer darf für den *Mahdi* gelten, der kommt, um die Menschheit von allen Übeln zu befreien? Derlei Fragen sind auch im Islam keinesfalls ausdiskutiert. Gerade in den Auseinandersetzungen des kommenden Jahrhunderts steht zu erwarten, daß der Ruf *Allahu akbar* – «Gott ist größer» sich nicht länger mehr nur als Ruf der Freiheit gegen die alten Regime des westlichen Kolonialismus richten wird, sondern daß er sich nicht minder gegen die alten, längst veralteten Feudalsysteme im arabisch-islamischen Kulturraum wenden wird. Und dann bleibt abzuwarten, wann das «Gott ist größer» nicht nur die praktizierten Formen partikularer Gewalt, sondern das Prinzip der Gewaltanwendung zur Erreichung politischer Ziele insgesamt in Frage stellen wird.

Aus vollem Herzen jedenfalls hätte MOHAMMED dem Satz zugestimmt, den im Neuen Testament PETRUS vor dem Hohen Rat geltend macht: «Man muß Gott mehr gehorchen als den Menschen.» (Apg 5,29) Man kann nicht sagen, daß insbesondere die römische Kirche, die mit der Einrichtung des Papsttums sich auf PETRUS berufen zu können vermeint, dieses Wort jemals auf sich selber und auf die herrschende Monarchie des Vatikan-Staates angewandt hätte. Im protestantischen Kulturraum wird gerade erst jetzt, im Jahre 2000, das Staatskirchentum in Schweden beendet. Auch und gerade im Umgang mit irdischer Macht stehen beide Religionen: Islam wie Christentum, gemeinsam vor der Aufgabe, das politische Prinzip in sich selbst und weltweit zu transformieren.

Was der «christlichen» Theologie dabei am schwersten fallen wird, ist die Preisgabe des Anspruchs, den im 20. Jh. am klarsten KARL BARTH formuliert hat: Das Auftreten JESU bedeute die Überwindung aller Religionen, das Ende der Offenbarung Gottes überhaupt, die Erfüllung aller Menschen Sehnsucht, die allererst in den Worten JESU zu ihrer menschlichen Form befreit worden sei. Der Islam erhebt einen ganz analogen Anspruch, doch nicht, indem er der Lehre JESU widerspricht, sondern indem er allein dem Exklusivitätsanspruch der «christlichen» Theologie entgegentritt. Dafür allerdings verfügt er über ausgezeichnete Gründe.

Keinesfalls ist das Christentum, wie wir sahen, einfach mit dem identisch, was JESUS gewollt und getan hat; insbesondere die Lehre von JESUS als dem Christus ist vielmehr aus einem Synkretismus mit einer Fülle hellenistischer Vorstellungen und ritueller Praktiken erwachsen. Eine derartige Kulturverschmelzung ist nicht von vornherein als illegitim zu betrachten, sie stellt an sich eine außerordentliche Übersetzungsleistung der Botschaft JESU aus dem jüdischen in den griechisch-römischen Kulturraum mit einer Fülle religionspsychologischer Synthesemöglichkeiten dar; nur um diesen Preis jedenfalls konnte die Bewegung der JESUS-Gemeinde im 1. Jh. die engen Grenzen einer apokalyptischen Sekte innerhalb des Judentums überwinden und zu einer Menschheitsreligion aufsteigen. In seiner heutigen Form kann man das

Christentum deshalb betrachten als ein Judentum für die «Heiden» (die «Völker»). Gerade von daher aber ist es mehr als verständlich, daß eine Wiederherstellung der Religion Abrahams, wie MOHAMMED sie versuchte, nicht eine bloße Rückkehr zum Judentum sein konnte, sondern wesentlich dem Bemühen gelten mußte, das «Heidentum» aus dem «Christentum» in gewissem Sinne wieder zu entfernen. Seinem eigenen Verständnis nach kann man den Islam deshalb als eine Transformation von allem «Heidnischen» in die eine und einzige Religion betrachten, die Gott allen Menschen immer wieder an allen Orten und zu allen Zeiten schenken wollte, die aber am klarsten in MOHAMMED Gestalt gewonnen hat.

Wie eine solche Transformation aussehen kann, hat der Prophet aus Mekka vermutlich am schönsten in der Übernahme der Kaaba gezeigt. Ursprünglich bedeutete dieses Steinheiligtum, das wohl einen der Eisenmeteoriten birgt, wie die alten Ägypter sie bereits als «Himmelsboten» verehrten, in den Händen des Stammes der Qoreischiten (aus deren Seitenlinie der Haschimi MOHAMMED selber stammte) eine erstrangige Einnahmequelle, und so nahmen die Mekkaner dem Propheten seinen Kampf gegen die altarabischen Götterkulte übel; in jener Zeit war die Kaaba dem männlichen Gott Hobal und den drei weiblichen Gottheiten Uzza, Al-Lat und Al-Manat geweiht; noch bevor er im Jahre 629, acht Jahre nach seiner Auswanderung, nach Jathrib («Medina» – «die Stadt» des Propheten), in seine Heimatstadt, zurückkehrte, hatte MOHAMMED bereits die Gebetsrichtung der Frommen von Jerusalem weg nach Mekka, zu dem alten und neuen Heiligtum, ausgerichtet. Fortan stand die Wallfahrt zu der heiligen Stadt nicht länger im Widerspruch zu dem Glauben an die Einzigkeit Gottes; im Gegenteil, die Wallfahrt nach Mekka ist unter der Leitung des Propheten in ein beeindruckendes Bekenntnis zum Islam umgewandelt worden. Damit schuf der Prophet zugleich ein großartiges Beispiel für die außerordentliche integrative Kraft, die in «seiner» Religion angelegt ist.

Wie eine mögliche Einheit zwischen Juden, Christen und Muslimen sich finden ließe, wurde dem Propheten von Gott selbst angezeigt: «Sprich», heißt es im *Koran* (3,65.68): «O ihr Bibelbesitzer, kommt und laßt uns folgende Vereinbarung zwischen uns finden: Laßt uns nur Allah allein als Gott verehren und ihm kein anderes Wesen gleichsetzen, auch keinen von uns außer Allah vergöttern und als unseren Herrn anerkennen... Abraham war weder Jude noch Christ, sondern er war fromm und gottgläubig und kein Götzendiener.» Abraham, mit anderen Worten, war, was alle sein sollten: in Gott befriedete Menschen, – «Muslime».

VON WISSENSCHAFT UND WEISHEIT
ODER: VOM TANZ DES
SHIVA UND DEN STUFEN ZUR GANGA

Judentum, Christentum und Islam hätten sich nie auseinander entwickeln müssen, und sie hätten längst zueinander gefunden, wenn es ihnen «nur» darum zu tun (gewesen) wäre, religiöse Erfahrungen unter einander auszutauschen und theologisch für einander plausibel zu begründen. Mittlerweile aber, seit etwa 500 Jahren, meldet in der abendländischen Kulturgeschichte sich eine Problemstellung zu Wort, die den Glauben aller drei biblischen Religionen an einen persönlichen Gott zentral zu unterspülen droht; gemeint ist die Entwicklung der modernen Naturwissenschaften!

Für die Kirche des 2. nachchristlichen Jahrhunderts mußte es bei der Integration in den hellenistischen Kulturraum wie selbstverständlich scheinen, beim Aufbau ihres eigenen Gedankengebäudes sich der griechischen Philosophie zu bedienen. JESUS als das «Wort», als der «Logos» Gottes – diese Vorstellung aus dem Johannes-Evangelium (1,1–2) sollte das Passepartout zur Öffnung der «heidnischen» Gelehrtenstuben bilden. Was diese Formel bewirken konnte und bewirken sollte, ist schwer zu überschätzen.

Seit 600 v. Chr. hatte die ionische Naturphilosophie sich darangemacht, die «Ursachen» zu ergründen, denen die Welt ihr Entstehen und Bestehen verdankt; nicht mehr die Götter HOMERs und HESIODs, sondern rational zu formulierende, mathematische Gesetze erschienen nunmehr als die gestaltenden Kräfte der Wirklichkeit, wobei damals natürlich das riesige Ausmaß der Unkenntnis der objektiven Sachverhalte nur mit Hilfe eines ebenso großen Umfangs an subjektiven, «philosophischen» Spekulationen überbrückt zu werden vermochte.

In dieser Situation eines geistigen Übergangs konnte es der «christlichen» Theologie gelingen, sich als eine Art aufgeklärten Monotheismus darzustellen. Das «Sein», das nach PLATONischer Lehre allem Seienden zugrunde liegt, identifizierten die frühchristlichen Apologeten mit dem Gott der Bibel; nicht *viele* Götter – *ein* Gott hatte die Welt «erschaffen»; in seinem «Willen» lag die letzte, die eigentliche Ursache für die Existenz von allem. Die gesamte Weltwirklichkeit mithin diente der «Offenbarung» eben jenes Gottes, der sich MOSES und den Propheten mitgeteilt hatte und der, als die Zeit reif war, in «Christus» die menschliche Natur «angenommen» hatte.

Mit dieser Synthese aus jüdisch-christlichem Offenbarungsglauben und griechischer Reflexivität begann die entscheidende Weichenstellung, die der gesamten christlichen Theologie ihre Eigenart und Entwicklungsrichtung bis heute vorgegeben hat. Und doch lag gerade in dieser «Synthese» ein Problem versteckt, das mit Beginn der Neuzeit in der fortschreitenden Auseinandersetzung zwischen den neu entstehenden Naturwissenschaften und der kirchlichen Dogmatik von Jahrhundert zu Jahrhundert offensichtlicher werden sollte. An vier Brennpunkten läßt sich diese Problematik verdeutlichen:

- in der Stellung zur äußeren Natur,
- in der Frage des Wunderglaubens und, damit verbunden, in der Frage nach der Auslegung religiös-symbolischer Rede,
- in der Stellung zur inneren Natur,
- in der Frage nach der «Rechtfertigung» Gottes (der «Theodizee») angesichts «seiner» «Schöpfung».

«Menschen, die da herrschen über alles Getier» (Gen 1,26) oder: Umweltethische Postulate gegenüber einem falschen Weltbild

Wann immer im Raum der kirchlich gebundenen Glaubenslehre Theologen über die «Schöpfung» «handeln», werden sie zwei Stellen aus dem *1. Buch Mose* (Gen 1,1–2.26–28) zitieren: Da «schwebt» zum einen Gottes «Geist» «über dem Abgrund» der Urflut, brütend wie ein Vogel über seinem Gelege, und «erschafft» in sechs «Tagen» die Welt. Nach den Vorgaben der Lehre des ARISTOTELES über den Zusammenhang von «Stoff» (griech.: *hyle*) und Form (griech.: *morphe*) entwickelte sich in der dogmatischen Theologie aus diesem Bild die metaphysische Vorstellung, daß es eines geistigen Gestaltungsprinzips bedürfe, um die an sich formlose Materie zu ordnen, – und so las man die ersten Zeilen der biblischen Schöpfungserzählung als «Beweis» für die These, daß einzig die «Schöpfungstätigkeit» Gottes die Ordnung der Welt, insbesondere die in der Tat unerhörte Komplexität des Lebens, zu erklären vermöge. – Gegen Ende dieses Kapitels werden wir auf das Mißverständnis, das in einem solchen Denken sich ausspricht, noch näher eingehen müssen.

Doch noch ein anderer theologisch wichtiger Gedanken findet sich in Gen 1, der für das «christliche» Weltbild bis heute bestimmend geworden ist: die Ansicht von der Mittelpunktstellung des Menschen auf der Erde, ja, von der zentralen Stellung des Menschen im ganzen Kosmos. Es ist dies eine Idee, mit welcher die «christliche» Glaubenslehre zu stehen oder zu fallen scheint; andererseits aber läßt sich auch nicht länger übersehen, daß es gerade diese Vorstellung ist, die den biblischen Glauben in der Neuzeit zunehmend um jeden Kredit zu bringen droht und die wie von selber sich zu einem Hauptgrund des modernen Atheismus ausweitet.

Alles in der ersten Schöpfungserzählung der Bibel legt eine Weltsicht nahe, in welcher der Mensch sich selbst als die «Krone»

131

der «Schöpfung», als das «Ebenbild Gottes», als die Spitze der «Hierarchie» aller Dinge betrachten darf. Ihm, der nur für ein wenig weniger gilt als die Gottwesen selbst, hat Gott, wie es in Ps 8,5–7 heißt, «alles zu Füßen gelegt»; er besitzt diesem altorientalischen Bilde nach damit das Recht, ja, die Pflicht, gleich einem siegreichen König, der seinen Fuß in den Nacken eines niedergerungenen Feindes stemmt, die Erde seinem Wollen und Planen zu unterwerfen; mehr noch: Er ist, als Gottes Ebenbild, angehalten, die absolute Herrschergewalt Gottes gegenüber seiner Schöpfung in gottähnlicher «Stellvertreterschaft» zu repräsentieren und zu exekutieren. Eben *das* meint das «Gebot», das der Gott der Bibel am sechsten Tage dem Menschen erteilt: daß er «herrsche» über alles Getier in der Welt. Es ist darin gewiß nicht, wie man gerne gemeint hat, ein unbeschränktes «Recht» zu Ausbeutung und Zerstörung der Welt enthalten, es ist darin aber der «Schöpfungsauftrag» ausgesprochen, in dem kirchliche Theologen immer wieder, bis in die Gegenwart, die einzigartige «Würde» und «Größe» des Menschen gegenüber allen anderen Lebewesen erkennen zu können vermeinten: Während die Tiere nur das «sind», als was Gott (oder die Natur) sie «gemacht» hat, läßt sich der Mensch als das Wesen bestimmen, das seine Umwelt sich selber erschafft und das eben in dieser schöpferischen Fähigkeit Gott als dem Schöpfer gleichkommt.

Da also alles in der Welt auf den Menschen hinausläuft und da zudem der Mensch kraft seiner «Vernunftseele» als allein gottvernehmend und (im Sinne PLATONs) für «unsterblich» gilt, scheint der «christliche» Glaube mit der Behauptung des absoluten Unterschieds von Mensch und Tier nicht nur verknüpft, sondern geradezu identisch zu sein.

Es hängt unmittelbar mit dieser Weltsicht zusammen, daß die «christliche» Religion im Abendland kulturgeschichtlich bis ins 15./16. Jh. hinein die bloße Kenntnisnahme der wichtigsten Beiträge des antiken Griechenlands zu einer modernen Kosmologie systematisch unterdrückte. Der griechisch-alexandrinische Universalgelehrte ERATOSTHENES (ca. 275–195) bereits hatte nicht nur die Kugelgestalt der Erde richtig erkannt, sondern er hatte sogar (durch Vergleich des Schatteneinfalls der Sonne über Assuan und Alexandrien am Tage des Sommeranfangs, wenn die Sonne über dem Wendekreis des Krebses senkrecht steht, und durch die Abstandsmessung des zwischen beiden Orten zu ermittelnden Kreisbogens) den Erdumfang auf rund 40000 km bestimmt. Der griechische Astronom ARISTARCH VON SAMOS (ca. 320–250) hatte auf Grund der Beobachtung der Sonnen- und Mondfinsternisse die These aufgestellt, daß nicht die Sonne sich um die Erde, sondern umgekehrt: die Erde sich um die Sonne drehe und der Mond um die Erde. Auch der alexandrinische Gelehrte CLAUDIUS PTOLEMÄUS (ca. 100–160), der 400 Jahre später die Planetenbewegungen mit Hilfe seines geozentrischen Weltbildes für die abendländische Himmelskunde maßgebend zu beschreiben suchte, betrachtete die Erde als eine Kugel.

Es klingt, diese Tatsache vor Augen, unglaublich, wenn wir sehen, daß es der Kirche Roms noch bis in die Tage des COLUMBUS hinein gelang, das mythische Weltbild der Antike wie einen Glaubenssatz vorzuschreiben, wonach die Erde eine Scheibe ist, über die sich der Himmel wölbt, daran die Sterne wie Silbernägel angeheftet sind, während darunter sich die Hölle befindet, erkennbar schon an den feurigen schwefeligen Dünsten, die an manchen Stellen aus ihr emporsteigen. Dieses Weltbild erfreute sich großer Beliebtheit durch seine «sinnliche Evidenz» – der «gemeine Mann» sah es so! –; doch vor allem empfahl diese Weltsicht sich durch die unangefochtene Mittelpunktstellung, die in einer so erklärten Welt dem Menschen zukommen mußte. Der Schock, den NICOLAUS KOPERNIKUS (1473–1543) mit seiner Abhandlung über die Himmelsbewegungen dem kirchlichen Dogma bereitete, besitzt seine Aktualität bis heute.

Man könnte meinen, daß es «an sich» ganz egal sei, ob nun die Sonne sich um die Erde oder eben nun doch: die Erde um die Sonne sich drehe; aber so verhält es sich entsprechend der Theologiegeschichte des Christentums im Abendland ganz und gar nicht. Die päpstlichen Gelehrten des 16./17. Jh.'s hätten mit GALILEI

allemal darüber diskutiert, welche geometrischen Beschreibungs-
modelle zum Erfassen der Bewegungen der «Himmelskörper» sich
als einfacher oder – zum Beispiel für die Seefahrt – auch wohl als
praktischer dartun ließen; was sie indessen unter gar keinen Umständen zugeben wollten noch zugeben durften, war die Entthronung des Menschen, die mit dem Sturz des Planeten Erde aus seiner zentralen Position im Weltall einherzugehen schien. Wie
konnte Gott «Mensch geworden» sein «in Christus», wenn die
Erde selber nichts weiter sein sollte als ein winziges Staubkorn
inmitten eines unbekannt wie großen Kosmos?

Obwohl die Kirche Roms erst vor weniger als 10 Jahren ihre
Verurteilungen über die Himmelsmechanik GALILEIS zurückge-
nommen hat, vermochten ihre Theologen in den vergangenen
400 Jahren immerhin anzuerkennen, daß man die Bibel wohl
doch nicht an allen Stellen so «wörtlich» lesen dürfe, wie man entsprechend den dogmatischen Vorgaben der kirchlichen «Glau-
bensüberlieferung» gedacht hatte, und daß man jedenfalls unterscheiden müsse zwischen Geometrie und Metaphysik. Doch
saugten sie aus dieser Erkenntnis sogleich wieder neuen Honig:
Warum, so erklärten sie sinngemäß, sollte denn der Mensch *nicht*
im Mittelpunkt der Welt stehen, die Gott geschaffen habe, nur
weil rein räumlich die Erde (vielleicht) nicht das Zentrum des
Universums bilde?

Tatsächlich dauerte es bis in die 20er Jahre des 20. Jh.'s, daß die
Astronomen zum ersten Mal eine begründete Vorstellung von den
wahren Ausmaßen des Universums und seiner räumlichen Struk-
tur zu entwickeln vermochten. Erst 1923 gelang es EDWIN HUBBLE
(1889–1954), die uns nächste Galaxie, den Andromeda-Nebel (die
M 31), mit Hilfe der Perioden-Helligkeitsbeziehung von Cephei-
den als ein extragalaktisches Objekt nachzuweisen; die Entfernung wird heute auf 2,2 Millionen Lichtjahre gemessen; das heißt,
das Licht, das aus dieser Entfernung bei uns eintrifft, wurde zu
einer Zeit ausgesandt, als in Afrika die Vorfahren des Menschen
sich gerade auf der Stufe des *homo habilis* befanden. Zudem deu-
tete HUBBLE die beobachtete Rotverschiebung im Spektrum der

Sterne, Sternhaufen und Galaxien im Sinne des DOPPLER-Effektes als Hinweis darauf, daß das gesamte Weltall sich (derzeit) in ständiger Ausdehnung befindet.

Mit dieser Erkenntnis eröffnete sich auch für die Astronomen ein völlig neues Verständnis des Kosmos. Statt, wie bisher geglaubt, den «bestirnten Himmel über uns» (I. KANT) als einen Ort «ewiger» und «unveränderlicher» Gesetze und Zustände zu betrachten, zeigte sich nun, daß das gesamte Weltall einer Entwicklung unterliegt. Rechnet man die Expansionsbewegung des Kosmos zurück, so sprechen nach dem «Standardmodell» heutiger Astronomie die gewonnenen Daten dafür, daß vor etwa 12 Milliarden Jahren das Weltall aus einem Zustand unvorstellbarer Einfachheit durch einen «Urknall» gebildet wurde. Seitdem dehnt es sich immer weiter aus, und es scheint, als würde diese Bewegung sich endlos bis zum «Kältetod» des Universums fortsetzen. Daß, wie der Jesuit TEILHARD DE CHARDIN (1881–1955) als Paläontologe vorschlug, die Energie des ganzen Weltalls sich zusammengezogen habe, um gerade uns Menschen hervorzubringen, ist unter diesen Umständen eine mehr als unwahrscheinliche Sicht der Dinge.

Und nicht nur die offenbare Einsamkeit des Menschen in den kosmischen Dimensionen des Raumes mußte die ehedem geglaubte Mittelpunktstellung der menschlichen Spezies ins Wanken bringen; noch schwieriger für das biblische Weltbild stellen sich die Dimensionen *der Zeit* dar.

Innerhalb des jüdisch-christlichen Weltbildes sind eigentlich nur ein paar Grundgegebenheiten von Belang: Gott hat – egal wie und wann – durch seinen Willen, gemäß seiner Weisheit und in unendlicher Güte die Welt und darinnen den Menschen geschaffen; dann hat er, ca. 1800 v. Chr., in ABRAHAM «sein» Volk berufen und ca. 1200 v. Chr. durch MOSE sich seinem Volk am Sinai «geoffenbart», indem er die «Gebote» verkündete; schließlich, vor ca. 2000 Jahren, hat er in seinem «Sohn JESUS Christus» die Menschheit von der «Sünde» erlöst; seither ist das «Ziel» der menschlichen wie kosmischen Geschichte definitiv bekannt: Am Ende der Zeiten wird Christus «wiederkommen» (Apg 1,11) als «Richter der

Lebenden und der Toten», wie das kirchliche Glaubensbekenntnis es formuliert. Der Zeitraum, der für eine solche Interpretation der «Welt» von Belang ist, umspannt, wie man sieht, etwa 4000 Jahre, und *das* allerdings ist ein Zeitrahmen, in dem die überkommene Anthropozentrik des biblischen Weltbildes plausibel scheint, ja, innerhalb dessen die anthropozentrische Weltsicht sogar noch durch die «Christozentrik» (und «Ekklesiozentrik» und «Eurozentrik») des kirchlichen Dogmas gesteigert werden konnte.

Inzwischen, seit dem 19. Jh. beginnend, haben indessen vor allem Geologie und Biologie die zeitlichen Maßstäbe für die Geschichte der Erde sowie für die Geschichte des Lebens auf unserer Erde in geradezu phantastischer Weise zurechtgerückt.

Noch um 1950 rechneten Paläontologen, um die Entstehung des menschlichen Lebens beschreiben zu können, mit Zeiträumen von etwa 600 000 bis 1 Million Jahren; heute zeigen uns Genom-Analysen, daß sich der heutige Mensch und der heutige Schimpanse in ihrem Erbgut nur um weniger als 2 % voneinander unterscheiden und daß ihre Stammlinien sich vor ca. 6 Mio. Jahren getrennt haben – wahrscheinlich infolge der Auffaltungen des ostafrikanischen Grabenbruchs. Das Leben auf der Erde aber muß in seinen Anfängen sich bereits vor 3,5 Milliarden Jahren gebildet haben, kaum daß die Erde soweit abgekühlt war, daß ihre Oberfläche die Bildung präbiotischer Strukturen allererst zuließ. Die moderne Biochemie neigt mittlerweile zu der Ansicht, daß das Leben unter den gegebenen Bedingungen auf vielfältigen Wegen entstanden sein dürfte und daß es während Hunderter von Jahrmillionen in einem ständigen «Spiel» von Zufall und Notwendigkeit schließlich die Grundstrukturen der heute bekannten Zellformen sowie, darauf aufbauend, der höherentwickelten Lebensformen ausgebildet hat.

Das Entscheidende an Einsichten dieser Art ist die Richtungslosigkeit, auf der das evolutive Geschehen basiert. Es scheint nicht möglich, in der Evolution die Entfaltung einer vorgegebenen «Finalität» zu entdecken. Ganz im Gegenteil. CHARLES DARWINS *Entstehung der Arten* aus dem Jahre 1859 bedeutete insofern einen

Meilenstein für das gesamte naturwissenschaftliche Verständnis der Welt, als mit diesem Buch zum ersten Mal ein Erklärungsmodell angeboten wurde, das die kompliziertesten Erscheinungen der Wirklichkeit: die Entfaltung und die Vielfalt des Lebens, ohne «Ziele», «Pläne» und «Manifestationen» eines göttlichen Willens zu begründen versprach.

Seither befindet sich das theologische Denken auf einem ständigen Rückzug. Das als göttliche Offenbarung geglaubte Weltbild der Bibel erweist sich in wesentlichen Aussagen über die Stellung des Menschen in Raum und Zeit, im Universum wie auf der Erde, in der Geschichte des Lebens wie in der Geschichte der Menschheit als offensichtlich irrig und irreführend! Die Konsequenzen aus dieser Tatsache sind für die abendländische Auffassung von Religion und Sittlichkeit enorm und in ihrer Tragweite bis heute kaum abzuschätzen.

Hilfreich ist in diesem Zusammenhang ein Vergleich mit der Religiosität Ostasiens. Denn während der Gedanke der Evolution für das Selbstverständnis des Menschen innerhalb der biblischen Religiosität eine geradezu zerstörerische Wirkung ausüben mußte, kann man vor allem vom *Hinduismus* behaupten, daß er die Weltsicht DARWINS in gewissem Sinne vorweggenommen hat und umgekehrt von ihr geradezu bestätigt, statt widerlegt wird.

Für das indische Weltbild, dessen Wurzeln historisch etwa 5000 Jahre alt sind, waren Mensch und Natur niemals in der Weise voneinander getrennt, wie es das Christentum lehrt(e). Zwar nicht in «wissenschaftlichen» Begriffen, wohl aber in ergreifenden Symbolen verkündete der *Brahmanismus* seit eh und je die schrittweise Entfaltung des Göttlichen auf den verschiedenen Stufen des Lebens. In insgesamt acht Erscheinungsformen (*Avataras*, Ankunftsarten) inkarnierte der welterhaltende Gott Vishnu, indem er sich zuerst als Fisch, dann als Schildkröte, dann als Eber, dann als Mann-Löwe, dann als Zwerg, schließlich als *Rama* mit dem Beil (*Parashu*-rama) sowie als Rama-Mond (*Rama*-tschandra) in vielfältiger Weise zu erkennen gab, um schließlich als Gottmensch

KRISHNA zur Welt zu kommen; als *Kalki* wird die Gottheit dereinst die Welt richten und zugrunderichten. Die gesamte Weltwirklichkeit erscheint in dieser Deutung als ein dynamisches Geschehen voller Übergänge und Wandlungen, ja, die menschliche Existenz selbst ist gemäß dem Gesetz der Vergeltungskausalität (*Karma*) eingebunden in den Zyklus eines ständigen Werdens. Es gibt in der indischen Religion keine starren Grenzen zwischen Geist und Materie, Gott und Welt, Mensch und Tier, und es ist diese «pantheistisch» anmutende Weltdeutung, die sich geistig auf die Entdeckungen der Biologie schon des 19. Jh.'s weit besser vorbereitet zeigt als der Theismus der biblischen Frömmigkeitshaltung. – Die Frage, wie sich unter diesen Umständen der Glaube an einen persönlichen Gott rechtfertigt, werden wir im 4. Kapitel erörtern müssen.

Die Probleme, die sich für die abendländische Religion und Ethik aus dem veränderten Weltbild der Naturwissenschaften ergeben, haben einen Hauptgrund in der Tatsache, daß es nicht die Religion war, die – ähnlich etwa der Alleinheits-Lehre des indischen *Vedanta* – die Menschen von ihrer Herkunft aus der Natur und von ihrer Gemeinsamkeit mit der Natur zu überzeugen vermocht hätte, sondern ganz im Gegenteil: im Widerspruch zur Religion die Naturwissenschaft. Für das religiöse Bewußtsein des Abendlandes bedeutete vor allem die Lehre CHARLES DARWINS zum zweiten Mal nach der kopernikanischen Wende eine schwere «narzißtische Kränkung» gegenüber der tradierten anthropozentrischen Überzeugung von der Sonderstellung des Menschen auf der Erde und im gesamten Universum; zudem brachte der Siegeszug des evolutionären Weltbildes zunehmend die Überzeugung mit sich, daß zur Erklärung der Weltzusammenhänge ein Gott oder eine Gottheit nicht länger gebraucht werde. Wer die Welt begreifen wollte, mußte es sich offenbar ein für allemal abgewöhnen, sie als Theologe zu betrachten und zu befragen. Nur in einem zähen Kampf gegen die ständige Dreinrede des Kirchendogmas und der klerikalen Propaganda konnte das evolutive Weltbild sich durchsetzen, und in dem Maße es das tat, hinterließ es eine höchst paradoxe Wirkung: Statt, wie im *Hinduismus*, den Fortschritt im Wissen um die Natur zu einer vertieften Weisheit im Umgang mit der Natur zu nutzen, führte die Entthronung des Menschen durch die Einsichten der Naturwissenschaften *im Abendland* zu einem genau gegenteiligen Effekt. Gerade weil man sich aus der Rolle des «Herrschers» von einst vertrieben fühlte, instrumentalisierte man das neu gewonnene Wissen wesentlich als Herrschaftswissen, um die objektiv verlorene Bedeutung inmitten der Welt durch Umgestaltung der Welt mit technischen Mitteln zumindest in den eigenen Augen zurückzuerobern.

Das Groteske der geistigen Situation heute zeigt sich am deutlichsten wohl noch einmal an den Maßstäben von Raum und Zeit. So als wenn die Erde unendlich groß wäre oder uns das Weltall zur Besiedlung nach Belieben offenstünde, haben wir zum Beispiel in der zweiten Hälfte des 20. Jh.'s – allen ökologischen und demographischen Warnungen zum Trotz – die Verdoppelung der Menschheit von etwa 3 auf 6 Mrd. Menschen zugelassen und bewegen uns bald schon, in etwa zwei Jahrzehnten, auf bereits 8–9 Mrd. Menschen zu. Ein einfacher Vergleich könnte zeigen, daß es so nicht weitergeht: Vor 2000 Jahren, als JESUS von Nazareth zur Welt kam, zählte die Weltbevölkerung nur erst 250 Millionen Menschen, und dann brauchte es etwa 1600 Jahre, bis diese Zahl sich auf 500 Millionen verdoppelt hatte. Um 1800 standen wir bei etwa 1 Mrd. Menschen, und selbst die 2 Milliarden Menschen um 1930 schienen noch nicht besorgniserregend, obwohl jeder mit einem bißchen Nachdenklichkeit schon damals der Bevölkerungslehre des britischen Nationalökonomen THOMAS MALTHUS (1766–1834) und seinen Warnungen vor den Folgen eines exponentiellen Wachstums der Menschheit nur hätte zustimmen können. Was selbst die Denkenden bis heute daran hindert, ist immer wieder dasselbe: Wie soll man es innerhalb der «biblischen» Frömmigkeitshaltung und Moralauffassung plausibel machen, daß es, buchstäblich um Gottes willen, nicht länger mehr angeht, nach der Devise der Schöpfungserzählung in Gen 1,22 zu leben: «wachset und mehret euch!», sondern daß es darauf ankommt, eher *we-*

niger als mehr Menschen zu wünschen, damit Tiere und Pflanzen an der Seite unserer Spezies zumindest eine Chance zum Weiterleben behalten!

Wie eigentümlich disproportioniert unser heutiges naturwissenschaftliches Wissen unserem überkommenen Herrschaftswillen gegenübersteht, läßt sich darüber hinaus wohl vor allem an der Unbedenklichkeit zeigen, mit der wir so tun, als stünde uns nicht nur der Raum, sondern genau so *die Zeit* als eine kalkulierbare Ressource zur Verfügung.

Kaum sind wir seit etwa 40 Jahren dabei, die Schreibweise genetischer Informationen buchstabieren zu können, da trauen wir uns bereits zu, in das Genom von Pflanzen und Tieren «biotechnisch» einzugreifen und es nach unseren Wunschvorstellungen, ganz wie die Sponsoren oder der Markt sie diktieren, umzugestalten; und das Tempo, in dem das geschieht, wird immer rascher. Gleichzeitig schauen wir uns, offenbar ungerührt, mit an, wie Tausende von zum größten Teil gänzlich unbekannten Tier- und Pflanzenarten vor allem durch die Zerstörung der tropischen Regenwälder nach und nach ausgerottet werden: Lebensgemeinschaften wie der Amazonas-Urwald, für deren Aufbau die Natur ca. 60 Millionen Jahre, vom Ende der Kreidezeit bis heute, gebraucht hat, wurden in 60 Jahren mit Brandrodung und Motorsäge zugunsten von größtenteils absurden Projekten vernichtet. Biologen schätzen, daß es etwa 35 000 Jahre dauert, bis in der Natur eine neue Art entsteht – das ist etwa die Zeitspanne, die uns vom Auftreten der ersten Menschen von der Spezies *homo sapiens sapiens* im eiszeitlichen Europa und von dem Aussterben der letzten *Neandertaler* trennt; dabei entsteht niemals eine neue Art ohne die Koevolution anderer Arten, die mit ihr in höchst komplex organisierten Biozönosen hemmend und fördernd in Verbindung stehen. Unter diesen Umständen hat niemand heute auch nur die geringste Ahnung, was die Folgen unserer genetischen Manipulationen in Zeiträumen von «bloß» 30 000 Jahren sein werden; aber wir tun es trotzdem! Und mit genau demselben Leichtsinn verbrennen wir in wenigen Jahrzehnten die fossilen Energieträger: Kohle, Erdöl, Kreide, zu deren Aufbau die Natur riesige geologische Zeitalter benötigte; mit demselben «Mut» stürzen wir uns in das Abenteuer Kernenergie oder hüllen uns, als hätten wir alle Zeit der Welt zur Verfügung, in eine schwer zu begreifende Gleichgültigkeit gegenüber den klimatischen Veränderungen vor allem durch den industriell bedingten CO_2-Ausstoß.

So viel steht fest: Das, was wir auf diese Weise als «globale Verantwortung» auf uns laden, ist auf die Länge der Zeit schlechterdings nicht zu verantworten; doch nach wie vor halten wir uns, unsere gegenwärtige Spezies, eben die des *homo sapiens sapiens*, für das Maß aller Dinge, für den Mittelpunkt der Welt, für den Dreh- und Angelpunkt aller Zeit.

Wie grundlegend falsch, gemessen vor allem am Maßstab der Zeit, diese gesamte Einstellung ist, können uns heute am besten die Astrophysiker sagen. Unser Zentralgestirn, die Sonne, erklären sie, besteht etwa noch 5 Mrd. Jahre, ehe es sich zu einem «roten Riesen» weit über die Erdbahn hinaus ausdehnen und dann zu einem «weißen Zwerg» kollabieren wird. Von diesem Zeitpunkt an wird kein Leben mehr möglich sein, weder auf der Erde noch im gesamten Planetensystem; bis dahin aber wird die Evolution noch – fast möchte man sagen: beliebig oft – in der Lage sein, mit neuen, womöglich intelligenten Lebensformen zu «spielen». Paläontologen schätzen die Anfänge der Ordnung der Säugetiere in der Trias auf etwa 230 Mio. Jahre – das ist weniger als ein Viertel von einer Milliarde Jahren. Selbst wenn wir annehmen, daß diejenige Art, die wir als *homo* bezeichnen, es noch einmal so lange mit sich selber aushält, wie sie seit ihrem Bestehen zugebracht hat (vor 2,7 Mio. Jahren der *homo habilis*, vor rund 1,5 Mio. Jahren der *homo erectus*, vor 500 000 Jahren der archaische *homo sapiens*, vor 300 000 Jahren der *homo sapiens neandertalensis*, vor 150 000 Jahren der *homo sapiens sapiens*), so muß man sich nur vorstellen, wie weit selbst unter rein biologischen Bedingungen in – sagen wir: – 60 000 Jahren die dann lebenden «Menschen» sich von uns Heutigen unterscheiden werden; tatsächlich müssen wir sogar damit rechnen, daß – selbst in geschichtlichen Maßstäben sehr bald schon – Menschen dazu übergehen werden, ihr eigenes Genom zu «verbessern», was immer das dann heißen mag, mit dem einen sicheren Ergebnis, daß wir, die Mitglieder der Spezies *homo sapiens sapiens,* keinerlei Chance haben, vorherzusagen, was dann, in 60 000 Jahren – oder schon sehr viel früher! – Begriffe wie «Geschichte» oder «Menschsein» überhaupt noch bedeuten können.

Evolutiv betrachtet, ist schon deshalb die theologische Aussage unhaltbar, die Geschichte der Welt werde ihr zeitliches Ende mit der «Wiederkunft Christi» finden. Wer immer historisch JESUS von Nazareth war, – er gehörte ganz sicher einer Unterart des *homo sapiens* zu, und es ist nichts als eine theologische Ideologie im Status der Vermessenheit, diese Unterart des *homo sapiens* rein artegoistisch als das Maß aller Dinge zu betrachten.

Doch nicht nur religiös, auch *moralisch* stehen wir mit dieser Feststellung vor einer ganz entscheidenden Wandlung des Bewußtseins. Keinesfalls, das beweist das *indische* Beispiel, muß es den Zusammenbruch von Religion und Moral schlechthin bedeuten, wenn sich zeigt, wie außerordentlich begrenzt wir Menschen auf dem Planeten Erde und erst recht im Weltall sind. Wohl aber bedeutet es die Notwendigkeit, daß wir die Einsichten CH. DARWINS nicht länger zur Ausdehnung überlebter Allmachtsträume verwenden, sondern dazu, unsere Einstellung zu uns selbst und zu der Welt, die uns umgibt, von Grund auf zu revidieren. Jeder Blick in die Weiten des Weltalls wie in die Tiefen der Zeit zeigt uns, wie winzig wir sind. Was uns zusätzlich zu diesem sicheren Wissen fehlt, ist lediglich die Weisheit, eine Religion humaner Bescheidenheit zu entwickeln und aus ihr die entsprechenden moralischen Folgerungen zu ziehen.

Die wichtigste Folgerung lautet, daß wir den Begriff der Verantwortung selbst neu definieren müssen. Bisher war «Verantwortung» ein ganz und gar selbstbezüglicher (selbstreferentieller) Begriff, der das Verhalten von Menschen in bezug zu Menschen regeln sollte. «Verantwortlich» in diesem Sinne war ein Mensch entweder gegenüber Gott oder/und gegenüber anderen Menschen, und *was* er zu verantworten hatte, richtete sich auf eine einzige wesentliche Frage: Ist das, was du tust, nützlich oder schädlich für dich selbst und für andere Menschen? Je nachdem, galt ein bestimmtes Verhalten nach diesem Kriterium für «gut» oder «böse». Im Rahmen einer solchen Ethik besaßen Tiere von vornherein keine eigenen Rechte. Wenn es für Menschen nützlich war, sie zu töten oder sie quälerisch zu halten oder unter Schmerzen mit ihnen zu experimentieren, so war es erlaubt, das zu tun, – so die päpstliche Ethik, trotz aller Schönrederei, wie Gott seine Kreaturen liebt, noch im «*Weltkatechismus*» von 1992 in § 342; 2417. Vorausgesetzt war dabei stets, daß Tiere, entsprechend der PLATONischen Vorstellung von der unsterblichen Vernunftseele, im Unterschied zum Menschen «unvernünftige», zum Sterben geborene Wesen seien, die Gefühle, wie Menschen sie kennen: Angst, Trauer, Freude, Zärtlichkeit usw., wohl kaum kennen würden. Etwaige Skrupel im Umgang mit ihnen konnten demnach entfallen.

Als beispielsweise am 1. März 1954 die USA auf den Marshallinseln die Wasserstoffbombe «Bravo» mit einer Sprengkraft des 600fachen der Hiroshima-Bombe testeten, hielten sie es für nützlich, 40 000 Tiere heranzuschaffen, um an ihnen die Auswirkungen radioaktiver und thermischer Strahlung sowie die Folgen der Druckwelle auch auf den menschlichen Organismus studieren zu können. – Oder: Als man Mitte der 90er Jahre des 20. Jh.'s herausfand, daß die Rinderseuche BSE möglicherweise in Form der Creuzfeldt-Jakob-Krankheit auf den Menschen übertragen wurde, vermochte die britische Landwirtschaft auf dem europäischen Markt erst wieder exportfähig zu werden, nachdem sie mehr als 4 Millionen Tiere demonstrativ getötet und verbrannt hatte – ein «Holocaust» in wörtlichem Sinne. Wohlgemerkt: Fälle von BSE waren möglich geworden, weil man die Rinder wie Kannibalen: mit den zu Futtermehl verarbeiteten Kadavern ihrer eigenen Artgenossen ernährt hatte; doch aus Preisgründen hatte dieses Verfahren sich bei der europaweiten Konkurrenz der Produzenten auf dem Schlachtviehmarkt als «günstig» erwiesen, es war also «erlaubt», und die Massenvernichtung fast des gesamten Rinderbestandes auf der britischen Insel jetzt bedeutete selbstredend hygienisch eine unvermeidbare Pflicht, eine sittliche Notwendigkeit. – Nur zum Vergleich: Die Gefährdung von Menschenleben durch die «heilige Kuh» aller Europäer und Nordamerikaner: durch den Personenkraftwagen, ist tagaus, tagein tausendfältig zu beobachten; doch wird man deshalb als erste Notfallmaßnahme in sittlicher Notwendigkeit 4 Millionen Autos «abschlachten»? Dagegen spricht das Interesse der mächtigen Autoindustrie, und der Nutzen eines solchen Industriezweiges rechtfertigt allemal eine höhere Wertschätzung als das Überlebensinteresse einzelner Personen. Dabei kann man von Autos immerhin mit Sicherheit behaupten, daß sie rein gar nichts empfinden oder fühlen. Von Tieren, insbesondere von höheren Säugetieren, weiß man es inzwischen deutlich anders.

Nicht nur DARWINS Evolutionslehre hat uns die nahe Verwandtschaft von Mensch und Tier zu demonstrieren vermocht, vor allem die Neurobiologie im 20. Jh. konnte Zug um Zug zeigen, daß gerade die Hirnteile, in denen «Gefühle» codiert werden, im Kopfe von Menschen und im Kopfe von Säugetieren genau die gleichen sind; eben deswegen nennt man das «limbische System» auch ganz einfach das «Säugetiergehirn» (im Unterschied zum Stammhirn, das sich als «Reptiliengehirn» bezeichnen läßt). Wenn nun aber feststeht, daß Tiere fühlen können wie Menschen, – ja, daß sie in gewissem Sinne sogar intensiver fühlen müssen als Menschen, da sie nicht, wie der Mensch, über ein Reflexionsvermögen verfügen, das sie in Distanz zu ihren Gefühlsinhalten setzen könnte, – so geht moralphilosophisch allein aus dieser Tatsache bereits die Verpflichtung hervor, sich Tieren gegenüber so zu verhalten, daß die Rücksichtnahme auf ihre Gefühle Teil eines eigenen Rechtsanspruchs darstellt, den sie gegenüber den Menschen besitzen. Forderungen wie die nach einer sofortigen Beendigung der Massentierhaltung oder nach der Einstellung von Tierkampfspielen (mit Stieren, Hunden, Hähnen oder, beim

Springreiten, mit Pferden) oder nach der Abschaffung von Tierversuchen (in einem ersten Schritt zumindest aller Experimente mit Tieren im Dienste von Militär und Kosmetikindustrie) ergeben sich aus einem solchen Grundsatz wie von selbst.

Als sichere Feststellung läßt sich daher die Voraussage treffen, daß schon in nächster Zukunft nur ein Typ von Religion glaubwürdig sein wird, der es ermöglicht, das Verhältnis Mensch und Natur so zu beschreiben, daß es den Ergebnissen der modernen Naturwissenschaften nicht länger widerspricht; oder anders ausgedrückt: die Frage der Ökologie wird in der Religion von morgen eine entscheidende Stelle beanspruchen.

Sogar die Unsterblichkeitshoffnung des Christentums bedarf zu diesem Zwecke offenbar einer Modifikation. Man muß nicht in hinduistischem Sinne daran glauben, daß die Seele eines Menschen in der Gestalt eines Tieres wiedergeboren werden könne, um den Rahmen ethischer Verantwortung in gebotener Weise auch auf die Tiere zu erweitern; es genügt, sie in den Auferstehungsglauben der Bibel, wie auch immer man ihn interpretiert, miteinzubeziehen; religionsgeschichtliche Vorbilder dafür gibt es zur Genüge.

Bereits in der 5. Dynastie, um 2330 v. Chr., konnten die Alten Ägypter in der Pyramide des UNAS Texte wie folgt über das Gericht formulieren, das im Angesicht der Göttin *Maat*, der Göttin der Weltordnung, über die sterblichen Menschen ergeht: «Liegt gegen ihn», den Pharao, heißt es dort, «eine Anklage vor von seiten einer Gans oder von seiten eines Esels?» Wehe, wenn der als Gottessohn geglaubte Pharao sich nicht davon freisprechen konnte, irgendeinem Tiere auf dem Lande, auf dem Wasser oder in der Luft vermeidbaren Schmerz zugefügt zu haben! Der gesamten biblischen Frömmigkeit und Ethik fehlt dieser wichtige Aspekt eines solchen göttlich verbrieften Rechts der Tiere (und Pflanzen) gegenüber den Menschen. Aber die biblische Religion stellt nur *einen* Weg zu einem möglichen Menschsein dar, und wir benötigen offenbar die Weisheit *aller* in den verschie-

denen Kulturen begangenen Wege, um eine Form des Menschseins zu erreichen, die *weit* genug ist, der Welt «gerecht» zu werden.

Die Wahrheit der Symbole
oder: Von der Realität des Religiösen

Eine Neubestimmung des Verhältnisses von Religion (Theologie) und Natur(wissenschaft), wie sie hier vorgeschlagen wird, zieht eine weitere wichtige Folgerung nach sich, die man als das Ende des Fundamentalismus beziehungsweise als die Wahrheit des Symbolismus bezeichnen kann. Worum es im Hintergrund geht, ist eine «richtige» Zuordnung von Denken und Fühlen, von Rationalität und Emotionalität, von Wissen und Glauben; statt daß beide Fähigkeiten des Menschen im Kraftfeld von absurd interpretierten Kirchendogmen sich noch länger wechselseitig paralysieren oder deformieren, sollten und könnten sie einander stimulieren und komplettieren. Doch gerade das ist nicht möglich, ohne den Begriff dessen zu ändern, was wir als «Wirklichkeit» bezeichnen.

Zur Debatte stand soeben noch die Frage, ob es «richtig» sein kann, Tiere als «Sache» (mithin als Forschungsobjekte, Produkte und Waren) zu betrachten, oder ob sie als Lebewesen (mithin als Subjekte mit eigenen Rechten) gesehen werden müssen, – die Sonderstellung, die man dem Menschen theologisch auf Grund seiner Rationalität zuschreiben wollte, erwies sich in der Neuzeit zunehmend als selber irrational, genauer gesagt als die Ideologie einer Pose bloßen Machtanspruchs. Eine durchaus ähnliche Dialektik handelte sich die «Rationalität» der «christlichen» Theologie mit ihrem Kampf gegen die «Irrationalität» der «heidnischen» Mythen ein.

Bereits im nachchristlichen Jahrhundert, parallel zu der philosophischen Umformung des biblischen Gottesbildes zugunsten einer theologischen Metaphysik des «Seins» und «Wesens» Gottes, versuchte die «christliche» Lehre sich gegenüber den «heidnischen» Religionen mit Hilfe eines eigenartigen Kriteriums abzugrenzen: der Behauptung von der «Wahrheit» der biblischen Erzählungen.

Jeder, der unvoreingenommen die Vorstellungen und Darstellungen schon des Neuen Testamentes von der Person und dem Wirken JESU mit den Überlieferungen etwa der altägyptischen, persischen oder hellenistischen Religionsformen vergleicht, wird die Fülle von Übereinstimmungen bemerken, die zwischen den Bildern der verschiedenen Kulte bestehen. Der Tod, die Auferstehung, die Himmelfahrt des Gottes werden keinesfalls nur von JESUS als dem «Christus» erzählt, Geschichten dieser Art stellen geradezu das klassische Muster dar, um (vor allem im Rahmen ursprünglicher Vegetationsriten) Religion zu vermitteln. Griechische Philosophen wie CELSUS um 175 n. Chr. haben denn auch bereits gebührend auf diese Tatsache hingewiesen; doch wie gefährlich sie damit der sich etablierenden Kirchendogmatik wurden, verdeutlicht die Tatsache, daß das Werk etwa des CELSUS: *Das wahre Wort*, komplett vernichtet wurde; es läßt sich überhaupt nur aus den sorgfältigen Zitaten rekonstruieren, die 50 Jahre später satzweise der alexandrinische Theologe ORIGENES (ca. 185–254) zu widerlegen suchte.

In der Tat stellte sich bereits damals ein Problem, das in der «christlichen» Theologie nie wirklich gelöst wurde und schon deshalb im 19. Jh. mit DAVID FRIEDRICH STRAUSS: *Das Leben Jesu* (1835/36) und im 20. Jh. mit dem Programm RUDOLF BULTMANNS von der «Entmythologisierung» (1941) unausweichlich zurückkehren mußte. Die Frage lautet: Ist das Christentum eine mythische Religion wie etwa die Religion des *Osiris*, des *Orpheus* oder des *Mithras* oder ist es eine Religion, die sich auf «historische Offenbarung» gründet? Die Frage ist, wie wir gleich sehen werden, in dieser Form falsch gestellt, aber sie wurde damals und sie wird bis in die Gegenwart hinein in dieser Form gestellt.

Um sie zu beantworten, muß man zwei Tatsachen sich vor Augen stellen: Auf der einen Seite ist es ein unbezweifelbares Faktum, daß JESUS als eine historische Person gelebt hat – etwas, das man von *Osiris* oder *Orpheus* so nicht sagen und von *Mithras* überhaupt nicht sagen kann. Auf der anderen Seite läßt sich nicht übersehen, daß gerade die religiös wichtigen Inhalte der JESUS-

Überlieferung (Jungfrauengeburt, Verklärung, Auferstehung, Himmelfahrt, Gottessohnschaft usw.) eine hohe Ähnlichkeit, wo nicht Identität mit den mythischen Erzählungen vieler nichtchristlicher Religionen aufweisen. Um jeder Verwechselung zu entgehen, erklärten deshalb die frühchristlichen Apologeten schon des 2. Jh.'s, JUSTIN (gest. ca. 165) zum Beispiel, später vor allem IRENÄUS VON LYON (gest. ca. 202), daß die Überlieferungen der Bibel und insbesondere die Berichte über die Person und das Wirken Jesu «wahr» seien, während die Mythen der Heiden nichts als «Lüge», Einbildung und Täuschung darstellten. Worin aber konnte die «Wahrheit» der christlichen Traditionen und Dogmen unter solchen Umständen anders liegen als darin, daß diese auf Tatsachen, auf historische Fakten sich gründeten, während jene bloß unhistorische Fiktionen darstellten? Damit war eine äußerst folgenschwere und problematische Position bezogen worden, mit der indessen das gesamte Christentum unabtrennbar identisch zu sein schien.

Zweierlei ergab sich sofort daraus.

Zum einen: Es mußte die «Wahrheit» des Christentums fortan als ein historisches Faktum geglaubt und mit historischen Mitteln gegen etwaige Angriffe «verteidigt» werden; historische Argumente aber sind keine göttlichen Eingebungen, sie sind historischer Forschung zugänglich und gegebenenfalls auch durch historische Einsichten widerlegbar …!

Und zum anderen: Indem die «heidnischen» Mythen» der Einbildungskraft der menschlichen Psyche entstammten, war diese offenbar selber als eine Quelle des Irrtums zu erachten. Hatte nicht womöglich der «Teufel» all diese Geschichten nur deshalb dem Menschen ins Herz gegeben, damit, wenn JESUS «Christus» als die «Wahrheit» erschiene, es desto schwerer fallen sollte, sie anzunehmen? Wenn aber das menschliche Vorstellungsvermögen derart vom «Teufel» infiziert sein kann, so scheint es gefährlich, darauf zu hören. Es bildete sich die Meinung heraus, daß alles, was «vom Menschen» komme, «Sünde» sei, wohingegen die Wahrheit nur «von außen», vom «*extra nos*», kommen könne. Bestenfalls ließ sich noch die Behauptung rechtfertigen, daß die Mythen der «Heiden» eben diejenigen Sehnsüchte und Erwartungen der Menschheit repräsentierten, die von JESUS «am Ende der Tage» nun endlich «verwirklicht» und «erfüllt» worden seien; die Wunschträume von einst hätten nun in Zeit und Raum sich «wahrhaft ereignet». Es ist diese Auffassung, die bis heute die Einstellung der «christlichen» Theologie und des kirchlichen «Lehramtes» zu den Religionen der Menschheit bestimmt; doch in der einen wie in der anderen Haltung hatte man eine im Grunde unhaltbare Position bezogen.

Historisch war es als erster der jüdische Philosoph BARUCH SPINOZA (1632–1677), der in seinem *Politisch-theologischen Traktat* die Wundererzählungen der Bibel einer überlieferungsgeschichtlichen und philosophischen Kritik unterzog: Beruhten sie womöglich nicht selbst schon auf Mißverständnissen, und verstand man sie nicht am besten, indem man sie bildhaft statt «wörtlich» las? Spätestens als GOTTHOLD EPHRAIM LESSING (1729–1781) in den «*Briefen eines Ungenannten*» die Osterberichte der vier Evangelien miteinander verglich und ihre historische Widersprüchlichkeit, ja, Unvereinbarkeit nachwies, löste sich der Stein vom Hang, auf dem die «christliche» Theologie sich zu gründen versucht hatte, er kam ins Rollen und droht sie seit nunmehr schon 200 Jahren komplett unter sich zu begraben.

Es war im 20. Jh. vor allem RUDOLF BULTMANN, der den Versuch unternahm, die Christus-Botschaft (das «Kerygma») von den mythischen Vorstellungen zu lösen, in die es historisch eingebettet war. Eigentlich brauchte man nur die von JOHANN GOTTFRIED HERDER (1744–1803) entwickelte Literaturwissenschaft an die Bibel heranzulassen, und man konnte relativ leicht nachweisen, daß *en miniature* in ihr all die «großen» Erzählformen repräsentiert sind, die man sonst unter dem Namen Mythos, Sage, Legende, Märchen, Novelle usw. kennt; keine dieser Literaturgattungen beansprucht, in historischem Sinne «wahr» zu sein; doch sind sie deshalb schon «unwahr»? BULTMANN schlug vor, die – für ihn! – offenbaren Mythen des Christentums als Bilder zur Sinndeutung der menschlichen Existenz zu interpretieren und nicht länger den Glauben an «Christus» mit der Übernahme des antiken Weltbildes zu verwechseln – einer Drei-Stockwerke-Welt voller Engel und Teufel, bei der unsere «Mittelerde» über der «Hölle» und unter dem «Himmel» lagert und in der es allezeit möglich ist, sich «wunderbaren» «Eingriffen» des Göttlichen gegenübergestellt zu sehen. Mythen können nicht anders, als Göttergeschichte in Form von Menschengeschichte zu erzählen; doch auch umgekehrt: Kann man überhaupt Göttliches als menschliche Erfahrung berichten, ohne sich mythischer Rede zu bedienen? Gott selber, gewiß, ist jenseits aller Bilder; doch wenn wir Menschen «Gott» sagen, müssen wir uns vorgegebener Bilder bedienen, um überhaupt etwas uns Verständliches zu sagen.

An dieser Stelle ist es unvermeidbar, BULTMANNs Konzept von der «existentialen Hermeneutik» durch eine vertiefte Anthropologie und Psychologie der religiösen Symbolbildung weiterzuführen. Weite Teile der protestantischen Kirchen erblicken in BULTMANNs Theologie wohl noch immer eine Art «Sündenfall des Geistes», während die «katholische Kirche» nach wie vor die Problemstellung leugnet und als «häretisch» denunziert, auf die bei einiger Ehrlichkeit die historische Erforschung gerade des Neuen Testamentes unausweichlich stoßen muß: Diejenigen Geschichten, die den «Glaubensinhalt» der «christlichen» Lehre begründen, sind *nicht* historische Tatsachen, sondern sie stellen Bildaussagen, *Symbole* dar, die das Leben und Anliegen JESU auf das menschliche Dasein ingesamt hin *deuten* und vor eine Entscheidung zwischen «Leben» und ‹Tod› stellen können und sollen. Der Unterschied zwischen den Mythen des Christentums und den Mythen der «heidnischen» Religionen liegt daher nicht auf der Ebene der Bildaussagen selbst – auf dieser Ebene verschwindet vielmehr jeglicher Unterschied! Die «Wahrheit» des «Christentums», wenn denn das Christentum eine «Wahrheit» besitzt, kann allenfalls auf der Ebene des Existierens gefunden werden: Wie liest man die mythischen JESUS-Überlieferungen von JESUS selbst her? Das ist jetzt die Frage. In welchem Sinne hat JESUS mit seiner Person die Mythen, die sein Schicksal deuten sollen, selber – auf eine womöglich ganz neue Weise! – gedeutet? Darum geht es.

Nehmen wir nur die Zentralaussage des Christentums: daß JESUS «der Christus» war. Alle anderen Aussagen, daß er – eben als der «Messias» – der «Sohn Gottes» war, daß er «jungfräulich» zur Welt kam, daß er im Tode «zum Himmel auffuhr» – all diese Aussagen komplettieren lediglich mit den Mitteln des Mythos das Bild, mit dem in der altorientalischen Hoftheologie das «Wesen», das heißt die *Funktion* des Herrschers gezeichnet wurde. Aber nun wissen wir bereits, daß JESUS historisch sich nie als «Messias» betrachtet hat (vgl. Mk 8,30). «Macht nichts», erklären manche Theologen, schreibt doch PAULUS selber (Röm 1,4), daß JESUS erst in seinem Tod und in seiner «Auferstehung» von Gott zum Messias «eingesetzt» wurde. Doch wenn es so steht, ist es dann nicht unvermeidbar, sich zu fragen, was eine solche Aussage für den «Glauben» an JESUS als den «Christus» «eigentlich» bedeutet?

Rekapitulieren wir: JESUS wollte niemals, in keiner Weise, irgend etwas sein oder tun, das sich in den Geschichtsbüchern der Menschheit mit dem Titel eines «Königs» versehen ließe; ganz im Gegenteil: Für den Mann aus Nazareth bedeutete alle Staatsmacht Gewalt, er aber sah ein «Reich» kommen, in dem die Menschen in Freiheit und Liebe miteinander leben würden; in diesem «Reich» würde es weder Angst geben noch Aggression, in diesem «Reich» würde man vielmehr die Aggression und Gewalt überwinden durch Sanftmut und Güte, und selbst auf das Verbrechen noch würde man antworten mit dem Bemühen, das Ungeheuerliche als Teil des Menschlichen zu verstehen. Für ein solches «Reich» einzutreten, ja, es in seinem eigenen Tun bereits für «wirklich» zu erklären, war das ganze Bemühen JESU; eben dafür wurde er von den religiösen und politischen Führern seiner Zeit schon nach rund zwei Jahren seines öffentlichen Auftretens zum Tode verurteilt. «Ich will den Tempel einreißen», soll er, ganz im Sinne des JEREMIA, gesagt haben (Mk 15,58), «und ich errichte in drei Tagen einen anderen, nicht mit den Händen gemachten»; eine ähnliche «Drohung» ging von ihm auch an die Adresse der Könige und

Kaiser aus. Formal mochte man sie bis zur Rückgabe des Geldes, das ihr Portrait trug, als «Staatsdiener» anerkennen; doch wer dürfte darüber vergessen, daß er in seinem Herzen das Bild seines Gottes trägt? *Das* steckt hinter der Antwort JESU auf die Frage: «Darf man dem Kaiser Steuern zahlen?» (Mk 12,17) Die Menschen sind frei und keines Menschen Diener. Wer so denkt, rührt an den Thron *aller* Menschenmacht.

Doch das ist jetzt die entscheidende Frage: Auf wessen Seite stellt man sich: auf die Seite des «Geschichtsbuches», wie es bisher war, oder auf die Seite dieses Neuen, das mit der Person JESU möglich wird? Wer (mit PAULUS) sagt: «Jesus ist von Gott zum König gemacht worden», der sagt eigentlich, daß er durch das Schicksal JESU nach dem «Urteil» Gottes die ganze «Welt»(ordnung) in Frage gestellt sieht: Was für eine «Ordnung» denn auch, in der jeder 18jährige der «Pflicht» unterliegt, im Dienste des Staates das Töten von Menschen zu trainieren? Was für ein «Rechtssystem», bei dem «Recht» überhaupt nur gesprochen werden kann im Gefälle von Macht und Gewalt und bei dem jede Art von Unrecht zu einem Rechtstitel wird, wenn es nur erst lange genug besteht? Um solcher «Rechte» wegen wurde zudem quer durch die Geschichte ein Krieg nach dem anderen vom Zaun gebrochen, stets, wie wir schon sagten, mit der Billigung der jeweiligen Ortskirche; allein um sich die «Option» für den nächsten «Waffengang» offenzuhalten, wurden und werden immer irrsinnigere Summen in immer irrsinnigere Rüstungsprogramme gesteckt, nur um schließlich sogar Massenausrottungsmittel wie Nuklearbomben, Druckbomben oder Vakuumbomben, Giftgase wie Tabun und Sarin oder Volksseuchen wie Botulismus und Cholera als «Kampfmittel» zu bezeichnen. Für denjenigen, der gelernt hat, sich auf JESUS und seine Botschaft zu beziehen, ist diese ganze «Ordnung» in ihrer ganzen Monströsität offenbar geworden. «Wer zum Schwerte greift, wird durch das Schwert umkommen» (Mt 26,52) – dieser Satz JESU an PETRUS bei seiner Verhaftung am Ölberg markiert unüberhörbar die Selbstdestruktivität der gesamten sich nur immer weiter aufschaukelnden Logik von Gewalt und Gegengewalt.

Aber nun: Wer da sagt: JESUS ist der König, erklärt all dem «Königtum» der menschlichen Geschichte den Rücken; er folgt einem neuen Prinzip; er weigert sich, der scheinbaren Unentrinnbarkeit und Zwangsgesetzlichkeit der alten Wirklichkeit weiter zu folgen. Und *so* überhaupt erst gewinnen jetzt auch die überkommenen mythischen Bilder ihren neuen und – von JESUS her – eigentlichen Sinn. Bis dahin mochten sie die Herrschaft eines ägyptischen Pharao oder eines persischen Großkönigs oder auch eines Königs nach Art des DAVID rechtfertigen; jetzt aber, als ein Aussagemittel, das die Bedeutung JESU als des «Königs» der Welt ausdrücken soll, verbindet es sich mit einem gänzlich veränderten Sinnzusammenhang. JESUS kam «jungfräulich» zur Welt – das kann *jetzt* besagen, daß der Friede einer gewaltfreien Ordnung, die mit ihm Einzug in die menschliche Geschichte halten kann, durchaus nicht länger mehr ableitbar ist von dem bisherigen Verständnis menschlicher Wirklichkeit; JESUS wurde «erhöht zur Rechten Gottes, von dannen er wiederkommen wird zu richten die Lebenden und die Toten» – das kann *jetzt* besagen, daß es ab sofort einen neuen und wahren Maßstab zur Bewertung dessen gibt, was menschlich Gültigkeit besitzt: «Wer unter euch der Erste sein will, der sei der Diener aller» (Mk 10,44) – Worte wie diese stellen buchstäblich die gesamte pervertierte «Weltordnung» vom Kopf wieder auf die Füße. Daß es sich so und nicht anders verhält, bejahen und besagen *jetzt* die alten Bilder «heidnischer» Mythologie. Und *darin*, nicht etwa in einer äußerlichen Übertragung der Bildvorlage in die historische «Wirklichkeit», mag man nunmehr ihre «Bewahrheitung» erkennen.

Der Wahrheitsanspruch des Christentums kann also keineswegs darin liegen, über besonders exquisite und unvergleichliche Dogmenaussagen zu verfügen – gerade auf der Ebene der religiösen Symbole unterscheidet sich das Christentum ganz im Gegenteil am allerwenigsten von den anderen Religionen der Menschheit; der Wahrheitsanspruch des Christentums kann auch nicht darin liegen, daß in ihm sich historisch real aufgeführt hätte, was in den mythischen Bildern anderer Religionen geglaubt und herbeigesehnt worden wäre. Die «Wahrheit» des Christentums, wenn es sie denn gibt, liegt überhaupt nicht in der Beziehung zwischen Symbol und Symbolisiertem, zwischen Bezeichnendem und Bezeichnetem, zwischen Vorbild (Traum) und Nachbild (Realität), sie liegt in der Beziehung (in der Verbindlichkeit), die die bildhafte Deutung der Wirklichkeit JESU zu der möglichen Verwirklichung des Sinngehaltes in unserem Leben annehmen kann und soll.

Sagen wir so: Es geht – in der Sprache der Computertechnik – nicht um eine «analoge», sondern um eine «digitale» Codierung: «Analog» etwa ist ein Symphonie-Konzert auf einer *Schallplatte* gespeichert: Die Größe der Auslenkungen der Abspielnadel nach oben und unten entspricht den Tonhöhen und der Tonstärke bei der Wiedergabe; zwischen Aufnahmeverfahren und Abspielverfahren besteht in gewissem Sinne eine Entsprechung von 1:1. «Digital» hingegen ist die Speicherung desselben Musikstückes auf einer *Compact Disk*: die Widergabe erfolgt, indem die Informationen auf der CD in die Werte eines binären Code-Systems von 0 und 1 umgewandelt werden, und erst aus der Übersetzung dieses Codes entsteht eine Folge von Stromimpulsen, die dann aus elektrischen in akustische Schwingungen umgewandelt werden.

Mit anderen Worten: Um die Bilder der Bibel «richtig» zu verstehen, darf man nicht den Symbolen eine 1:1 übertragbare «historische Realität» zusprechen, so als enthielten oder als wären sie selber bereits Informationen über Fakten der Vergangenheit, man muß sie vielmehr in der eigenen Existenz «decodieren», um dann zu sehen, welch eine Wahrheit in ihnen hörbar wird.

Ein Beispiel. In Mk 6,30–44 und in Mk 8,1–9 wird erzählt, wie JESUS, auf einem Berg sitzend, Brote vermehrt habe. «So muß man glauben», erklärte mir vor Jahren mein eigener Erzbischof JOHANNES JOACHIM DEGENHARDT, «oder man glaubt nicht.» Er verlangte nicht mehr und nicht weniger, als eine offenbare Bildaussage des Neuen Testamentes auf falsche Weise «wörtlich» zu nehmen. Die meisten Exegeten auch in der katholischen Kirche geben heute natürlich zu, daß es in der Geschichte vom «Brot-

wunder» nicht um historische Berichte geht, sondern um «Über-
bietungslegenden», die JESUS als zweiten MOSE (Ex 16,1-36) und
als zweiten ELIJA (1 Kg 17,9–16) zeigen sollen. Doch wem helfen
solche «christologischen» Interpretationen wirklich weiter? Sie
verfeierlichen die Person JESU für alle Zeiten, doch nichts geschieht weit und breit, was einer «Brotvermehrung» zu unserer
Zeit in irgendeiner Weise ähnlich sehen könnte. Ganz anders bei
der vorgeschlagenen «digitalen» Auflösung des Bildes von der
«Brotvermehrung». Am weitesten geht dabei selber bereits das
Johannes-Evangelium (6,1–15): Es erzählt, wie JESUS die Jünger
fragt, was sie angesichts des Hungers Tausender von Menschen zu
tun gedächten, und die antworten, wie alle «vernünftigen» erwachsenen Menschen in vergleichbarer Lage es zu tun pflegen: Sie
haben nichts, jedenfalls nicht genug, um den Menschen zu helfen.
Da findet sich in der Menge ein Kind, das hat nur ein paar Fla-
denbrote und ein paar Fische, doch die gibt es JESUS, und der teilt
sie aus, und es findet sich schließlich ein solcher Überschuß, daß
man körbeweise die Reste aufsammeln muß.

Worin liegt das «Wunder», von dem da die Rede geht? Der «alten» Lesart zufolge, ist auf Grund der Geschichte zu glauben, daß
JESUS, Gottessohn, der er war, vor aller Augen sichtbarlich gezeigt
hat, daß und wie er «so etwas» überhaupt machen konnte; der
Lesart zufolge, die wir hier vorschlagen, besteht das «Wunder»
JESU in etwas ganz anderem: Es ist, daß er Menschen wie wir, «Erwachsene», rational Rechnende, «vernünftige» Leute, die wissen,
daß zwei mal zwei vier ist, dazu bestimmte, «Kinder» zu werden,
die ihre Augen und Hände öffnen für die Not anderer. Die Frage
nach der «Wahrheit» einer solchen Geschichte beantwortet sich
nicht mit dem Hinweis auf die historische Korrektheit oder Un-
korrektheit bestimmter «Informationen», – deren enthält der Text
überhaupt keine! Die Frage nach der «Wahrheit» der Geschichte
beantwortet sich allein durch die existentielle Aneignung, durch
die «Bewahrheitung» im Hörer. Nicht was einmal gewesen ist,
sondern was jetzt und hier wesentlich geschehen könnte und
sollte, entscheidet darüber, ob jemand die Erzählung als «wahr»

«glaubt» oder nicht. Nimmt sie der Hörer (oder Leser) für «wahr», dann steht er selber unter der Chance und dem Anspruch, aus einem «Erwachsenen» zu einem «Kinde» zu werden, das, ohne zu rechnen, teilt, was immer die Not des anderen fordert. Dann freilich wird er bald merken, verspricht die Geschichte, wie alles, was er von sich wegschenkt, vermehrt sogar noch, «körbeweise», zu ihm selber zurückkehrt. Ein Mensch, der gibt, wird nicht ärmer, sondern reicher. Das Gute, die Güte belohnt sich, ganz einfach schon deshalb, weil sie auf keinerlei Lohn berechnet ist.

Für das Verständnis religiöser Symbole läßt sich aus diesem kleinen Beispiel jetzt etwas Grundsätzliches lernen. Die bildhaften Erzählungen der Bibel sind zu lesen als Deutungen geschichtlicher Erfahrungen (mit der Person JESU), aber nicht als historische Wiedergaben der geschichtlichen Erfahrungen selber; eben deshalb verschwimmt in ihnen der historische Hintergrund vollständig, während sie um so deutlicher auf die Frage antworten, was denn im Leben des Lesers ihre «Bedeutung» sein kann. Im Bilde gesprochen: Die symbolischen Erzählungen der Bibel sind wie Wolken, die über das Land ziehen; es ist gewiß, daß sie über Feuchtigkeitsgebieten entstanden sind, doch es ist aus den Wolken selber nicht mehr zu ersehen, ob sie über dem offenen Meer, über einer Seenplatte oder über einem Moorgebiet aufgestiegen sind, und es ist jetzt auch nicht länger von Belang, woher sie gekommen sein mögen; entscheidend ist die Entwicklung, die sie nun nehmen: Werden sie am Berghang abregnen und die Wüste durchtränken? Das ist entscheidend.

Geahnt, daß es sich so verhält, hat zu allen Zeiten die *Mystik*, doch war sie der kirchlichen Aufsicht zu allen Zeiten suspekt eben des Richtigen in ihrer religiösen Grundhaltung wegen. Mystiker wie MEISTER ECKHART (ca. 1260–1328) wußten, daß man nicht fragen sollte, ob JESUS historisch in Jerusalem eingezogen sei (Mk 11,1–11), sondern wie er in unser Herz einziehen und dort den ‹Tempel› reinigen könnte von den «Händlern» und «Krämern»; ein Mann wie ANGELUS SILESIUS (1624–1677) warnte geradewegs vor der Frage, ob JESUS in Bethlehem geboren worden sei (aller

Wahrscheinlichkeit nach *nicht*!, die Lokallegende möchte lediglich JESUS als einen «Sohn Davids» einführen), – ob er «in dir» geboren werden kann, das einzig bildete in seinen Augen eine Frage des Glaubens.

Nur – buchstäblich *nur*! – bei einer solchen Einstellung lösen sich die Probleme, welche die Kirchendogmatik mit ihrer absurden Historisierung der biblischen Geschichten sich unauflöslich einhandeln mußte und muß. Endlich ist es wieder möglich, die Bibel zu lesen, ohne immer neu in falsche Alternativen nach Art von Fragestellungen gezwungen zu werden, wie: War das Grab am Ostermorgen leer oder ist JESUS nicht «auferstanden»? Ist JESUS über das Wasser gegangen oder war er doch nicht «Gottes Sohn» (Mt 14,33)? Hat JESUS mit seinen Jüngern nach seinem Tode Fisch gegessen oder war er nicht wirklich «lebend» (Lk 24,42.43)? Endlich wird wieder deutlich, daß Glauben bedeutet, derartige Albernheiten eines fetischähnlich vergegenständlichten «Glaubens» hinter sich lassen zu können. Endlich hört man damit auf, den Lebenden zu suchen bei den Toten (Lk 24,5); endlich kehrt wieder «Geist» in die alten Texte zurück und beseelt die längst totgeredeten Bilder von neuem; endlich zeigt sich wieder ein Weg zwischen kirchlich verordnetem Aberglauben und aufgeklärt sinnlosem Unglauben.

Was vor der Hand nämlich sogleich zusammenbricht, ist die unglaubliche Plakatwand, die kirchliche «Fundamentaltheologen» errichten und mit den merkwürdigsten «Lehrsätzen» bekleben mußten, um den christlichen Wunderglauben, wie man ihn aus einer widersinnigen Bibellektüre meinte gewinnen zu müssen, gegen die schon methodisch bedingte «Wunderfeindlichkeit» der Naturwissenschaften zu verteidigen. Seit den Tagen IMMANUEL KANTS steht erkenntnistheoretisch fest, daß keine naturwissenschaftliche Interpretation irgendeines Geschehens in der Welt sich dem Denken beglaubigen könnte, die darin bestünde, eines Gottes zur Erklärung zu benötigen; Gott ist kein Teil der Natur, und was immer er «wirkt», spielt sich ab auf der Ebene der Deutungen, nicht der Ereignisse. Wieviel Schaden hat nicht das obsolete Festhalten des Kirchen«glaubens» an einen in «objektiven» «Wundern» vergegenständlichten Gott bereits geistesgeschichtlich gekostet – der im 19. Jh. noch laute, der im 20 Jh. bereits stumme Exodus einer Generation von Naturwissenschaftlern nach der anderen bildete und bildet die verheerende Folge des dogmatischen «Historismus». Wohl immer noch glaubt man mancherorts, mit Hilfe der «Wunder» die Göttlichkeit «Christi» erweisen und damit dem Christentum selbst einen festen Grund verleihen zu können, doch im Grunde zerstört man nur den einfachen Menschenverstand; man macht am Ende den Christusglauben unglaubwürdig und das Christentum lächerlich. Damit endlich könnte nun Schluß sein.

Dafür tritt an die Stelle dieses zunächst nur negativen Ergebnisses ein unerhörter Gewinn: Endlich verknüpft sich die religiöse Symbolsprache wieder mit der dichterischen Kraft der menschlichen Psyche. Die träumenden Schichten des Unbewußten erweisen sich jetzt, weit stärker als die intellektuellen Sprachgebilde theologischer Begrifflichkeit, als die eigentlichen Resonanzräume des Religiösen. Die «Wirklichkeit», von der die Religion spricht, ist nicht eine, die sich in Zeit und Raum «objektivieren» (vergegenständlichen) ließe, sie ist eine Wirklichkeit, die sich geistig, innerlich im menschlichen Leben durch ihre «Auswirkung» zeigt, wofern eine bestimmte Deutung des Daseins als «wahr» für das menschliche Leben geglaubt wird.

Der große Fehler der frühchristlichen Apologeten lag, wie sich jetzt zeigt, von Anfang an darin, daß sie als Unterscheidungsmerkmal zwischen «Wahrheit» und «Unwahrheit» des Religiösen ein Kriterium der Äußerlichkeit, bestimmte Fakten in Raum und Zeit, aufstellten und behaupteten. Diese Einstellung richtete sich nicht nur von Anfang an *gegen* die historische Wirklichkeit, die sich in ein göttliches Ausnahmespektakel voller Wunder und «Machterweise» verwandeln mußte, sie reduzierte vor allem den Glauben selber auf ein bloßes Fürwahrhalten objektiver Tatsachen. Freilich schien gerade diese Veräußerlichung des Begriffs der religiösen Wirklichkeit unerläßlich, um die institutionelle Abgrenzung zwischen «Christen» und «Heiden» möglichst «eindeutig» vornehmen zu können. Sobald man erklärt, daß der Unterschied zwischen «christlich» und «heidnisch» nicht in den Symbolen selber, sondern in der Bedeutungsverleihung dieser Symbole im Leben der «Gläubigen» liegt, wird das Differenzkriterium anscheinend sehr «subjektiv»: Man kann, was «christlich» ist, nicht länger mehr an Doktrinen, sondern nur noch an «Kriterien» wie Güte, Friedfertigkeit, Toleranz, Menschlichkeit etc. festmachen. Doch ist es nicht deutlich, daß es sich gerade so in Wahrheit verhalten müßte?

Wenn wir soeben sagten, die religiöse Ausdrucksweise sei wesentlich *dichterisch* zu verstehen, so ist damit doch wie von selbst die Einsicht verbunden, daß diese Sprechweise gerade zu dem Zweck, zu dem das kirchliche «Lehramt» sie verwenden möchte, sich am allerwenigsten eignet: zur Grundlage einer begrifflich formulierbaren, mit rationalen Mitteln systematisierbaren, mit logischen Argumenten demonstrierbaren und schließlich mit Kirchenzwang und Terror propagierbaren dogmatischen Doktrin. Das ganze Unterfangen der kirchlich gebundenen «Glaubenslehre» ist so monströs, wie wenn Literaturwissenschaftler herangehen möchten, um anhand der Dichtung GOETHES einen Kanon des «richtigen» Dichtens und einen Katalog dichtungsgeeigneter Themen für Roman und Theater zu erstellen – schon im nächsten Roman hätte GOETHE selber vermutlich den Beweis geliefert, daß es auch andere Themen und Formen dichterischen Ausdrucks geben könnte als die von ihm verwandten. Nicht einmal auf dem Gebiete der Poesie und Poetik kann es eine GOETHE-Dogmatik geben. Die kirchliche Dogmatik aber geht ungleich viel weiter; sie nimmt die dichterischen Worte JESU und die mythischen Bilder des Neuen Testamentes über JESUS zum Anlaß, um eine ausgedehnte Doktrin über Gott und den Menschen zu erstellen, die es ermöglicht, die Gläubigen entlang bestimmter fertiger Sprachspiele in Mitglieder oder Verweigerer der jeweils «richtigen» Religion und Konfession zu unterteilen. Während es zur Dichtung wesentlich gehört, daß sie Menschen ganz verschiedener Zeiten, Kulturen und sozialer Schichten auf Grund gleicher Erfahrungen zusammenzuführen vermag, ist es nicht nur die Folge, sondern geradewegs das Ziel aller dogmatischen Setzungen, das Denken von Menschen zu kasernieren und zu sezernieren; sie *sollen* Menschen in umschriebenen Grenzen festhalten und gegeneinander stellen. Wer sich indessen darauf besinnt, daß die Ausdrucksformen der Religion wesentlich dichterisch zu lesen sind, der gibt der Religion damit zugleich ihre ursprüngliche Freiheit zurück.

Einen Moment lang könnte man meinen, daß es irgendwie «schwierig» sei, die religiöse Sprache als Dichtung der menschlichen Seele zu verstehen – nicht jeder ist ein «Dichter», und irgendwie wirkt das Festhalten an «objektiven Tatsachen» für Menschen robuster Geistesart zweifellos «einfacher». Doch der Anschein trügt. Jeder Mensch trägt eine Fülle von Bildern aus der Evolution des Lebens in sich, und es sind diese Bilder, die gewissermaßen den Grundstock dichterischer Sprache und religiöser Symbolik bilden. Man muß nur sprechen von Sonne und Wind und Meer und Strand und Höhle und Berg und Baum und Stern, und man redet die Sprache der Dichter, denn all diese Worte hängen auf das engste mit der Geschichte des Lebens auf unserem Planeten zusammen, und sie stecken schon deshalb voller Bedeutungen, weil sie auf dem Weg von den Wirbeltieren zu den Säugetieren zu den Primaten und zu uns Menschen höchst bedeutsam waren: Ohne die *Sonne* gäbe es überhaupt kein Leben auf der Erde, und sogar der Tag-Nacht-Rhythmus, den die Rotation der Erde um die eigene Achse alle 24 Stunden erzeugt, stellt sich nicht nur als Wach-Schlaf-Rhythmus im Organismus der Lebewesen dar, Hell und Dunkel bilden zugleich auch das älteste Bild der Weltdeutung im Schema von Geborgen – Gefahrvoll, von Gut – Böse, von Schön – Häßlich usw.; wir Menschen sind erkennbar tagaktive Säugetiere ... Das *Wasser*, das *Meer*, ist bedeutungsvoll, weil in ihm das Leben entstanden ist; selbst nach dem «Landgang» der Tiere im Oberen Devon war doch aller Fortschritt daran gebunden, das Urmeer erst in Gestalt des Amnioteneis, dann in Gestalt des Fruchtwassers im Leibesinnern eines Säugetierweibchens zu ersetzen bzw. nachzubilden; kein Wunder deshalb, daß «Meer» und «Wasser» Ursymbole für Leben, Geburt und Mütterlichkeit darstellen; und ähnlich bei all den anderen Bildern. Ein *Baum* würde uns Menschen niemals etwas bedeuten, wenn nicht vor 50 Millionen Jahren die Entwicklung zu den späteren Primaten durch die baumbewohnenden Tupaiden geführt hätte; seit dieser Zeit tragen *Bäume* die Konnotationen von Geborgenheit, Nahrung, Schutz usw. an sich; ja, es gibt Paläontologen, die von einer psychischen Katastrophe sprechen, die eintrat, als unseren Vorfahren vor etwa 6 Millionen Jahren bei der Versteppung ehemaliger Urwaldgebiete die Bäume fortgenommen wurden, so daß sie in die Schutzlosigkeit der offenen Savanne emigrieren mußten; jedenfalls scheint es kein Zufall, daß die Gebetsrichtung der Frommen in allen Religionen nach oben, zum Himmel, sich wendet; die Fluchtrichtung menschlicher Angstsicherung ist bis heute die Vertikale, nicht – wie bei steppenbewohnenden Wölfen etwa – die Horizontale.

All diese Zusammenhänge, die sich unendlich vermehren ließen, zeigen uns zweierlei.

Zum einen wird deutlich, daß die großen religiösen Symbole mit der Geschichte des Lebens selber zusammenhängen; es ist nicht möglich, so zu tun, als seien sie durch historische Stiftung, durch die «Einsetzung» eines «göttlichen Offenbarers», in die menschliche Geschichte eingetreten, so daß sie sich als das Sondergut einer bestimmten Religion verwalten ließen; sie sind im Gegenteil weit älter als das menschliche Bewußtsein selbst und schon deshalb buchstäblich «menschheitlich». Sie bilden eine Sprache, die alle Menschen jenseits ihrer kulturellen Ausdifferenzierungen miteinander verbinden und versöhnen könnte, wofern man nur ihre Gemeinsamkeit unter den Wandlungsformen der jeweiligen kulturellen Gegebenheiten erkennt und anerkennt.

Und *zum anderen*: Die religiöse Symbolsprache hat eine eigenartige Wandlung durchlaufen: Sie verwendet Gegebenheiten, die als reale, durchaus unsymbolische «Tatsachen» die Geschichte des Lebens begleitet haben und insofern zur Lebenssicherung «bedeutungsvoll» waren; jetzt aber werden aus diesen Urtatsachen des Lebens *Bilder*, die beruhigend auf eine *Angst* antworten sollen, die sich im Bewußtsein des Menschen ins Unendliche gedehnt hat: Kraft seines Bewußtseins weiß jeder Mensch um die grundsätzliche Gefährdung des Lebens; er ist das einzige «Tier», das den Tod nicht nur erleidet, sondern das mit dem Tode leben muß; der Mensch sitzt auf Grund seines Bewußtseins in einer unentrinnbaren Falle, die sich nur öffnet, indem er die realen Sicherungssysteme von einst in *Bilder* verwandelt, denen inmitten einer bedrohlichen, endlichen Welt ein Hinweischarakter auf eine unendliche, erfahrungsjenseitige, bergende Welt zukommt. Dabei sind die Gefühle der Angst mitsamt den entsprechenden Mechanismen der Angstsicherung im limbischen System (im «Säugetiergehirn») verankert, während die Zonen des bewußten Denkens im Neocortex liegen, und so kann man auch sagen: Die Religion bedient sich angesichts der Verunendlichung der Angst im Bewußtsein (im Neocortex) eben jener Erinnerungsspuren der Angstsicherung, die im limbischen System gespeichert wurden, und verunendlicht sie als *Symbole* zu Bildern religiöser Zuversicht. Die Symbole erscheinen gewissermaßen als Fenster in den Wänden eines sonst tödlichen, lichtundurchdringlichen Kerkers, und sie verraten zumindest in ihrem Aufleuchten von Hoffnung und Vertrauen, daß draußen eine Welt voller Licht auf uns wartet. Keines dieser Bilder zeigt uns, wer Gott an und für sich ist, und doch bedürfen wir entsprechend unserer ganzen Herkunft eben solcher Bilder, um uns Göttliches nahezubringen. Die Bilder selber wirken tatsächlich «durch sich selbst», indem sie sich aufführen wie eine magische Weise der Selbstberuhigung, wie eine Versicherung, daß diese brüchige Erde uns trotz allem trägt, weil sie selber getragen wird. Die Erträglichkeit des irdischen Daseins selber gründet in einem solchen nur symbolisch zu vermittelnden Grund.

Eines allerdings ist dem noch hinzuzufügen. Die großen Bilder der Evolution sind nicht einfach nur «Bilder», sie repräsentieren Urszenen des Lebens wie Geburt, Nahrungssuche, Jagd, Flucht etc. Es handelt sich um Grundmuster des Erlebens (um «Archetypen»), die mit kulturell gegebenen Einrichtungen alle möglichen Verschmelzungen eingehen können: Das *Wasser*symbol kann erscheinen im (Tauf)Brunnen oder im (hinduistischen) (Tempel)-Teich, die *Höhle* kann als steinzeitlicher Kultraum oder als Kirche auftreten, der *Baum* oder *Berg* kann als (Kirch)Turm oder als Tempelberg künstlich nachgeahmt werden. Die Rituale der Religion selber folgen zudem nicht nur den uralten Themenstellungen des Lebens, auch die Ausdrucksgestalten sind bis in bestimmte Bewegungseinheiten hinein festgelegt. So wie Tiere Schmerz, Freude, Zorn und Begehren mimisch und tänzerisch auszudrücken vermögen, so sind auch uns Menschen als denkenden Tieren nicht nur die Symbole der großen Mythen, sondern auch die Szenarien unserer Riten weitgehend aus der Evolution heraus vorgegeben. Es ist kein ganz leeres Wort, wenn die Bibel neben den Menschen auch alle Kräfte der Natur und alle Lebewesen der Erde auffordert, durch ihr Dasein die Gottheit zu preisen (Ps 148,1–10). «Nur der betet recht, der alles liebt: den Stein, die Pflanze und das Tier», sagte die dänische Dichterin TANJA BLIXEN einmal.

Von Angst und Leidenschaft
oder: Die Macht des Unbewußten und die
Einseitigkeit der Moral

Aber nicht nur mit der Natur «draußen», ebenso auch mit der Natur «drinnen» muß eine «wahre» Religion das menschliche Bewußtsein versöhnen. Eine solche Forderung scheint von trivialer Selbstverständlichkeit; doch stehen ihrer Erfüllung erhebliche Hindernisse im Wege.

Ein Teil dieser «Hindernisse» ist äußerlich. Wir sagten eben noch, daß die religiöse Sprache nicht an «historischen» Informationen, sondern an der deutenden Dichtung menschlicher Erfahrungen interessiert sei, und das aus gutem Grunde: weil sie die übliche «Geschichte» der Menschheit von ALEXANDER «dem Großen» bis KARL «dem Großen» zu FRIEDRICH «dem Großen» zu NAPOLEON usw. nicht abbilden, sondern verändern wolle; doch eben gegen eine solche Veränderung richten sich natürlich all die «Großen», und nicht nur sie, auch ganze Teile unserer eigenen Psyche finden es sehr erstrebenswert, «groß» zu sein. Zu den äußeren Hindernissen treten mithin alsbald die inneren, und beide treiben sich wechselseitig voran.

Aus dieser nicht zu leugnenden Tatsache hat die sogenannte «dialektische Theologie» im 20. Jh. die These entwickelt, daß Gott mit uns nur «sprechen» könne, indem er uns «der Sünde überführe»; das wesentliche Kriterium echter Gottesrede sei daher die «Anklage», das «Überführen» des «Schuldigseins» des Menschen, der *usus elenchticus legis*, der «Vorwurfsgebrauch des Gesetzes». Der Sinn dieses durch und durch protestantischen Ansatzes lag in der Überzeugung, daß der *ganze* Mensch sich ändern müsse, um sich mit Gott zu «versöhnen»; eine solche «Versöhnung» aber könne nur ganz und gar in und mit der «Gnade» Gottes zustande kommen. Um diese sehr «steil» und unvermittelt vorgetragene theologische These verständlich zu machen, bedürfte es unbedingt einer psychologischen Vertiefung, doch gerade der Blick nach innen wird von der BARTHianischen «Orthodoxie» in der protestantischen Theologie nach wie vor kategorisch abgelehnt, er gilt als eine gefährliche Bestätigung der Neigung des Menschen, nur auf sich selbst zu schauen; dieweilen beharrt die katholische Dogmatik darauf, daß der Mensch nicht so weit von der «Sünde» «verderbt» sei, daß er an der «Gnade» Gottes nicht «freiwillig» «mitwirken» könne und müsse. Warum die ganze Debatte, die nun schon seit 1600 Jahren, seit dem Streit zwischen AUGUSTINUS und dem Mönch PELAGIUS, geführt wird, sich eigentlich dreht, kann man im Grunde erst begreifen, wenn man die theologischen Positionen von der Psychoanalyse her mit der Psychodynamik der Angst verbindet.

Tatsächlich stellt es, jenseits einer rein zynischen Betrachtungsweise, eine sinnlose Behauptung dar, der Mensch sei «von Natur» aus «ichsüchtig», «böse» und nur auf sich selbst fixiert, doch gut begründbar ist die These, daß ein Mensch sich in solcher Weise darstelle, solange er in *Angst* lebe. Nichts in der «christlichen» Sicht auf den Menschen, weder die Lehre von der «Sünde» noch die Lehre von der «Erlösung», ist wirklich begreifbar ohne den Faktor der Angst. Dieser Begriff ist wie ein Fahrstuhl, der die verschiedenen Stockwerke eines Hochhauses, sprich: die unterschiedlichen Ebenen des menschlichen Daseins im Zentrum durchzieht; kein Schaden der «christlichen» «Verkündigung» und «Seelsorge» könnte deshalb größer sein als die offizielle Verleugnung oder Verdrängung der vorwiegend unbewußten Mechanismen, in denen das Erleben der Angst das Verhalten von Menschen bestimmt, indem es mit dem Gefühlsrepertoire der Tiere ebenso verbindet wie mit den Problemen, die im 20. Jh. von der Psychoanalyse und der Existenzphilosophie beschrieben wurden. Was also ist es mit der *Angst?*

An sich ist Angst weder schädlich noch vermeidbar, sie stellt im Gegenteil eine der wichtigsten Verhaltensstrategien der Evolution dar. Ursprünglich ist sie ein Warnsignal in Augenblicken akuter Gefahr, doch das festzustellen bedeutet bereits, sich in ganzem

Umfang die Ausgesetztheit und *Unfreiheit* des menschlichen Daseins einzugestehen.

Man braucht sich zum Verständnis der Wirkung von Angst nur einen Moment lang in Erinnerung zu rufen, wie überfallartig sie uns anspringen kann. Gerade versuchte man, die Straße zu überqueren, als überraschend ein Auto sich nahte; Zusammenzucken, Aufschreien und Wegspringen bildeten eine Folge von Reaktionen, an deren Ende überhaupt erst das Bewußtsein stand, Angst «gehabt» zu haben; in dem entscheidenden Moment war der gesamte Organismus Angst: Ein Adrenalinstoß sorgte dafür, die Glykogendepots für eine rasche Muskelleistung zu öffnen, das Herz pumpte wie rasend Blut, damit alle wichtigen Hormone und Nährstoffe an die richtigen «Einsatzorte» gebracht werden konnten, die Atmung versorgte in raschen Stößen das Herz mit dem nötigen Sauerstoff usw. Ursprünglich stellt Angst eine solche «Notfallreaktion» dar, die durchaus nicht vom Bewußtsein oder vom Willen gesteuert wird, ja, nicht einmal gesteuert werden *darf*, da die notwendige Reaktion, wenn sie erst «überlegt» werden müßte, zeitlich viel zu spät erfolgen würde. Die Angstreaktion muß reflexartig erfolgen; wann sie jedoch erfolgen soll, ergibt sich aus Szenen, deren Themenstellungen aus den Hunderten von Millionen Jahren der Evolution der Wirbel- und Säugetiere abgeleitet sind.

Insgesamt existieren nicht beliebig viele, sondern eigentlich nur *vier grundlegende Szenen der Angst.* Das plötzlich sich nähernde Auto zum Beispiel repräsentiert eine Grundgefahr, der ein Beutetier angesichts eines Beutegreifers sich ausgesetzt sieht. Andere solcher Grundgefahren werden erlebt in Form der Angst, im Falle einer Normübertretung von der Gruppe ausgestoßen zu werden («Ausstoßvictimisation»), in der Angst, von der Herde versprengt zu werden («Segregationsangst»), oder in der Angst, zu verhungern. All diesen Ängsten ist gemeinsam, daß sie situativ auftreten. Die Natur hat offenbar – schon aus energetischen Gründen – kein Interesse daran, die Lebewesen in ständiger Angst zu halten. Unmittelbar etwa nach der Szene auf der Straße wird wenige Minuten später wieder eine «animalische» Sorglosigkeit Platz greifen; man ist (noch einmal) davongekommen.

Und doch hat im menschlichen Bewußtsein die Angst eine neue Qualität gerade durch ihre Dauerpräsenz angenommen. Wir Menschen sind die einzigen Lebewesen, die nicht nur (irgendwann) sterben müssen, sondern die jederzeit mit dem Tode leben müssen. Unser vorausschauender Verstand sagt uns, daß wir so oft um unser Leben rennen oder kämpfen können, wie wir wollen, eines Tages wird der Condor niederstoßen und uns davontragen. In unserem Bewußtsein haben die endlichen Angstsituationen, eben weil sie ständig sich wiederholen *können*, sich zu einer Dauerbedrohung verunendlicht, und so nutzen wir unseren Verstand, um die biologisch vorgegebenen Notfallreflexe selber zu verunendlichen. Damit treiben wir situativ sinnvolle Antworten auf bestimmte Angstformen allerdings ins schlechtweg Wahnsinnige.

Gegenüber einem möglichen «Beutegreifer» oder «Aggressor» etwa können wir eine geradezu paranoische Feindgewärtigung entwickeln, die sich «endgültig» nur überwinden läßt durch eine stets präsente Tötungsbereitschaft; um unser Leben «unbedroht» zu halten, müssen wir das Leben jedes möglichen Angreifers bedrohen; wir müssen waffentechnisch ihm gegenüber so hoffnungslos überlegen werden, daß er uns in Ruhe läßt: – Allein die USA geben die Irrsinnssumme von jährlich 240 Milliarden Dollar für genau dieses Angstbekämpfungsprogramm aus. – Oder: Aus Angst vor möglicher Normübertretung («Schuld») und ihrer Bestrafung von seiten der zuständigen Kontrollautorität können wir in einen perfekten Anpassungsgehorsam fliehen; statt eines persönlichen Gewissens entwickeln wir eine mimosenhaft sensible soziale Angst, verbunden mit dem Ersatz der Sittlichkeit durch Gehorsam. – Oder: Die Angst, aus der Gruppe ausgestoßen zu werden, verwandelt sich in ein Bedürfnis nach bestätigenden Auszeichnungen und Ehrungen. Als 1995 auf RTL der Kommandant des Bomberpulks über Nagasaki, Major SWEENEY, gefragt wurde, was er seit damals, seit dem August 1945, gedacht habe – minde-

stens 146 000 Menschen waren bei den beiden Atombombenab-
würfen auf Hiroshima und Nagasaki unmittelbar getötet worden,
Zehntausende von Menschen waren erst Jahre später qualvoll an
den Wirkungen der atomaren Strahlung verendet, Tausende von
Kindern kamen noch Jahre danach mißgebildet zur Welt –, da
antwortete dieser hochdekorierte Offizier der Armee der Vereinigten Staaten von Amerika: «Was wollen Sie eigentlich? Befehl ist
Befehl. Jeder Soldat der Welt hätte an meiner Stelle genauso ge-
handelt.» Er war ein Volksheld, eine lebende Legende geworden,
und das bewahrte ihn offensichtlich vor der Erkenntnis, ein Verbrechen an der Menschheit verübt zu haben, wie es noch niemand
vor ihm und – bis heute – nach ihm begangen hat. Die Angst
vor der Ausstoßvictimisation und vor dem Verlust des Gruppen-
anschlusses kann offenbar das Prinzip des «Gehorsams» und der
Identifikation mit der Rollenzuweisung in der Gruppe bis zur Ab-
schottung gegenüber jedem Schuldgefühl treiben. – Nicht zuletzt
nötigt die Angst vor dem *Verhungern* uns derzeit immer noch zu
riesigen Formen der Überproduktion, der Lagerhaltung und der
(hoch subventionierten!) Vernichtung von riesigen Nahrungsmit-
telbeständen auf der Nordhalbkugel der Erde, während zwei Drittel der Menschheit auf der Südhalbkugel unter den Folgen von
Nahrungsmangel, Hunger und Wirtschaftselend zu leiden haben:
– Allein die immer weiter sich öffnende Schere zwischen der Preis-
entwicklung der Fertigwaren aus den Industrieländern und den
Rohstoffen aus den Entwicklungsländern koppelt die «Dritte
Welt» unaufholbar von der «Ersten Welt» ab.

Mit einem Wort: Solange wir unseren Verstand nach einem
GOETHE-Wort bloß dazu verwenden, «um tierischer als jedes Tier
zu sein», indem wir endliche Angstsituationen durch Verunendlichung ihrer biologisch vorgegebenen Antworten ins Maßlose
überdehnen, richten wir im Kampf ums Überleben uns fortschrei-
tend selber zugrunde. Es ist vor diesem Hintergrund höchst bemerkenswert, daß die Hauptakzente des Alternativprogramms
JESU in der Bergpredigt sich bewußt darauf richten, die Grundfor-
men menschlicher Angst, wie sie uns schon auf Grund unserer

Herkunft aus der Tierreihe zu eigen sind, durch eine Haltung ruhigen Vertrauens, statt durch deren materielle Widerlegung abzuarbeiten. Gegen die Angst vor der Aggression eines anderen setzte JESUS eine Haltung der Unbedrohtheit, die völlige Gewaltfreiheit ermöglicht (Mt 5,38–42), gegen die Angst vor dem Schuldigwerden und dem Gruppenausschluß setzte er das Vertrauen in eine unbedingte Vergebung (Mt 5,21–25; Lk 15,1–10.11–32), und gegen die Angst vor dem Verhungern setzte er eine Sorglosigkeit, die ein universelles Teilen ermöglicht (Mt 6,16–34). In all diesen Punkten liest sich die Botschaft des Mannes aus Nazareth als ein in sich geschlossener Versuch, eine «Welt» der Angst durch Grundhaltungen eines in Gott verankerten Vertrauens zu vermenschlichen; und es scheint nicht zu viel gesagt, wenn wir behaupten, daß nur eine solche Art von «Religion» imstande sein wird, die Menschheit von morgen lebensfähig zu halten.

Doch nun tritt zu all dem ein wichtiger individualpsychologischer Faktor hinzu, der das gesamte Denken «christlicher» «Dogmatik» und «Moraltheologie» zentral zu verändern bestimmt ist. SIGMUND FREUD war es, der erklärte, der Satz: «Alle Angst ist Todesangst», sei viel zu allgemein und jedenfalls unbeweisbar, man müsse ihn ersetzen durch den aus der Psychologie der frühen Kindheit abgeleiteten Satz: «Alle Angst ist Objektverlustangst.»

Aus der Psychoanalyse Erwachsener hatte FREUD gelernt, daß ein Mensch für einen anderen Menschen «schlimmer» sein kann als der Tod und daß es in der Seele eines kleinen Kindes keine Angst gibt, die größer wäre, als seine Mutter zu verlieren. Auf Grund der vollkommenen Hilflosigkeit eines Kindes muß man den möglichen Verlust der Mutter gewiß für eine Form von «Realangst» halten. – Man braucht nur einmal die panische Unruhe und die nachfolgende Traurigkeit eines Hundes zu beobachten, der im Durcheinander einer Bahnhofspassage seinen «Herrn» verloren hat, und man hat ein gutes Bild für das, was ein Kind fühlen wird, das auf die Rückkehr seiner Mutter wartet, ohne wissen zu können, ob und wann die Mutter zurückkehren wird. (Die Analogie zwischen den Gefühlen von Tieren und Menschen ist immer wieder einer ausdrücklichen Feststellung wert!) – Sehr wichtig indessen wurde der Gedanke FREUDS, daß es in der Angst des Kindes vor dem Verlust der Mutter durchaus nicht nur um den «realen» Anteil der «Segregationsgefahr» geht; das Kind fühlt vielmehr, so diffus auch immer, daß es *schuldig* sein müsse, wenn die Mutter es mit «Ausstoßvictimisation» bestraft, und da es durchaus nicht weiß, wodurch eigentlich es «schuldig» sein sollte, muß es selbst auf die Suche nach den «Fehlern» in seinem Verhalten gehen, um sie künftig vermeiden zu können. Je stärker dabei die Ambivalenzgefühle zwischen Anhänglichkeit und Verlassenheitsangst, zwischen Liebe und Schuldgefühl werden, desto verzweifelter können die Bemühungen des Kindes geraten, dem elterlichen Willen zu entsprechen.

Eine entscheidende Erkenntnis der Psychoanalyse besteht nun darin, daß es Prozesse dieser Art sind, die über den *Charakteraufbau* eines Menschen, ja, im weitesten Sinn über das Mißlingen oder Gelingen seines ganzen Lebens entscheiden. Wer immer das Verhalten von Menschen «moralisch» oder «juristisch» zu beurteilen und zu bewerten versucht, kommt nicht umhin, diese weitgehend unbewußten Zusammenhänge zu berücksichtigen; dazu gehört indessen nicht mehr und nicht weniger als die Preisgabe der *Bewußtseinseinseitigkeit,* mit der innerhalb der «christlichen» Theologie das Bild des Menschen auf «Verstand» und «Willen» reduziert wurde.

Es zeigt sich nämlich, daß die Art des Angsterlebens eines Kindes keine biographische Episode darstellt, die später von anderen Erlebnissen und nach und nach wohl auch von den Entscheidungen der eigenen Person einfach abgelöst würde, sondern daß in den ersten Lebensmonaten und -jahren sich *die* Strukturen aufbauen, die der späteren «Persönlichkeit» zugrunde liegen. Die Angst des Kindes bereits, das Wohlwollen seiner wesentlichen Kontaktpersonen zu verlieren, führt zugleich zu einer Angst vor denjenigen Triebregungen und Wünschen, die erfahrungsgemäß oder zumindest mit aller Wahrscheinlichkeit von den Eltern oder deren Vertretern mißbilligt würden. Die «Realangst» des «Objektverlustes» wird auf diese Weise zu einer Angst vor sich selbst, genauer vor dem «Es» in der eigenen Psyche.

Und so geht es weiter: Spätestens mit 5/6 Jahren, wenn das Kind alt genug wird, sich von den Eltern ein Stück weit zu lösen, wird es die Bilder seiner Eltern (die «Elternimagines») als innere Instanzen auf seinem Lebensweg mitnehmen. Insbesondere das Ensemble der Gebote und Verbote, inklusive der Strafen und Strafandrohungen im Falle ihrer Übertretung, wird auf dem Boden des Ichs in einer eigenen Instanz, im «Überich» verinnerlicht. Einmal etabliert, wirkt fortan dieses Überich wie ein innerer Verfolger und erzeugt neuerlich entsprechende Ängste, die das Verhalten strenger kontrollieren, als es die äußeren Personen vormals je zu tun vermochten. Den Eltern gegenüber mochte das Kind noch mit Tricks und Täuschungen begrenzt erfolgreich zu entkommen suchen; gegenüber der permanenten, ins Absolute gesteigerten Kontrolle des Überichs hingegen gibt es als «Rettung» im wesentlichen nur den «Abwehrmechanismus» der *Projektion*: Um sich nicht selber schuldig fühlen zu müssen, macht man anderen zum Vorwurf, was man eigentlich selbst sich gewünscht hätte; man handelt genau so, wie JESUS am Ende der Bergpredigt es zu überwinden suchte: Man forscht nach dem «Splitter im Auge des anderen», um den «Balken im eigenen Auge» zu übersehen (Mt 7,1–5). Wie aber soll eine andere Psychologie im Umgang mit sich selbst möglich sein, wenn «Gott» subjektiv als nichts anderes empfunden wird denn als Inbegriff aller Vorwürfe und Strafängste, die sich im Überich verfestigt haben? «Ein Auge ist, das alles sieht, selbst was in dunkler Nacht geschieht.» Ein Satz wie dieser kann all das zusammenfassen, was JESUS im Verhältnis zwischen Gott und Mensch zu *ändern* unternahm. Doch wenn Religion wirklich etwas anderes sein soll als ein im Überich verankertes Ensemble von Vorwürfen und Schuldgefühlen, als eine Form von Außenlenkung und verinnerlichter Gewalt, dann muß sich das gesamte Moral- und Rechtssystem in Gesellschaft und Kirche zugunsten einer integralen Form des Verstehens auch und gerade des Angsthintergrundes in den unbewußten Prozessen der Psyche erweitern. Wie das geschehen könnte, liegt nach dem Gesagten bereits auf der Hand, doch lohnt es sich, die Thematik noch ein Stück weiter zu verfolgen.

Die ganze Hilflosigkeit eines Menschen – vollkommen in Übereinstimmung mit der christlichen Lehre von der Schuldverhaftetheit des Menschen und seiner «Erlösungsbedürftigkeit» durch die «Gnade» Gottes – zeigt sich wohl am eindrucksvollsten in der Dynamik von «*Wiederholungszwang*» und «*Übertragung*».

Je nach dem Ausmaß der Angst vor bestimmten Triebimpulsen wird das noch schwache Ich eines Kindes die entsprechenden Wunschvorstellungen vom Bewußtsein absperren, die Impulse werden «verdrängt», doch hören sie damit natürlich nicht auf zu existieren. Wohl werden sie in ihrer Entwicklung durch Hemmung und «Fixierung» gehindert, dafür aber formen sich parallel zu den Gehemmtheiten bestimmte Haltungen und Erwartungen, die für die spätere Einstellung des Ichs zur «Wirklichkeit» ringsum ganz entscheidend sein werden.

Nehmen wir eine Persönlichkeit, deren Gehemmtheiten vorwiegend im «*oralen*» Bereich liegen; gemeint ist damit eine Einschränkung der Fähigkeiten, eigene Wünsche vor allem nach Anlehnung, Verständnis und Geborgenheit, inklusive nach Nahrung und wärmender Kleidung, aktiv zu äußern. Die Seite der *Gehemmtheit* vermittelt subjektiv den Eindruck, mit allen eigenen Wünschen der Umwelt durchaus unerwünscht, lästig, ja, schädlich zu sein. Auf der anderen Seite aber bildet sich als *Haltung* die passive Erwartung aus, daß es durch «brave» Anpassung und Übererfüllung der Wünsche anderer doch möglich sein werde, Menschen zu finden, die wie von selber merken würden, was einem fehlt. Diese *Haltungsseite* ist halbbewußt oder «vorbewußt»; was man hingegen nicht weiß, ist die Zwangsgesetzlichkeit, nach welcher die Ängste von einst danach drängen, sich immer neu aufzuführen und damit gerade diejenigen Situationen heraufzubeschwören, die man im Grunde mit allen Mitteln vermeiden möchte.

Eine *oral gehemmte* Persönlichkeit etwa wird im Erwachsenenleben auf die Suche nach einem Partner gehen, den sie für sensibel genug hält, um in gewisser Weise «Gedanken lesen» zu können. Als ein solcher möglicher Partner mag ihr bevorzugt eine Persönlichkeit erscheinen, deren Charakter gewisse Hemmungen im *«analen»* Bereich aufweist: Hier haben wir es mit einem Menschen zu tun, der ebenfalls große Schwierigkeiten hat, eigene Wünsche zu leben, der aber seine Bedürfnisse vorwiegend in «Pflichten», speziell im Bereich von Sauberkeit, Sparsamkeit, Pünktlichkeit und Ordnung, umgewandelt hat. Das ausgeprägte Verantwortungsgefühl einer solchen «zwanghaften» Persönlichkeit kann einem oral-depressiv gestimmten Charakter wie ein Garant von Sicherheit und Geborgenheit erscheinen; ein regelrechter Sog von Zuneigung und Vertrauen führt ihn unter Umständen deshalb wie von selbst in die Arme gerade eines solchen Partners; alle Wünsche scheinen erfüllt, das Ziel aller Sehnsucht erreicht; was aber keiner der beiden Partner auch nur von weitem ahnt, ist die hohe Wahrscheinlichkeit, ja, Unvermeidbarkeit des Scheiterns gerade dieses so heißersehnten, anfangs überaus glücklich gefühlten Arrangements. Dabei sind die Konflikte, die sich unter den gegebenen Bedingungen einstellen werden, nur «folgerichtig».

Entsprechend seiner *Pflichthaltung* wird es dem «zwanghaften» der beiden Partner geradewegs schmeicheln, endlich etwas *tun* zu können, das einem anderen Menschen ersichtlich hilft und das sich zudem mit so viel Zugewandtheit und Liebe belohnt; auf seiten des oral-*depressiven* Partners mag es als eine geradezu «traumhafte» Seligkeit empfunden werden, endlich ein Gegenüber gefunden zu haben, dessen solide Zuverlässigkeit alle Desiderate nach Geborgenheit und Sicherheit zu erfüllen verspricht; unbewußt aber kann sich die Zerstörungskraft eben der *Wiederholungszwänge* um so stärker geltend machen.

Bei allem guten Willen nämlich wird es dem zwanghaften Partner nicht immer gelingen, die Bedürfnisse des anderen «richtig» zu erraten; insbesondere wird er, ein Mensch der Tat, nicht begreifen, daß die Mehrzahl der Wünsche seines oral gehemmten Partners sich überhaupt nicht auf bestimmte Geschenke, Wohnungseinrichtungen oder «Dienstleistungen» richten, sondern einfach einem «kuscheligen», ungezwungenen, aber gefühlsintensiven Zusammensein, einer Art Verschmelzung mit Haut und mit Haaren, gelten. An die Stelle dankbarer Freude treten bei ihm irgendwann unerklärte Trauerattacken oder nörgelnde Unzufriedenheiten, die von dem anderen nicht ganz falsch als Vorwurfshaltungen erlebt werden. Gerade ein solcher Charakter aber wird derartige «Vorwürfe» als schlicht «ungerecht» und «undankbar» erleben: – Er hat doch «alles» getan! Er hat sich jede nur erdenkliche Mühe gegeben! «Du verlangst zu viel!» wird er sagen. *Das* aber ist nun wiederum gerade der Vorwurf, der auf der Gegenseite als grob ungerecht empfunden werden muß, ist doch die gesamte Einstellung einer oral gehemmten Persönlichkeit, wie wir sie in unserem Beispiel voraussetzen, darauf angelegt, nur ja möglichst wenig, am liebsten *gar nichts* zu wünschen; diese Persönlichkeit merkt nicht, daß ihr Rückzug in eine «buddhistische» Bedürfnislosigkeit in letzter Konsequenz tatsächlich auf einen völligen Kontaktabbruch, auf eine Flucht in Autarkie hinauslaufen muß; es bleibt nicht aus, daß die reaktive Aufkündigung aller Wünsche von dem als zwanghaft vorgestellten Partner jedenfalls in genau diesem Sinne verstanden wird.

Sehr vereinfachend gesagt, kommt es mithin zu einer Dialektik von Sein und Tun, die in vielem den eingangs erwähnten Paradoxien der *taoistischen* Weltsicht entspricht. «Du bist nie für mich da», besagt auf der Seite des oral gehemmten Partners die Klage unerfüllter Erwartungshaltungen. «Ich tue doch alles für dich», lautet die Antwort von seiten des anal gehemmten Partners mit der Haltung von «Pflicht» und «Verantwortung»; doch wie immer die Auseinandersetzungen zwischen diesen beiden so unterschiedlichen und doch wie hypnotisch aufeinander bezogenen Partnern auch weitergehen werden, – deutlich ist jetzt schon, daß sie in jedem Falle schwerer zu überbrücken sein werden als im 5. vorchristlichen Jahrhundert im Alten China die Auseinandersetzungen zwischen den absolut konträren Standpunkten des LAOTSE und des KUNGFUTSE.

Was aus alldem hervorgeht, ist eine simple, doch überaus folgenschwere Bilanz: Wir nehmen einmal an, daß eine Beziehung wie die gerade geschilderte irgendwann an den genannten Unverträglichkeiten zerbricht; dann erlebt der eine, der oral gehemmte Teil, daß genau das sich begibt, was er sein Leben lang am meisten gefürchtet hat und was er am meisten vermeiden wollte: Er, der subjektiv auf «alles» verzichten konnte und wollte, der zum eigenen Leben «gar nichts» benötigte, der lediglich «ein bißchen» Nähe und Verständnis sich wünschte, gerade er wird als «maßlos» und «undankbar» ausgestoßen, abgelehnt und weggejagt! Auf der anderen, der anal gehemmten Seite entspricht dem ein ganz ähnliches unbegreifbares Erleben von Mißverstanden- und Abgelehntwerden: Ein Mensch, der zeit seines Lebens sich darum bemüht hat, nur ja nichts falsch zu machen, muß nun erfahren, daß er offenbar «alles falsch gemacht» hat; nach all seinen Anstrengungen und Bemühungen kommt er sich als Versager vor. Dabei hatten beide Partner wohl schon seit langem das Gefühl, sie hätten am besten nie heiraten oder miteinander zusammenleben sollen, ja, es sei eben dies ihr entscheidender Fehler gewesen, doch liegen die Dinge so einfach nicht. Was sich «wirklich» ereignet hat, ist weit tragischer, weil unvermeidbar: der «Sieg» der Haltung über die im Bewußtsein aufrecht erhaltenen Zielsetzungen und Absichten, die *Wiederholung* uralter Enttäuschungen, die *Übertragung* von Verhaltensmustern, die in der Kindheit im Kontext «ganz anderer» Personen und Umstände erworben wurden ...

Ausschlaggebend in unserem Zusammenhang ist an einer solchen Tragödie das Merkmal ihrer subjektiven Unentrinnbarkeit. Ein gutes deutsches Sprichwort sagt: «Gebranntes Kind scheut das Feuer.» Dementsprechend wird eine Frau, die als Mädchen etwa einen Vater erlebt hat, der zu jähzornigen Gewaltexzessen, zu Alkoholabusus und zu ungezügelten sexuellen Übergriffen neigte, sich später am ehesten in einen Mann verlieben, der in allem das genaue Gegenteil dieses väterlichen Alptraums zu sein verspricht. Schon aus lauter Sehnsucht nach einem «richtigen» Vater vertraut eine solche Frau sich womöglich bereits mit 18 Jahren ihrem Religionslehrer, dem Dorfpfarrer oder dem privaten Klavierlehrer an, einem Mann jedenfalls, der durch sein viel größeres Alter persönliche Reife und durch seinen Beruf soziale Untadeligkeit in Aussicht stellt. Psychoanalytisch betrachtet, folgt eine derartige Partner«wahl» dem Schema einer *antithetischen Idealbildung*: für liebenswert gilt, was am weitesten von der negativen Vaterimago entfernt ist. Vorbereitet ist man bei einer solchen «Wahl» eben deshalb erneut nicht auf die überaus wahrscheinliche Wiederkehr gerade der Szenen, die in Kindertagen für am meisten schrecklich gelten mußten. Man gerät, wie es im Deutschen heißt, beim Versuch, sich unterzustellen, «aus dem Regen in die Traufe», oder wie man im Dänischen sagt: «von der Pfanne in den Ofen».

Wie das?

Zum Verständnis dieses Prozesses genügt es, sich vorzustellen, daß das vermeintlich «ganz Andere», Antithetische, nur das spiegelbildliche Umkehrbild des in Kindertagen Gefürchteten darstellt; der «Wolf» steckt gewissermaßen im «Schafspelz», wie JESUS in Mt 7,15 sich in seiner gewohnt plastischen und drastischen Sprache ausdrückt: Das so *ganz* andere Bild im Vordergrund erkauft sich mit schweren Gehemmtheiten im Hintergrund.

Jener viel ältere Religionslehrer zum Beispiel ist mit seinen 35 Jahren aus lauter Sexualangst und Kontaktscheu womöglich in seiner seelischen Entwicklung noch immer ein «Junggeselle» geblieben; nun aber fühlt er sich geschmeichelt und geehrt von der so offen zur Schau getragenen Zuneigung seiner Schülerin; in ihr sieht er einen alten Jugendtraum sich erfüllen: – Endlich gibt es auch für ihn noch einen Weg zu einem «normalen» Leben; endlich darf auch er noch hoffen, sein chaotisch erscheinendes Triebleben in geordnete Bahnen lenken zu können; endlich scheinen auch ihm die Forderungen der Sittlichkeit wie der Sinnlichkeit auf das harmonischste zusammenzutreten. Was Wunder also, daß beide, jene 18jährige Schülerin und der 35jährige Lehrer, sich wie magisch voneinander angezogen fühlen. Und doch kann allein schon der Altersunterschied den anfänglichen Frieden sehr bald durcheinanderbringen.

Die gesamte Beziehung basiert erkennbar auf einer vermeintlich klaren Rollenzuweisung: *sie* muß gehorsam und bewundernd aufblicken zu ihrem so väterlichen Gönner, während *er* im Status ungefährdeter Überlegenheit sie an seiner Seite in «die große Welt» einführen möchte. Doch was zu Beginn noch als Halt und Weg erscheinen kann, mag wenig später schon wie Zwang und Unterdrückung wirken. Die wachsende Verselbständigung und Unabhängigkeit seiner Gemahlin etwa will ihrem Gatten keinesfalls als ein wünschenswerter «Erfolg» seiner «Bemühungen» erscheinen; *er* fühlt sich vielmehr in seinem Streben nach Sicherheit bedroht, sobald seine Gattin seiner Aufsicht und Kontrolle zu entgleiten droht; schon aus verborgener Angst, seine Frau könne ihn verlassen, wird er also bei einem wachsenden Gefühl von Einsamkeit und Verlassenheit den moralischen Druck auf seine Gemahlin erhöhen, versetzt womöglich mit Drohungen aller Art vor den «Konsequenzen» ihres «unmöglichen» Verhaltens; *sie* wiederum, die ursprünglich gehofft hatte, endlich die so notwendige, nur allzu lange vermißte persönliche Anerkennung zu finden, fühlt sich zunehmend unterdrückt, mißbraucht, ausgenutzt und betrogen. Kurz: *Beide* stehen am Ende genau wieder dort, wo sie ursprünglich mit so viel Angst und Sehnsucht begonnen haben.

Mit Beispielen dieser Art könnten wir, wie leicht zu ersehen, ins Unendliche fortfahren. Doch der Eindruck langt aus, um ein wichtiges Resümee aus dem Gesagten zu ziehen: Was das Gelingen oder Scheitern der Beziehung von auch nur zwei Menschen entscheidend bestimmt, sind, wie wir sehen, Prozesse, die sich tief im Unbewußten abspielen und die mit den Mitteln moralischer Satzungen nicht zu regulieren sind. Angedeutet haben wir diese Tatsache schon früher, um die Notwendigkeit des «Heilens» und «Helfens» gegenüber dem «Richten» und «Strafen» hervorzuheben, – nicht Gebote und Gesetze vermögen das Leben eines Menschen zu ordnen, nur die Liebe und das Verstehen vermag das, sagten wir. Was aber sollen wir nun sagen, wenn die Liebe selber an der Dynamik von Übertragung und Wiederholungszwang zu scheitern droht?

Was wir soeben begreifen, ist ja nicht allein das Unvermögen des moralisch-rechtlichen Standpunkts, das Leben von Menschen wirksam zu ordnen, sondern vor allem die flagrante Oberflächlichkeit einer Betrachtungsweise, die den Menschen für «an sich» frei erklärt, nur um ihn hernach für die Tragödien seines Lebens «voll verantwortlich» machen zu können. Das «Kirchenrecht» sowie die «Moraltheologie» der römisch-katholischen Kirche zum Beispiel erklären nach wie vor einmütig, daß eine Ehe, die als «Sakrament» vor einem Pfarrer und zwei Zeugen rechtswirksam und gültig geschlossen worden sei, nie mehr geschieden werden könne. Daß gleichwohl in Deutschland mehr als ein Drittel aller Ehen scheitern, liegt nach päpstlicher Erklärung an einer Kombination verderblicher «-ismen»: am Sexismus, am Hedonismus, am Libertinismus, – am «Zeitgeist» eben. Unter solchen Voraussetzungen gilt es als ein Zeichen von sittlicher Standhaftigkeit und von Treue gegenüber der ergangenen Offenbarung Gottes, im Literalsinn an dem Wort JESU in Mk 10,9 festzuhalten: «Was also *Gott* geschlossen hat, das darf ein Mensch nicht trennen.»

Nun sei es einmal dahingestellt, ob und in welchem Sinne JESUS historisch zu der alten Streitfrage über eine mögliche Ehescheidung zwischen der strengen Schule des Rabbi SCHAMMAI, die nur im Falle des Ehebruchs (der Frau!) eine Scheidung erlaubte, und der «großzügigeren» Schule des menschen(=männer-)freundlichen Rabbi HILLEL, die bei allem, was einem Ehemann nicht gefiel, einen Scheidungsgrund im Sinne von Dt 24,1 annahm, überhaupt einen eigenen Kommentar abgegeben hat; schon daß in Mk 10,11.12 auch *der Frau* das Recht zugestanden wird, ihren Mann zu entlassen, spiegelt hellenistische, nicht hebräische Verhältnisse wider; erkennbar ist zudem, daß in der Parallelstelle von Mt 5,12 zwar die Regelung der Schule SCHAMMAIS auch für die frühe judenchristliche Gemeinde des Matthäus (in Syrien) in Geltung gebracht werden soll, daß aber JESUS sich nicht in eine derartige Gesetzeskasuistik eingemischt haben dürfte.

Im Grunde steht in Mk 10,2 etwas ganz anderes zur Debatte: «Hat *ein Mann* das Recht, seine Frau zu entlassen?» Schon daß so gefragt wird, zeigt das ganze Ausmaß an theologisch gestütztem Patriarchalismus. Wenn demgegenüber JESUS erklärt, das Gesetz des Moses bedeute an dieser Stelle (Dt 24,1) nichts anderes als einen Notbehelf angesichts der erwiesenen «Herzenshärte» im Umgang der Männer mit ihren Frauen, so bedeutet das als erstes das Ende des «guten Rechts» auf Männerwillkür; was Liebe sei und was Gott «im Anfang» (in Gen 1,27) gemeint habe, als er den Menschen als Mann und Frau «erschuf», fährt JESUS fort, lasse sich wohl nicht verstehen, indem man die intimen Gefühle von Menschen in Paragraphen veräußere. Wie aber läßt sich das «Geheimnis» verstehen, daß ein Mann «Vater und Mutter verläßt», um mit seiner Geliebten zusammenzusein, wie es (in Gen 2,24) heißt? Anders gefragt: Wie «verläßt» wirklich jemand in psychologischem Sinne «Vater» und «Mutter», um für eine erwachsene, partnerschaftliche Liebe reif zu werden?

Die Antwort *darauf* kann nur gegeben werden, indem jemand sich bewußt mit dem Bild seiner Eltern auseinandersetzt und sich dadurch überhaupt erst die Voraussetzung schafft, um gegenüber bestimmten Übertragungsmechanismen einen eigenen persönlichen Freiheits- und Entscheidungsspielraum zu gewinnen; rein *innerpsychisch* ist dieser Prozeß identisch mit einer Herauslösung des Ichs aus einer unkritischen Verschmelzung mit den Dressaten des Überichs; *religionspsychologisch* läuft ein solcher Vorgang darauf hinaus, das Bild Gottes als des «Vaters» oder der «Mutter» von den Verbindungen mit den Ambivalenzen kindlicher Konflikte und infantil gebliebener Reste zu reinigen: Es gilt, Gott, wie JESUS ihn uns bringen wollte, als das Gegenüber eines Vertrauens zu entdecken, das uns helfen kann, die verinnerlichten Zwiespältigkeiten im Umgang mit den eigenen Eltern nicht länger in dem (kirchlich vermittelten) Gottesbild zu verunendlichen und zu verabsolutieren. Erst unter einer solchen Voraussetzung läßt sich überhaupt davon sprechen, daß es eine Liebe gebe, die Gott unter Menschen «geschlossen» habe, und daß eine solche relativ «neurosefreie» Beziehung etwas in sich Gültiges darstelle, das keinesfalls mit juristischen Ausnahmeklauseln oder moralischen Zwangsverordnungen zerstört oder zusammengeleimt werden dürfe oder könne; *anderenfalls* hat jemand «Vater und Mutter» sozial oder psychisch eben *nicht* «verlassen», und die Bindungsenergie der Übertragungsdynamik wird subjektiv gewiß eher als «dämonisch» denn als «göttlich» erlebt.

Was wir bei diesem – notgedrungen äußerst knapp gehaltenen – Beispiel von der Wirkung des Unbewußten im Zusammenleben von auch nur *zwei* Menschen zu sehen bekommen, ist die komplette Äußerlichkeit, ja, die gefährliche Einseitigkeit, mit der die in Gesellschaft und Kirche tradierte Moral alles «Psychische» mit «Willen» und «Freiheit» identifiziert – ausgenommen die gewissermaßen «handgreiflichen» Fälle seelischer «Erkrankungen». All die angedeuteten Möglichkeiten spielen im Bereich des durch und durch «Normalen»; sie besitzen weder eine «psychiatrische» noch eine in strengem Sinne «neurotische» Qualität; es handelt sich um Themen- und Aufgabenstellungen, die zum Leben und Reifen *jedes* Menschen gehören.

Dann aber muß der Standpunkt aufgegeben werden, den die kirchliche Moral«theologie» bisher gegenüber den alltäglichen Tragödien des menschlichen Lebens eingenommen hat und immer noch einnimmt. So lange sie an der Reduktion des Menschen auf «Bewußtsein» und «Freiheit» festhält, so lange sie mithin der schon genannten Anthropozentrik im Verhältnis des Menschen zur Welt noch eine einseitige Logozentrik oder Egozentrik im Verhältnis des Menschen zu sich selbst hinzufügt, können sich ihre Stellungnahmen nur in Form eines polaren Dilemmas zwischen «Moralisieren» oder «Psychiatrisieren» aufspalten: Entweder ist zum Beispiel das Scheitern einer Ehe als «schuldhaft» zu verbieten, oder es fällt als «krankhaft» aus dem «Seelsorgebereich» der herrschenden «Theologie» heraus. Es scheint unter diesen Umständen, als hätte die Kirche im Verlauf der letzten 250 Jahre lediglich den Bereich, in dem sie seinerzeit mit Folter und Scheiterhaufen Hexen und Teufel bekämpfte, unter dem Druck von Aufklärung und Säkularisierung wie einen unerwünschten Fremdkörper an die «Medizin» abgetreten, nur um ihren alten Standpunkt unverändert beibehalten zu können. Doch dieser an sich begrüßenswerte Rückzug der Kirche aus ihrer selbstverschuldeten Dämonisierung (oder Divinisierung!) von allem «Psychischen», das sich der Einteilung in «moralisch verantwortlich» oder «unheimlich» nicht fügen will, bleibt keinesfalls neutral oder «harmlos»; er verlängert lediglich die Psychologie moralisch-religiös bedingter Abspaltungen und erzwungener Neurotisierungen der menschlichen Psyche.

Schon SIGMUND FREUD beklagte die offensichtliche Bindung der Kirchenfrömmigkeit an den Ödipuskomplex und an die Massenpsychologie. Wann immer Menschen auf der Berggasse 19 im Wien des *fin de siècle* des 19. Jh.'s in der Therapie von «Gott» sprachen, bezeichneten sie nicht einen Ursprung von Freiheit, persönlicher Entfaltung und Mut zum Leben, sondern ganz im Gegenteil: unter kirchlich erzwungenen Redensarten bezeichneten sie lediglich eine in den Himmel verlegte Projektionsgestalt ihrer Abhängigkeit, Entfremdung und latenten Resignation.

Man betrachte zum Beleg dieser Feststellung nur die Sexualmoral der katholischen Kirche, die in ihrem *Weltkatechismus* von 1992 immer noch (in Nr. 2390) jedes sexuell «freiwillig» herbeigeführte Lustgefühl außerhalb der Ehe für eine «schwere Sünde» erklärt. – In MARTIN WALSERs Kindheitserinnerungen an die Zeit zwischen 1936–1945: *Der springende Brunnen* mag man nachlesen, was es vor nun schon mehr als einem halben Jahrhundert für einen heranwachsenden Jungen bedeutete, derartige Doktrinen ernst nehmen zu müssen: In der Zeit des «Erstbeichtunterrichts» hatte er die Achselhaare eines Zirkusmädchens «mit Wohlwollen» betrachtet – war das nun eine «Todsünde»? Und wenn es das ist, muß man es in der Beichte dem Pfarrer gestehen? Und wenn man es dem Pfarrer schon aus lauter Schamgefühl nicht gesteht, ist das dann nicht erst recht eine Todsünde? Und ist dann nicht auch die erste heilige Kommunion schon wieder eine neuerliche Todsünde? Da ist ein Kind noch nicht neun Jahre alt, und doch bedroht diese Art von Moral es mit nicht endenden Höllendrohungen, Selbstzweifeln und geistigen Irritationen aller Art. Wie aber soll ein Mensch, der auf solche Weise ins Leben gepreßt wird, späterhin jemals den

Mut aufbringen, eine 2000jährige Kirche in Frage zu stellen, die der «fortlebende Christus» selber zu sein behauptet, ganz so, als sei die Zugehörigkeit zu diesem «Christus» mit der Mitgliedschaft in just dieser Kircheninstitution identisch? Und dann das Ideal der «immerwährenden Jungfrau Maria»! Und dann der Anspruch einer beamteten Unfehlbarkeit in der Rolle von Papst, Kardinal und Bischof! Allein schon die speziellen Lehrinhalte einer solchen Glaubens- und Sittenlehre müssen in sich selber *neurotisierend* wirken.

Vor einem derartigen Hintergrund kann man unschwer die komplette Ausblendung des Unbewußten in der herrschenden Theologie begreifen: Sie ergibt sich aus der Triebangst einer eklatanten Verdrängungsmoral, und sie hat zur beabsichtigten Folge eben diese Triebangst und Verdrängungshaltung, aus der sie selber sich auferbaut. Nicht zufällig wird speziell in der katholischen Kirche der gesamte Lehr- und Beamtenapparat von zwangsweise unverheirateten Klerikern gehalten, die ständig von einer Liebe im Himmel reden sollen, die sie standesgemäß bereits auf Erden wie die Hölle selber vermeiden müssen. Der ganze Typ von Theologie und Kirchenmoral, der auf diese Weise sich bildet, kann in den Augen eines jeden Unvoreingenommenen nichts anderes bedeuten als die endgültige Festschreibung von Gefühlsabsperrung, Triebfeindlichkeit und Zerrissenheit in der Seele eines jeden Menschen, – in Gottes Namen, vermeintlich.

Daß auf seiten der *protestantischen* Theologie durchaus vergleichbare Probleme existieren, liegt nicht an den prekären Zerquältheiten der römischen Sexualneurose, – es war nicht ganz umsonst, daß vor nun bereits 475 Jahren der Mönch MARTIN LUTHER nicht länger mehr zuwarten wollte, bis der römische Papst ihm und allen Mönchen, Priestern und Nonnen nun endlich das persönliche Glück von Liebe und Ehe verstatte; zweifellos sind die protestantischen Kirchen in diesen und vielen anderen Fragen offener und ungezwungener eingestellt als ihr mittelalterlicher vatikanischer Widerpart. Und doch haben sie den alten katholischen Standpunkt mit übernommen, ja, in gewissem Sinne sogar noch verstärkt, daß Gott nur und wesentlich *außerhalb* der menschlichen Psyche zu finden sei. Je mehr der Protestantismus die katholischen Identifikationen des Göttlichen mit «heidnischen» Bildern und Bräuchen mit prophetischem Anspruch rückgängig machte, um so mehr Angst bekam er vor der Möglichkeit, über dieses heilige Bemühen am Ende Gott selber nebst allem Heiligen aus den Augen verlieren zu können. Je strenger er die gesamte innere wie äußere Natur von allen Vergöttlichungen leerräumte, desto angreifbarer, abstrakter und wesenloser geriet ihm dieser *Deus extra nos*, dieser Gott ganz außerhalb unser. Es scheint, daß nur eine Religion, die der «inneren Natur» des Menschen mit integrativer Kraft, statt mit Verdrängungsangst und moralisierender Abspaltung gegenübersteht, eine in Zukunft glaubwürdige Religion sein kann.

Der Weg zu einem solchen Standpunkt wäre «an sich», das heißt bei einer vernünftigen Synthese von Theologie und Psychoanalyse, von Seelsorge und Seelenheilkunde, von «Pastoraltheologie» und Psychotherapie, ohne größere Mühe zu finden, würde er nicht durch den Selbstbehauptungswillen kirchenpolitischer Machtfragen ständig überlagert oder hinausgezögert. Ginge es wirklich um die innere und äußere Befreiung des Menschen, so müßten *zwei* Momente gleichzeitig und gleichstark festgehalten werden.

Zum einen: Es ist zur Überwindung der menschlichen Angst entscheidend wichtig, Gott *nicht* mit bestimmten Prozessen oder Instanzen der menschlichen Psyche: dem «Selbst», dem Überich, dem «Unbewußten» etc. identisch zu setzen; statt aus den Widersprüchen und Ambivalenzen der Angstproblematik herauszuführen, bliebe Gott sonst – wie in dem «Psychopompos» der *Gnosis* – auf immer mit den Vorgängen der menschlichen Seele verbunden. Geeigneter für die Vorstellung von Gott ist da schon das Bild eines Leuchtturmes, dessen pulsierende Strahlenhände einem einlaufenden Schiff den Weg in den Hafen anzeigen. Doch wird dieses Bild dem Gemeinten nicht wirklich gerecht: Gewiß ist ein Leuchtturm dem Steuermann auf der Brücke im Dunkel der

Nacht von gewissem Nutzen, doch zur Navigation im ganzen ist er nicht wesentlich.

Der *andere* Standpunkt gilt sicher auch: daß Gott eine Kraft ist, die der menschlichen Seele und allem Lebendigen *innerlich* ist. Die Ansicht der Mystiker aller Religionen und aller Regionen ist und bleibt alle Zeit wahr: daß Gott überhaupt nur im Herzen der Menschen sich finden läßt, allerdings tiefer, abgründiger, verborgener als auf der Ebene von Bewußtsein, Selbstreflexion und moralischem Willen.

Um beide «Wahrheiten» miteinander zu verbinden, hilft gerade *die Problematik der Angst* weiter. Sie löst sich, wie wir sahen, weder durch «Mut» und «Entschlossenheit» noch durch Gebot und Anweisung. Sie lindert sich allein in der Erfahrung einer Liebe und eines Verstehens, die stark genug sind, selbst die unbewußten Verstellungen der Liebe in den Erfahrungen der frühen Kindheit aufzuarbeiten und durch einheitlichere, günstigere Erfahrungen zu ersetzen. Der Satz aus 1 Joh 4,16 gilt uneingeschränkt, nur weit verbindlicher und beziehungsreicher, als die tradierte Theologie mit ihrer Verstandeseinzigkeit ihn wahrhaben wollte und konnte: «Gott *ist* die Liebe.»

Das Bild, das sich für *dieses* Verhältnis anbietet, ist das von der Sonne und dem Blühen einer Blume. Beide sind vollkommen verschieden voneinander; die Sonne hängt in keiner Weise ab von den Wachstumsprozessen eines Stiefmütterchens oder Vergißmeinnichts, und doch könnte das Stiefmütterchen oder Vergißmeinnicht, wäre es imstande zu erklären, wie sich ihm die Kraft seines Lebens zeigt, nicht anders sagen, als daß sein eigenes Wachsen und Blühen bezeuge, daß es die Sonne geben *müsse*. «Alles, was ich bin, ist geboren aus Licht», würde es sagen; «und wenn nach der Kälte des Winters selbst der kleinste Same im Boden sich regt und emporwächst zu neuem Leben, so liegt das allein an der Wärme und der größeren Menge des Lichts, das im Frühling sich über die Erde ergißt.»

Die Sonne ist etwas vollkommen *anderes* als eine Blume, – da haben KARL BARTH und seine Anhänger ganz sicher recht; und doch ist die Sonne der Blume nicht *äußerlich*; alles, was sie ist, verdankt dieses lebende Gebilde des Lichtes der Sonne, und besser, als indem sie wächst, wird sie die Sonne niemals «bezeugen» können. «Das schönste Lob Gottes ist ein glücklicher Mensch», hat ein «Kirchenvater» einmal gesagt. Dieser Satz ist vollkommen richtig; doch wird er kirchlich erst wahr, wenn die herrschende Theologie zur Kenntnis nimmt, zu welch einem Unglück sie Menschen zwingt, deren wirkliches, psychisch verstehbares Glück sie in die fiktive, moralisch und dogmatisch verordnete «Glückseligkeit» ihrer eigenen Äußerlichkeit «aufzuheben» trachtet. Einen Menschen der «Sünde», das heißt nach allem Gesagten: einen Menschen seiner Angst, seiner Verzweiflung, seiner Ausweglosigkeit zu «überführen» – wie soll das anders möglich sein als durch eine Liebe, die nicht zensiert und nicht verurteilt? Gewiß, so ist es, wenn Gott wirklich zu uns redet: Da lernen Menschen im ewigen Eis, daß es doch einen Sommer gibt, und sie lernen zum ersten Mal wieder, daß es Bäume und Farne und bunte Libellen gibt.

«Wenn man doch meinen Kummer wägen wollte.» (Hi 6,2) oder: Von der Frage nach Gott und dem Leid der Welt

Aber: von Gott als der «Liebe» zu sprechen, setzt in sich selbst noch einmal einen vollkommenen Umsturz des theologischen Denkens über das Verhältnis von Mensch und Natur voraus. Denn, offen gestanden: eine «Liebe» Gottes läßt sich nicht glauben auf Grund der Natur, sondern im Grunde nur trotz der Natur.

Die Sackgasse, in welche die «christliche» Theologie sich manövrierte, als sie den Gott der Bibel mit dem «Sein» der griechischen Philosophen identifizierte, haben wir schon in den Mißweisungen des anthropozentrischen Weltbildes beschrieben. Doch nun stoßen wir auf ein Moment innerhalb dieser Weltsicht, das man uneingeschränkt als den Kern des Atheismus in der Neuzeit bezeichnen kann: auf den Widerspruch zwischen dem dogmatisch vermittelten Gottesbild von dem allgütigen und allweisen «Schöpfer» und der durchaus ungütigen, gleichgültigen, in vielem widersinnig, ja, absurd anmutenden Welt«ordnung». Beides will zusammen nicht gehen und kann zusammen nicht gehen; die Zeit aber ist vorbei, da die Kirche die Menschen, wie zur Unterwerfung unter ihre Dogmen, so auch zur demütigen Hinnahme der «Unerforschlichkeit» des göttlichen Willens zu zwingen vermochte. Der «*abyssus quaestionum*», der «Abgrund, in dem alles Fragen sich verliert», ist inzwischen zwar nicht von Theologen, dafür aber von Naturwissenschaftlern vor allem in den letzten 50 Jahren recht übersichtlich ausgeleuchtet worden. Schauen wir in das, was sich dort ereignet hat, gerade als religiös Suchende ein bißchen näher hinein.

Klar ist von vornherein, daß ein so emotional gefüllter Begriff wie das Wort «Liebe» nicht eine Kategorie des Verstandes zur Erklärung der objektiv existierenden Welt sein kann, sondern daß er weit eher ein lyrisches Bild, eine Einladung zur Einfühlung und

Einvernahme subjektiver Gefühlszustände darstellt. Mit dem Wort Liebe ist ein Erleben gemeint, das nicht nur vollkommen «subjektzentriert» ist – so subjektzentriert wie sonst nur die Angst und der Schmerz! –, sondern das den Bereich des Personalen und Subjektiven selbst für etwas Unantastbares, Heiliges, eben deswegen «Göttliches» ausweist. Wenn man will, kann man die «Liebe» als eine Resonanzschwingung des menschlichen Herzens verstehen, die einen Ton erzeugt, der das ganze Weltall als eine «Symphonie» vernehmbar macht.

Doch gerade weil die Liebe wie ein warmer Wind unter den Flügeln der Seele das Selbstwertgefühl des Individuums in immer größere Höhen hinauf trägt, ist eben dieses so subjektive Empfinden all denen gefährlich, die ein Interesse an der Gleichschaltung und Uniformierung der Menschen haben müssen. Man sollte nicht eigentlich sagen, daß im Reiche des «Großen Bruders» (GEORGE ORWELL) die Sexualität unterdrückt werde – sie *wird* es, aber das ist nicht die Hauptsache; was jedes absolutistische Regime fürchten muß, ist die Verbindung von Sexualität und Personalität, ist die Stärkung des Individuums. Was zum Beispiel die römisch-katholische Sexualmoral mit ihren inzwischen fast lächerlich wirkenden Verboten bei Lichte betrachtet bewirkt – und wohl auch bewirken soll! –, erfährt man weit genauer als im Umgang mit dem «sechsten Gebot» anhand der Verordnungen zum «Glaubensgehorsam» gegenüber dem kirchlichen Lehramt: Unter Eid, jedes Jahr (!) mittlerweile, haben da die Dozenten der Theologie sich der Pflicht zu unterziehen, ihre Treue zu den Auffassungen des «Nachfolgers Petri», zu den oft sonderlichen und absonderlichen Ansichten des derzeit regierenden Papstes JOHANNES PAULS II., zu bekunden.

Worum es bei solchen Prozeduren geht, ist die Brechung der Persönlichkeit. Gehorsam zum Bischof und all seinen Nachfolgern – nur so wird man «Priester» der römischen Kirche; Gehorsam zum Abt und zur Mutter Äbtissin – nur so wird man Mönch oder Nonne in dieser Kirche. Das Verbot jeder Form sexuellen Erlebens ist gewissermaßen nur das Hilfsmittel, um das Selbstbewußtsein und das Selbstvertrauen der Menschen in endlosen Skrupeln, Schuldgefühlen und Selbstanklagen zu zerfasern. Das Verbot der Liebe macht nur Sinn zum Gewinn und Erhalt absoluter Macht bis in das Herz der Menschen hinein.

Aber natürlich hören die Menschen nicht auf, sich nach Liebe zu sehnen. Je mehr auf Erden verboten, desto inniger wird die Liebe projektiv als Eigenschaft Gottes benötigt. Die Liebesminne so mancher Nonne mit dem «göttlichen Seelenbräutigam» gibt sich in ihrer erschütternden Hilflosigkeit als ein verzweifeltes Ersatzleben verängstigter und unterdrückter Menschen zu erkennen; es bedarf schon der Abgebrühtheit kirchlicher «Seligsprechungs»prozesse, um aus so viel neurotischer Not am Ende noch empfehlenswerte Vorbilder «heroischer Selbstaufopferung» und idealer «Hingabe» zu stilisieren.

Die wirkliche Tragödie aber bricht erst jetzt herein. Nachdem man kompensatorisch das *Gottes*bild mit allen möglichen Liebesanmutungen immer mehr ins Liebe und Liebliche gezeichnet hat, fällt die Veränderung des *Welt*bildes in den modernen Naturwissenschaften wie Maienfrost über rosafarbene Apfelblüten herein. Die Welt ist ungütig, gnadenlos, lieblos – sie hat nichts gemein mit den Erwartungen, die ein gläubiger Mensch an die Welt als die Manifestation der «Herrlichkeit» Gottes (HANS URS VON BALTHASAR) stellen sollte. Eine solche Einsicht ist ein wirklicher Kälteeinbruch, ein Schock, und er ist zweifellos tödlich für all die «Frühblüher» unter den «kosmotheologischen» Doktrinen der Kirche bis zum Jahre 1859, um genau zu sein, bis zum Erscheinen von CHARLES DARWINS *Entstehung der Arten*.

Geahnt hatte man es immer schon. «Zeus spielt», hatte knapp und sarkastisch schon HERAKLIT (ca. 544–483) gesagt. Er hatte nicht gemeint, daß die Gottheit besonders viel Freude an «ihrer» Welt habe oder haben könne, er wollte im Gegenteil sagen, daß diese Welt nicht einem übergreifenden Plan, einem «vernünftigen» Konzept, sondern einem «Kinderregiment» unterliege, voller Augenblickslaunen, willkürlicher Zufälle und sinnloser Narreteien. Und wie denn auch nicht?

Im «christlichen» Abendland bedurfte es tatsächlich einer immensen Gedankenzensur, um unter kirchlichen Scheuklappen das Offensichtliche *nicht* zu sehen: mit welch einer mechanischen Rücksichtslosigkeit die Natur mit *allen* Lebewesen, inklusive selbstredend auch mit uns Menschen, verfährt. Erst ein Freigeist wie VOLTAIRE nahm sich 1759 in seinem satirischen Roman *Candide* das Recht, die Lehre des großen GOTTFRIED WILHELM LEIBNIZ (1646–1717) von der «besten aller möglichen Welten», die Gott als die «Urmonade» aller Dinge habe schaffen müssen, philosophisch zwar inadäquat, doch stilistisch um so brillanter zu verhöhnen. Den äußeren Anlaß zu seiner Schrift bot ihm das Erdbeben von Lissabon, das, symbolisch genug, am 1. November des Jahres 1755 ausbrach und zwei Drittel der Stadt vernichtete, dabei aber ausgerechnet das Dirnenviertel verschonte. Von einer «gerechten Strafe» Gottes, die nach biblischem Vorbild wieder einmal in der Pflicht gestanden hätte, trotz all seiner erwiesenen Langmut die Frevel der Menschen nun endlich unnachsichtig zu ahnden, konnte keine Rede sein. Es zeigte sich vielmehr, daß die Bewegungen im Erdinneren offenbar keinerlei moralische Absicht verfolgen, ja, daß sie überhaupt nicht auf irgendwelche göttlichen «Ratschlüsse» zurückgehen, sondern daß sie eben so blind wie mächtig sich darstellen wie Vulkanausbrüche und Feuersbrünste, wie Ungewitter und Sturmfluten, wie epidemische Krankheiten und Seuchen. Nicht Theologie, sondern Geologie, nicht Metaphysik, sondern Meteorologie, nicht die Bibel, sondern die Biologie wurden benötigt, um die Wirklichkeit dieser Welt «richtig» zu interpretieren.

Tatsächlich entwickelten sich denn auch die Hauptfächer der modernen Naturwissenschaften aus dem direkten Widerspruch zu den dogmatischen Vorgaben des Kirchenglaubens, und sie fußten als Denkanregung immer wieder auf dem deutlichen Eindruck, daß es in der Welt so nicht zugehen könne, wie die Theologen es ihre Gläubigen lehrten. Ganz ohne Frage: Wer von den Vorgaben der «christlichen» «Schöpfungstheologie» auf die Welt zugeht, der kann nur auf das schmerzlichste enttäuscht werden. Wesentlich von dieser «Evidenz» her wurden die Naturwissenschaften im 17. – 19. Jh. auf ihrem Erkenntnisweg vorangetrieben.

Denn worüber sie von Hause aus verfügten, war angesichts der Aufgabe, die sie sich selber gestellt hatten, eher erbärmlich. Das Erkenntnisprinzip, das sie zur Grundlage erhoben hatten, bestand in dem Versuch, alle Erscheinungen der Natur aus natürlichen Ursachen zu erklären, ohne dabei des übernatürlichen Eingreifens eines Gottes zu bedürfen; was sie dabei unter «Ursache» verstanden, hielt sich indessen ganz und gar im Rahmen der von GALILEI (1564–1642) und ISAAC NEWTON (1643–1727) begründeten physikalischen Mechanik. Mit den entsprechenden Theorien ließ sich überraschend einfach die Bewegung der Gestirne berechnen, und es war sogar möglich, danach Dampfmaschinen und Verbrennungsmotoren zu konstruieren, aber es schien geradezu abwegig, mit mechanischen Überlegungen die Tatsache des Lebens in der unglaublichen Vielfalt und Komplexität seiner Formen erklären zu wollen. Auch in der Gegenwart stellt im Bewußtsein der meisten noch «gläubigen» Menschen der Hinweis auf die «Unbegreifbarkeit» der Schönheit einer Lilie oder eines Schmetterlings ein Hauptargument ihrer religiösen Überzeugung dar. Tatsächlich bestand demgegenüber das «Genie» CHARLES DARWINS entscheidend darin, daß er gerade das mechanizistische Denken auch auf die Fragen der Entstehung der Lebensformen und sogar auf die Frage nach der Entstehung des Lebens selbst anwandte. – Wohlgemerkt ist das mechanizistische Weltbild weit davon entfernt, komplexen Phänomenen wie auch nur der Bildung von Wolkenstraßen oder dem Bau eines Ameisenhügels entsprechen zu können – Physik, Chemie und Biologie hatten im 20. Jh. noch eine Menge dabeizulernen, um ihren eigenen mechanizistischen Ansatz in Richtung eines Denkens in ständigen «Rückkoppelungen» und «Vernetzungen» weiterzuentwickeln; gleichwohl war das *Modell*, das DARWIN der Biologie vorgegeben hatte, in seiner Einfachheit von einer beeindruckenden Plausibilität, und zwar eben deshalb, weil es keineswegs nur die «Schönheit» und die «Weisheit» der Natur zu erklären versprach, sondern ebenso auch die abgründige «Grausamkeit» und das ungeheuerliche Maß an Leid, das allgegenwärtig die gesamte Geschichte des Lebens durchzieht. Eben diese Verständlichkeit, ja, recht betrachtet, diese *Selbstverständlichkeit* all des Schmerzes und des Unglücks in der Welt bedeutet das wirkliche Ende der Möglichkeit, an einen «lieben» Gott als Grund einer plausiblen Welterklärung noch länger zu glauben.

Rein logisch läßt sich die Aporie der «christlichen» Theologie in einem einzigen Gedanken zusammenfassen: Wenn Gott wirklich, wie die Kirche lehrt, die Welt «geschaffen» hat, um seine Allmacht, Weisheit und Güte zu «offenbaren», dann dürfte die Welt nicht so sein, wie sie ist; sie «dürfte» es aus moralischen Gründen nicht: Niemand, der in Freiheit überhaupt über die Wahl verfügt haben würde, auch eine andere Welt «schaffen» zu können, hätte *diese* Welt schaffen dürfen, die mit fühlenden Lebewesen derart gefühllos verfährt, wie niemand, kein Mensch und kein Gott, mit ihnen umgehen darf. Auch die kirchliche Dogmatik hat dieses Problem zur Hälfte eingestanden, doch nur um seine Auflösung endgültig zu verwirren und unlösbar zu machen.

Die «Schöpfungslehre» der «christlichen» Theologie wäre unvollständig wiedergegeben, wollte man die Welt einfach als eine Manifestation der Majestät Gottes betrachten; tatsächlich gilt diese Aussage der Kirchendogmatik gewissermaßen nur im An-sich-sein; denn so wie die wirkliche Welt «für sich» selbst ist, trägt sie ein durch und durch entstelltes Antlitz. Den Grund haben wir andeutungsweise bereits erwähnt: Der oberste aller «Engel», der «Lichtbringer», *Luzifer,* hat, noch bevor Gott den Weltenbau vollenden konnte, aus lauter Hochmut dem Schöpfer den «Gehorsam» verweigert und seither alles daran gesetzt, nicht nur den Menschen zur «Sünde» zu verführen, sondern gemeinsam mit all den anderen «gefallenen Engeln» «in der Welt voller Haß gegen Gott und sein Königreich in Jesus Christus» zu agieren, so daß sein Tun «schwere Schäden… auch der physischen Natur verursacht», wie der «*Weltkatechismus*» (Nr. 395) der römischen Kirche (aus dem Jahre 1992!) weltweit den «Gläubigen» immer noch zu glauben vorschreibt. Der mythisch-symbolische Gehalt der Vorstellung vom «Teufel» läßt sich religionspsychologisch, wie schon an der islamischen Gestalt des «Iblis» gezeigt, gewiß sinnvoll interpretieren; die Position der katholischen Dogmatik indessen begeht nicht nur den stereotyp wiederholten Fehler, Mythen – in diesem Falle den kanaanäischen Mythos von dem Morgenstern *Schachar* – metaphysisch festzuschreiben, sondern mit ihrer Konzeption vom «Teufel» die Widersprüchlichkeiten des Gottesbildes, die sie damit zu lösen glaubt, bis ins vollends Unlösbare zu verschärfen.

Die Lehre vom «Teufel» ist ganz offensichtlich eine Hilfskonstruktion, die erklären soll, warum die Welt sich *nicht* in dem Zustand befindet, in dem sie als «Schöpfung» eines für weise und allgütig erklärten Gottes befindlich sein sollte, ja, warum sie so oft weit eher als das Werk eines «bösen Demiurgen», wie MARCION um 220 sich ausdrückte, oder eben eher als das Werk eines «Teufels» denn eines gütigen Gottes erscheint. Und stimmt dieser Eindruck etwa nicht? Wie viele Bilder des Grauens zeigen uns nicht das Leben der Pflanzen, der Tiere und der Menschen als eine unentrinnbare «Hölle auf Erden»? Daß da ein Problem liegt, das theologisch gelöst werden müßte, wenn je die kirchliche «Glaubenslehre» wieder Glauben finden sollte, steht außer Frage; nur: das Dogma vom «Teufel» erklärt aus mehreren Gründen dieses Dilemma überhaupt nicht.

Zunächst ist nicht einzusehen, was ein so vollkommenes Wesen wie den Obersten der «Engel» dahin gebracht haben könnte, aus «Stolz», wie die vatikanische Doktrin verkündet (*Weltkatechismus*, Nr. 392), sich gegen Gott aufzulehnen. Das ganze Konstrukt ist nichts weiter als eine Projektion aus der Mythe vom «Sündenfall» des Menschen in Gen 3,1–7, wo man den Willen «wie Gott» zu werden, kirchlicherseits von alters her als «Stolz» und «Ungehorsam» versteht; doch zeigt gerade die Geschichte vom «Sündenfall» des Menschen bei näherer Betrachtung etwas ganz anderes als Ungehorsam, Hochmut und Stolz. Man muß nur einmal sehen, mit welcher Angst die «Frau» im «Paradiese» Gott vor den Verdächtigungen und Unterstellungen der «Schlange» in Schutz zu nehmen sucht, wie sie das Gebot, das Gott (Gen 2,17) dem Menschen gegeben hatte, sogar noch verschärft (Gen 3,3), und man wird speziell das «wie-Gott-sein-wollen» keinesfalls als eine Haltung von genuinem «Stolz» und «Hochmut» interpretieren können, sondern darin eine «Reaktionsbildung» auf das Gefühl einer abgrundtiefen Bedrohtheit erkennen: Ein Mensch, der in seiner Angst sich nicht mehr im Absoluten gehalten weiß, muß selber die Haltlosigkeit und Nichtigkeit seines endlichen, geschaffenen Daseins in etwas Absolutes umprägen, muß die offenbare Grundlosigkeit seiner Existenz damit beantworten, daß er sich selber zum Grund seiner selbst macht, muß die unerträgliche Zufälligkeit seiner Anwesenheit in der Welt dadurch zu kompensieren suchen, daß er auf fiktive Weise etwas tut, das ihn «notwendig» macht. Nicht «metaphysisch»-dogmatisch, einzig psychologisch-existentiell läßt sich die Mythe vom «Sündenfall» «*des* Menschen» (*Adam*) und seiner Frau «Leben» (*Eva*) verstehen. Wie nun freilich ein «reiner Geist», für den die «christliche» Theologie doch den «Teufel» erklärt, in eine derartige Situation von Selbstwertzweifel und Verzweiflung geraten könnte, wie sie in Gen 3,1–7 als wesentlich zum Verständnis der Not und der Deformation *jedes* Menschen geschildert wird, ist für die Vorstellungskraft von Menschen durchaus unerfindlich und im biblischen Sinne ganz einfach falsch gefragt.

Denn zum zweiten *will* die Bibel in der alttestamentlichen Geschichte vom «Sündenfall» des Menschen durchaus nicht vom «Teufel» reden; die «Schlange», die in Gen 3,1–7 die «Frau» (Eva = das «Leben») «verführt», ist dort eine ganz und gar mythische Chiffre für das abgründige Rätsel der inneren und äußeren Entfremdung des Menschen; bibeltheologisch ist sie gerade kein «himmlisches» Wesen; wörtlich sagt Gen 3,1 in aller nur wünschenswerten Klarheit, die Schlange sei «das listigste *unter allen* Tieren (gewesen), die Jahwe, die Gottheit, gemacht» habe. Natürlich ist dieses «Tier» nicht im Zoologischen Garten von Frankfurt oder von Amsterdam zu finden; es deutet lediglich als ein Symbol an, was da im Raum der Schöpfung selber den Menschen «anschleicht»: Wer begreifen will, warum immer wieder Menschen sich so anders verhalten, als sie es «eigentlich» wollen, und warum sie mit so viel Fleiß und Tüchtigkeit, im Wahn, gerade so ihr Glück zu betreiben, sich wie hypnotisch in ihr Unglück graben, der muß sie betrachten als *Überlistete* ihrer eigenen Angst; das Problem ist niemals, daß die Menschen etwa nicht bekämen, was sie wollen, es ist «nur», daß es am Ende völlig anders sich darstellt, als es ursprünglich schien. Und nun sehr wichtig: Diese «Gegenfinalität» von Ziel und Ergebnis, von Absicht und Einsicht ist in der biblischen Erzählung nicht irgendeiner außermenschlichen oder außergöttlichen «Person» anzulasten, sie «spielt» ganz und gar zwischen Mensch und Gott, sie ergibt sich aus einer Störung des «gottgegebenen» Vertrauens durch Angst.

Weder bibeltheologisch noch psychologisch ist es daher berechtigt, das Unheimliche einer solchen Beziehungsproblematik an die «Verantwortung» eines «Dämons» zu delegieren und zu projizieren; auf diese Weise entlastet man den Menschen nicht, man liefert ihn durch die Verweigerung, die Angst seines Daseins durchzuarbeiten, nur noch hilfloser an sich selber aus.

Mit der theologischen Lehre vom «Teufel» erreicht man aber auch das theologische Ziel nicht, wenigstens Gott als den «Schöpfer» zu entlasten. Wie soll er, der «Allmächtige», an seiner Seite überhaupt je einen Gegenspieler geduldet haben? Wie soll es möglich gewesen sein, daß ihm, dem «Allmächtigen», «seine» Welt in einen so bejammernswerten Zustand hat entgleiten können? Und wie soll es das Meer an Leid und Qual in der Welt erklären helfen, daß man sich Gott als einen «Schöpfer» voller guter Absichten und Pläne denkt, die nur leider von jenem «bösen» Prinzip, der Person des «Satans», durchkreuzt worden wären? Kein Gott kann für «allmächtig» gelten, dem seine Macht abhanden kommen kann, so daß er mühsam sie erst wieder zurückerobern müßte. Vollends irritierend wird zudem die Art und Weise, in der man diese «Zurückgewinnung» des göttlichen Machtanspruchs nach den Lehren der «christlichen» Dogmatik sich vorzustellen hat. Da wartet also ein Gott vom Anfang der Welt (vor ca.

12 Milliarden Jahren) oder vom Beginn des Planeten Erde (vor ca. 4,5 Milliarden Jahren) oder von den ersten Schritten auf dem Weg zum Menschen (vor ca. 6 Millionen Jahren) an mit unbegreifbarem Gemach, doch offenbar in göttlicher Geduld auf die anscheinend günstigste Gelegenheit, seinem teuflischen Widersacher nun endlich das Handwerk zu legen; nach Äonen der Untätigkeit setzt er mit einem Mal in jäher Entschlossenheit alles auf eine Karte: Er selber in seinem «Sohne» JESUS (Christus) kommt in diese Welt, er läßt seinen «Sohn» zur «Versöhnung» der Menschen auf grausige Weise am Kreuze verenden – und was ist das Ergebnis? Hat nach diesem göttlichen Abenteuer in der «Ordnung» der Natur oder auch nur im Ablauf der menschlichen Geschichte sich irgend etwas wesentlich geändert? Man kann nicht anders urteilen: Das gesamte «christliche» Lehrgebäude von der «gefallenen» und «erlösten» «Natur» wird so lange eine einzigartige Quelle von Aberglauben und Unglauben bleiben, als *die Bilder* des Alten und Neuen Testamentes nicht als Chiffren zur Deutung der menschlichen Existenz gelesen, sondern als eine Sammlung göttlicher Informationen über eine vor- und innerweltliche Geistergeschichte (miß)verstanden werden.

Das Ergebnis derartiger theologischer Fehlinterpretationen ist ohne jede Dramatisierung als katastrophal zu bezeichnen, handelt es sich doch um nichts Geringeres als um die systematische Zerstörung des Glaubens an das am meisten Menschliche: des Glaubens an die Liebe in der Seele der Menschen. Wie denn? Da wird ihnen als erstes der Mut zur Liebe im eigenen Herzen mit Hilfe einer auf Verstand und Willen reduzierten Anthropologie sowie einer asketisch-repressiven Sexualmoral fortgestohlen und durch eine Kette von Angst und Schuldgefühlen ersetzt; dann wird projektiv alle auf Erden unerfüllte Liebessehnsucht in Gott hineinverlegt, und natürlich geht damit die Erwartung einher, eben diesen Gott der Liebe in seinen «Werken» und «Geschöpfen» abgebildet zu finden; doch dann erscheint auf brutale Weise die Welt so ganz anders als vorgestellt, und zur Begründung dieser Tatsache wird den Menschen ein ins Metaphysische erhobener Mythos von En-

gellehre (Angelologie), Teufelslehre (Dämonologie), Inkarnations-
lehre (Christologie) und Erlösungslehre (Soteriologie) zum «Glauben» aufgetragen, welcher der Projektion der unterdrückten Liebe
nun noch die Projektion seelischer Zerrissenheit ins Göttliche
und Teuflische hinzufügt. Auf diese Weise werden die Menschen
in eine doppelt lieblose und liebesleere Welt hineingeworfen: Innerlich ausgehöhlt und sich selber entfremdet, nehmen sie das Bedürfnis nach Liebe am ehesten noch als eine sexuell verselbstän-
digte Triebregung wahr, und das wieder entspricht dem Bild, das
immer detaillierter denn auch von den Naturwissenschaften angeboten wird: was sich naturwissenschaftlich finden läßt, sind biolo-
gische «Erfolgsstrategien» in der Weitergabe der Gene, nicht «Liebe» in irgendeinem menschlich verstehbaren Sinne.

Doch eben da stehen wir heute: Liebeleer im eigenen Inneren und
ausgesetzt einer lieblosen Welt, wissen wir weder Ein noch Aus.
Das geradewegs logische Ergebnis des «christlichen Abendlandes»
ist genau ein solcher Menschentyp, der, doppelt enttäuscht durch
die «Erziehung» der kirchlichen Moral und des kirchlichen Dogmas, auf gefährliche Weise seine eigene Entwurzelung, ja, seinen
bitter gewordenen Zynismus in reinem Herrschaftswissen an die
Welt zurückgibt: Wenn schon die Natur nicht «planvoll» und
«zielgerecht» mit uns Menschen umgeht, so müssen halt wir selber
den nötigen «Plan» und die rechte «Vernunft» in die Welt hinein-
bringen. In vielerlei Formen drängt sich diese im Grunde verzweifelte Überzeugung auf.
  Daß die Natur keine «Planung» kennt, gehört heute zum Ele-
mentarwissen des Biologieunterrichts für 12–14jährige. Die Biochemie etwa kann bereits in den Grundeinrichtungen des Lebens:
in den Zellstrukturen ebenso wie in den Reproduktionsmechanis-
men, eine Fülle «eingefrorener Zufälle» nachweisen. Lange Zeit
aber machte die kirchliche Apologetik gerade mit dem Blick auf
die Fragen nach der Entstehung des Lebens, das Argument geltend, daß die Komplexität schon der einfachsten Lebensvorgänge
sich «unmöglich» aus reinen «Zufällen» habe ableiten können und

daß nur die gestaltende Kraft göttlichen Wollens die hohe Funktionalität zum Beispiel einer Pflanzenzelle zu erklären vermöge. Tatsächlich mußte die Biologie im 20. Jh. selber erst nach und nach lernen, sich in vernetzte Strukturen hineinzudenken, in denen die Wirkungen auf ihre eigenen Ursachen zurückwirken und Prozesse der «Selbstorganisation» ermöglichen. Inzwischen läßt sich sogar das präbiotische Geschehen «darwinistisch»: als ein «Kampf» konkurrierender Systeme um Selbsterhalt und um Dauer in der Zeit interpretieren.

Ein großes Rätsel stellte zum Beispiel das verwickelte Zusammenspiel von Ribonukleinsäure (RNA) und Desoxyribonukleinsäure (DNA) bei der Weitergabe genetischer Information dar: Wie sollte es möglich sein, daß ein derart komplizierter Mechanismus *ohne* eine planende Konstruktion spontan entstanden wäre? Des Rätsels Lösung glaubt man heute zu kennen, und sie ist, wie stets (!), von bestechender Einfachheit: Allem Anschein nach gab es einmal eine RNA-Welt, in der «Ribozyme» (RNA-Enzyme) die selbstreproduktiven Vorgänge vermittelten; die DNA hat bis heute nicht «gelernt», sich selber zu reproduzieren, sie ist auf die RNA nach wie vor angewiesen geblieben; doch verfügt sie über einen entscheidenden Vorteil: ihre molekularen Bindungen halten wegen des Ausfalls eines Sauerstoff-Atoms etwas länger als bei der RNA, und dieser zunächst scheinbar unerhebliche Überlebensvorteil hat ihr offenbar dazu verholfen, die RNA zu dominieren und für ihre eigene Reduplikation zu nutzen. Ein wenig salopp gesagt, kann man behaupten, daß die Reduplikation der DNA niemals so kompliziert erfolgen würde, wenn sie jemals «geplant» gewesen wäre.

Entscheidend an der «darwinistischen» Deutung der Lebensvorgänge ist in unserem Zusammenhang vor allem der Umstand, daß sie das «blinde» Spiel von Zufall und Notwendigkeit, von Mutation und Selektion dazu einsetzt, um die enorme Vielfalt des Lebens aus einer Abfolge winziger ungerichteter Abwandlungen zu verstehen. Statt eines «Plans» etabliert sich unter diesen Umständen allenfalls eine «Tendenz», die sich im Verlauf der Evolution als ständige Optimierung von Information verstehen läßt; diese «Tendenz» legt jedoch nicht die einzelnen Evolutionsschritte fest, im Gegenteil: würde man den «Film» der Geschichte des Lebens noch einmal einlegen und etwa in der Zeit der «kambrischen Explosion» der Lebensformen vor 550 Millionen Jahren «starten», so käme mit aller Sicherheit eine völlig andere Entwicklung als die faktisch erfolgte zustande; in dieser Entwicklung würde das «Gesetz» der Informationsoptimierung gewiß nach wie vor gelten, doch drückte es sich eben nicht in einer speziellen Abfolge von Arten und Gattungen aus. Mit einem Wort: Die Entfaltung des Lebens hing und hängt an jeder Stelle von unvorhersehbaren «Zufällen» ab.

Und nun ist es dieser Blick auf die Wirklichkeit, der geeignet scheint, gerade die «Kosten» des Lebens: den Schmerz, das Leid und die «Sinnlosigkeit» der Geschichte des Lebens auf dieser Erde zu erklären. Ein paar Beispiele mögen zur Verdeutlichung dieser These genügen.

Da führt etwa die Entwicklung der Photosynthese, eine der wichtigsten «Erfindungen» des Lebens auf dem Planeten Erde, dazu, durch den damit verbundenen Sauerstoffausstoß fast alle bis dahin hervorgebrachten Lebensformen in eine vernichtende «Giftwolke» einzuhüllen; der Ausstoß des aggressiven Sauerstoffs bewirkt unter anderem eine höhere Mutationsrate in der Weitergabe der genetischen Informationen, doch hat vermutlich gerade dieser Umstand dazu geführt, die sexuelle Vermehrung als ein wichtiges Verfahren der Genkorrektur hervorzubringen. Und so geht es Schritt für Schritt. Immer wieder sehen wir in der Natur, statt eines großen Wurfs, ein «Wurschteln» zwischen Versuch und Irrtum, eine Kette von selbstgeschaffenen Sackgassen, aus denen am Ende die erst-besten Notlösungen herausführen – oder auch nicht!

Oder ein anderes geradezu dramatisches Beispiel. Mehrfach in der Geschichte des Lebens treffen die Paläontologen auf Katastrophen größten Ausmaßes. Allein am Ende des Perm vor 245 Millionen Jahren etwa gehen mehr als 80 % der gesamten Meeresfauna zu Grunde! Die Ursache dafür liegt allem Anschein nach in einem geologisch gut rekonstruierbaren Vorgang: Auf der Südhalbkugel der Erde driftet im Verlauf von Jahrmillionen der Superkontinent «Gondwana», in dem die Antarktis, Australien, Afrika , Südamerika und Indien miteinander vereinigt waren, über den Südpol und erzeugt durch ausgedehnte Vereisungen ein Absinken der Meerestemperaturen, das nur im tropischen Bereich des Tethys-Meeres noch maritimes Leben zuläßt. Ein derart einfaches Schema genügt zur Erklärung. Die schlimmsten Krisen und Katastrophen in der Geschichte des Lebens scheinen aus solchen simplen «mechanischen» Prozessen der Geologie herzurühren.

Allerdings nicht nur! Ein anderes ebenso spektakuläres Beispiel für die «Planlosigkeit» der Entwicklung des Lebens auf der Erde: Als vor 63 Millionen Jahren das Erdmittelalter mit dem Übergang von der Kreidezeit zum Tertiär endete und die Welt der Saurier – bis auf die Vögel und einige Echsenarten – ausstarb, ging diese Katastrophe vermutlich auf den Einschlag eines Meteoriten im Golf von Mexiko zurück. Riesige Brände und ein nachfolgender «atomarer Winter» (ein Szenario wie nach einem Nuklear-Krieg der «Groß»-Mächte) dürften die Photosyntheseproduktion unterbrochen und damit die Nahrungskette der Dinosaurier zum Zusammenbruch gebracht haben. Der Tod einer Lebenswelt, die in ihrer Vielfalt alle Nischen auf dem Land, in den Meeren und in der Luft mit großem Erfolg besetzt hatte, war unvermeidlich. Wohlgemerkt: der Planet Erde selbst ist aus der Kollision von Meteoriten entstanden; es hat sich am Ende der Kreide lediglich etwas ereignet, das auf Grund der Entstehungsbedingungen unseres Planetensystems als ganz «normal» erscheint; doch welch einem Gott wollte man zutrauen, daß er in Weisheit, Allmacht und Güte eine derartig verheerende globale Ausrottung so vieler Lebensformen hätte «zulassen» können? Rein logisch bleibt nur die Alternative, daß Gott entweder nicht «Macht» genug besaß, um einen solchen Meteoriteneinschlag zu verhindern, oder daß er nicht gütig genug war, um ihn zu verhindern, oder daß er bei der Schöpfung der Welt nicht über die nötige Weisheit verfügte, um

Katastrophen dieser Art in seiner Welteinrichtung vorhersehen zu können.

Freilich, wie die Natur nun einmal ist: Erst nach dem Aussterben der Saurier bekamen die Säugetiere nach einem mehr als 150 Millionen Jahre langen Dämmerdasein die Chance ihres Aufstiegs. Ohne die Katastrophe am Ende der Kreidezeit würde es «uns» wohl nie gegeben haben. Doch scheint es makaber und aberwitzig, zu unterstellen, da müsse ein Gott sein, der halt «von Ewigkeit her» eben dieses Desaster «geplant» und «gewollt» habe. Um es so einfach wie möglich zu sagen: ein solches Maß an Leid *darf* man nicht «wollen»; wem irgend hier eine Wahl gewesen wäre, der hätte sich *gegen* eine solche Katastrophe entscheiden müssen. Freiheit des Willens ist gebunden an Regeln der Moral, und diese verbieten es kategorisch, Zerstörungen dieses Ausmaßes, egal zu welchem «Zweck», anzurichten.

Doch gibt es denn solche «Zwecke»? Allzu lange haben die Menschen sich selber als «Zweck» sämtlicher Naturveranstaltungen betrachtet; wie aber, wenn sich nun zeigt, daß der Natur irgendein Retrovirus wie das *HIV* «wichtiger» ist als der liebste Mensch auf Erden? Oder der Tuberkelbazillus? Wie, wenn sich zeigt, daß menschliches Leben überhaupt nur möglich ist durch den permanenten «Krieg» des Immunsystems in unserem Körperinneren gegen eine ganze Armee von stets gegenwärtigen «Feinden»? Man geht einen Strand entlang und sieht dem Spiel der Wellen zu; jeden Augenblick entscheidet ihre Bewegung über das Leben unzähliger Seesterne, Krebse, Quallen und Muscheln; doch wer wollte denken, die Wellen bewegten sich so, um derartige Entscheidungen zu treffen? Es ist eine grausame Welt, die uns bei dieser Betrachtungsweise entgegentritt, und so schwer es uns fällt, nötigt sie uns mehr und mehr zu der Einsicht, daß in ihr Schmerz und Leid empfindende Individuen weder «gewollt» noch «gemeint» sind. Alles in biologischer Betrachtung spricht inzwischen dafür, daß der «Sinn» der nicht endenden Qualen und Strapazen in der Geschichte des Lebens einzig darin liegt, bestimmte Gene identisch zu reproduzieren; jedenfalls «bauen» sie sich den individuellen Körper eines Individuums als Überlebensmaschine zu eben diesem Ergebnis auf, und ihr Hilfsorganismus zerfällt in aller Regel sehr schnell, sobald sein «Zweck»: die Weitergabe der Gene, erreicht ist; bis dahin stehen die meisten Verhaltensstrategien der Tiere, von dem Aufbau eines Bienenstocks bis zur Übernahme eines «Harems» durch ein Löwenmännchen, im Dienste eben dieser «Ziel»setzung: die Verbreitung der eigenen Gene optimal zu gewährleisten. Auch was wir «Liebe» nennen, entstammt diesem Hintergrund.

Worauf die Naturwissenschaften uns demnach sowohl mit ihrer «darwinistischen» Denkweise als auch mit ihren Ergebnissen hinweisen, ist der zentrale *Fehler*, der durch die Verbindung oder besser: durch die Verwechselung des Gottes der Bibel mit dem Sein der griechischen Philosophie zustande kommt; es ist ein Fehler, der auf das engste mit der Umformung der religiösen Symbole in Informationen über historische «Tatsachen» oder in Begriffe zur Erkenntnis von «Tatsachen» zusammenhängt. Der Irrtum liegt darin, daß man den Begriff der Liebe auf eine Weise verwendet, als wenn sich damit eine objektive Eigenschaft, ja, eine Wesensqualifikation des Göttlichen formulieren ließe. Ausgehend von der «Liebe» als einer Wesenseigenschaft des «Schöpfers» erwartet man, daß gerade sie sich als eine objektive Eigenschaft in den Wirkungszusammenhängen der geschaffenen Dinge repräsentiert finden müsse; doch dann trifft man unausweichlich auf die Feststellung, daß gerade die «Liebe» *keine* objektive Eigenschaft im Verhalten der Natur darstellt, und schon sieht man notwendig den gesamten Gottesglauben in Frage gestellt. Was dann noch bleibt, ist die Zerstörung des menschlichen Denkens entweder durch die logische Zumutung des soeben erwähnten Teufelsglaubens oder durch die demütigende Schutzbehauptung von der «Unerforschlichkeit» der «Ratschlüsse» Gottes; das Ergebnis einer solchen Theologie besteht in dem Ende der Glaubwürdigkeit des Glaubens, – eine bittere Bilanz, die den Fehler des gesamten Denkansatzes demonstriert. In Wahrheit bezeichnet das Wort Liebe eine ganz und gar *subjektive* Gestimmtheit, ein Gefühl, das sich einer «Erklärung» nach Art einer objektiven Tatsache gänzlich entzieht. Was «*Sexualität*» ist, läßt sich heute schon in den neurologischen Abläufen und biologischen Zusammenhängen weitgehend *erklären*; was hingegen *Liebe* ist, läßt sich nur durch den Gleichklang von Gefühlen *verstehen*.

Im Rückblick erscheint es natürlich als ein allzu kindlicher Gedanke, es könnte so etwas wie «Liebe» sich als ein objektiver Ordnungszustand der Welt, als eine Manifestation des Wesens eines eben so gearteten Gottes in den Dingen darbieten. Allein schon die Erwartung, ein zentraler menschlicher Wertbegriff könne als Wertmaßstab aller Dinge zum Parameter der Weltbetrachtung erhoben werden, muß in die Irre führen. Die Welt hat weder die Pflicht noch überhaupt die Möglichkeit, «menschlich» und «liebevoll» zu sein. In der Welt war und ist es möglich, Wesen wie die Familie der Hominiden hervorzubringen und leben zu lassen, aber es ist so vermessen, eine hominoide, «menschliche» Welt zu postulieren, wie es aberwitzig wäre, wenn die Eichhörnchen eine eichhörnchenförmige Welt mit vielen Haselnüssen oder die Koboldmakis eine makiförmige Welt mit vielen leicht zu schnappenden Insekten verlangen wollten. Gerade daß sich die «Interessen» der verschiedenen Lebensformen in ständiger Konkurrenz um Nahrung, Lebensraum und Reproduktion wechselseitig begrenzen, nicht aber daß *eine* Art sich gegen den Rest der Welt durchsetzt, liegt in der «Absicht» der Natur. Es ist lediglich ein Relikt der alten Anthropozentrik oder auch einer Ideologie des uneingeschränkten Artegoismus, sich über Gott als den «Schöpfer» zu beklagen, weil er – entsprechend der Theodizeefrage – *nicht* «gerecht», *nicht* «gütig», *nicht* «barmherzig» usw. mit dem Menschen verführe. Die Natur behandelt auch uns Menschen als Wesen der Natur, ohne Sonderrechte und Sonderansprüche.

Wie aber kommen wir dann überhaupt darauf, uns *nicht* allein als Wesen der Natur, sondern eben: als «Geschöpfe» oder «Kinder» Gottes zu betrachten? Was meinen wir, wenn wir sagen: «Ich glaube an Gott, den ‹allmächtigen› Vater, Schöpfer des Himmels und der Erde», wie es das kirchliche Glaubensbekenntnis formuliert? Es kann nicht länger mehr mit einem solchen Sprechen gemeint sein: «Ich kenne – im Unterschied zu den Naturwissenschaftlern – die wahre Ursache der Welt. Ich weiß um den Grund für den Anfang des Universums und habe vor Augen das Ziel und das Ergebnis seiner gesamten Entwicklung.» Alle «objektiven» Behauptungen über die «Welt» in kosmologischem oder biologischem Sinne müssen vielmehr als Mißverständnisse des Symbolismus religiöser Rede aus dem «Glaubensbekenntnis» eliminiert werden. Anders gesagt: Die Wirklichkeit Gottes ist nicht «gegenständlich» «objektiv» zu begreifen; sie befindet sich gewissermaßen nicht vor, sondern hinter uns, «im Rücken» des Subjekts. Denn *das* eigentlich bezeichnet der Glaube an Gott: Er drückt die Überzeugung aus, daß *im Widerspruch* zur «objektiven» Wirklichkeit der *subjektive* Faktor der Liebe den Grund der Existenz bildet.

Die Frage: Warum bin ich? kann für einen Menschen niemals zureichend mit dem Hinweis auf das zufällige Zusammenspiel einer Reihe beliebiger Ursachen beantwortet werden. Um die radikale Nicht-Notwendigkeit, die «Kontingenz» der menschlichen Existenz und der menschlichen Freiheit innerhalb der Welt des Relativen zu schließen, bedarf es einer unbedingten Bestätigung und Bejahung, wie sie nur in einer absoluten Liebe gegeben ist. Nicht einer kausalen Begründung der objektiv bestehenden Welt dient der Glaube an Gott, sondern der Existenzbegründung des menschlichen Daseins aus einer unvordenklichen Liebe.

Die Alternative, die sich stellt, läßt sich *so* formulieren: In einer Welt ohne Gott ist nicht zu sehen, wie es wesentlich so etwas geben sollte wie Erbarmen, Mitleid, Güte oder Verstehen angesichts von Schwäche, Fehlbarkeit und Schuld; allenfalls ließe sich zeigen, daß entsprechende Verhaltensweisen eine relative Funktion für den Erhalt der menschlichen Art besitzen könnten; um wesentlich an die Liebe zu glauben, gilt es etwas zu entdecken, das *nicht* identisch ist mit der Natur, sondern das die gesamte Naturordnung absolut übersteigt. Der Glaube an Gott ist nicht erforderlich, um zu erklären, warum es die Welt gibt – vermutlich bald schon wird eine «Große Vereinigte Theorie», mit Hilfe eines überzeugenden Konzepts der «Quantengravitation», ein physikalisches Weltmodell vorstellen, das auch die Frage der Entstehung des Kosmos plausibel beantwortet; der Glaube an Gott ist buchstäblich «notwendig», um eine Welt*deutung* zu ermöglichen, innerhalb derer das Selbstverständnis des Menschen von eben denjenigen Haltungen getragen wird, die Geltung in der Kultur, doch eben nicht in der Natur beanspruchen. Wer sagt: «Ich glaube an Gott», der bekundet damit, daß er nicht aus Angst, sondern aus Vertrauen sein Leben gestaltet sieht, nicht aus dem Kampf ums Dasein, sondern aus dem Respekt vor allem, was lebt, nicht aus der Konkurrenz um Macht und Geltung, sondern aus dem Wunsch, helfend und dienend durch die Dinge zu gehen.

Die Frage der «Theodizee» ist mithin im Grunde falsch gestellt; sie ist die Folge eines fundamentalistischen Mißverständnisses im Sprechen von Gott. Man verwechselt ganz einfach Daseinsauslegung (Hermeneutik) mit Welterklärung (Metaphysik), man interpretiert eine zentrale Chiffre der Begründung des Sinns menschlicher Existenz mit einem Begriff zur Erklärung des Seins der Welt, man stellt Fragen der Geisteswissenschaften auf eine Art und Weise, als ob Theologie (oder Philosophie) nichts weiter wäre als eine spekulative Vorform der Naturwissenschaften. Natürlich geht es so nicht! Statt erklären zu wollen, was ein Gott sich dabei gedacht haben könnte, daß es so viel Leid und Schmerz in der Welt gibt, geht es im Glauben an Gott vielmehr darum, den eigenen Willen dahin zu lenken, so viel als möglich die Macht von Leid und Schmerz auf Erden zu mildern. Die «Lösung» der Theodizeefrage ist nicht mit dogmatischen Mitteln zu leisten, die Frage selbst erledigt sich nur durch ein wirkliches Leben aus Glauben.

In dieser Einsicht liegt wohl die wichtigste Folgerung aus dem Scheitern der «Rechtfertigung Gottes» angesichts des Leids der Welt: An Gott kann man nicht glauben, wie man an die Vereinbarkeit von Relativitätstheorie und Quantenmechanik «glauben» kann; Gott ist nicht das Plausibilitätsschema einer in sich abgeschlossenen Kosmologie, ein synthetischer Begriff zur Zusammenfassung aller möglichen Welterkenntnis, ein Gedankenkonstrukt, dessen Erstellung und Verwaltung am besten den Dozenten der Theologie und den Bischöfen der «christlichen» Kirchen überlassen bliebe; Gott als das Gegenüber eines absoluten angstüberwindenden Vertrauens und als der Ursprung einer für wesentlich genommenen Haltung von Liebe und Güte ist nur zu finden in einer bestimmten Art zu leben. Eben deshalb kann man sagen, daß uns überhaupt erst das Leben JESU den Glauben an Gott als den «Vater» zu schenken vermag. Je nachdem, was ein Mensch glaubt, entscheidet sich, was für ein Mensch er ist.

Im ganzen bietet sich zur religiösen Deutung der Natur vornehmlich der *Hinduismus* als ein mögliches Interpretationsschema an. Im Erbe einer 5000jährigen Religionsgeschichte verfügt die Religion Indiens zweifellos über die reflektierteste und am meisten symbolreiche Sicht der Natur unter allen Religionen, und es ist an Tiefe und Weite ein Außerordentliches, was das Christentum insbesondere in der Schule *Shiva*s lernen könnte und lernen müßte.

Der entscheidende Punkt der hinduistischen «Theologie» ist ein Denken, das von alters her den *Mythen* eigentümlich ist und das die Ägyptologin EMMA BRUNNER-TRAUT mit einem treffenden Wort als *aspektives* Denken bezeichnet hat. Der mythische Symbolismus «weiß», daß es nicht möglich ist, das «Wesen» des Göttlichen in «perspektivischen», logisch ableitbaren und konsequent zu verknüpfenden Begriffen zu erfassen; er begnügt sich damit, Gott mit Hilfe einer Reihe von einander nicht selten widersprechenden, doch einander komplementären Bildern zu beschreiben. Gerade eine solche «aspektive» Theologie hat die Kirche im Zusammenhang mit der «Trinitätslehre» schon im 3. Jahrhundert als «Häresie» verworfen; der Lybier PTOLEMÄUS SABELLIUS hatte gelehrt, daß die drei «Personen» der Gottheit: der Vater, der Sohn und der Heilige Geist, sich als drei verschiedene «Aspekte» des Göttlichen zu verstehen gäben; das sei falsch, erklärte das *Concilium Romanum* im Jahre 382. Doch seitdem erkauft sich die kirchliche «Trinitätslehre» ihre dogmatische Eindeutigkeit durch eine endlose Kette von fanatischen Verurteilungen, gewalttätigen Ausschließungen, grausamen Hinrichtungen und immer rätselvolleren Verklausulierungen eines «Mysteriums», das sich (zumindest in dieser kruden «Logik») jeder menschlichen Fassungskraft entzieht. Dabei erscheint das *Bild,* eben nicht das «Dogma», der *indischen* «Trimurti» (Dreifaltigkeit) von einer bestechenden Einfachheit und Schönheit.

In der Bucht von Bombay, auf der kleinen Insel Elephanta, befindet sich ein Höhlentempel aus dem frühen 7. Jh., der die Gottheit *Shiva* von drei Seiten nach dem Vorbild der *Trimurti* zeigt. (Abb. 4) Betrachtet man die Gottheit von der Seite der «Schöpfung» her, so erscheint sie als «*Brahma*», und es ergeht dem Betrachter bei ihrem Anblick, wie wenn er versucht, in die Sonne zu blicken: Geblendet von der Fülle des Lichtes, wird es ihm unmöglich, zwischen dem Sonnenlicht und der Sonne zu unterscheiden; – in der Sprache des *Hinduismus*: Ob die Gottheit *Brahma* selber die Schöpfung oder ihr Schöpfer ist, ob sie als «unbeschaffener Brahma» eine bloße Kraft ist, die das ganze Universum durchzieht, oder ob sie als «beschaffener Brahma», als «Person» vorgestellt werden muß, welche die Welt als getrennt von sich in die Wirklichkeit gesetzt hat, muß ununterscheidbar bleiben, solange man die Gottheit *nur* von der Schöpfung her sieht. Ob Gott in der Welt sich offenbart oder verhüllt, wer will das wissen?

Ein ganz anderer «Aspekt» der Gottheit indessen wird sichtbar, sobald man begreift, wie schützenswert kostbar alles, was lebt, sich den Augen eines menschlichen Betrachters darbietet. Hat irgend jemand wirklich das Recht, über das hinaus, was er selber zum Leben benötigt, an fremdem Leben zu schädigen oder zu töten? Je genauer man die Einrichtung auch nur eines winzigen Lebewesens: eines Pfauenauges oder eines Kolibris, eines Grashüpfers oder eines Zaunkönigs betrachtet, desto wunderbarer und erhaltenswerter wird einem das Leben in all seinen Erscheinungen entgegentreten. Und offenbar ist auch *dies* eine Seite des Göttlichen: Die liebevolle Begleitung, mit der sie alles, was lebt, im Dasein erhält; der Gott *Vishnu*, zweifellos, ist nicht anders vorstellbar denn als eine solche personhafte, liebende, gütige Gottheit.

Aber auch der ständige Wechsel, ja, die unfaßbare Einheit von Aufbau und Zerstörung, von Entstehen und Vergehen, von Geburt und Tod, der an jeder Stelle in der «Schöpfung» sich ausdrückt, stellt eine wesentliche Seite des Göttlichen dar. Das in der christlichen Theologie unlösbare Problem der *Theodizee* verdichtet sich in indischer Betrachtung in der Gottheit *Shiva*, aus deren Haupt, dem Berge Kailasha, der Ganges entspringt, der den hinduistischen Pilgern als Strom des Lebens selber: des Todes wie der Wiedergeburt, erscheint. An seinen Ufern, vor allem in der heiligen Stadt Benares, werden allmorgendlich die Körper der Verstorbenen verbrannt und ihre Asche dem Fluß übergeben. So wie der Ganges nie aufhört zu fließen und allerorten neues Leben erweckt, so ist das menschliche Dasein nur eine Welle in einem endlosen Fluß immer neuer Gestaltungen. Wer im Bild des männlichen Lingam und der weiblichen Yoni die Gestalt *Shivas* als die Fruchtbarkeit ewigen Zeugens erkennt, dem vergeht alles Fragen zugunsten einer tiefen Einwilligung in den Gang der Dinge selbst.

Aber welches Bild ist nun das «richtige»? wird die christliche Theologie sogleich fragen. Sie kennt nur *die* Wahrheit, nicht eine Vielzahl von wahren, weil wirklichkeitvermittelnden Bildern.

Abb. 4: Aus dem frühen 7. Jh. stammt das Relief in dem Felsentempel in der Bucht von Bombay, das den «Großen Gott» (*Mahadeva*) Shiva zeigt als ein dreigesichtiges, alle Gegensätze vereinigendes Wesen: In der leidenschaftslosen Ruhe des mittleren Antlitzes verkörpert die Gottheit die Ewigkeit. «...über der rechten Schulter der göttlichen Erscheinung zeigt sich ... das männliche Profil ... Entsprechend erscheint zur linken ... das Profil des weiblichen Prinzips ...], schwellend von Verheißung aller Süße.» «... das mittlere Haupt ist in einer erhabenen, träumerischen Entrücktheit in sich selbst verschlossen. Mit seiner Bewegungslosigkeit bringt es die beiden Gebärden rechts und links zum Schweigen, das Spiel ihrer antagonistischen Züge nicht im geringsten beachtend... Groß in seiner transzendentalen Ruhe, umfassend, rätselhaft, unterwirft er sie und vernichtet die Wirkungen ihrer schöpferischen Gespanntheit in ewiger Ruhe.» (H. ZIMMER: Indische Mythen und Symbole, Düsseldorf–Köln, 166–167) Während christliche

Theologinnen und Theologen sich immer noch darum streiten, ob Gott nun «männlich» oder «weiblich» sei, bietet die indische Ikonographie nicht nur eine symbolisch überzeugende Lösung dieser Frage, sondern enthält auch eine tiefsinnige Aufforderung zu einer weisen, integrativen Lebensweise im Gegenüber der Gottheit. Das Bild der hinduistischen *Trimurti,* das sich in der Religion Shivas als der Großen Gottheit fortsetzt, erhält auf diese Weise eine psychologisch sinnreiche Ausdifferenzierung.

Doch die Entgegnung der hinduistischen Frömmigkeit liegt auf der Hand: Alle Bilder in ihrem Widerspruch zeigen das Angesicht Gottes gültig und gütig und groß. Und es steht jedem frei, mit *dem* Bild zu leben, das ihm, entsprechend dem Reifegrad seiner geistigen Entwicklung, am meisten an Leben ermöglicht. Es war RAMAKRISHNA (1834–1886), der davon sprach, daß die *Ghats*, die Treppen zum Ganges, viele Stufen besitzen und daß jemand, der im Strom *Shivas* in das Bad der Reinigung und des ewigen Lebens zu tauchen versucht, all die Stufen betreten muß, die zum Flusse hinabführen, ohne auf einer von ihnen stehenzubleiben... Die Wahrheit Gottes, grad weil sie «Liebe» ist, läßt sich nicht wissen, sie läßt sich nur leben: – in Toleranz und Respekt vor jedem ehrlich Gott Suchenden.

WIE IN EINEM SPIEGEL
ODER: VON DER BEWAHRUNG UND BEWÄHRUNG DES MENSCHLICHEN

Wenn in solcher Weise der Gebrauchswert der Religion außer Frage steht, ja, wenn sich die Selbstbegründung des Menschen inmitten einer unmenschlichen Welt auf das Engste mit religiösen Evidenzen und Vorgaben deckt, wenn sich zudem die basale Angst der menschlichen Existenz ganz offenbar nur durch ein religiös begründetes Vertrauen vor einer geradezu wahnhaften Angstgewärtigung und ruinösen Angstsicherung retten läßt, so stellt die Frage sich nicht länger, ob «der Glaube Hoffnung» hat, es zeigt sich vielmehr, daß der Glaube (die einzige Form von) Hoffnung *ist*, und zu fragen bleibt nur, in welcher Form der Glaube in die Zukunft hinein sich artikulieren wird.

Eines ist klar: Kein Mensch kann wissen, welch einen historischen Weg die Weltreligionen auch nur in den nächsten Jahrzehnten, geschweige denn in den nächsten Jahrhunderten nehmen werden. Wird es dem amerikanischen Willen nach Weltherrschaft gelingen, die islamische Kultur wirtschaftlich und politisch so weit zu destabilisieren, daß auch religiös eine tiefe Identitätskrise sich daraus ergibt? Welch eine Rolle will oder kann die katholische Kirche bei ihrem Versuch einer «Neuevangelisation» der westlichen Welt spielen? Wie weit wird die Aufsichtspflicht souveräner Staaten die Infiltration von Banken, Parteien und Medien mit Hilfe des rechtslastigen Geheimbundes des *Opus Dei* weiterhin passiv dulden, wie lange noch wird man den Vatikanstaat in seiner institutionalisierten Vermischung von Religion und Politik vor dem Forum der UNO akzeptieren? Wird es den Kirchen der Reformation gelingen, ihre nun 450 Jahre alten Reformkonzepte zur Veränderung der Kirche Roms plausibel zu machen, oder werden sie umgekehrt sich von dem Beharrungswillen des päpstlichen Zentralismus assimilieren lassen? Wie wird die zu vermutende Vorherrschaft Chinas in einer Welt von morgen sich religiös auswirken und welch einen Part werden dabei Taoismus, Buddhismus, Islam und Hinduismus im «Konzert» ostasiatischer Weisheit übernehmen?

Das alles wissen wir nicht.

Und doch lassen sich eine Reihe von *Richtungen* benennen, in denen die Religion sich bewegen muß, weil nur entlang diesen «Trassen» ein Weg in die Zukunft sich finden läßt. Drei dieser «Richtungen» scheinen die wichtigsten, und sie lassen schon heute sich klar formulieren.

a) Die Religionen, die bisher der Unterscheidung und Trennung großer Menschengruppen von einander entlang bestimmter Kultur- und Glaubensgrenzen dienten, werden sich zunehmend als Teilbeiträge zum Dialog und zur *Einladung einer in sich vereinigten Menschheit* verstehen müssen. Sie alle sind nicht schon von selber im Besitze der Menschlichkeit, sie waren und sie sind lediglich auf unterschiedlichen Pfaden unterwegs zu diesem einen Ziel; in diesem Wegcharakter liegt ihre begrenzte Gültigkeit, in diesem gemeinsamen Ziel ihre unbegrenzte Geltung.

b) Zugleich mit der Einheit des Menschen mit sich selbst wird *die Einheit des Menschen mit der ihn umgebenden Natur* ein religiös zentrales Thema werden. Nicht die Herauslösung des Menschen aus der Natur, wie sie seit 8000 Jahren, vom Neolithikum an bis heute, den Gang der Religion zunehmend bestimmt hat, wird weiterhin als Grundlage des religiösen Selbstverständnisses gelten, vielmehr werden Kultur und Natur in eine verträgliche Einheit gebracht werden müssen, und es wird die Religion sein, die den entsprechenden Symbol- und Begriffsapparat zu einer solchen Integrationsleistung wird zu erstellen haben.

c) Desgleichen wird *die Integration der inneren Natur* des Menschen eine zentrale pädagogische und therapeutische Aufgabe der Religion darstellen. Die Frage der religiösen Erziehung zu interkultureller Toleranz, ökologischem Bewußtsein und psychischer Integration wird sich auf eine Weise stellen, die es nicht länger erlaubt, die religiöse Begleitung vor allem von Kindern und Jugendlichen in den Schulen der jeweiligen Staaten weiterhin den «zuständigen» Kirchen oder kirchenähnlichen Behörden zum Zwecke konfessionseigener Indoktrination zu überlassen. Religiöse Erziehung wird eine Erziehung zu Mündigkeit und Freiheit sein, oder sie wird überhaupt nicht sein.

Indem wir diesen drei «Aspekten» abschließend noch ein wenig näher nachgehen, wird sich natürlich ganz elementar auch

d) die Frage nach der *Eigenart der religiösen Rede* stellen: Wie läßt sich glaubwürdig vom Glauben an Gott sprechen? In einem kleinen Katalog religiöser Stichworte werden wir eine Reihe von Vorschlägen zur Übersetzung und zum Verständnis einiger wichtiger religiöser Bilder und Begriffe unterbreiten. «Was meine ich, wenn ich sage: *Schöpfung,* oder: *Auferstehung,* oder: *Engel,* oder: *Sünde...*?» Zur Beantwortung von Fragen dieser Art wollen wir, in Abarbeitung einer Menge kirchlich bedingter Mißverständnisse, eine vorsichtige Hilfestellung versuchen.

«Gott ist größer»
oder: Die notwendige Einheit des Religiösen

Noch immer bedeutet Theologie zu studieren überall auf Erden so viel wie das intellektuelle Training im Nachsprechen all der guten Gründe, die zeigen sollen, warum just die eigene Religionsform allen anderen Religionsformen der Welt «unendlich», das heißt auf göttliche Weise, an Weisheit und Wahrheit überlegen ist. Natürlich hebt der Absolutheitsanspruch *aller* Religionen sich wechselseitig auf: Keine Religion kann von Gott sein, wenn sie behauptet, *einzig* von Gott zu sein. Doch solange die «Wahrheit» des Religiösen immer noch in Dogmen und Doktrinen gesetzt wird, bleibt uns der betrübliche Gegenwartszustand des religiösen Bewußtseins erhalten; allerdings ist bereits absehbar, daß es so wie bisher nicht länger mehr weitergeht. Seit den Tagen der Aufklärung, vor 200 Jahren, gilt den Gebildeten in der westlichen Welt das kirchliche Dogma nicht länger als Ausdruck unwidersprechlicher Wahrheit, sondern allenfalls als ein Symbol, das selber der Interpretation bedarf, um zu zeigen, was es zwar nicht für den Machtgewinn der Kirche, wohl aber für die Gestaltung des Lebens bedeutet. Und diese Einstellung des Bewußtseins verbreitet sich wie von selbst. Sie ist identisch mit dem fortschreitenden Verlust der Kirchenautorität.

Systemtheoretisch betrachtet, erleben alle Religionen derzeit eine Phase der «Fluktuation». Regeln und Grenzen, die vor kurzem noch für unüberschreitbar galten, verlieren in Windeseile an Wertigkeit; selbst wichtige «Lehrinhalte» der Tradition sind nicht mehr bekannt oder werden doch kaum noch zur Kenntnis genommen. Dafür wächst die Neigung und Neugier nach neuen geistigen Arrangements. Diese Phase der derzeitigen Entwicklung, die deutlich genug die Merkmale von Umbruch und Übergang zeigt, ist in sich selbst unvermeidbar und voller Chancen, doch auch nicht gänzlich ohne Gefahren.

Es geht, um Mißverständnissen vorzubeugen, bei diesen «Gefahren» durchaus nicht um die von den Kirchenvertretern häufig beschworene und heftig gefürchtete «Beliebigkeit», die aus der Verbindlichkeit der Lehren einer bestimmten Religion eine Art Warenhandlung mit einem Sortiment für jeden Wunsch und jedes Bedürfnis zu machen drohe. Gewiß, die disziplinäre Strenge der kircheninternen Dogmen geht in unseren Tagen unwiderruflich dahin; jedoch offen gefragt: Was eigentlich hatte denn der «Glaubensgehorsam» gegenüber den tradierten Sprachregelungen der religiösen Verwaltung je mit dem Ernst wirklich religiöser Existenz zu tun? Das verständnisloseste Nachsprechen der bizarrsten Formeln genügte unter der Dominanz des dogmatischen Prinzips, um die «Aufseher» (die *episkopoi*, die «Bischöfe») der jeweiligen Kirche durch die Demonstration des geforderten «Glaubensgehorsams» zufriedenzustellen. Unterwerfung unter die herrschende Macht, nicht der Entscheidungsernst eines persönlich gelebten religiösen Lebens bildete den Sinn und den Zweck dieses Kirchendogmatismus. In sich selbst bedeutete er den reinen Nihilismus, um nicht zu sagen: den blanken Zynismus in den Händen und im Munde religiöser Mandarine und Palladine.

Am klarsten wurde diese Tatsache in Europa bereits vor rund 300 Jahren. Nachdem der römische Papst an der Seite des Kaisers jahrhundertelang die Unterwerfung einer größtmöglichen Schar von Menschen unter die «geistliche Macht» des «Nachfolgers Petri» beziehungsweise des «Stellvertreters Christi» betrieben hatte, fanden nach den entsetzlichen Wirren eines 30jährigen Religionskrieges die Fürsten nicht ganz zu Unrecht, daß, ebenso gut wie bis dahin Kaiser und Papst, fortan nun auch sie selbst ihren Untertanen vorschreiben könnten und sollten, wes Glaubens sie zu sein hätten. *Cuius regio, eius et religio* – der Ort bestimmt das Gotteswort, oder: Fürstenmacht ist Gottesmacht! Seit dieser Formel des Augsburger Religionsfriedens schon von 1555 ergibt sich der konkrete Inhalt des Religiösen allein aus der Dekretion und Dezision der Macht. Da ist kein Gott mehr, der zu glauben wäre; woran vielmehr zu glauben ist, besteht in nichts anderem als in der Reverenz und Observanz gegenüber der («gottgesetzten»?) Obrigkeit. Religion reduziert sich unter solchen Umständen zu einem göttlich verbrämten Regionalphänomen. Mit einem Wort: Aus dem «Schöpfer des Himmels und der Erde» wurde ein Hoflakai und «Bürgergeneral». Da «hatte» man Religion, um sie endgültig nicht mehr zu haben. Kirchen, deren gesellschaftlicher Einfluß in der Gegenwart sich aus eben diesem historischen Hintergrund herleitet, haben wohl kein Recht, beim Zerfall ihrer geistlichen Herrschaft den «Gläubigen» vorzuwerfen, sie machten sich selbst «nach Belieben» ihre Religion zurecht. Jeder weiß, wie sie selber es waren, die den Glauben der Menschen in schamloser Weise ausgebeutet haben, um im Namen «Gottes» buchstäblich nach «Belieben» schalten und walten zu können.

Was wir derzeit erleben ist im Grunde, Gott sei Dank, das Ende jenes «Verordnungsglaubens». Die Menschen heute möchten endlich selber fühlen, erfahren und erleben, was in den Stunden der Not sie persönlich trägt, und wenn sie dabei in alle Richtungen greifen, so nur, weil sie nach der Havarie des «Schiffes Petri» (und jedes anderen Kirchenschiffes) wie Ertrinkende jeden Strohhalm zu erhaschen suchen, wie wenn der ihre Rettung wäre.

Die Gefahr, die darin tatsächlich liegt, besteht in der unorganischen Verschmelzung von an sich völlig heterogenen Gedankengebilden ohne geistig kompetente Zuordnung. Es ist so ähnlich wie bei dem globalen Artentransfer von Pflanzen und Tieren, der sich biologisch derzeit vollzieht: Die Brunnenkresse zum Beispiel ist eine harmlose Bewohnerin europäischer Gewässer, doch nicht so in den Flüssen Australiens, in denen sie unter tropischen Bedingungen Riesenformen entwickelt, die ganze Flußläufe verstopfen können; Kaninchen, die bei einer Vielzahl von Feinden in einer intakten Lebensgemeinschaft (Biozönose) in Europa ökologisch kein Problem darstellen, wurden kurze Zeit schon nach ihrer «Einbürgerung» in Australien im Jahre 1788 zu einer wahren Landplage; Eskimos, die im «ewigen Eis» keine Immunabwehr gegen das Grippevirus aufgebaut hatten, konnten durch die bloße Begegnung mit Europäern tödlich infiziert werden... Beispiele dieser Art lassen sich endlos vermehren. Sie zeigen, daß es in der

Biologie nicht ohne Risiko möglich ist, Arten, die in einer bestimmten Umgebung gedeihen, in einer ganz anderen Umgebung anzusiedeln.

Und analog nun bei der Übernahme von Versatzstücken fremder Kulturen und Religionen in die eigene Kultur und Religion: da kann sehr leicht etwas zusammenkommen, das geistig sich nicht verträgt und nur um den Preis einer schleichenden Schizophrenie des Geistes zu einander drängt.

Das beste Beispiel für eine solche nicht ungefährliche Möglichkeit bietet der derzeitige *Esoterikboom.* Als eines seiner Hauptmerkmale läßt sich die Suche nach einer Synthese in die genannten drei «Richtungen» hervorheben: einer kulturellen, ökologischen und psychischen Integration; doch die Art dieser «Integration» erfolgt nicht in der Form einer wirklichen geistigen Syntheseleistung, sondern eher additiv, nach der Devise: Alles ist möglich.

Ein Begriff zum Beispiel, der in der Physik außerordentlich nützlich und berechtigt ist: der Begriff der *Energie,* wird in der Esoterik so gebraucht, als wenn die physikalische und psychische Realität auf derselben Ebene lägen, und so kommt es zu Mißverständnissen aller Art. Natürlich kann man von einer «psychischen Energie» im Sinne eines Bildes reden, wenn man den physikalischen Energiebegriff vor Augen hat, definiert als Vorrat an Arbeitsfähigkeit (Arbeit als Produkt von Kraft mal Weg): es wird sich nicht leugnen lassen, daß eine «energische» Seelenlage «etwas» zu «bewegen» vermag; doch dieses «etwas» ist keine materielle «Masse»; das ganze Sprechen von «Energie» macht in der Psychologie nur Sinn, wenn es seine eigene Bildhaftigkeit eingesteht und reflektiert. Doch genau das geschieht nicht in der esoterischen Literatur; sie faßt – in einer fatalen Parallele zum katholischen «Lehramt» – das Bildhafte «wörtlich», das Analoge homolog, das Symbolische begrifflich, und daraus ergeben sich nicht unbedenkliche Konsequenzen.

Es macht zum Beispiel einen außerordentlichen Unterschied, ob jemand sagt: «Ich finde Dich wunderbar», oder: «Du hast eine positive Ausstrahlung». In dem einen Falle äußert jemand sich selbst als Person mit dem eigenen höchst subjektiven Gefühl, im anderen Falle vergegenständlicht er sein intimes Empfinden und schildert es als einen objektiven, an und für sich bestehenden Tatbestand, der subjektunabhängig, in der Tat wie ein physikalisches Phänomen, begriffen werden soll. Es ist klar, daß eine solche Sicht auf die Mitmenschen und die Welt das eigene Ich immer unbeteiligter, winziger, ja, selber «objekthaft» darstellen muß. Zudem vermittelt ein derartiges Weltbild den Eindruck, als sei die angenommene «psychische Energie» in «Feldern» strukturiert, die mit einander unmittelbar («instantan») in Wechselwirkung zu einander stünden. Halb oder gar nicht verstandene Erkenntnisse der Quantenphysik werden bemüht, um «Gedankenübertragungen», «Synchronizitäten» von Ereignissen und was auch immer plausibel zu machen. Tritt zu einer solchen symbolisch vergegenständlichten Bewußtseinslage dann noch ein starker emotionaler Konflikt hinzu, so ist nicht selten der Übergang zu paranoischen Ideen unvermeidbar.

Ein anderes Beispiel: In einer Indianerkultur Nordamerikas ist und war es gewiß nicht unsinnig, bestimmte «heilige Berge» oder «heilige Steine» zu verehren; eine solche Haltung ergab sich wie von selbst aus einer Weltsicht, in der die äußere Landschaft im Raum als eine Art *«Seelenlandschaft»* betrachtet wurde, die ihre eigenen «Kraftpunkte» aufwies. Anders indessen in der Weltsicht einer Kultur, die geradezu darin gründet, Innen und Außen streng von einander zu unterscheiden und beides «nur» symbolisch miteinander in Entsprechung zu setzen; in einer solchen Kultur muß es als «Regression zum magischen Denken», als «Projektion» bestimmter Ängste und Wunschphantasien, als Depersonalisation und Ichverlust erscheinen, wenn jemand erklären wollte, daß bestimmte Steine oder Bergformationen über «heilende Energien» verfügten. Was in der einen Kultur (noch) als Glaube erscheint, kann und muß in einer anderen Kultur als Unglaube erscheinen, was hier als Sinn, dort als Unsinn, was hier als Gebot, dort als Verbot.

Gleichwohl, trotz mancherlei Mißverständlichem und Mißbräuchlichem, läßt sich voraussehen, daß – auch außerhalb der Esoterik – der Trend zu «ungeordneter Vermischung» religiöser Inhalte weitergehen und irgendwann etwas Wohlgeordnetes, Neues schaffen wird.

Der Vorgang selbst weist eine gewisse Ähnlichkeit zu dem Prozeß auf, bei dem *eine neue Sprache* sich herausbildet, indem ursprünglich getrennte Sprachen: zum Beispiel das Lateinische, Keltische und Germanische, sich zu einer neuen Sprache: dem Französischen, vermischen. Vorausgesetzt ist dabei, daß es *keine Kontrollinstanz* gibt, die darüber wacht, daß die grammatikalischen Regeln der jeweiligen Einzelsprache und ihr lexikalischer Wortgebrauch streng befolgt werden; – das Französische zum Beispiel wäre niemals entstanden, wenn die römischen Caesaren in der «Provinz» Praefekten für die Reinerhaltung des Lateinischen angestellt hätten; das Französische wäre auch nicht entstanden, wenn eine Expertenkommission damit beauftragt worden wäre, zur besseren Verständigung der verschiedenen Völker eine Einheitssprache zu konstruieren; auf solche Weise wäre vielleicht eine Art *Esperanto* entwickelt worden, niemals aber hätte die Volkssprache des Französischen sich gebildet. Eine solche Sprache konnte nur entstehen, weil eine Menge von Menschen unterschiedlicher Sprachen miteinander redeten und *ohne Aufsicht und Programm* nach dem Weg der einfachsten Verständigung untereinander suchten. Was dabei herauskam, war prinzipiell unvorhersehbar, es war ein wirklich Neues, das sich nicht aus einer Zusammenfügung von Einzelelementen herleiten ließ, – eine neue Syntax, eine neue Phonetik, aber eine breite Übernahme der bereits fertigen Begriffe, gefiltert durch das Merkmal des «besten Gebrauchswertes».

Ganz ähnlich, darf man vorhersagen, werden sich auch die Religionen in einer global vereinigten Menschheit von morgen miteinander vermischen. Für diesen Vorgang ist es geradezu unvermeidbar, daß der päpstliche Überwachungszentralismus zur Einhaltung der «katholischen» Redewendungen beim «Bekenntnis» des «christlichen» Glaubens bis zur Bedeutungslosigkeit *ab-gebaut* wird und ein spontanes «Reden» miteinander die alte «Sprachzensur» ersetzt. Die Basis des sich entwickelnden Neuen wird von einem einfachen Austausch religiös hilfreicher und relativ mühelos erlernbarer, irgendwie «selbstverständlicher» Erfahrungen gebildet werden. Bildlich gesprochen: um die Berge des Alpenmassivs miteinander zu verbinden, kann man nicht von den am meisten ausdifferenzierten Zonen, von den «Bergspitzen», ausgehen, man kann Verkehrswege und Straßen nur in den «Tälern» anlegen. Die Gemeinsamkeit der Religionen findet sich weit unterhalb der kulturell bedingten Anpassungsformen, in denen die «Theologen» der jeweiligen Religion oder Konfession die Grunderfahrungen des «Glaubens» immer genauer an die speziellen geistigen Gegebenheiten ihrer Zeit anzugleichen versucht haben.

Es ist eine ganz einfache Tatsache, die festzustellen für die jeweiligen theologischen Systeme allerdings eine desaströse Wirkung hinterläßt, wenn wir sagen, daß der BUDDHA selbstverständlich kein «Buddhist» und JESUS kein «Christ» und MOHAMMED kein «Mohammedaner» war. Tatsächlich aber kann es ingesamt nicht länger mehr darum gehen, die jeweiligen Religions«stifter», die durchaus keine neue Religion «stiften», sondern lediglich die vorhandene Religiosität jeweils in ihrem Ursprung vertiefen und erneuern wollten, nach dem Vorbild mythischer Deutungsschemata zu vergöttlichen und in ritualisierten Schemata «gottesdienstlicher Handlungen» zu verfeierlichen; fortan wird es einzig darum zu tun sein, die Erfahrungen für sich selbst zu gewinnen, aus denen heraus jene großen Vorbildgestalten selbst lebten.

Unschwer läßt sich dann finden, wie *menschheitlich gleich* die Grunderfahrungen sind, aus denen im Wurzelwerk der «Baum» der Religion erwächst, der sich seinerseits aus einem einzigen «Stamm» in die verschiedenen Äste der «Krone» verzweigt. An *zwei Beispielen* sei (in gebotener Kürze) gezeigt, wie entgegen dem Urteil der jeweiligen «Theologen» scheinbar ganz unterschiedliche religiöse Praktiken und Überzeugungen sich miteinander vereinbaren lassen, wenn man sie nicht «dogmatisch» interpretiert, sondern sie von den Sehnsüchten und Erfahrungen her zu verstehen sucht, die ihnen zugrunde liegen; sprechen wir vom *Gebet* und von dem Glauben an «*ewiges Leben*».

Unter «*Beten*» wird in allen drei biblischen Religionen (Judentum, Christentum und Islam) das Sprechen des Menschen mit Gott verstanden; worüber im Gebet gesprochen wird, kann sehr verschieden sein: Bitten, Klagen, Beschwerden, Danksagungen – alles kann zum Inhalt eines Gebetes werden; und so ist denn die Überzeugung «gebetstheologisch» unerläßlich, daß da ein Gott sei, der als Person die Worte der Menschen «höre» und «erhöre». JESUS etwa hat in seiner «Gebetsschule» den Jüngern immer wieder Mut gemacht, zu diesem Gott vertrauensvoll, wie ein Kind zu seinem Vater, sich in aller Not zu wenden und darauf zu vertrauen, daß Gott «alles» erfüllen werde, worum seine «Kinder» ihn bäten (vgl. Mt 6,8; 7,7–11; Lk 11,5–13). Aber ist eine solche Zuversicht wirklich in «wörtlichem» Sinn zu verstehen, und wollte der Mann aus Nazareth allen Ernstes die Menschen versichern, sie könnten mit Hilfe des Gebetes die Welt in ein Schlaraffenland verwandeln? Ging es ihm überhaupt je, wenn er von Vertrauen sprach, um die Erfüllung aller Wünschbarkeiten?

Was JESUS meinte, gab eine Erfahrung wieder, die für alles, was er sagte und tat, zweifellos entscheidend war: daß es möglich ist, sich in Gott *unbedingt*, über alle Angst und alle Angstinhalte hinweg, festzumachen und das gesamte Leben, die gesamte Welterfahrung von innen heraus neuzugestalten. Daß Gott «alle» Bitten erfüllen werde, wie es in Joh 14,13 (vgl. 16,23) heißt, bedeutete für JESUS gerade nicht die Verheißung, das Beten werde alle möglichen Einzelwünsche des Daseins erfüllen, versprochen wird in diesen Worten, je nach Sichtweise, weniger oder mehr: daß ein Mensch, der sich im Gebet wesentlich auf Gott bezieht, das letztlich Gemeinte in allen Wünschen erlangt: einen Frieden und eine Zufriedenheit, die es ermöglicht, die Vielzahl der Einzelwünsche als etwas Unwesentliches zu vergleichgültigen.

Jeder Betende geht aus von bestimmten «Interessen»: Gott möge ihm helfen, Gott möge ihn retten, Gott möge ihm vergeben, Gott möge ihm dies und das schenken; doch je mehr er betet, fühlt er sich mit einer Person verbunden, die ihm *immer* beisteht, die *immer* zu ihm steht und die ihn *immer* trotz aller möglichen Schuld schon im vorhinein meint und mag, und *dieses* Empfinden im Grundsätzlichen hebt über den Wunscherfüllungskatalog aus all den Augenblicken der Einsamkeit und der Hilflosigkeit hinaus; das vormals so Wichtige verliert an Bedeutung, die Wünsche der Angst weichen dem Gefühl einer unverbrüchlichen Geborgenheit, das Rettungsbedürfnis der Ausgesetztheit fühlt sich ersetzt durch eine tiefe Verbundenheit, und das permanente Gespür für Schuld und Versagen sieht sich aufgerichtet durch eine Bejahung, die alles Fehlverhalten und alle Fehler verstehend umgreift: Ihm, Gott, ist zuzutrauen, daß er Leben gewährt auch dort, wo die menschliche Strafjustiz ihr «Des Todes schuldig» erklärt – als gäbe es Menschen – wir sagten es schon –, die bei solchem Urteil sich nicht selber hinrichten würden! Das Gebet ist insofern ein Weg des Reifens, der mit einer Fülle konkreter Wünsche beginnt und schließlich bei einer Verschmelzung endet, die alles Wünschen weit übersteigt.

Und nun vergleiche man damit die Haltung etwa der buddhistischen Meditation. Sie setzt der «theologischen» Erklärung nach die Überzeugung voraus, daß es weder eine menschliche «Person» gibt, die etwas «wünschen» könnte, noch eine göttliche Person, die etwas zu «erhören» vermöchte; rein begrifflich scheint es insofern völlig unmöglich, zwischen dem biblischen und dem buddhistischen Standpunkt zu vermitteln. Doch orientiert man sich, statt an den Worten, an der Erfahrung, so setzt die buddhistische Meditation in gewisser Weise voraus, wohin die biblische Gebetspraxis (bestenfalls!) führen kann: eine Haltung wunschfreier Verschmelzung, ein von allen Partikularinteressen des «Ego» entleertes Bewußtsein, eine Absichtslosigkeit, die alle Ichhaftigkeit, die den abendländischen Personbegriff kennzeichnet, weit hinter sich gelassen hat. In gewissem Sinne erscheint die buddhistische Meditation als «geläuterter» denn das biblische Beten!

Insbesondere die «christliche» Gebetspraxis befindet sich stets in der Gefahr, an der Wirklichkeit enttäuscht zu werden; indem die «christliche» Theologie auch die Gebetslehre JESU, wie alles in der Bibel sonst, statt symbolisch, «wörtlich» versteht, predigt sie den Gläubigen einen «Gott», der, wenn man ihn nur lange genug mit Bitten bestürme, irgendwann «nachgeben» und sich den menschlichen Wunschvorstellungen gegenüber als gefügig erweisen werde. Ein solches Gottesbild ist erkennbar sehr kindlich und führt gerade bei denen, die es eine Weile lang ernst nehmen, als erstes zu einer Art unvernünftigem Aberglauben, dann reaktiv zu einem «vernünftigen» Unglauben: Einen solchen Gott, wie die Kirche ihn lehrt, gibt es ganz sicher nicht! Demgegenüber erscheint die buddhistische Meditationspraxis, indem sie die Entleerung von allen Wünschen und Absichten einübt, als eine Haltung überlegener Weisheit. Die Frage stellt sich buddhistisch nicht mehr, welche Wünsche ein Mensch betend erfüllt glauben kann, die Frage ist vielmehr, wie er betend sein Wünschen *vergißt*. «Aber nicht wie ich, sondern wie du willst» (Lk 22,42), – damit endete am Ölberg, exemplarisch für die Botschaft des Neuen Testamentes, auch die Gebetserfahrung JESU.

Was im «Christentum» jedoch als das Ergebnis eines langen Reifungsweges erscheint, vollzieht sich in der buddhistischen Meditationstechnik als eine unmittelbare Haltung. Man kann auch sagen: Der Buddhismus setzt all die Enttäuschungen bereits schon voraus, welche die «christliche» Gebetshaltung allererst durchlaufen muß, um zu sich selber zu finden; er beginnt mit eben der «unendlichen Resignation», auf welche – unbeabsichtigterweise – das «Christentum» vorbereitet. Die Ausgangspunkte beider Religionen sind in der Tat diametral verschieden, doch beide geleiten sie den, der sich auf sie einläßt, hinüber zu ein und derselben Erfahrung von «Frieden» und «Leere».

Ein anderes wichtiges Beispiel für die logische Unvereinbarkeit der «theologischen» Ausdeutungen einer Erfahrungswirklichkeit, die im Grunde ein und dieselbe Hoffnung artikuliert, ist die Lehre von der *«Auferstehung»* im *«Christentum»*, von der *«Reinkarnation»* in Hinduismus und Buddhismus.

Die Mißverständnisse der «christlichen» Theologie beginnen auch in dieser Frage bereits mit der Vergegenständlichung symbolischer Bilder, die in allen Religionen von verschiedenen Seiten her das dunkle Geheimnis des Todes als Teil eines größeren Lebensprozesses aufzuhellen suchen.

Das wohl älteste Bild zur Sinndeutung des Todes dürfte (auf schamanistischem Hintergrund) der Glaube an die «*Himmelfahrt*» der «Seele» gewesen sein. «Wer fliegt, der fliegt», heißt es noch in den altägyptischen Pyramidentexten: zu sterben bedeutete, daß die Seele (der Ba-»Vogel») aus dem Körper sich erhob und zu ihrer Heimat unter den Sternen zurückkehrte.

Ein anderes Bild war die «*Wiedergeburt*», bei der das Leben des Verstorbenen sich im Tode verjüngte und neu begann. Jeden Abend zum Beispiel nahm die Himmelsgöttin *Nut* den Sonnengott *Re* mit dem Mund in sich auf und gebar ihn verjüngt am Morgen zu neuem Leben.

Ein dritter Vorstellungskomplex galt der «*Auferstehung*», ein Symbol, das ebenfalls altägyptischen Ursprungs ist und die Aufrichtung und rituelle Belebung der Mumie im Grab bezeichnete.

Alle drei Chiffren nun hat auch das Christentum in sich aufgenommen, nur hat es die schwebenden Bilder einer möglichen Sinndeutung des Todes in «historische Tatsachen» verwandelt und dogmatisch in dieser veräußerlichten Form bis heute den Gläubigen vorgeschrieben: Die «*Wiedergeburt*» findet sich ritualisiert im «Sakrament» der Taufe, durch welche ein Mensch allererst zu einem «Christ» wird, indem er in dem Zeichen des Eintauchens in Wasser am Tod und an der «Auferstehung» JESU Teil hat. Die «*Auferstehung*» JESU selbst wird dabei räumlich und zeitlich auf ein «Geschehen» festgelegt, das sich exakt datierbar und lokalisierbar am Morgen des dritten Tages nach der Kreuzigung in einem Grab in Jerusalem «ereignet» hat: Da belebte der tote «Leib» JESU sich wieder und verschwand aus der Grabkammer. Und auch die «*Himmelfahrt*» läßt sich nach «christlicher» Glaubenslehre historisch datieren: Vierzig Tage nach der «Auferstehung» fuhr JESUS «leibhaftig» vor den Augen seiner Jünger glorreich zum Himmel auf – ein Vorgang, der seit dem Dogma PIUS' XII. aus dem Jahre 1950 von allen Katholiken übrigens auch von der «Gottesmutter», der «sündenlos empfangenen», «immerwährenden Jungfrau» MARIA, geglaubt werden muß. Es ist klar, daß bei einer solchen Veräußerlichung und Vergegenständlichung sinnreicher Bilder im «christlichen» Dogma nicht nur das eigentlich Gemeinte zugunsten eines abergläubigen Spektakels verlorengeht, sondern daß dabei eine sinnvolle Verständigung mit den Sprachbildern anderer Religionen natürlich nicht zustande kommen kann. Tatsächlich aber ist es sehr die Frage, ob die «*Reinkarnationslehre*» der indischen Frömmigkeit der Sache nach wirklich etwas sagt, das von der «christlichen» *Auferstehung* so verschieden ist. Betrachten wir nur einmal beide in ihren Voraussetzungen und Folgerungen.

Der «Vorteil» der indischen «Seelenwanderungslehre» liegt vor der Hand in ihrer kausalen Logik, in ihrer Gerechtigkeit. Nach «christlicher» Vorstellung geht der Mensch im Tode in die «Ewigkeit» ein, die für ihn entweder mit dem Eintritt in den «Himmel» oder in die «Hölle» identisch ist; die paar Jahre unseres irdischen, schattenverwirrten Lebens sollen da im Lichte Gottes unendliche Konsequenzen zeitigen; schon in den Dimensionen passen die Verhältnisse hier nicht zusammen. Zudem sind «Himmel» oder «Hölle» laut christlicher Dogmatik endgültige Zustände; was aber unterscheidet eine Ewigkeit, in der sich nichts weiterentwickelt, von einem «ewigen Tod»? Wenn andererseits aber etwas sich «in Ewigkeit» weiterentwickelt, so unterliegt es einem Prozeß, der buchstäblich unendlich *mehr* umfaßt als alles, was im gesamten Kosmos vom ersten Quark und Gluon bis hin zum Octopus und zum Blauwal je sich hat entwickeln können. Aus derartigen Ungereimtheiten, die das Christentum sich mit dem Begriff der «ewigen» Seligkeit oder Verdammnis einhandelt, führt die indische Reinkarnationslehre auf elegante Weise hinaus.

Der zentrale Gedanke der *Reinkarnation* besteht darin, Leben und Tod als Teil eines Läuterungsprozesses zu verstehen, innerhalb dessen endliche Ursachen naturgemäß auch nur endliche Folgen zeitigen können: in allen Lebensformen ringt die Seele um ihre Befreiung, und so wie die einzelnen «Stufen» der Evolution nach hinduistischer Vorstellung verschiedenen Erscheinungsformen des Göttlichen entsprechen, so stellt sich die Vielfalt des Lebens als symbolischer Ausdruck der Vielgestaltigkeit der Seele auf ihrem Weg zur endgültigen Läuterung, zum Verlöschen jeglichen Triebs des Anhaftens an den Dingen, dar. Die Faszination dieser Lehre ist groß; sie führt dahin, daß in Europa viele, die an die «christliche Auferstehungs»-Lehre nicht glauben können, sich von dem Reinkarnationsgedanken durchaus angesprochen fühlen; und man kann gut verstehen, warum: Allein schon die äußerst einfühlende, geschwisterliche Haltung gegenüber den *Tieren*, die in der indischen Religiosität ihren Grund hat, unterscheidet sich vornehm von dem Artegoismus der «christlichen» Anthropozentrik; hinzukommt die Geduld, die mit der Reinkarnationslehre sich verbindet: es entscheidet sich nicht eine ganze Ewigkeit in ein paar Jahrzehnten; man darf Fehler machen; selbst nach einem kompletten Scheitern besteht noch immer die Chance eines Neuanfangs; und nicht zuletzt: der «Schrecken» der Ewigkeit wird gemildert durch das natürliche Ende, das aller Entwicklung innewohnt: alles Leben hat einen Anspruch auf Vollendung, und es kann in so vielen Formen sich ausdrücken, wie es braucht, um all seine Möglichkeiten zu entfalten; mehr freilich ist nicht möglich, allerdings auch nicht nötig; die Hoffnung behält ein vernünftiges Maß.

Vergleicht man beide «Lehren», die «christliche» wie die indische, miteinander, so wird deutlich, daß es sich im Grunde um durchaus komplementäre Symbolreihen handelt. Auch das Christentum «will» letztlich von nichts anderem sprechen als von der «Vollendung» des Menschen, nur, daß es sich das «Gesetz» dieser Entwicklung nach Art einer äußeren Lohn- und Strafegerechtigkeit Gottes vorstellt, während die indische Frömmigkeit die geistige Entwicklung selber in ihrer inneren Folgerichtigkeit darzustellen versucht. «Himmel» und «Hölle» bedeuten nach indischer Anschauung bloße Durchgangsstadien eines solchen Läuterungsprozesses, – ein Gedanke, der die «christlichen» Jenseitsvorstellungen ein für allemal davor bewahren könnte, eine absolute innere wie äußere Zerspaltenheit des Menschen auf ewig festschreiben zu müssen. Ist es denn überhaupt möglich, sich vorzustellen, daß jemand «im Himmel» sich fühlen kann, wenn er mit ansehen soll, wie seine ehemaligen Freunde (oder Feinde!) in der «Hölle» unendliche Qualen erleiden? Solange das absolut «Gute» und das absolut «Böse» unverbunden nebeneinander in ein verewigtes «Jenseits» projiziert werden, drückt sich in einer solchen Glaubenslehre nur die mangelnde Integration der Psyche aus, so wie umgekehrt in einer solchen Form moralischer Polarisierung die seelischen Spannungen und Widersprüche der menschlichen Seele durchaus nicht zusammenkommen *sollen*. Erneut hätte das Christentum an dieser Stelle daher allen Grund, seine eigenen Lehren im Austausch mit den Überzeugungen anderer Religionen zu vertiefen und die in ihnen angelegte Bedeutung überhaupt erst freizulegen.

Andererseits ist es nicht nötig, die *Symbolik* der indischen Reinkarnationslehre selber unsymbolisch zu vergegenständlichen und sich vorzustellen, ob oder wie zum Beispiel in einer bestimmten Frau womöglich die Königin HATSCHEPSUT oder MARIA STUART wiedererscheinen. Es geht nicht um eine Kollektion von «Erinnerungen» an «vorgeburtliche» Existenzen, es geht um einen Prozeß der Selbstfindung und Selbstentfaltung in vielen Formen und Gestaltungen. Denn *das* besagt die Jenseitshoffnung *aller* Religionen, daß die Seele des Menschen allemal zu «groß» ist, um sie in den Zeitmaßen der irdischen Existenz «unterbringen» zu können.

Doch auch von «*Seele*» muß nicht in metaphysischem Sinne die Rede sein. Speziell die Lehre der katholischen Kirche von der «Unsterblichkeit» der «Seele» ist in unseren Tagen in eine schwere Glaubwürdigkeitskrise geraten: Naturwissenschaftlich läßt sich als «Seele» eine Struktureigenschaft komplexer Systeme verstehen, die darin besteht, sich bei hohem Energiedurchfluß jenseits vom thermodynamischen Gleichgewicht selber organisieren und erhalten zu können; eine solche «Definition» der «Seele» beschreibt wesentliche Merkmale lebender Gebilde, aber auch unbelebter Systeme, etwa die Lebensgemeinschaft eines Teichs, die sich durch ständige Wechselwirkungen aller beteiligten Elemente in einem relativ stabilen Gleichgewicht erhält; es ist indessen klar, daß das, was hier unter «Seele» verstanden wird, sich von den materiellen Austauschprozessen, die sich in Gestalt der «Seele» ihre dynamische «Form» geben, nicht trennen läßt, und so ist es sehr die Frage, ob es überhaupt so etwas wie ein «Seele» unabhängig vom «Körper» geben kann. Die protestantische Theologie hat demgegenüber schon im Verlaufe des 20. Jh.'s die Meinung vertreten, daß der Mensch im Tode «ganz», mit Leib und Seele, sterbe; zu Recht konnte sie darauf verweisen, daß der hebräischen Bibel die Seelenlehre PLATONS von der Unzerstörbarkeit der psychischen Substanz gänzlich fremd geblieben ist; woran JESUS (mit der Gruppe der Pharisäer seines Volkes) glaubte, drückte sich in dem Vertrauen aus, Gott werde im Tode den Menschen «neu erschaffen»; Gott, der das Leben ist, werde sich als stärker erweisen, denn der Tod.

In ganz gleichem Sinne sah auch MOHAMMED in der Neuschöpfung des Menschen (in der «Auferstehung») einen Ausdruck der Allmacht Gottes und der Gerechtigkeit Gottes. «Wahrlich», sagte der Prophet (*Koran*, 37,5.6.13.17–22), «Allah, euer Gott, ist ein einziger Gott! Er ist der Herr der Himmel und der Erde und all dessen, was zwischen beiden ist. Du wunderst dich (über ihren – sc. der Mekkaner, d. V. – Unglauben), sie aber spotten deiner nur … Wie … wenn wir tot sind und Staub und Gebein geworden, da sollten wir wieder auferweckt werden können? Wir und auch unsere Vorfahren? Antworte: Jawohl! Und ihr werdet verachtet sein. Und ein furchtbarer Posaunenstoß (und ein Schrei des Entsetzens) – und sie sehen es (die Auferstehung), und sie sagen: Weh uns, der Tag des Gerichtes – Das ist der Tag der (letzten Ent-)Scheidung, den ihr leugnet.» Ähnlich wie in der neutestamentlichen Apokalyptik klingen solche Worte drohend; doch wie wir früher schon sahen: die «Gerechtigkeit» Gottes ist gerade im

Islam selber «nur» ein Symbol des Vertrauens daran, daß unser Leben ganz und gar in den Händen dessen steht, der es erschuf; alle Vorstellungen, die helfen können, diese Überzeugung zu vermitteln, sind «richtig», solange sie diese Überzeugung vermitteln; sie werden «falsch», wenn sie als Einzelbilder isoliert und als konkrete Beschreibungen eines weltjenseitigen Tatsachenwissens dogmatisiert werden. «Gott ist größer» – *Allahu akbar*; er ist größer als der Tod, größer als unsere Vorstellungen von Gott selber und größer auch als die Vorstellungen, die alle Religionen zusammen jemals von einem Leben im oder nach dem Tode entwickelt haben.

Diese «einfachste» Haltung eines Vertrauens, das sich in all den Symbolen der Religion ausspricht, wird in Zukunft mit aller Wahrscheinlichkeit die gemeinsame Erfahrung bilden, auf welcher abseits der «Gebirgsketten» theologischer Auffaltungen und Verschüttungen die Einheit der Religionen durch die Annäherung der Menschen in einer global vernetzten Welt wie von selber zustande kommen wird. Die rituellen Ausgestaltungen der jeweiligen Religionen: ihre Prozessionen, Tänze, Versammlungen, Segnungen und dergleichen mehr, werden, gemessen an diesem Hauptprozeß, wie «Dialektvarianten» ein und derselben «Sprache» erscheinen, die zwar das Gesamtbild farbiger und reicher machen, die im Grunde aber eher von folkloristischem als wirklich religiösem Interesse sein werden.

Denn die große neue Aufgabe der Religion wird darin bestehen, die Einheit der Völker und den Frieden unter den Völkern zu fördern. Es wird die wohl wichtigste Frage an die Zukunft werden, ob die «Einheit» der Menschheit lediglich durch die wachsende Vernetzung von Produktion, Handel, Wirtschaft und Verwaltung in Form einer immer stärkeren Angleichung der Lebensgewohnheiten und Lebensverhältnisse von außen erzwungen wird, oder ob die Menschen in einer inneren Überzeugung einem gemeinsamen geistigen Ziel entgegengehen. Beide Vorgänge müssen sich nicht widersprechen; doch die nahe Zukunft steht in der Gefahr, durch bloße Homogenisierung der Kulturen in aufgezwungener Übernahme des «American way of life» Identitätskrisen der Religionen und Kulturen in kaum kontrollierbarem Maße zu provozieren. Insbesondere die drei biblischen Religionen: Judentum, Christentum und Islam, neigen bis heute dazu, Erwählungsideen, Exklusivitätsansprüche, Missionsstrategien und notfalls auch militärische Formen der Konfrontation an die Stelle eines *gemeinsamen* Suchens und Glaubens zu setzen; offen bleibt dabei, in welchem Umfang dieser hochideologisierte Typ von Religion auch dazu dienen wird, nationale und soziale Konflikte zu artikulieren wie derzeit zwischen Katholiken und Protestanten in Irland oder zwischen Christen und Muslimen in Indonesien oder zwischen Juden und Muslimen in Israel, Palästina und im Südlibanon. Doch selbst unter solchen mißlichen Voraussetzungen ist für die Zukunft die Möglichkeit nicht auszuschließen, daß die Wahrung und Verteidigung berechtigter Eigeninteressen das archaische Niveau von blindem Gruppenegoismus, waffenstarrendem «Sicherheitsdenken» und einer permanenten Gewaltbereitschaft irgendwann aufsprengen wird und daß die Vertreter der Religionen und Kulturen die menschliche und menschheitliche Bedeutung ihrer Aufgabe begreifen würden.

Was wäre zum Beispiel, wenn die arabische Welt einen GANDHI hervorbringen würde und Indien noch einmal, womöglich zeitgleich, eine Führergestalt wie den «Mahatma»! In der Zeitschrift *Harijan* vom 13. 7. 1940 bereits konnte dieser große Mann wegweisend für die Religion der Zukunft ebenso wie für die Zukunft der Religion im ganzen erklären: «Nachdem ich die wichtigsten Religionen, soweit es mir möglich war, studiert hatte, kam mir der Gedanke, es müsse einen Hauptschlüssel geben, der die allen Religionen zugrunde liegende Einheit erschließen könnte, sofern es sinnvoll und notwendig ist, eine Gemeinsamkeit zu entdecken. Dieser Schlüssel ist Wahrheit und Gewaltlosigkeit. ... Solange wir nicht diese grundlegende Einheit verwirklichen, werden Kriege im Namen der Religion nicht aufhören.» Sieben Jahre später, gegen Ende seines Lebens, am 31. 8. 1947, registrierte GANDHI freilich fast resigniert: «Die Menschen haben fortwährend versucht, Gewalt und Krieg damit zu rechtfertigen, daß Selbstverteidigung unumgänglich sei. Man war sich über die Regel einig, daß der Gewalt des Angreifers nur durch die überlegene Gewalt des Verteidigers zu begegnen sei. So sind die Menschen weltweit in einen wahnwitzigen Rüstungswettlauf hineingeschlittert, und noch ist nicht abzusehen, wann der Tag kommen wird, das Schwert mit dem Pflug zu vertauschen.» Doch trotz all der Kriege steht fest: Erst wenn dieser Tag gekommen ist, wird die Religion ihre Wahrheit erlangen; bis dahin existieren die Religionen gewissermaßen nur dem Namen nach und stehen in Wahrheit für ganz andere, ihnen selbst entgegengesetzte Ziele wie Geld, Macht oder für die Angst vor geistiger Veränderung.

... und setzte ihn in einen «Garten der Lust» (Gen 2,8) oder: Von den Interessen des Geldes und dem Erhalt der Natur

Die Religion als Grundlage interkultureller Integration, statt als Ideologie kultureller Differenzen, der Glaube an Gott als Motiv der Einheit aller Menschen, statt als Instrument zur missionarischen Vereinheitlichung der Menschen im Namen einer bestimmten Gottesvorstellung, Frömmigkeit als Ausdruck von persönlicher Entfaltung und Freiheit, statt als Unterdrückung des Ichs unter dem Diktat von Kirchendogmatismus und Überichzensur – es wäre für den «Frieden auf Erden» ein entscheidender Schritt getan, könnte diese Vision psychologisch wie politisch bald schon und nicht erst am Ende einer Serie neuer Kultur- und Glaubenskriege Wirklichkeit werden. Doch es gibt noch andere Gefahren für die Zukunft, und auch auf sie muß eine neue Form von Religion antworten.

Angenommen, wir hätten ihn wirklich: den Frieden unter den Menschen, so wäre damit das Hauptproblem der Zukunft: die Unfähigkeit der Erde, immer noch größere Menschenmassen zu ernähren und zu ertragen, nicht nur noch nicht gelöst, es würde sich vermutlich sogar verschärfen.

Diejenigen unter den Leserinnen und Lesern, die älter als 50 Jahre sind, werden sich noch daran erinnern, wie die Welt in Europa nach dem Zweiten Weltkrieg aussah: Die Städte waren zerbombt, ganze Straßenzüge lagen in Trümmern, Frauen und Kinder versuchten, in den Ruinen mit Hämmern und Beilen die Ziegel abzupicken, um sie für den Wiederaufbau verwenden zu können; doch um dieselbe Zeit, in warmen Sommernächten, waren die Bombentrichter und die unkrautüberwucherten Schutthalden erfüllt von Leben; die Frösche knarrten in den Nächten so laut, daß es schwerfallen mochte, nachts einzuschlafen, und Mücken und Fliegen gab es so zahlreich, daß es ratsam schien, die geöffneten Fenster, wenn möglich ganztägig, mit Maschendraht insektenundurchlässig zu halten. In der Folgezeit führte die irrsinnige Militärdoktrin der «Groß»mächte von der wechselseitigen «Abschreckung» zwar nicht zu einem wirklichen Frieden, doch immerhin zu einer Art Angst-Nicht-Krieg, und nun zeigte sich, daß schon dieser Terror-Friede zwischen den Menschen zu einem permanenten Krieg gegen die Natur ausartete. Bis dahin intakte Biotope wurden mit Asphalt versiegelt, Hochmoore trockengelegt, Wälder in forstwirtschaftlich nutzbare Holzplantagen umgewandelt, Flüsse wurden als Verkehrswege «erschlossen», mit Betonwänden begradigt, zum Hochwasserschutz eingedeicht und nach Möglichkeit «schiffbar» gemacht; die Landwirtschaft, bis dahin auf ein ausgewogenes Verhältnis von Mensch und Natur essentiell angewiesen, wurde in eine ökologisch katastrophale Agrarindustrie umgewandelt, die bei einer ernormen Abhängigkeit von Energie (Benzin, Öl, Elektrizität) und Chemikalien (Herbiziden, Fungiziden, Düngermitteln) immer größere Landflächen «unkrautfrei» und «heckenarm» machte, um möglichst hohe Produktionsziffern erzielen zu können; der Übergang zur Massentierhaltung mit Beständen von Hunderten von Kühen, Tausenden von Schweinen und Zehntausenden von Hühnern führte nicht nur zu nie gekannten Formen technisch organisierter, rechtlich legalisierter und vom «Markt» aufoktroyierter Tierquälerei, er brachte auch einen Gülleausstoß mit sich, der ganze Flußsysteme und küstennahe Meeresgebiete zum «Umkippen» brachte. Kurz: Kaum daß die Menschen sich damit begnügten, mit Hilfe gigantischer Ausgaben für Atomraketen und Flugzeugträger sich wechselseitig «kaputtzurüsten», fielen sie desto ungenierter über die «Natur» her, die sie so «effizient» wie nur irgend denkbar auszubeuten gedachten.

Das Ergebnis nach rund 50 Jahren solcher Bemühungen spricht für sich selber. Die einzigen verbliebenen Reste einer relativ noch intakten Natur zwischen Wattenmeer und Hochalpen liegen bis auf wenige Ausnahmen an den Stellen, deren Betreten für Menschen lebensgefährlich war oder ist: der lange Grenzstreifen der DDR, die Truppenübungsplätze von Bundeswehr, Nato, NVA und Warschauer Pakt, die militärischen Sperrgebiete, an denen

Amerikaner und Russen ihre atomaren, biologischen und chemischen «Waffen» versteckt hielten, und, selten genug, ein paar Orte, an die Menschen vernünftigerweise nun einmal nicht hingehören. Überall sonst geht der Krieg des Menschen gegen die Natur ungehemmt weiter; – die wenigen, doch um so löblicheren «Renaturierungsmaßnahmen» kommen nicht an gegen die Tag für Tag weiter um sich greifende Zerstörung. Heute kann man Hunderte von Kilometern weit fahren, und man wird keinen See, kein Flachwasser finden, in dem noch Frösche zu Hause sind; man kann selbst als Dorfbewohner im Sommer ruhig des Abends das Fenster geöffnet halten, und man muß nicht «fürchten», im Schein der Lampe Falter und Käfer anzulocken – es gibt sie nicht mehr. Das Auto, jedes mit einer Frontscheibe von mehr als 2 m², rast ab 80 km/h wie eine riesige Fliegenklatsche durch die Landschaft, millionenfach, stündlich, allgegenwärtig, vom Schadstoff seines Verbrennungsmotors und den Schwierigkeiten seiner «Entsorgung» als «Sondermüll» auf Rädern ganz zu schweigen. Um den «Industriestandort» Deutschland oder Holland halten zu können, müssen immer neue Stadtrandgebiete zur «Bebauung» durch irgendwelche «Investoren» freigegeben werden, muß das «Infrastrukturnetz» «verbessert» werden, muß im Konfliktfall zwischen Ökonomie und Ökologie denn doch den Interessen der Wirtschaft nachgegeben werden. Jahrzehntelang trugen Politiker wahlwirksam das Bekenntnis wie eine Fahne vor sich her, daß eine gute Ökonomie die beste Voraussetzung für eine gesunde Ökologie sei; inzwischen kann jeder sehen, daß genau das Gegenteil richtig ist: je «reicher» die Menschen, desto ärmer die Natur. Um die Natur zu schützen, müßten wir die menschlichen Ansprüche verringern. Doch wie soll das gehen?

Die Predigten helfen nicht weiter, mit denen, als spätes Alibi, inzwischen auch die «christlichen» «Verkündiger» daran gemahnen, daß Gott der Herr die Tiere vielleicht doch nicht nur zum Nutzbrauch des Menschen, sondern zum Beispiel den «Leviathan» (eine Art Fabel-Walfisch) nach Auskunft von Ps 104,26 zu dem Zweck geschaffen habe, um selber «seine Freude dran zu haben». Was von der Religion der Zukunft erwartet wird, ist – neben der interkulturellen Versöhnung – eine aktive Rolle bei der Versöhnung des Menschen mit der ihn umgebenden Natur. In mindestens *drei Hauptaspekten* läßt diese Rolle sich beschreiben.

Zu oberst: *Es muß Räume geben, die heilig sind.* Gewiß sind die Zeiten vorbei, in denen im Rahmen naturmythologischer Szenarien die Landkarte der Welt von geheimen «Kraftpunkten» durchzogen war, Orten, an denen entsprechend gewissen symbolischen Vorgaben ein bestimmter Berg oder eine bestimmte Quelle die Menschen besonders intensiv mit «Göttlichem» zu vermitteln versprach. Wohl zeigt sich auch heute noch im Katholizismus die «Mutter Gottes» am liebsten in Grotten und Bäumen, doch ist es schwer vorstellbar, daß in einer aufgeklärten Gesellschaft derartige «Erscheinungen» noch lange Bestand haben könnten; ökologisch jedenfalls sind sie bedeutungslos.

Eine Hauptschwierigkeit, will man die Natur vor dem Menschen retten, liegt – neben der traditionellen Anthropozentrik der «christlichen» Weltsicht – in dem Ausfall des *Gefühls* für das, was «heilig» sein könnte. Das Problem berührt den Kern der Religion selbst. Schon vor rund 70 Jahren machte MARTIN HEIDEGGER geltend, daß die Theologenrede von Gott als dem «Grund seiner selbst» bestenfalls einen paradoxen Begriff zur Stützung der (christlichen) Metaphysik vermittle, doch keinesfalls dazu einlade, vor diesem so erklärten Gott zu beten, zu tanzen und Feste zu begehen; der gesamten Metaphysik warf er vor, «seinsvergessen» zu sein und das Geheimnis des Daseins in fertigen Kategorien ausformulieren zu wollen; als Heilmittel schlug er vor, eine ganze Weile lang von Gott überhaupt nicht mehr zu reden und stattdessen Räume des Heiligen erfahrbar zu machen, in denen Göttliches anwesend sei. Dieser Gedanke hat etwas Berechtigtes, nur scheint er praktisch nicht sonderlich hilfreich. Denn kulturgeschichtlich gesehen, ergibt sich das Problem aus einer ständig fortschreitenden Umwandlung des «Heiligen» in das Profane oder, genauer gesagt, in der Verschiebung der Lebensgrundlagen vom naturhaft Gegebenen ins technisch Machbare.

Für «heilig» galt einmal alles, was (in der Sprache ARNOLD GEHLENS) eine «Selbsttranszendenz ins Diesseits» aufwies: Für manche Jägerkulturen in Sibirien zum Beispiel konnte noch anfangs des 20. Jh.'s der Bär für ein heiliges Tier, also für ein göttliches Wesen gelten; der Grund war ganz einfach: Man lebte von ihm; er «gab» den Menschen Fell, Fleisch und Knochen, und seine ganze Erscheinung wirkte furchterregend, majestätisch und staunenswert. Was Wunder also, daß er den Ostjaken für «unsterblich» galt – jede Nacht leuchtet das Bild des «Großen Bären» am Himmel und sinkt als ein Sternbild der Zirkumpolarsterne auf der Nordhalbkugel der Erde niemals unter den Horizont. Andere Völker sind schon vor vielen Jahrtausenden im Vorderen Orient und in Ostasien dazu übergegangen, Felder zu bestellen und Nutzpflanzen anzubauen, und auch die wichtigsten dieser Pflanzen wurden als göttliche Speise beziehungsweise als das «Fleisch» und das «Blut» einer getöteten und wiederauferstandenen Gottheit verehrt – Vorstellungen, die sich auch im Christentum in Gestalt der Abendmahlfeier erhalten haben; doch selbst jahrtausendealte Vorstellungen können eines Tages zu Ende gehen, zum Beispiel, weil die Kultur sich wandelt.

Solange die Menschen sich von den «Gaben» der Natur abhängig fühlten, etwa im Alten Ägypten vom Steigen und Fallen des Nil, konnten sie gleich beide Naturerscheinungen: das periodische Anschwellen und Abschwellen des Wassers sowie das Keimen und Sterben des Korns als ein göttliches Geheimnis über den Sinn von Tod und Leben, als eine Erscheinung des Gottes *Osiris*, verstehen und verehren. Ganz anders in einer Kultur, die sich von der Natur nichts mehr «schenken» läßt und die auch der Natur nichts zu «schenken» gewillt ist, sondern die es als ihre Errungenschaft begreift, der Natur unter kontrollierten Bedingungen jeden wünschenswerten Gegenstand «entnehmen» zu können. Die christlichen Abendmahlfeiern, im Katholizismus den Gläubigen sogar unter Gefahr «schwerer Sünde» zur «Sonntagspflicht» aufgegeben, erfreuten sich in der Öffentlichkeit bezeichnenderweise solange eines gewissen Zuspruchs, als die Ordnungen alter Agrargesell-

schaften noch in Kraft waren, – als «Brot» noch elementar als Lebensgrundlage empfunden wurde; seitdem höhlt die Evidenz dieses Ritus sich aus.

Für «heilig», läßt sich verallgemeinernd sagen, gilt im Erleben
von Menschen all das, was als lebenswichtig unter absoluten
Schutz gestellt zu werden verdient: – für die indoarischen Vieh-
züchter vor 3500 Jahren zum Beispiel die «heilige» Kuh, für die
Ägypter vor 4000 Jahren sogar die Katzen, die von ihren zentralen
Korndepots lästige Mäuseplagen abhielten, vor 1500 Jahren noch
für die germanischen Sachsen das Pferd als ein unentbehrliches
Trag- und Zugtier. Wichtig für die «Heiligung» solcher «Naturge-
gebenheiten» war und ist offenbar ganz wörtlich ihre «Gegebenheit»: Sobald der konstruktive Anteil der menschlichen Arbeit den
Eindruck erweckt, bestimmte «Dinge» der Natur nicht länger zu
«entnehmen», sondern sie selber – allenfalls im Raum und mit
Hilfe der Natur – herzustellen, verlieren dieselben «Gegebenheiten», die nun nicht länger «Naturprodukte», sondern Men-
schenprodukte geworden sind, die Aura des «Heiligen». Für
«wertschöpferisch» gilt jetzt die menschliche Arbeit, die Natur
scheinbar hat «ausgedient».

Man braucht vor diesem kulturgeschichtlichen und religions-
psychologischen Hintergrund sich nur einen Augenblick lang in
der Gegenwart umzuschauen, und man wird mit Schrecken bemerken, welch eine Gefahr auf uns zukommt: Keinesfalls gehen
wir in eine Zukunft hinein, deren Wegesrand nach einer kurze
Phase des Vandalismus bald schon wieder von Heiligtümern und
Bildstöcken aller Art gesäumt sein wird, wir müssen ganz im
Gegenteil schon für die nächste Zeit mit einer geradezu dramatischen Entheiligung aller Lebensvorgänge rechnen. Den Hauptgrund hierfür liefern wie ganz von selbst die neuen «Technolo-
gien»: die Biotechnologie und die Gentechnologie.

Schon das Wort klingt phantastisch: Wir trauen uns zu, die
Grundbausteine des Lebens nach bestimmten Bedürfnissen zu
manipulieren. Ein Vorgang, der seit dem Neolithikum bei der
Züchtung bestimmter Tier- und Pflanzenarten durch künstliche

Auswahl Hunderte von Jahren in Anspruch nehmen konnte, läßt sich heute, bei fortschreitender Kenntnis der Gentechnik, weit rascher und gezielter erreichen. So hat zum Beispiel 1997 die Firma *Novartis* durch gentechnische Veränderung eine Maissorte (den mit dem Bt-Toxin versetzten Mais 176) hergestellt, die gegen einen Kleinschmetterling, den Maiszünsler, resistent ist, und das deutsche Umweltbundesamt diskutiert soeben (im Februar 2000), ob man den Anbau dieser Maissorte erlauben soll oder nicht. Der Bt-Mais wächst allerdings erst relativ spät im Jahr, und so muß er davor geschützt werden, daß «Unkräuter» ihn überwuchern; dies geschieht durch Herbizide, die ebenfalls von *Novartis* geliefert werden und gegen die der Bt-Mais gentechnisch resistent gemacht werden mußte (sowie zudem noch gegen das Antibiotikum Ampicillin).

Da zeigt sich also bei der «Viehfuttermittelproduktion» ein winziger Rentabilitätsvorteil, und man steht nicht an, um dieses Vorteils willen schwerwiegende Veränderungen in der Natur vorzunehmen; «schwerwiegend» nämlich sind alle «gentechnischen» Manipulationen, schon weil wir nicht die geringste Ahnung haben, wie sich unsere «Erzeugnisse» auf das Artengleichgewicht und auf die Weiterentwicklung der Arten auswirken werden. Während wir bei der Atomtechnologie allmählich begreifen, daß wir nicht gut «Produkte» herstellen können, die noch in 25 000 Jahren die Umwelt auf das schlimmste belasten können und die wir schon mit riesigen Trägerraketen auf die Sonne schießen müßten, um sie endgültig zu «entsorgen», bilden wir uns im Umgang mit Grund«gegebenheiten» des Lebens gerade erst recht ein, die Zukunft auf beliebig lange Zeit «fest im Griff» zu haben, während wir in Wirklichkeit wie Autofahrer handeln, die mit Vollgas in den Nebel rasen und sich einreden, sie verhielten sich «verantwortungsbewußt», da ja weit und breit keinerlei Gefahren zu erkennen seien.

Umgekehrt! sollte man denken.

Gerade weil wir wirklich nicht absehen können, auf was wir zugehen, sollten wir besonders vorsichtig und behutsam uns verhalten. – Im Falle des Bt-Mais' zeigt sich zum Beispiel, daß diese Maissorte nicht nur gegenüber dem Maiszünsler resistent ist, sondern daß er auch anderen Schmetterlingen, etwa dem «Monarchen», gefährlich werden kann; desgleichen werden die Floorfliegen, die als Blattlausvertilger den Bauern eigentlich hochwillkommen sind, in ihrer Existenz bedroht; und wie es zu gehen pflegt: auch ausgesprochene «Nützlinge», die sich von dem «schädlichen» Maiszünsler ernähren, sterben offenbar schneller, wenn sie die mit Bt-Mais gefütterten Raupen dieses Kleinschmetterlings fressen. Zudem wird das Bt-Toxin, das vor Insektenfraß schützen soll, bei einigen Maissorten auch in den Pollen produziert, die vom Wind bis zu 200 Meter weit getragen werden können. Wenn man zur Kenntnis nimmt, daß in der BRD über 25 % der Naturschutzgebiete an agrarindustriell genutzte Landflächen angrenzen, läßt sich leicht vorstellen, daß in den sensiblen Gebieten der Eintrag insektenresistenter Maispollen unbekannt wie viele Schmetterlingsarten gefährden und damit unbekannt wie viele weitere Tier- und Pflanzenarten bedrohen könnte. Doch inzwischen scheint es die Pflicht zu sein, alles, was wir tun können, unter dem Druck des «Marktes» auch wirklich zu tun. «Heiliges» gibt es da nicht. – Wie je sollte die Religion unter solchen Umständen ein Gefühl für die «Heiligkeit» des Lebens wieder herstellen (können)?

Um es paradox zu sagen: Das genannte Beispiel zeigt nicht nur, welch eine Chance, sondern auch, welch eine Aufgabe der Religion bei der Gestaltung der Welt von morgen zukommt. Gerade weil wir «die Natur» in dem Zusammenspiel einer Fülle von Tier- und Pflanzenarten in einer Lebensgemeinschaft (Biozönose) von Fall zu Fall viel zu wenig kennen, um wirklich verantworten zu können, was wir da tun, sollte allein schon diese Zone des Unbekannten uns zum Innehalten nötigen. Gewiß, der religionskritische Einwand schon im 19. Jh. lautete, die Religion bestehe überhaupt nur darin, die Unbekanntheit der Natur mit animistischen Wesenheiten zu erfüllen, doch geht es hier um etwas anderes: Wir begreifen immerhin recht gut, daß in den Zonen unserer Unwissenheit eine Menge von «Ressourcen» verborgen sein könnten, die wir nicht zerstören dürfen, wenn Überleben möglich sein soll. Mit einem Wort: Der Selbstwert im Dasein, die «Transzendenz ins Diesseits», die zum Erfahrungsraum des «Heiligen» gehört, ist gerade hier mit Händen zu greifen. Selbst wenn wir uns, wie es derzeit vielfach den Anschein hat, der vermessenen Illusion überlassen wollten, die Ausrottung von beliebig vielen Tier- und Pflanzenarten bilde nicht länger mehr ein Problem, ja, wir stünden schon in Bälde bereit, all die ausgestorbenen Arten, je nach Wunsch, «in der Retorte» wieder auferstehen zu lassen, so sollten wir «technisch» doch beherzigen, was wir «wissenschaftlich» gerade von der modernen Biologie lernen können: daß es Leben nicht in der Gestalt einer isolierten Spezies gibt, sondern nur im «Konzert» einer Vielzahl von Lebensformen.

Einzuräumen bleibt, daß uns nicht «alles» «heilig» sein kann, nur weil wir es (noch) nicht kennen. Und doch legt sich bei unserer Betrachtungsweise eine gewisse Evidenz nahe, was wir in der Natur für «heilig» erklären und damit allem menschlichen Denken in den Kategorien von Aneignung und Ausbeutung entziehen sollten.

Da sind zum Beispiel die *tropischen Regenwälder*: Sie sind zu schützen wegen ihrer unentbehrlichen Sauerstoffproduktion und wegen des Erhalts der derzeitigen klimatischen Verhältnisse, die mit der fortschreitenden Zerstörung dieser einzigartigen Oasen des Lebens sich unter weltweiten Katastrophenszenarien erheblich verschieben müßten. Freilich sind derlei Nützlichkeitserwägungen nicht das Entscheidende. Die eigentliche *religiöse Dimension* des Problems wird erst berührt, wenn der relative Vorteil, den eine gewisse ökologische Rücksichtnahme für uns Menschen mit sich bringt, ausgeweitet wird zu einer absoluten Wertschätzung, zu einer Art Tabubildung.

Im Vergleich: Es war den *Indoariern* vor 3500 Jahren gewiß von unschätzbarem Nutzen, ihre *Kühe* nicht einfach zu schlachten, sondern ihre Milchproduktion auf vielfaltige Weise zu nutzen; doch wäre es dabei geblieben, hätte man der Tötung alter oder unergiebiger Tiere immer noch zustimmen können; man stimmte ihr aber nicht zu; man erklärte die Kühe *an sich* für tabu. «Leider!» könnte ein Einwand lauten; «diese Tiere passen nicht ins moderne Indien, und sie haben in den Städten oft ein jammervolles Schicksal». Das ist wahr; doch das, worum es bei der Frage nach der ökologischen Aufgabe der Religion in der Zukunft geht, hat auch nichts zu tun mit der symbolischen «Heiligung» einzelner Tiere, wie es in den antiken Kulturen möglich und üblich war; wir lernen an solchen Beispielen lediglich die Art und Weise kennen, in welcher die Religion bestimmte Bereiche der Natur als «göttlich» definiert und mithin unter göttlichen Schutz stellt; welche Bereiche das *heute* sein könnten und sollten, vermögen uns natürlich nicht mehr die alten religiösen Zuordnungen zu sagen, diese Frage kann sich nur aus den großen «Gegebenheiten» der Natur, wie sie sich uns Heutigen darstellt, beantworten.

Die Fülle des Lebens in den *tropischen Regenwäldern* zählt gewiß zu einer solchen «Gegebenheit», für die wir nur elementar dankbar sein können; wir haben sie nicht «gemacht», und wir werden sie niemals zu «machen» imstande sein. Die Natur selber hat über 60 Millionen Jahre gebraucht, um sie aufzubauen; es kann nicht in ihrem Sinne sein, daß wir in ganzen 60 Jahren den Beweis für unsere Fähigkeit liefern, diese Kathedralen der Natur ein für allemal zu vernichten.

Der ehemalige Leiter des Frankfurter Zoos und große Tierschützer BERNHARD GRZIMEK erregte vor Jahren im Deutschen Fernsehen die Gemüter vor allem frommgläubiger Katholiken mit einem Vergleich, mit dem er bewußt einen Skandal in Kauf nahm, um etwas der Sache nach vollkommen Richtiges so einprägsam als möglich zu formulieren. GRZIMEK erklärte sinngemäß: Wenn wir uns einmal vorstellen, die Stadt Rom beschlösse zur Entlastung ihres stets vom Kollaps bedrohten Innenstadtverkehrs den Bau einer Autobahn quer durch den Petersdom, so würde alle Welt entsetzt über diesen Frevel eines Kulturgutes, eines Heiligtums der Christenheit, Zeter und Mordio schreien; dabei entstand dieses Bauwerk unter zum Teil sehr unheiligen Umständen und führte mittelbar sogar zur Spaltung der Christenheit. Angenommen aber, jemand erklärte, daß man im Amazonasurwald auf Gold gestoßen sei und dringend großflächig die gefundenen Lagerstätten abbauen müsse, so würden vermutlich die meisten der Leute, die sich für «vernünftig» halten, voll und ganz hinter einem solchen Projekt stehen. Die Steine von Sankt Peter fühlen gar nichts; die Pflanzen, Tiere und Menschen im Amazonasurwald aber sind Lebewesen, die zu einer ganzen Reihe von Empfindungen und Gefühlen imstande sind. Welch einer Zone der Erde also eignet ein höheres Maß an schützenswerter «Heiligkeit»?

Die Religion der Zukunft steht, so gesehen, in der Pflicht, die Menschen von morgen eine Haltung zu lehren, in der sie mit absolutem Respekt eine Reihe von Zonen der Welt vor jedem menschlichen «Zugriff» bewahren können; – neben den tropischen Regenwäldern lassen sich etwa aufzählen: die Serengeti, die Polarkappen und Polarmeere, die letzten Rückzugsgebiete in den eiszeitlichen Seenlandschaften Nordeuropas, Nordostasiens und Nordamerikas, die majestätischen Hochgebirgszonen der Erde, die Riesenwälder an der Pazifikküste Kanadas... Die Liste ist nach Belieben zu erweitern; sie läuft darauf hinaus, alles, was in der Natur noch *nicht* zerstört ist, in alle Zukunft vor seiner Zerstörung durch den Menschen zu schützen.

Um es so zu sagen: Uns Menschen gibt es als Spezies «homo» höchstens erst seit 2–3 Millionen Jahren (seit dem Auftreten des «*Homo habilis*»); das ist geologisch nicht viel; wir brauchen die Welt, um zu leben, und niemand kann wissen, wer wir in 2–3 Millionen Jahren sein werden, – wenn es «uns» dann überhaupt noch gibt! Die Natur aber braucht uns nicht. Sie könnte selbst dann, wenn unsere Spezies von der Welt eines vielleicht baldigen Tages schon abtreten sollte, noch beliebig oft, näherhin 4–5 Milliarden Jahre lang, bis unsere Sonne in ihrer Endphase sich zum Roten Riesen aufblähen und die Erde verschlucken wird, den Versuch unternehmen, intelligente Lebewesen hervorzubringen. Es «gibt» uns nur unter den «Gegebenheiten» dieser Erde. Ihnen verdanken wir unsere Existenz, ihnen schulden wir als ein religiöses Gefühl absoluten Respekt. Das unmittelbare Empfinden sagt uns: All das ist schützens- und erhaltenswert!

Aber was ist wert und was hat *Wert?* An dieser Stelle erlangt die Religion eine weitere wichtige ökologische Funktion durch ihre *Relativierung des Faktors Geld.*

Man kann, wie zum Thema Krieg und Frieden, so auch zu der Zielsetzung des Umweltschutzes so viele psychologische Theorien, moralische Mahnungen und religiöse Appelle äußern wie man will – bewirken wird man erst dann etwas, wenn man dem Wirkfaktor Geld zu Leibe rückt. Wann immer irgendwo von einem ökologischen Desaster die Rede ist (wie im Dezember 1999, als vor der französischen Atlantikküste der Billigflaggen-Tanker «Erika» auseinanderbrach und 500 km Strand verschmutzte), kann man sicher sein, daß viel Geld im Hintergrund eine ursächliche Rolle dabei spielen wird; und wann immer es heißt, daß man sich eine umweltpolitische Maßnahme (wie zum Beispiel die Erhöhung der Mineralölsteuer oder den Ausstieg aus der Kernindustrie) nicht leisten könne, so ist mit diesem «unmöglich» die Sorge um den Verlust bedeutender wirtschaftlicher Einnahmen gemeint. Es ist ganz offensichtlich unsere Einstellung zum *Geld,* die uns umweltpolitisch handlungsunfähig macht oder die uns geradewegs blindwütig zu einem umweltschädigenden Aktionismus treibt.

Aber warum? Und was hat die Religion damit zu tun?

Alles beginnt bereits mit der Definition des *Geldes.* Als ein universelles Tauschmittel auf dem Markt betrachtet es die Volkswirtschaftslehre, und in der Tat, das ist es: Geld fungiert als ein Wertäquivalent für den Preis käuflicher Waren. Doch diese «merkantile» Auffassung des Geldes genügt nicht, um die Wirkungsweise von Geld zu verstehen. Viele archäologische Hinweise sprechen dafür, daß Geld vor etwa 5000 Jahren «erfunden» wurde, um Schuldforderungen umlauffähig zu machen, und dieser Befund leuchtet durchaus ein.

Jemand, der etwa Korn oder Vieh genug besitzt, um es als «Kredit» verleihen zu können, will natürlich nicht eines Tages die Naturalien zurückfordern, an denen er ohnehin Überfluß hat, sondern er möchte andere Waren oder Dienstleistungen für das Geliehene kaufen können; dann aber muß die eingegangene Schuldforderung (von Korn oder Schafen) für jeden möglichen anders lautenden Leistungsanspruch konvertierbar gemacht werden. Eben diesen Zweck erfüllt das Geld; und eben deshalb liebt es das Geld, sich in der Form von unkorrodierbarem Edelmetall, von Gold und Silber, zu kleiden, denn nur so läßt es sich als eine unvergängliche Schuldforderung in Zeit und Raum weiterreichen. Der «Sinn» dieser «Überzeitlichkeit» des Geldes liegt vor allem darin, zu jedem beliebigen Zeitpunkt, der dem Kreditgeber am günstigsten scheint, in Notzeiten also, seinen Anspruch auf Ersatzleistungen zu «realisieren»; für den Fall, daß die Schuld – wie am meisten wahrscheinlich – vom Schuldner in einer Zeit zurückgezahlt wird, in der dieser leichter «liquide» ist, in einer Überschußzeit also, ist, parallel zum Geld, auch gleich schon der *Zins* miterfunden. Der Zins stellt den Wertverlust dar, den der Kredit zwischen Not und Überschuß «erleidet». Da aber der Zins selbstredend von den «Gläubigern» diktiert wird, kann die Kreditvergabe fortan ganz allgemein als ein probates Mittel etabliert werden, um mit Hilfe von Geld, das jemand hat, von demjenigen, der es nicht hat, noch mehr Geld zu bekommen.

Um vor diesem Hintergrund die *religiöse* Problematik des Geldes als einer verallgemeinerten Schuldform zu verstehen, muß man nur noch hinzufügen, daß die ersten Kreditgewinnler *die Priester* waren. In allen Religionen scheinen *die Tempel* die Rolle der ersten Banken übernommen zu haben. Wirtschaftliche Schuld wurde – nicht zu Unrecht – als eine Konkretisierung der «Grundschuld» empfunden, die ein jeder Mensch gegenüber der Gottheit abtragen muß. Die Form, in der das geschieht, ist das Opfer, und wesentlich zur Darbringung derartiger Opfer ist der «Berufsstand» des Priesters allenthalben nötig: Der Priester lebt von der Vernichtung von Leben zum Zwecke der Versöhnung des Menschen mit dem göttlichen Gerechtigkeitswillen. Dabei erscheint dieser «göttliche Gerechtigkeitswillen» allerdings als eine schlichte Projektion des unbedingten Willens all jener recht irdischen Kreditgeber, die darauf aus sind, sich an der wirtschaftlichen Schuld ihrer Mitmenschen maximal zu bereichern. So wenig wie die Kreditgeber sich wünschen können, daß es *keine* Schuldner mehr gäbe, so ist auch den Priestern daran gelegen, die Menschen in ewiger «göttlicher» Schuld gefangen zu halten. Zwei zentrale Punkte sind damit bereits gegeben, die im Sinne JESU *religiös* den schärfsten Einspruch im Umgang mit Geld erfordern.

Erstens: Man macht nicht Geschäfte mit der Not seiner Mitmenschen! Als Jude lehnte der Mann aus Nazareth, entsprechend dem mosaischen Gesetz (Lev 25,35–38; Dt 23,21), den Zins generell ab; aber er verschärfte laut Lk 14,12–14 diesen Gedanken noch. «Wenn du Geld zu verleihen hast», erklärte er sinngemäß, «dann gib es demjenigen, der es dir bestimmt nicht zurückgeben kann, – denn der braucht es am allermeisten.» Und:

Zweitens: «Wenn jemand bei dir eine Schuld eingegangen ist, so fordere nicht Wiedergutmachung; alle Menschen leben davon, daß Gott ihnen vergibt, und so mußt auch du allen Menschen all ihre Schulden vergeben.» In diesem Sinne erzählte JESUS das Gleichnis vom «Schalksknecht» (Mt 18,23–35), und in dieser Gesinnung lehrte er die Jünger beten: «Vergib uns unsere Schuld, wie auch wir hiermit allen vergeben, die uns etwas schulden.» (Mt 6,12) Eben zugunsten eines solchen Glaubens an einen Gott, der den Menschen ohne Vorleistungen und «Opfer» vergibt, ließ JESUS sich auf die Auseinandersetzung mit der Priesterschaft im Tempel und ihrer Geldgier (Mk 11,15–18) ein.

Im Sinne JESU ist es also eine ganz entscheidende Frage, wie man das Geld wirklich nur *das* sein läßt, als was die Volkswirtschaftslehre es hinstellt: ein universelles Tauschmittel auf dem Markt. Wenn es wirklich nur das sein soll, so muß man es, wie sich zeigt, konsequent freihalten vom Zins, so muß man mit einem Wort der gesamten Geldwirtschaft an Banken und Börsen das Handwerk legen.

Tatsächlich liegt als ein Beispiel, wie so etwas möglich sei, in der «Freigeldtheorie» des Argentiniers SILVIO GESELL seit rund

100 Jahren ein Konzept vor, das zeigt, wie man mit Geld umgehen kann, ohne es als Spekulationsmasse für Kreditgewinne zu mißbrauchen; auch andere Konzepte lassen sich denken, die, wo immer man sie angewandt hat, in der Praxis zum Teil ganz gut funktioniert haben. Es geht uns an dieser Stelle nicht darum, bestimmte monetäre Modelle zu «dogmatisieren»; was uns indessen beim Nachdenken über das Verhältnis von Religion und Ökologie das Thema Geld so wichtig macht, ist die Tatsache, daß die Verbindung von Geld und Zins eine Wirtschaftsform erfordert, die auf einem ständigen «Wachstum» (von mindestens 1–2 %) basiert. Insbesondere die *kapitalistische* Wirtschaftsform zeigt sich durch diesen Umstand so «dynamisch», daß sie die Wirtschaftsteilnehmer mit einem ständigen Schuldendienst unter Druck setzt: Um investieren zu können, muß man Kredite aufnehmen, und am Ende muß der Warenverkauf *mehr* einbringen als all die Kredite, Zinslaufzeiten, Arbeitskosten, Erneuerungen der Maschinen, Versand- und Werbekosten zusammen zuvor verschlungen haben, und der Geldrückfluß muß möglichst schnell erfolgen, denn je länger das vorgeschossene Kapital braucht, um «Erträge» abzuwerfen, desto höher klettern in der Zwischenzeit die Zinsgebühren für die Kredite. Der Druck, der dadurch auf den Produzenten liegt, wird ungehemmt an die Konsumenten weitergegeben: es können gar nicht genügend Käufer angeworben werden, die auch ihrerseits sich verschulden müssen, um ihre Einkäufe tätigen zu können. Die immer wieder erhobene Forderung nach Entschuldung vor allem der Länder der Dritten Welt trifft, recht betrachtet, das kapitalistische Wirtschaftssystem in seinem Kern und ist überhaupt erst erfüllbar, wenn dieses System selber beseitigt wird.

Ökologisch entscheidend in unserem Zusammenhang ist die Einsicht, daß eine Wirtschaftsform, die sich nur durch ständiges Wachstum erhalten kann, für die Natur eben so parasitär wirken muß wie ein Krebsgeschwür im Magen. Nichts in einer endlichen Welt kann oder darf unendlich wachsen oder wachsen wollen. Genau das aber bedeutet die «Globalisierung» der kapitalistischen Wirtschafts«ordnung»: Sie benötigt, um sich zu realisieren, immer

mehr Menschen als Verbraucher von immer mehr Waren zum Abzahlen von immer mehr Krediten; – die ökologische Katastrophe
der Bevölkerungsexplosion wird von dieser Wirtschaftsform geradewegs produziert; sie benötigt zudem den Verbrauch immer
größerer Mengen an natürlichen Ressourcen zur Energie- und
Rohstoffgewinnung für eine immer höhere Produktionssteige-
rung; sie benötigt darüber hinaus eine immer größere Zahl von
Schuldnern, um die Summe der eigenen Schulden abzahlen zu
können. Der endgültige Sieg eines solchen Systems, das läßt sich
mit Sicherheit sagen, kann nur identisch sein mit seinem endgültigen Untergang.

Und *ein zweites*: Auf diesem immer rascher sich beschleunigen-
den Wettlauf in die Katastrophe innerhalb des kapitalistischen
Wirtschaftssystems werden wir vor allem zu Zeugen eines Vor-
gangs, der religiös und menschlich am wenigsten hinzunehmen
ist: *der Umwandlung des Wertbegriffs in einen Betrag, der sich auf
dem Markt als Preis «realisieren» läßt.*

Es gibt eine einfache Weise, zu definieren, was ein «Preis» ist.
Nach der «Verkehrsgleichung» der «Quantitätstheorie» läßt sich
eine simple Gleichung aufstellen, nach der

Geldmenge (G) mal Umlaufzeit (U) = Warenmenge (H) mal Preis (P)

oder

$$P = \frac{G \times U}{H}$$

Wie man sieht, verbilligt sich der Preis einer Ware am einfachsten
durch die Vermehrung der Warenmenge, mithin durch Massen-
produktion, und in gerade diese Richtung drängt denn auch der
Konkurrenzdruck der «freien» Marktwirtschaft. Dabei ist es von
größter Wichtigkeit, die Produktionskosten (zum Beispiel durch
«Rationalisierungsmaßnahmen» wie Automatisierung und Com-
puterisierung der Produktionsvorgänge, verbunden mit Masse-
nentlassungen von «Arbeitskräften», oder durch Lohndumping
oder durch Absenken der Preise von Rohstoffen) so niedrig wie

möglich zu halten. Der «*Wert*» eines Produktes errechnet sich am Ende durch seine Begehrtheit («Nachfrage»), seine Häufigkeit («Angebot») und eben: durch seine angefallenen Produktionskosten. Je mehr Waren immer billiger hergestellt werden, desto weniger «Wert» in diesem Sinne besitzen sie. Das ist der Grund, warum wir derzeit einem ständigen Wert*verlust*, ja, letztlich einem reinen Wertenihilismus beiwohnen. Indem unser Geld- und Wirtschaftssystem sich in Konsequenz der ihm immanenten Logik mit einer enormen Energie als Maßstab zur «Bewertung» der gesamten Welt setzt, wird das Geld selber von einem Rechenmittel, das auf dem Markt alles bedeuten kann, zu dem einzig Bedeutenden auf Erden.

Wie zum Beispiel bewertet man den «Wert» eines Urwaldes? Oder einer Meeresbucht? Oder eines Flußlaufes? Oder den Schmerz von Milliarden Hühnern in der «Massentierhaltung»?

Allein schon die Möglichkeit, daß allen Ernstes so gefragt wird, zeigt, ja, *beweist* geradewegs, in welch einem sich totalisierenden Umfang wir dahin gekommen sind, die Welt als ein merkantiles Objekt zum Geldvermehren, zur «Gewinnmaximierung» als dem eigentlichen Motiv aller wirtschaftlichen und persönlichen Aktivitäten zu erklären. In einer Welt aber, in der alles käuflich ist, weil der einzige Wertmaßstab, der in ihr Anerkennung findet, das Geld ist, in einer solchen Welt wird alles entwertet, indem in ihr der Geldbesitz zum einzig gültigen Wert aufwächst.

Was also kostet Amazonien? – Antwort im Jahre 1999: Eine Fläche von der Größe der Niederlande und Belgiens im Amazonasurwald kostet genau 12 Mio. Dollar; für diese Summe nämlich wurde das Gebiet in diesem Jahre an den Brasilianer DO ALMEIDA verkauft.

Und nach diesem Maßstab *alles*!

Was kostet das Wattenmeer in der Nordsee? Das hängt von den geologischen Gutachten über die Fördermöglichkeiten von Erdöl im Naturschutzgebiet vor den Vogelinseln Trischen und Scharhörn vor der Insel Neuwerk im Mündungsgebiet der Elbe vor Cuxhaven ab. – Was kostet ein Wüstengebiet in der Namib? Das hängt von den geologischen Prospektionen über mögliche Diamantförderungen in einer Tiefe von 2000 Metern ab ... Was ein beliebiger Teil der Erdoberfläche oder in einer abbaubaren Tiefe wert ist, beantwortet sich allein von den Möglichkeiten her, mit denen man durch seinen Ankauf mit einer wahrscheinlichen Summe vorgeschossenen Kapitals noch viel mehr Kapital verdienen kann. Die ganze Welt, wenn Wert einzig das Geld hat, wird *ent*wertet zu einem bloßen Warenlager für noch besser Verdienende.

Und inmitten einer solchen Welt natürlich die Tiere. Wie viele von ihnen im Amazonasurwald zugrunde gehen durch die Geldtransaktionen eines Herrn DO ALMEIDA, ist offensichtlich vollkommen egal; wie viele Qualen ihnen die Massentierhaltung in der industriellen Landwirtschaft zur Stabilisierung der Eierpreise auferlegt, ist völlig gleichgültig; wie viele Tier- und Pflanzenarten verschwinden, wenn man in Guatemala und Honduras Urwälder niederbrennt, nur um Rinderfarmen für das Billigfleisch von McDonald's Fast Food-Ketten rund um die Welt zu errichten, zählt in keiner Weise. Und so lautet die Bilanz: Die völlige Wert*losigkeit* der Welt angesichts des einzigen Wertes: des Gelds, scheint das Schicksal unserer Zeit zu werden! Nur eine *religiöse* Neubesinnung wäre imstande, den Ausverkauf der Welt zu verhindern und das Prinzip des Merkantilismus durch eine wahre Wertevidenz der Dinge und Lebewesen zu relativieren, ja, im Prinzip zu überwinden. Aber wie?

Von dem Soziologen NIKLAS LUHMANN stammt die Auffassung, daß man Systeme nur kritisieren könne entlang der «Meßfühler», die dem jeweiligen System zueigen seien. Eine solche Überzeugung läuft darauf hinaus, daß man religiös und moralisch gegen den «Kapitalismus» solange anpredigen könne, wie man wolle, — es würde so wenig nützen, wie wenn man Fette mit Wasser entfernen wollte. Erst wenn man zeigen könnte, wie *innerhalb* unserer Wirtschafts«ordnung» sich das Prinzip der Gewinnmaximierung auf eine Weise interpretieren ließe, daß «Umweltschutz» als eine Grundbedingung gerade dieses Prinzips sich erwiese, würden sich die Interessen der Ökologie mit den Interessen der Ökonomie vereinbaren lassen. Religion – schön und gut! Woher aber bezieht sie ihren Argumentations«wert»? Das ist der *dritte* Aspekt unseres Problems.

Tatsächlich läßt sich das Anliegen einer «vernünftigen» «Schöpfungstheologie» am leichtesten in die Erfordernisse unseres Geld- und Wirtschaftssystems übersetzen, wenn wir die Tendenz der derzeit kapitalistischen Ökonomie zur «Globalisierung» *geistig* ernst nehmen. Es ist eine religiöse Besinnung, die uns zum Nachdenken darüber auffordert, ob wir dem Ausverkauf der Welt, wenn irgend sie als «Schöpfung» Gottes uns glaubhaft bleiben soll, wirklich zustimmen wollen. Wo gibt es die Grenzen, die als Schranken des kapitalistischen Systems in Geltung sein könnten?

Es ist wenig nützlich, die Lösung struktureller Probleme auf der Ebene individueller Entscheidungen suchen zu wollen, also mit viel gutem Willen zum Beispiel die Käufer zu ermuntern, weniger Fleisch zu essen und Eier nur in Bioläden zu kaufen. Es kann nur begrenzt wirksam sein, von dem Verhalten Einzelner her kollektive Fragen beantworten zu wollen. Insofern ist es nicht unwichtig, wenn wir feststellen, daß auch außerhalb der ethischen und religiösen Maximen eine Art *Selbstkorrektur des kapitalistischen Wirtschaftssystems* existiert, die allerdings ethisch und religiös äußerst wünschenswert scheint. Vieles spricht nämlich dafür, daß schon in Bälde gewisse Rücksichten auf die «Umwelt» in die Kostenrechnung unseres Wirtschaftssystems Eingang finden werden und müssen.

Bisher leben wir ganz offensichtlich immer noch mit Mondscheinpreisen, indem wir den Preis einer Ware (neben dem Spiel von Angebot und Nachfrage) einseitig nach den Produktionskosten berechnen; was in eine solche Preisgestaltung nicht Eingang findet, sind zum Beispiel die sozialen Folgekosten von innerbetrieblichen Rationalisierungsmaßnahmen auf dem Arbeitsmarkt oder die Folgen des internationalen Konkurrenzdrucks bei der Suche nach den billigsten Arbeitskräften in den «Billiglohnländern» (so heißen sie wirklich!); was vor allem in einer solchen Preiskalkulation völlig unberücksichtigt bleibt, sind die ökologischen Folgekosten zum Beispiel bei der «Entsorgung» eines bestimmten Produkts: was etwa «kostete» es, wenn man die Autoindustrie nötigen würde, die Kosten für das «Shreddern» und «Endlagern» der Autowracks ihrer Herstellung selbst übernehmen zu müssen, wie es ein neues Gesetz der Bundesregierung gerade vorsieht? Und was würde es «kosten», müßte die Autoindustrie, ähnlich der Deutschen Bahn AG, die Autobahnen und Straßen sich selber bauen, auf denen sie «ihre» Autos fahren zu lassen gedenkt? Was würde es «kosten», wenn wir die vom Autoverkehr getöteten Tiere: die unter Naturschutz gestellten Igel oder die Hasen zum Beispiel, die zu Hunderttausenden alljährlich in wörtlichem Sinne unter die Räder kommen, der Autoindustrie mit in Rechnung stellen wollten?

Worauf eine derartige Kette von Fragen hinaus will, ist dieses: Schon rein logisch bedeutet es einen eklatanten Widerspruch, den Welthandel «globalisieren», gleichzeitig aber die globalen Folgen der Öffnung aller Grenzen für den Transfer von Waren und Kapital nicht mitbedenken zu wollen. Auf allen Ebenen der Wirklichkeit haben wir es inzwischen gelernt, «vernetzt» zu denken; nur ökonomisch tun wir immer noch so, als wenn wir rein linear den Weg von der Produktion einer Ware zu ihrem Verkauf auf dem Markt als Parameter der Preisgestaltung verwenden könnten. Kurz: die «freie» Marktwirtschaft kann nur realitätsgerecht fungieren, wenn sie mit den sozialen und ökonomischen Folgekosten rückgekoppelt wird. Das kapitalistische Wirtschaftssystem kann es sich nicht länger mehr leisten, die ganze Welt zu verwüsten, ohne daß diese Verwüstung auf dieses System selber zurückwirken würde; erst von diesem Augenblick an aber werden Ökonomie und Ökologie wirklich miteinander kompatibel sein.

Nur: Müssen wir tatsächlich erst solange warten, bis eine solche Verknüpfung von Kultur und Natur, von Wirtschaft und Wirklichkeit auch unter ökonomischem Aspekt unvermeidlich wird, oder gelingt es uns, die Unzahl von Opfern und Leid bei Mensch und Tier auf dem Wege dahin aus religiöser Überzeugung zu vermeiden? An dieser Frage wird in nächster Zeit schon die Glaubwürdigkeit des Glaubens sich wesentlich erweisen. Denn: «Was nützt es dem Menschen, wenn er die ganze Welt gewinnt, aber dabei sich selbst ruiniert?» (Lk 9,25)

«Wenn ihr nicht werdet wie die Kinder ...» (Mk 10,15) oder: Gedanken zur religiösen Erziehung und zum Religionsunterricht

Von der Zukunft der Religion läßt sich nicht sprechen, ohne über die Erziehung derer nachzudenken, die die Zukunft sind: die Kinder. Wie kann man ihnen Religion auf eine Art vermitteln, die selber zukunftsfähig ist?

Kein anderes Land auf Erden kann über Nutzen und Schaden eines kirchengebundenen Religionsunterrichtes in Sachen «Christentum» konkretere und klarere Erfahrungen einbringen als die Bundesrepublik Deutschland. Rund 40 Jahre lang wurden auf dem Gebiet der «Neuen Bundesländer» in der Deutschen Demokratischen Republik entsprechend dem kommunistischen Bildungsauftrag über jedes Kind – rechnen wir grob: – 500 Schulstunden atheistische Religionskritik ausgegossen; es scheint «normal», wenn wir nach solchen Voraussetzungen feststellen, daß die Bevölkerung der alten DDR (ausgerechnet im kulturellen Ursprungsgebiet der Reformation!) sich heute zu 80 % als «atheistisch» bezeichnet. Aber nun: Zur gleichen Zeit wurden in den «Alten Bundesländern» in der schon damals so genannten Bundesrepublik Deutschland rund 500 Pflichtstunden Religionsunterricht erteilt – der Staat selber sorgte dafür, und in den Händen der Kirchen lag die Festlegung der Inhalte und sogar die Bestellung der Personen, die in ihrem Sinne und in ihrem Auftrag den Unterricht erteilen konnten und erteilen durften; und das Ergebnis? An den Kerninhalt der «christlichen» Botschaft: an (so etwas wie) eine «Auferstehung von den Toten» glauben nach Umfrageergebnissen aus der Mitte der 90er Jahre in Deutschland heute etwa 31 % der Frauen und etwa 29 % der Männer – die Lage sei, erklärt der Vorsitzender der Deutschen Bischofskonferenz, Bischof KARL LEHMANN aus Mainz, seit den Tagen des heiligen BONIFAZ «nicht mehr so schlimm» gewesen. Doch seit den Tagen der «Schwertmission» an den Sachsen unter dem «großen» KARL hatte die Kirche immerhin rund 1200 Jahre Zeit, ihre Botschaft den Menschen nahezubringen, und es standen ihr dabei nicht nur europaweit alle erdenklichen Macht- und Propagandamittel zur Verfügung, sie nutzte zu dem Ziel der «Christianisierung» der Völker unbedenklich sämtliche Gewaltmittel von Inquisition, Folter, Bann und Exkommunikation, sie rief Kreuzzüge aus und zögerte nicht, ganze Völker und Volksgruppen buchstäblich mit Feuer und Schwert zu vernichten, sie unterdrückte die Freiheit der Forschung, die Freiheit der Meinung, die Freiheit der Presse – sämtliche Grundpfeiler des modernen Verfassungsstaates ließen sich überhaupt nur errichten, indem man die Domäne der vormals allgewaltigen Kirche Roms gegen deren dogmatischen Widerstand Zug um Zug beiseite räumte; – übrigens spricht just soeben alles dafür, daß der wüsteste Antidemokrat und «Antimodernist» unter den Päpsten des 19. Jh.'s, PIUS IX (1846–1878), von dem derzeit regierenden JOHANNES PAUL II im Herbst des Jahres 2000 «selig» gesprochen und damit zur «Ehre der Altäre» erhoben werden wird.

Doch wie nun? – Da zeitigt der Einsatz aller inneren wie äußeren Gewalt über Jahrhunderte hin, da zeitigt die intransigenteste Behauptung des religiösen Wahrheitsmonopols selbst im Jahr 2000 («die – katholische – Kirche ist der fortlebende Christus»!), da zeitigt die vollkommene Kirchen-Kontrolle des Religionsunterrichtes in Deutschland am Ende ein Ergebnis, das ungefähr dem geistigen Zustand entspricht, zu dem die Kulturpolitik einer atheistischen Diktatur nach 40 Jahren «Bildungsarbeit» geführt hat! Derzeit kann man die Religionslehrer befragen, wo und wann man will: – Unisono erklären sie, daß sie den Kindern mit «Bibel» und «Kirche» nicht mehr kommen könnten. Der Befund ist eklatant, doch wagt in Kirchenkreisen ihn kaum jemand offen auszusprechen und die Folgerungen daraus zu ziehen: Es ist – wie in den Tagen des JEREMIA, wie in den Tagen JESU! – die «Auslegung» des «Gotteswortes» durch die beamtete Theologenschaft, die dem «Volke» entfremdet, was Gott ihm zu sagen hätte, und es ist der «Vermittlungsdienst» der Priester und Bischöfe, der mit seinen Riten und Formeln die Menschen mit Gott nicht verbindet, sondern von ihm trennt. 160 Jahre nach den im wahrsten Sinne prophetischen Schriften SÖREN KIERKEGAARDS kann heute jeder sehen, daß es sich so verhält; was aber folgt für die Zukunft daraus?

Negativ folgt, daß es ganz offensichtlich eine wirkungvollere Entleerung des Glaubens nicht gibt als die systematisch vom Kirchendogma erzwungene Umwandlung der Religion in Religionskunde, als die vom «Lehramt» diktierte Ausschaltung des Subjekts durch die «objektive» Wahrheit im Amtsbesitz von Bischöfen und Kardinälen, als die von der kirchlichen «Verkündigung» betriebene Identifikation eines autoritären Gottesbildes mit der im Überich verinnerlichten Gewalt schon in der Kinder-«erziehung», als die vom Kirchentraditionalismus erzwungene Verhinderung alles wirklich Neuen durch eine perspektivlose Rückwärtsgewandtheit, die als «wahr» überhaupt nur zulassen kann, was «immer schon» war; weder die Form noch der Inhalt dieser Art von «christlicher» «Lehre» lassen sich ins Leben integrieren; sie basieren auf Außenlenkung und Gewalt, und dieser Zustand muß solange anhalten, als man weiterhin religiöse Symbole der Daseinsdeutung in dogmatische Aussagen über Gott und in historische Informationen über die «Heilstatsachen» seiner «Offenbarung» vergegenständlicht und veräußerlicht.

Positiv läßt sich sagen, daß die Weitergabe religiöser Überzeugungen in einer menschlich plausiblen Form nur gelingen kann als «Existenzmitteilung» von Person zu Person, indem die Wahrheit der Religion sich auf das engste an die Wahrhaftigkeit («Identität») des Subjekts bindet; statt als Funktion des Überichs wird die Religion Zukunft haben als Funktion des Ichs, indem sie Zwang überwindet durch Freiheit, Obrigkeitsabhängigkeit durch persönliche Selbständigkeit, Autoritätsgehorsam durch Dialogbereitschaft, die Verfestigung der Vergangenheit durch situative Offenheit, und nicht zuletzt: indem sie an die Stelle der offiziellen Sprachregelung des Dogmas die persönliche Erfahrung setzt, verbunden mit dem Mut, diese Erfahrung in einer ungezwungenen Sprache wiederzugeben und weiterzusagen.

Alle drei großen Desiderate einer solchen Religion der Zukunft sind an diese Voraussetzungen gebunden: die Verständigung zwischen den Kulturen ebenso wie die psychische Integration des Unbewußten im Bewußtsein und nicht anders der «Friede» des Menschen mit der ihn umgebenden «Natur». Die Frage allerdings stellt sich eben deshalb desto dringlicher, wie eine *Religionspädagogik* sich beschreiben läßt, die auf solche Zielsetzungen ausgerichtet ist. Einfach gesagt: Wie läßt sich «Religion» unterrichten, wenn es nicht mehr darum geht, die Kinder entsprechend einer bestimmten Kirchenlehre zu «informieren», sondern sie als Persönlichkeiten auf Gott hin zu öffnen? Welch eine Rolle können und müssen in einer solchen Pädagogik die Quellentexte der verschiedenen Religionen (der Veden, der Bibel, des Koran usw.) sowie ihre Riten und Bräuche, ihre Überlieferungen und ausformulierten Überzeugungen spielen? Wie läßt sich Religion «lehren», ohne dabei zur bloßen «Lehre» zu verkommen? Ein paar Hinweise zu diesen wichtigen Fragen müssen und mögen an dieser Stelle genügen.

Als erstes sollte klar sein, daß Religionsunterricht nicht länger als «Leistungsfach» des abfragbaren Wissens «gehandhabt» werden kann. Natürlich gibt es auch in Fragen der Religion eine Menge zu «wissen», doch darum geht es nicht in einem «Fach», das nicht Wissen, sondern Weisheit, das Bildung, statt Ausbildung, das Erkenntnis und Einsicht, nicht aber Kennenlernen und Durchsicht sich zum Anliegen gesetzt hat. «Wer das lernen übt», meinte bereits LAOTSE (*Tao te king*, Nr. 48), «vermehrt täglich. Wer den *Sinn* übt, vermindert täglich.» Religion zu unterrichten – das müßte bedeuten, inmitten einer Welt des wachsenden Konkurrenzdrucks einen Raum der Leere, des Nichthandelns, der Stille, der absichtslosen Selbsterfahrung, des Austauschs von Erfahrungen, der Einkehr und der Sammlung zu eröffnen; das müßte auch bedeuten, eine Welt fundamental in Frage zu stellen, deren oberste «Werte» in «Gewinnmaximierung», Machterhalt und Geldbesitz sich zu erschöpfen scheinen und in welcher folgerichtig Krieg und Kriegsrüstung immer noch als Teil der «Realität» und der «Normalität» betrachtet werden.

Religion ist und war zu allen Zeiten die verkörperte Sehnsucht nach einer «Welt», die *anders* ist als die, die man uns zeigt; sie ist und war als «Therapie», «Erlösung», «Offenbarung», «Befriedung» und «Befreiung» stets auch Protest und Paradox, ein Paradigma des Utopischen. Es gibt sie nicht, sobald man sie dozieren will wie Deutsch, Physik oder Chemie, nur halt in Kirchen«einbindung» und Dogmenzwang. Dabei ist die Eigenart eines «fachgerechten» Religionsunterrichtes gar nicht schwer zu beschreiben.

Fragen wir uns nur einmal, wie es möglich sein soll, pädagogisch zu tun, wovon soeben die Rede war: die Vermittlung von *Werten*. Auch die ministerielle und administerielle Schulpädagogik begreift inzwischen, daß diese Frage sich fundamental für jede Art von Unterricht stellt; wird sie nicht beantwortet, droht das gesamte «Bildungssystem» zu scheitern: Kinder, die alles mögliche lernen sollen, ohne zu wissen, welch einen Sinn es macht, «das alles» zu wissen, werden geneigt sein, am Ende gar nichts mehr zu wollen, und entweder «trendy» im Strom der Zeit «mitschwimmen» oder rebellierend «aussteigen», wobei die Einpassung in die objektive Gewalt des herrschenden Systems nicht weniger zynisch anmutet als die wachsende Bereitschaft zur subjektiven «Ersatzsprache» der Gewalt. Es kommt demnach nicht darauf an, daß Kinder möglichst viel lernen, sondern darauf, daß sie Motive finden, etwas lernen zu wollen. Ein solches Motiv kann, religiös betrachtet, zweifellos nicht in dem Wunsch nach optimaler Durchsetzung des eigenen Ichs im Leistungsvergleich liegen, es sollte weit eher in der natürlichen Neugier liegen, etwas kennenlernen und lieben zu dürfen.

Wie Kinder dahin kommen, etwas zu lernen, zeigte auf erschütternde Weise ein Studiofilm, den österreichische Psychologen in den 60er Jahren mit fünf Monate alten Kindern aus drei verschiedenen Lebenssituationen aufgenommen haben. Sie zeigten zum einen ein Kind, das mit seinen Eltern «normal» zusammenlebte; es saß in seinem Stühlchen und griff nach den bunten Bauklötzchen, die vor ihm auf dem Tisch lagen; dann zeigten sie ein Kind, dessen Mutter bei der Geburt gestorben und das danach in ein Heim gegeben worden war; wie apathisch saß es vor den Klötzchen, die gesamte Außenwelt erlebte es offenbar ohne jeden Aufforderungscharakter, zwischen seinem Ich und den Dingen bestand keinerlei Rapport, – eine graue, feindgetönte, unheimliche Welt schien auf dieses Kind zu warten; am meisten indessen beeindruckte das Verhalten eines dritten Kindes, das mit etwa drei Monaten von seiner Mutter getrennt worden war: Dieses Kind schaute nicht auf die Klötzchen, sondern beobachtete unverwandt den Mann hinter der Aufnahmekamera, so als wenn es nur eine einzige Frage zu stellen gehabt hätte: Würde auch dieser Mann fortgehen wie seine Mutter?

Was der Film verdeutlichte, stellt eine Grundtatsache der Entwicklungspsychologie dar: Kinder erleben nicht die Wirklichkeit, wie sie «an sich» ist, sondern alle «Wirklichkeit» wird ihnen vermittelt durch die Art, wie sie im Erleben der engsten Kontaktpersonen sich abbildet. Nur ein Kind, das sich in der Nähe seiner Mutter geborgen weiß, wird seine nächste Umwelt zu entdecken suchen. All seine spielerische Neugier ist an diesen Vertrauenshintergrund gebunden.

Die oberste Bedingung, *die* Welt und *in* der Welt etwas als wertvoll – als achtenswert, als erhaltenswert, als schützenswert – zu entdecken, besteht in einer solchen persönlichen, gefühlsmäßig warmen, vertrauensvollen Beziehung zu einem anderen Menschen; alles, was die Religion zur Wertebegründung «tun» kann, entstammt nicht dem Aufbau einer metaphysischen Wertehierarchie, sondern besteht in der ins Absolute gedehnten Versicherung, daß diejenigen Erfahrungen, die in der frühen Kindheit schon für jedes Werterleben konstitutiv sind, im Ganzen, bezogen auf den Welthintergrund, eine unbedingte Bedeutung besitzen; und umgekehrt: Jede Religion wird sich selbst nur beglaubigen von einem solchen Werterleben her. Alle Weltfarbigkeit, alle Weltfreudigkeit, alle Weltwertigkeit ist gebunden an eine solche Erfahrung von Einheit, Vertrauen und Geborgenheit, wie sie in der frühkindlichen Entwicklung (in der «schizoiden Phase» der ersten Lebensmonate) ermöglicht – oder verhindert wird. Wie stark in jedem

Menschen das Bedürfnis nach einer derartigen Erfahrung angelegt ist, zeigt sich wohl am klarsten daran, daß die Einheit des Bewußtseins und damit die Einheitlichkeit des Erlebens auf das engste mit diesen ersten Reifungsschritten verbunden ist und im Falle ernster Störungen später nur sehr unvollkommen mit psychotherapeutischen Methoden sich wird nacharbeiten lassen.

Die Religion insgesamt läßt sich nach allem Gesagten verstehen als ein Ausdruck des unabdingbaren Verlangens der menschlichen Psyche nach einer absoluten Geborgenheit und Einheit angesichts einer Welt notwendiger Ungeborgenheit und Widersprüchlichkeit. «Alle Menschen», erklärte LAOTSE (*Tao te king*, Nr. 20), «haben ihre Zwecke; nur ich bin müßig wie ein Bettler. Ich allein bin anders als die Menschen: Doch ich halte es wert, Nahrung zu suchen bei der Mutter.» Die «Nahrung» der «Mutter» in diesen Worten ist ein sich selbst durchsichtig gewordenes Leben aus innen, ein ungestörtes, unverstörtes Ruhen in dem «Geist des Tales», in der «Wurzel von Himmel und Erde» (*Tao te king*, Nr. 6).

Genauer gesagt, stehen zwei Arten des Werterlebens in steter Wechselwirkung zueinander, die wir als *Selbstwertgefühl* und *Weltwertgefühl* bezeichnen können; beide gilt es pädagogisch gleichermaßen zu fördern, da das eine nicht sein kann ohne das andere. Beginnen wir mit dem «Weltwertgefühl».

In der Philosophiegeschichte war es MAX SCHELER (1874–1928), der in seinem Hauptwerk (*Der Formalismus in der Ethik und die materiale Wertethik*, 1913) darauf hinwies, daß als «Wertträger» entscheidend die Person des Menschen zu betrachten sei, das Werterleben, mit anderen Worten, stelle selbst eine Voraussetzung und Äußerung des Personseins dar; dabei glaubte MAX SCHELER – im Widerspruch zu IMMANUEL KANT – nicht daran, daß man die Personalität des Menschen aus erkenntnis-theoretischen Gründen nur «postulieren», nicht aber erkennen könne; für SCHELER bestand die Selbstgegebenheit, die *Evidenz* des Erlebens gerade darin, daß das Ich des Menschen bestimmte Werte zu *fühlen* imstande sei. An die Stelle des KANTischen Formalismus zur Begründung der Ethik (wonach das «Sittengesetz» darin gründen sollte, daß «die Maxime deines Wollens jederzeit zugleich als Prinzip einer allgemeinen Gesetzgebung gelten könne»), setzte SCHELER die konkreten Inhalte dessen, was im Gefühl als Wert erlebt wird.

Alle Pädagogik, keinesfalls nur die Religionspädagogik, hat es von daher mit der Herausbildung und Entwicklung von *Person* und *Gefühl* zu tun, die Religionspädagogik allerdings steht und fällt mit dieser Voraussetzung; ja, wir begreifen im Rückblick noch einmal die unausweichliche Selbstzerstörung einer Religions»vermittlung», die zur Stützung der kirchlichen «Glaubens»lehre gerade im Gegenteil: die Homogenisierung, die Gleichschaltung, die Entpersönlichung des «Bekenntnisses» und damit seine intellektuelle, begriffliche Eindeutigkeit und Einseitigkeit sich zum Ziel gesetzt hat. Wenn das Wertgefühl des «Heiligen» den Grund alles Religiösen bildet, wenn die Erfahrung des Heiligen die Bedingung dafür ist, daß Gott als *der* Heilige überhaupt in Erscheinung treten kann, so gibt es gewiß nichts Wichtigeres für die religiöse Erziehung, als Räume eines Vertrauens zu bilden, in denen die Personalität von Kindern sich entfalten kann und in denen sie zu intensiven, subjektiv verbindlichen Gefühlen von dem, was «wert» ist, heranreift.

Ein ebenso wichtiger wie richtiger Maßstab für das Wertgefühl von Kindern ist die Freude an allem, was *lebt*. Kein größeres Vergnügen ist einem Kinde zu bereiten als mit einem Spielzeug, das sich in seinen gelenkigen Teilen beweglich gibt oder das dank eines sinnreichen Mechanismus sogar wie von selber sich zu bewegen scheint, umgibt doch ein Kind in seiner Vorstellung sich ohnedies, wie in den Religionen der animistischen Weltsicht, mit lauter belebten Gebilden, die es als solche, gleich, ob geliebt oder gefürchtet, in jedem Falle, weil lebend, als seinesgleichen betrachtet. Und wie da erst mit einem «wirklich» lebendigen Wesen, mit seinem Kätzchen, mit seinem Hunde, mit seinem Kaninchen, die es, wie in den Tagen totemistischer Frömmigkeit, geradewegs abgöttisch verehrt. Es ist nicht zu viel behauptet, wenn wir in der Beziehung des Kindes zu (s)einem Tier eine erste wichtige Stufe der Ablösung von seiner Mutter oder, umgekehrt formuliert, seiner Zuwendung zur Welt erblicken; die Tiere begleiten das kindliche Erleben auf seinem Weg in die «Wirklichkeit», und so wie in der Paradieserzählung der Bibel (Gen 2,19) Gott dem Menschen eine «Gefährtin» erst «schafft», nachdem sich gezeigt hat, wie er die Tiere, welche die Gottheit ihm zuführt, in ihrer Eigenart zu erkennen und zu benennen vermag, so lernt wohl ein jeder die Liebe zu einem anderen Menschen nicht, ohne sie schon als Kind erworben zu haben im Umgang auch und wesentlich mit den Tieren. Selbst später, im Erwachsenenleben, werden wir in der Sprache der Zärtlichkeit einander immer wieder benennen mit den Kosenamen von Tieren: mein Täubchen, meine Möwe, mein Häschen, mein Wölfchen, mein Bärlein usw., und auch wenn wir uns übereinander sehr ägern, belegen wir uns wechselseitig mit Schimpfworten aus dem Tierreich: du Schwein, du Esel, du Affe etc. In allen tiefen Gefühlen gehen wir zurück zu den Tieren, von denen wir all unsere Gefühle übernommen haben. *Wertgefühle* lassen sich nur erzeugen im Teilbereich einer umfassenden «Ehrfurcht vor dem Leben», wie ALBERT SCHWEITZER zu Recht den tragenden Grund aller Ethik bezeichnet hat.

Daraus folgt etwas Wichtiges. Statt, wie bisher, Religion und Biologie schon den 14jährigen in der Schule intellektuell als unvereinbare Gegensätze erscheinen zu lassen, könnte gerade der *Biologieunterricht* eben jene Einstellung zum Leben und zu allem Lebenden vermitteln, ohne welche Religion schlechtweg nicht denkbar ist. Freilich ist dazu erfordert, daß die «Lehre vom Leben», daß die *Biologie* nicht länger als ein bloßer Seitenzweig der Biochemie und der Biotechnologie, der Genetik und der Molekularbiologie betrieben wird. Der Biologieunterricht darf nicht zu einer Vorstufe der «Nutzung» des Lebens in den Pharma- und Biolabors von Medizin und Industrie verkommen! Diese Gefahr freilich ist groß, denn die Lage, in der wir uns befinden, ist paradox: Noch niemals zuvor konnten wir die Verhaltensweisen, Gefühle und Ausdrucksformen der Tiere so gut verstehen, wie wir es heute, nach etwa 70 Jahren Verhaltensforschung (Ethologie), zu tun vermögen; noch niemals zuvor besaßen wir so wundervolle Tierstudien, Filmbeobachtungen und Kenntnisse von Tieren wie heute, nach etwa 60 Jahren der Tierfilmerei, und doch sind noch niemals zuvor so viele Tiere und so viele Tierarten derart skrupellos gequält und ausgerottet worden wie heute. Der Grund dafür liegt erneut darin, daß wir unser Wissen augenblicklich mit Herrschaftsinteressen verknüpfen, statt Weisheit daraus zu erlernen. Um so wichtiger scheint es, daß wir zumindest unseren Kindern diese Perversion unserer «Bildung» ersparen und davon lassen, die Schule zur Reproduktion unseres Wirtschaftssystems zu degradieren. Denn so viel steht fest: nur Menschen, die als Kinder bereits Tiere wirklich zu lieben gelernt haben, werden sich später der Instrumentalisierung der Tiere als bloßer «Produktionsmittel» nachhaltig verweigern. Es sind aber wesentlich die *Gefühle*, nicht die Gedanken, die derartige alternative Werterfahrungen ermöglichen. Gefühle zu «erziehen» scheint mithin weit wichtiger noch als das Training von Gedanken und Lerninhalten.

Man muß nicht gerade einem «irrationalen Menschenbild» anhangen, um dieses Erfordernis einer werteorientierten Pädagogik anzuerkennen. Wie wichtig *Gefühle* sind, weit wichtiger als alle noch so richtigen Gedanken, mögen *zwei kleine Beispiele* zeigen.

Manch ein Leser wird sich noch daran erinnern, wie er im mündlichen Abitur in Mathematik oder Physik bei der Prüfung an der Tafel stand und was er in diesem Augenblick *fühlte*, als er bemerkte, daß sich die Aufgabe der richtigen Lösung näherte; selbst viele Jahre danach noch werden ihm diese Gefühle vollkommen präsent sein, ja, sie können mitunter sogar in seinen Träumen auftauchen wie ein Trost, auch die jetzt vor ihm liegende Aufgabe mit gleicher Bravour meistern zu können. Wir nehmen nur einmal an, daß in den letzten fünf bis zehn Jahren sich ihm kaum je Gelegenheit geboten hat, Differentialgleichungen zu lösen oder den Flächeninhalt unter einer Kurve zu berechnen, dann wird es überaus wahrscheinlich sein, daß ihm all die Fertigkeiten beim Abschluß einer Höheren Schule damals trotz monatelangen prüfungsreifen Übens aus dem Gedächtnis abhanden gekommen sind. Derart zählebig und erinnerungsstark also sind Gefühle, und derart kurzlebig und oberflächlich sind Gedanken, selbst wenn sie in sich so vernünftig und logisch sind wie etwa die Ableitungsregeln der Differentialrechnung! Es bedarf von daher keiner Frage, daß die Intensität und das Haftungsvermögen der Gefühle nicht nur die Wirklichkeitserfahrung «grundiert» und tönt, sondern auch unser moralrelevantes Verhalten zentral mitbestimmt. Dafür das zweite Beispiel.

Wir nehmen einmal an, daß jemand vor rund 10 Jahren in einem unaufgelösten Streit sich von einem ehemaligen Bekannten getrennt hat; als ein frommer Mensch, wie wir ihn uns vorstellen, ist er inzwischen jeden Sonn- und Feiertag, also rund 400mal, in die Kirche gegangen und hat dortselbst jeweils rund 20minütig, also insgesamt etwa eine Woche lang 24 Stunden täglich, über die Pflicht eines Christenmenschen zu Vergebung und Eintracht predigen gehört, und so wollen wir glauben, daß er sich derlei Anmutungen ehrlich zu Herzen hat gehen lassen; gleichwohl: gesetzt, er trifft unversehens in der Einkaufspassage der Stadt diesen seinen Bekannten von vor 10 Jahren wieder, so wird ihn, da darf man sicher sein, der alte Zorn, allen guten Vorsätzen zum Trotz, aufs neue durchglühen. Wir können nur erneut feststellen: So zäh und «unverbesserlich» sind Gefühle, und so ohnmächtig stellen Gedanken sich dar! Die Folgerung, die sich daraus ergibt, ist ebenso einfach wie grundlegend wichtig: der «Erziehung der Gefühle» (GUSTAVE FLAUBERT) sollte das Hauptaugenmerk jeder Pädagogik, insbesondere aber der Religionspädagogik gelten. Aber wie?

In der Praxis kommt es gewiß nicht darauf an, daß von «Gefühlen» viel die Rede geht; entscheidend ist die *Einstellung*, die den Unterrichtsgesprächen zu Grunde liegt. Gerade weil es die Aufgabe des Religionsunterrichtes sein sollte, nicht eine Theorie der «Gnade» zu dozieren, sondern ein Stück «Gnadenerfahrung» in das Leben der Kinder zu tragen, ist in diesem Zusammenhang eine *Regel* von größtem Nutzen, die in der *Gesprächspsychotherapie* ihren formellen Ausdruck gefunden hat: Die Frage des Therapeuten, mit der er alle Mitteilungen seines Klienten während einer Gesprächspsychotherapie begleiten soll, lautet sinngemäß: Warum sagt der andere das, was er sagt, in gerade dieser Weise an gerade dieser Stelle? Was sagt er damit von sich selber beziehungsweise über sich selber? Was sind die Gefühle, die subjektiv seine Mitteilungen begleiten?

Übertragen auf die Unterrichtspädagogik, besagt eine analoge Einstellung auf seiten des Lehrers, daß wichtiger noch als die Inhalte einer Schülermitteilung die Gefühle sind, die sich in dieser Mitteilung direkt oder indirekt aussprechen. Wenn den Schülern selber in jedem Augenblick des Unterrichts nicht spürbar wird, daß es weniger um ihre «Intelligenz» und ihre «Leistung» geht, als daß sie selber gefragt sind, werden sie sich nicht nur nicht wirklich ernst genommen fühlen, sie werden den eigentlichen «Inhalt» der Religion selbst durch das Unterrichtsgeschehen widerlegt finden: Man kann nicht «die Güte Gottes als des Vaters in der Botschaft JESU» zum didaktischen Ziel einer Unterrichtseinheit erklären und dann eine Unterrichtsmethode pflegen, die ungütig und streng lediglich die «Intelligenzspitzen» entlang den benotbaren Leistungen fördert.

Ein unschätzbarer Vorteil einer solchen an der Gesprächspsychotherapie orientierten pädagogischen Einstellung wird sich vor allem in der wechselseitigen Wertschätzung der Schüler untereinander zeigen. An die Stelle von Konkurrenz tritt Kooperation, die Pose der Selbstdemonstration weicht einem erweiterten Eingehen und Zuhören aufeinander, die Angst vor Versagen und Minderwertigkeit löst sich auf in einem Klima ruhigen Vertrauens. Der eigentliche «Inhalt» der Religion braucht fortan nicht länger als «Lernstoff» «verobjektiviert» zu werden, er vermittelt sich in der Form eines «sozialen Lernens» von selbst.

Persönlich entsinne ich mich noch, wie ich am Anfang meiner «Laufbahn» als Religionslehrer vor vielen Jahren im «Erstkommunionunterricht» den neun Jahre alten Kindern bei der Vorbereitung zur «heiligen Beichte» die «Botschaft» des Gleichnisses JESU vom «verlorenen Schaf» (Lk 15,1–7) nahebringen wollte.

Ganz entsprechend meiner Ausbildung schilderte ich den Kindern die Landschaftsverhältnisse der judäischen Steppe, die Verhältnisse von Hirten im Vorderen Orient vor 2000 Jahren, ich arbeitete mit ihnen den entscheidenden «Vergleichspunkt» in dem Gleichnis JESU heraus, und am Ende fand selbst mein Mentor die Verknüpfung von «Sachkunde» und «Botschaft» sowie die «Sicherung des Stundenergebnisses» als durchaus «gelungen». Wenige Wochen später indessen legten die Kinder ihre erste Beichte bei den Ortsgeistlichen ab, das heißt: sie empfingen das «Bußsakrament», und da machte ich eine Erfahrung, auf die ich nicht vorbereitet war. Natürlich fragte ich die Kinder, wie sie ihre erste Beichte erlebt hätten, als ein Junge sich fand, der zur Beichte gar nicht gegangen war; als er diese Tatsache eingestand, lachten die anderen Schüler ihn aus, das Kind selber aber legte das Gesicht in seine Hände und weinte. Offengestanden hatte ich diesen Jungen in all den Stunden bisher kaum bemerkt – er war vollkommen blaß und unauffällig geblieben; erst als ich hernach seine Eltern aufsuchte, erfuhr ich, daß dieser Junge aus Angst vor den Mitschülern oft weite Umwege auf seinem Schulweg in Kauf nahm, um niemanden von ihnen zu begegnen; den Ursprung seiner Angst aber bildeten nicht die anderen Kinder, sondern sein Vater, der ein schwerer Alkoholiker war.

Gewiß ist die Schule keine psychotherapeutische Anstalt, Pädagogik hat es vorwiegend mit gesunden, nicht mit kranken Kindern zu tun; und doch zeigte sich mir in diesem Beispiel etwas, das in der Folgezeit mein Verständnis von Religionspädagogik vollkommen verändern sollte. Hier saß mein «hundertstes Schaf», aber die Didaktik, die ich gelernt hatte, hinderte mich geradezu, es zu entdecken und ihm «nachzugehen». Wie, fragte ich mich, konnte ein Religionsunterricht «richtig» sein, der seinen eigenen «Inhalt», statt ihn zu vermitteln, durch die genau gegenteiligen Erfahrungen der Schüler geradewegs konterkarierte? So viel wurde mir damals klar: Eine Didaktik, die sich primär um die Gefühle der Kinder, um das emotionale Klima des Unterrichts kümmerte, würde einen solchen Fauxpas niemals zugelassen haben.

Das Wichtigste an der Forderung eines in diesem Sinne «sachgerechten» Religionsunterrichtes ist, mit der Beachtung der Gefühlsbedeutung aller Schüleräußerungen, die Aufhebung der religiös wie menschlich irrelevanten Maßstäbe, die in anderen Unterrichtszusammenhängen, nicht aber im Religionsunterricht von Belang sein mögen. Im Philosophie- oder Mathematik-Unterricht etwa kann es von erheblicher Bedeutung sein, ob ein Kind für das jeweilige Fach «begabt» oder «unbegabt», ob es im allgemeinen als «intelligent» oder als weniger «klug» einzustufen ist, ob es für «fleißig» und «motiviert» zu halten ist oder für «desinteressiert» und «faul»; solange die Beziehung des Schülers zu dem «Gegenstand» seines Lernens wesentlich intellektuell ist, mag in der Tat eine Didaktik als genügend erscheinen, die auf der Prämierung von «Intelligenz» und «Leistung» (als Kommemoration des Lernstoffes) basiert. In einem «Fach» aber, das es sich zum Ziel gesetzt hat, Menschen zu Gott zu führen, kann es nicht für einen menschlich oder religiös wichtigen Unterschied gelten, welch einen «Intelligenzquotienten» jemand nach den Meßverfahren des *Hamburg Wechsler Intelligenztests* für Kinder oder Erwachsene aufweist; menschlich und religiös von erheblicher Bedeutung aber ist es, wie sensibel oder unsensibel, wie einfühlend oder stumpf, wie rücksichtsvoll oder rücksichtslos jemand ist; der Grund: seine «emotionale Kompetenz», nicht sein «Fachwissen» entscheidet darüber, was für ein Mensch er ist; «Intelligenz» und «Wissen» hingegen sind und bleiben menschlich wie religiös etwas äußerst Zweideutiges.

Vor allem *einen* Grund gibt es, der die Ernstnahme von Gefühlen im (Religions)Unterricht als vorrangig erscheinen läßt: das ist die Bedeutung von Personalität und Individualität, das ist das *Selbstwertgefühl.* Gerade weil die Religiosität in Zukunft nicht mehr eine Frage von Macht, Magie und Masse sein kann, hängt sie in doppeltem Sinne ab von der Stützung des Ichs: Der Glaube an ein absolutes personales Gegenüber bildet die stärkste Verankerung des Glaubens auch an die so zerbrechliche Person des Menschen, und umgekehrt: nur in einer Kultur, in der die Person des

Individuums einen unantastbaren Wert besitzt, ist Religion vonnöten. Eine Massen«kultur» braucht sie so wenig wie all die Begrenzungen der Ethik, die einzig von dem «Gewissen» des Einzelnen getragen werden.

Erneut sind speziell in Deutschland aus der Zeit des «Dritten» Reiches die Wirkungen einer Pädagogik in schlimmster Erinnerung, die auf die systematische Vernichtung des Individuums und auf die völlige «Gleichschaltung» durch das Diktat der Macht (des «Führers») ausgerichtet war. «Du bist nichts – dein Volk ist alles.» «Ein Reich, ein Volk, ein Führer.» «Führer befiehl, wir folgen.» «Wollt ihr den totalen Krieg, wollt ihr ihn, wenn möglich, noch totaler und radikaler, als man ihn sich bis heute überhaupt nur vorstellen kann?» «Dann werden unsere Truppen, die jetzt schon zur Offensive angetreten sind, in den Krieg ziehen wie in einen Gottesdienst.» «Jetzt Volk steh auf, und Sturm brich los.» Man muß derartige Parolen des «Dritten» Reiches, fanatisch und frenetisch gebrüllt damals von und vor Hunderttausenden Begeisterter und Entgeisterter, nur hören, und man begreift die hypnotische Suggestivkraft, die von jeder Massenpsychologie ausgeht: Opfer, Hingabe, Selbstvergessenheit, Treue, Gehorsam, Pflicht, Zuverlässigkeit – all diese «funktionalen» Wertbegriffe müssen um so unmenschlicher wirken, als sie von Menschen getragen werden, die es niemals gelernt haben, sich selber als Personen wahrzunehmen. An «Wissen» in allen möglichen Fachgebieten fehlte es seinerzeit ganz gewiß nicht – im Gegenteil, Technik und Forschung erreichten im Deutschland der Nazis selbst mitten in der «Kriegswirtschaft» einen erstaunlich hohen Stand: Benzin aus Kohle, Gummi ohne Kautschuk, Staustrahltechnik für Raketentriebwerke, die Spaltung von Uran, die Entwicklung des Radar – das nationalsozialistische Deutschland *war* so gefährlich, weil es gewissermaßen den Beweis dafür lieferte, daß naturwissenschaftliche Höchstleistungen absolut nicht an humane Voraussetzungen gebunden sind und diese auch nicht unmittelbar befördern; – eine ähnliche Erfahrung mußten zeitgleich die amerikanischen Wissenschaftler machen, als man ihre Erkenntnisse auf den Gebieten von Kern-

physik, Chemie und Biologie in großem Stil dazu nutzte, Massen-
vernichtungsmittel, buchstäblich: «totaler, als man es sich überhaupt vorstellen kann», als «Waffen» in die Hand der US-Army zu
geben. Eine Ethik, die der Willkür der Macht Grenzen setzt, statt
den Zielen der Macht die stets passende ideologische Rechtfertigung zu liefern, kann nur ausgehen von der *Evidenz* des absoluten
Werts des *Individuums.* Diese Evidenz aber übersteigt sogar die
Ethik; sie ist im letzten religiösen Ursprungs. Denn es ist nicht
möglich, das Einzelne in Allgemeinbegriffen zu erfassen.

Es war bereits der Gedanke des ARISTOTELES, vom Individuellen könne es keine Wissenschaft geben (*de individuis non est scien-
tia*). Alle Gesetze der Naturwissenschaften zum Beispiel besitzen
ihre Gültigkeit darin, daß sie aussagen, wie ein Ereignis unter gegebenen Bedingungen zustande kommt, während sie die stets individuellen, von einer Fülle von «Zufällen» abhängenden «Bedingungen» sich selber zu «geben» niemals imstande sind. Schon
deshalb ist es unsinnig, ausgerechnet von den Naturwissenschaften sich einen sittlichen oder religiösen Effekt erhoffen zu wollen.
Der Satz von der Unmöglichkeit einer Wissenschaft vom Einzelnen gilt aber auch für die Ethik, er gilt auch für die Religion
selbst. Auch die Neigung *der Ethiker* ist groß, Moralgesetze aufzu-
stellen, die immer und in jedem Einzelfalle Gültigkeit besitzen;
das Individuum aber ist unendlich mehr als jeder Einzelfall. Auch
die Neigung *der Dogmatiker* ist groß, Glaubenslehren und Verhal-
tensvorschriften zu formulieren, die immer und für jeden «Gläubigen» (für jedes «Kirchenmitglied») Gültigkeit besitzen; zu einem
«Gläubigen» (in «christlichem» Sinne) aber wird ein Mensch allererst, wenn er es wagt, *ein Einzelner* zu werden.

Der dänische Religionsphilosoph SÖREN KIERKEGAARD war der
erste, der die Subjektivität und Individualität des Glaubens *gegen*
die Identifikation des Göttlichen mit dem Sittlich-Allgemeinen
(in der Philosophie G. W. F. HEGELs) richtete. Das Problem, das er
formulierte, war dieses: Ethisch betrachtet, steht der Einzelne vor
der Aufgabe, sich so zu verhalten, wie *alle* in gleicher Lage sich
verhalten müßten; vorausgesetzt ist dabei stets, daß sich vorab

schon allgemein und unbezweifelbar angeben ließe, wie «alle» sich gegebenenfalls zu verhalten hätten. Bereits diese Annahme an sich jedoch weckt viele Zweifel: Läßt sich die individuelle Situation einer konkreten ethischen Entscheidung wirklich auf einen bloßen Anwendungsfall des Allgemeinen, des im voraus schon Gewußten reduzieren? Für das *Denken* mag eine solche Möglichkeit vorstellbar sein, doch selbst dann sind Individuen, sind Menschen als Personen nie nur «denkende Wesen», ihre *Gefühle* spielen für ihr Handeln, wie gerade gezeigt, eine zumindest ebenso große, wo nicht weit größere Rolle als ihre Gedanken, und diese ihre Gefühle sind nicht allgemein, wie rationale Begriffe, sondern konkret, und so können sie sehr wohl einen Grund bilden, aus Rücksicht auf andere fühlende Wesen, ob Tier oder Mensch, etwas nicht zu tun oder doch zu tun, das «im allgemeinen» als geboten oder als verboten erscheint.

Aber selbst dann, wenn es solche Bedenklichkeiten bereits auf dem Boden des Ethischen selber *nicht* gäbe, so bliebe noch immer die Möglichkeit bestehen, auf die KIERKEGAARD gerade im Erfahrungsraum des *Prophetischen* hinweisen wollte: es gibt vor Gott die unbedingte Forderung, ein *religiöses Individuum* zu sein. Die Person JESU selber bietet dafür das eindrucksvollste Beispiel: Er überwirft sich mit seinen Eltern, er bricht das «Vierte Gebot», Vater und Mutter zu ehren (Ex 20,12), er nennt statt dessen diejenigen, die ihm zuhören, seine Eltern und Geschwister (Mk 3,31–35); er bricht das Sabbatgesetz (Ex 20,8), nur weil seine Jünger Hunger haben (Mk 2,23–28), und er weigert sich, Gott mit der Autorität der Hohen Priester im Tempel gleichzusetzen (Mk 11,28); er begeht all diese Gesetzesbrüche und -verstöße aber nicht etwa aus einem Mangel an Menschlichkeit und Frömmigkeit, sondern ganz im Gegenteil aus einer tieferen Verbundenheit mit Gott und den Menschen heraus. In Gethsemane wie auf Golgotha ist er am Ende wirklich ein radikal *Vereinzelter*, verflucht vom Hochpriester und zum Tode verurteilt vom Prokurator. Diesem JESUS «nachzufolgen» ist offenbar unmöglich ohne einen solchen Akt der Individuation, in welchem der Einzelne vor Gott zum Anfang aller wahren menschlichen Beziehung, zum Ursprung aller menschlichen Gemeinschaft und «Gemeinde» wird.

KIERKEGAARDS Gedanken, wenn man sie in diesen wenigen Worten referiert, wirken gewiß überaus fordernd, ja, geradezu erschreckend, – schließlich wollte er mit ihnen die kirchlich beruhigte «Christenheit» ein für allemal aus ihrer «heidnischen» Behäbigkeit jagen; übersetzt man indessen das, was KIERKEGAARD sagen wollte und zu sagen hatte, aus der Sprache der «Prophetie» in die Sprache der «Therapie», so ist überdeutlich, worin dieser große Einzelne schon des 19. Jh.'s recht besaß: Die Dimension des Religiösen ist gebunden an die Entdeckung und Entwicklung des Individuums; alles, was der Herausbildung des Einzelnen in seiner Eigenart und Eigenständigkeit, in seiner Selbstfindung und in seinem Selbstvertrauen, in seiner persönlichen Reifung und Berufung wirklich dient, besitzt in sich selber eine religiöse Qualität.

An dieser Stelle nun schließt sich der Kreis. Religion – das ist «Gnade», sagten wir bislang von seiten der *Psychotherapie* her und ergänzten bereits: nur die Erfahrung unbedingter Gnade sei imstande, das Feld der Angst, der Selbstverlorenheit und der Entfremdung in Richtung eines «eigentlichen» Daseins zu erschließen. *Pädagogisch* läßt sich jetzt genau dasselbe sagen, nur ohne den Beigeschmack und die Voraussetzung des Krankhaften, Verfehlten und Neurotischen; was jedoch einem Menschen hilft zu leben und was ihn heilt zum Leben, ist im letzten ein und dieselbe Haltung einer Zuwendung, die ihn als Person und Individuum unbedingt und wesentlich möchte und meint; wo irgend Menschen, so gebrochen auch immer, einander etwas von dieser Erfahrung vermitteln, vermitteln sie, ob sie daran denken oder nicht, etwas von Gott.

Es braucht an dieser Stelle nicht weiter ausgeführt zu werden, in welchen konkreten «Strategien» eine Haltung, wie sie vor allem in der *Gesprächspsychotherapie* üblich geworden ist, in die pädagogische Haltung eines Lehrers in der Schule sich übersetzen läßt. Erwähnt aber sei doch, daß ein Religionsunterricht, wie wir ihn hier konzipieren, an der Schule durchaus nicht eine «Insel der Ruhe» im «Meer der Stürme» bilden sollte oder müßte, sondern auf die Sichtweise aller anderen Unterrichtsfächer verändernd einwirkt.

Nehmen wir nur einmal, um diese These zu belegen, den *Turnunterricht*. In den Tagen, da die katholische Kirche ihre dogmatische Doktrin in konfessionsgebundenen Schulen gegen die Bildungspolitik zahlreicher liberaler Länder durchzusetzen suchte, karikierte man solche Versuche gern (und nicht zu Unrecht) als die Einführung der «katholischen Bauchwelle»; es ist nach allem Gesagten ganz sicher nicht möglich, Religion weiterhin in der Enge eines kirchen- und konfessionsabhängigen Dogmatismus zu «unterrichten». Ein Zusammenhang von Turn- und Religionsunterricht indessen besteht sehr wohl, und er wird sofort klar, wenn wir uns fragen, in welchem «Geiste» die «Sporterziehung» betrieben wird. Ohne Übertreibung nämlich läßt sich sagen, daß das «Turnen» derzeit in den Schulen am deutlichsten der Vereinseitigung unserer naturwissenschaftlichen Weltsicht entspricht: «Turnen» – das bedeutet in den meisten Schulen so viel wie *Körper*ertüchtigung, und ein «Körper» ist etwas in Raum und Zeit Feststellbares; also gehören das Bandmaß und die Stoppuhr zu den unerläßlichen Requisiten eines solchen Unterrichts, – winzige Unterschiede nach Millimeter und Millisekunden entscheiden da über Erfolg und Mißerfolg. Der größte Teil aller Übungen solcher Körperertüchtigung im Wettkampf gegeneinander ist zudem ein spätes Abbild von ursprünglich realen Kampfhandlungen (Speerwerfen, Kugelstoßen, Sprung über das Langpferd usw.) und dient denn auch bis heute mittelbar oder unmittelbar zur militärischen «Ertüchtigung»; – wieder bietet die «Pädagogik» des «Dritten» Reiches für diese Einheit von «Lehrsport» und «Wehrsport» ein unrühmliches Vorbild. Problematisch ist ein derartiges Verständnis des Sportunterrichtes aber nicht erst durch seinen möglichen staatlichen Mißbrauch, problematisch ist die Art eines solchen «Sports» bereits psychologisch, indem hier der «Körper» als ein reines Objekt zur Herrschaft des «Willens» über die «Schwäche» des «Fleisches» betrachtet wird. Ein 100-Meter-Lauf nach der Stoppuhr ist gewiß ein gutes Mittel, um die Antritts- und Durchschnittsgeschwindigkeit von Schülern und Schülerinnen im Leistungsvergleich zu messen, aber das einzige, was sinnvollerweise wirklich zu fördern wäre, wird so gerade nicht gefördert: eine integrale Beziehung zum «Körper»-Ich. Der 100-Meter-Lauf ist vorüber; *dann* überhaupt erst tritt das Bewußtsein des Läufers wieder in ein Verhältnis der Aufmerksamkeit zu den eigenen Körpervorgängen, dann erst wird das Ringen um Luft in den Lungen, die erhöhte Herzfrequenz im Brustraum und an den Schläfen, die Schweißabsonderung am ganzen Körper, das Zittern der Muskeln in den Beinen bemerkbar; bis dahin hatte der «Körper» wie eine Maschine das Bewegungsprogramm: Lauf! möglichst ungestört von aller Eigenwahrnehmung herunterzuhämmern.

Wie anders sähe demgegenüber ein Unterricht in «Körpererziehung» aus, würde man pädagogisch, statt bei den Helden vor Troja, bei indischen Yogis und Meditationslehrern in die Schule gehen! Jede Bewegung, jeder Atemzug, jede Körperhaltung diente gerade nicht einer seelenlosen Selbstvergessenheit, sondern im Gegenteil einer konzentrierten Selbstwahrnehmung, einer Ausdehnung des Bewußtseins ins Körper-Ich. Wenn Gesundheit sich definieren läßt als eine harmonische Einheit von Seele und Körper, so ist eine solche «Übung» des Körpers zweifellos der Gesundheit günstiger als die anbefohlene Vergleichgültigung der Körperwahrnehmung zugunsten bestimmter mechanischer Leistungserwartungen im Sportunterricht europäischer Schulen. Aber auch religiös ist die Frage der Einheit des Menschen, wie wir sahen, alles andere als neutral. Die Einheit mit sich selbst bis in die körperlichen Empfindungen hinein ist ein wichtiger Teil der Personwerdung, der «Individuation». Einzig wer statt Individuen entweder «Athleten» zum Sammeln von Medaillen zugunsten des nationalen Prestiges oder aber marschierende Kolonnen von Arbeits- und Kriegssklaven will, der muß auch weiterhin jenen Typ von «Turnunterricht» nach dem Vorbild von «Turnvater» FRIEDRICH LUDWIG JAHN (1778–1852) propagieren; ein solcher allerdings wird sich nicht von «religiösen» Vorbehalten in sein ebenso inhumanes wie ungöttliches «Handwerk» pfuschen lassen.

Die Brücke des Religionsunterrichtes zu *anderen* schulischen Unterrichtsfächern zeigt sich noch leichter. Dient nicht zum Beispiel die «*Kunsterziehung*» wesentlich der Entfaltung der kreativen Möglichkeiten der Kinder und besteht sie nicht entscheidend darin, den «Künstler» zu wecken, der in jedem von ihnen schlummert, wenn es nur erst den Mut gewinnt, seiner eigenen «Weltsicht» Ausdruck zu verleihen? Die gesamte Kunstgeschichte des 19./20. Jh.'s war durchzogen von der Spannung zwischen der Langeweile der «akademischen Malerei» und den individuellen «Genies», die ihre eigene Wahrnehmung und Gestaltungskraft in Form und Farbe übersetzten. Für die Philosophie F. J. W. SCHELLINGS (1775–1854) war die «Kunstanschauung» der Welt sogar identisch mit dem religiösen Erlebnis der Einheit von Geschöpf und Schöpfer ...

Oder das «Fach» *Musik*! Man muß nicht erst zu dem Griechen PYTHAGORAS (ca. 580–496) zurückgehen, um ihre therapeutischen und pädagogischen Möglichkeiten zu begreifen. Man muß nur einmal sehen, wie ein verängstigtes Kind, das an einer Stottersymptomatik leidet, sich wortwörtlich «freisingt», wenn es sich musikalisch, statt unmittelbar sprachlich mitteilen kann, und man wird den angstlösenden Faktor auch und gerade der Musik ohne weiteres zu würdigen wissen. Daß rhythmisierte Bewegung, Tanz und Choreographie, darstellende Kunst und Musik seit altersher integrale Bestandteile jeder Art von Gottesdienst darstellen, muß gewiß nicht lang in Erinnerung gerufen werden.

Näher betrachtet, trägt die Religion mit ihren Riten und Symbolen wesentlich zur Integration der Wünsche und Ängste des *Unbewußten* bei; die Ansicht C. G. JUNGs scheint von daher so uneben nicht, die enorme Bedürftigkeit der westlichen Kulturen nach psychotherapeutischen Verfahren ergebe sich in gerader Linie aus der Verstandeseinseitigkeit unserer «Zivilisation» und, damit verbunden, aus dem konsequenten Abbau der Religion bis zur völligen Bedeutungslosigkeit beziehungweise bis zur folkloristischen Freigabe für die Tourismusindustrie.

Um Kinder religiös sich entwickeln zu lassen, ist in der Tat alles geeignet und in gewissem Sinne sogar unerläßlich, was *die Integration des Unbewußten* fördert. Dazu zählen neben den bereits genannten Unterrichtselementen und pädagogischen Grundhaltungen vor allem *Spiele*, in denen bestimmte typische Szenen der Kindheit mit verschiedenen Rollen in Gruppen sich aufführen lassen. Insbesondere die von J. L. MORENO (*Gruppenpsychotherapie und Psychodrama*, 1959) entwickelte Technik des *Psychodramas* verdient hier Erwähnung. Dem italienischen Psychotherapeuten war aufgefallen, wie zeitraubend und ineffizient es sein kann, wenn in der klassischen Psychoanalyse bestimmte komplexe Situationen der Kindheit, in denen mehrere Personen miteinander zu tun haben, in einem Zweiergespräch mühsam rekonstruiert werden sollen, um sie dann rein in der Vorstellung noch einmal «umzuschreiben», in der Hoffnung, dabei ein neues Rollenverständnis gegenüber dem «Familienskript» gewinnen und einüben zu können. Weit intensiver zu wirken vermag ein Verfahren, das bestimmte Szenen aus der Erinnerung mit verteilten Rollen dramatisch durchspielt und dabei vor allem die Möglichkeit eröffnet, sich selber in verschiedenen Rollen vorzustellen. Das immer wehrlose Kind etwa erlebt sich im Psychodrama in der Rolle des Angreifers, die hintangesetzte Schwester übernimmt den Part ihrer beneideten Konkurrentin, der stets überlegene «große Bruder» schlüpft in die Rolle des Zu-kurz-gekommenen usw.

Manchen Theologen mag all das womöglich erneut als «bloße Psychologie» erscheinen, «die mit Religion nichts zu tun hat», und sie fürchten wohl wieder die so oft beschworene «Verpsychologisierung» des Glaubens. Doch sind derlei Befürchtungen völlig unbegründet. Was im «christlichen» Religionsunterricht im Umgang etwa mit der Bibel «wirklich» geschieht, läuft auf eine im Grunde selbstverständliche, dann aber theologisch doch wieder wichtige Veränderung im «Lesen» der «heiligen» Texte hinaus: Die Entdeckung läßt im sogenannten *Bibliodrama* nicht lange auf sich warten, daß Jakob und Esau, Rahel und Lea, Joseph und die Frau des Potiphar allesamt Menschen «wie wir auch», Menschen «wie du und ich» (gewesen) sind; die historische Distanz der biblischen

Erzählungen hebt sich auf, und es wird möglich, ihre Gestalten mit ihren Nöten und Konflikten im eigenen Leben wiederzuentdecken. Mehr noch: es wird möglich, sich selbst in den verschiedenen Personen wiederzuerkennen beziehungsweise die unterschiedlichen Charaktere als Teile der eigenen Psyche zu begreifen. Und es wird verstehbar, daß es gerade diese «rein menschlichen» Vorgänge sind, in denen sich etwas von Gott mitteilt. Religion hört mit einem Male auf, eine Angelegenheit von Schriftgelehrten, Priestern und beamteten «Aufsehern» (Bischöfen) zu sein; sie hört auf, einen verfeierlichten Sonderbereich oberhalb oder abseits des Lebens zu bilden; sie tritt endlich wieder in Kontakt mit den Tränen und Träumen, Verwüstungen und Tröstungen lebender Menschen, sie redet endlich wieder in die Einsamkeit und Verlorenheit real existierender Personen hinein, und vor allem: Es wird wieder fühlbar und spürbar, daß Gott *nur* sich mitteilt im wirklichen Leben, wenn wir uns seinen Gipfeln und Abgründen zutrauen. «Gott ist kein Gott der Toten, sondern der Lebenden», sagt JESUS einmal zu den Sadduzäern (Mk 12,27). Nur ein Religionsunterricht, der vom Leben ausgeht und zum Leben hinführt, kann etwas vom Wort Gottes zur Sprache bringen.

Beneiden möchte man, wie so oft in religiöser Hinsicht, auch in diesem Punkte die Kulturen Asiens. Während es für den «christlichen» Religionsunterricht in Schule und Kirche offenbar langwieriger Begründungen bedarf, um die Bibel mit den Gefühlen und Erfahrungen heutiger Menschen in Verbindung zu setzen und damit die Psyche des Menschen als «Ort» der göttlichen «Offenbarung» erkennbar zu machen, lernen die Kinder in den Ländern Indiens und Hinterindiens die Quellentexte des Hinduismus: die großen Epen des *Mahabharata* und vor allem des *Ramayana*, in Form groß angelegter Tanzspiele kennen. Traum, Mythos, Märchen, Sage und Legende sind hier zu außerordentlich tiefsinnigen, symbolischen Szenen verflochten, die von Liebe und Entführung, Rettung und Heimkehr erzählen und am Ende Menschen, Tiere, Götter und «Dämonen» auf dem Wege zum «Himmel» miteinander versöhnen. Wenn FRIEDRICH SCHILLER vor 200

Jahren darüber nachdachte, wie die Menschheit durch die Kunst «ästhetisch» zu erziehen sei, so erscheint die Ästhetik solcher Dramen selber als Teil des Ringens des Menschen um sich selbst und damit um Gott.

«und ohne in Gleichnissen sprach er gar nicht»
(Mk 4,34)

Wie also «reden» von Gott?

«Wer das *Tao* kennt, spricht nicht davon.» Dieses Wort LAOTSES (*Tao te king*, Nr. 1) behält seine Gültigkeit für alle Theologenrede, die vermeint, Gott in Begriffen des Verstandes denken, definieren, ja, demonstrieren und dogmatisieren zu können. Aber es gibt eine Form, von Gott zu sprechen, die einlädt, statt auszuschließen, die weitet, statt zu verengen, die aufrichtet, statt abzurichten, und es scheint kein Zweifel, daß im Neuen Testament JESUS gerade diese Art der Rede bevorzugt: Er *weigert* sich, die Sprache der Gesetzesausleger und Priester zu benutzen; statt dessen redet er die Sprache der *Dichter*. Er erzählt Gleichnisse, er formuliert scharf geschliffene paradoxe Bilder und sinnreiche Rätselworte, er «erzählt» Gott in Bildern aus dem Leben. Niemals, es sei denn gezwungenermaßen, in Streitgesprächen mit Schriftauslegern, «zitiert» er die Bibel. Alles, was er zu sagen hat, lebt in ihm selbst und stammt aus lebendiger Anschauung. Dabei ist er kein Literat. Er schreibt nicht, er predigt, ein Wandermissionar und Troubadur des Anbruchs der «Gottesherrschaft» …

Allen, denen irgendeine «christliche» Erziehung je zuteil ward, werden diese Tatsachen geläufig sein. Doch allzu selten wird man sie darauf hingewiesen haben, welch eine revolutionäre Bedeutung sich mit dieser sicheren historischen Tatsache im Leben JESU verbindet. Das Entscheidende ist der Unterschied. Läßt man Priester und Schriftgelehrte, Brahmanen und Pandits, Qohanim und Rabbis an heilige Schriften heran, so werden sie alle Mühe darauf verwenden, die Eigenarten der jeweiligen Religion so vollkommen und vollständig wie nur möglich herauszuarbeiten, und sie werden naturgemäß die *Differenzen* zu allen anderen Religionen immer noch stärker hervorheben, bis daß ihnen ihr Hauptanliegen für unbezweifelbar gilt: zu zeigen, wie doch einzig in *ihrer* Religion und in den Vorstellungen und Gesetzen, die sie selber aufgestellt haben, das Wesen der Gottheit sich gänzlich und unverfälscht ausspricht, wofern sie nicht sogar als unmittelbar von Gott «gegeben» und «eingesetzt» zu glauben sind. Immer ist es da möglich, im Status des absoluten Wissens, mit den heiligen Texten im Marschgepäck, ins Feld zu ziehen gegen alle Un- und Andersgläubigen.

Mit SHAKESPEARE indessen läßt sich nicht Krieg führen gegen GOETHE, mit GOETHE nicht gegen DOSTOJEWSKI, mit DOSTOJEWSKI nicht gegen BALZAC. Alle Dichter, die etwas zu sagen haben, übersteigen die Grenzen ihrer Zeit, ihres Volkes, ihrer Kultur, ihrer Sprache, denn sie sprechen Erfahrungen aus, an denen Teil zu haben, allen Menschen, wo und wann immer sie leben mögen, vergönnt ist, und sie gestalten diese Erfahrungen auf eine Weise, die selbst das Ungewöhnliche, Abnorme, Abseitige, ja, Verbrecherische noch als Teil einer menschlichen Möglichkeit zeigt; allein durch seine dichterische Darstellung wird es wieder in den Bereich des menschlich Verstehbaren zurückgeholt. Dichtung, ihrem eigenen Wesen nach, sprengt die Grenzen, welche die Wächter der «richtigen» Riten und Formeln im Namen ihres «Gottes» um die Menschen gezogen haben.

Eben deshalb ist Dichtung die einzig gültige Form, in Respekt von LAOTSES Verdikt dennoch von Gott zu sprechen beziehungsweise Gott im Leben von Menschen zur Sprache zu bringen.

Allein schon die Tatsache, daß JESUS nach Art der Dichter, nicht der Schriftgelehrten, von Gott redet, zeugt deshalb von einer unerhörten Freiheit gegenüber den offiziellen Sprachgebärden der «zuständigen» Institutionen. Ihnen mußte er ins Gehege kommen. Sie waren seine natürlichen Gegner.

Schon das *Markus*-Evangelium freilich hat diesen für JESUS im letzten tödlichen Gegensatz auf eine sonderbare Weise aufgelöst: Der Mann aus Nazareth, behauptet es (Mk 4,34), «redete niemals ohne Gleichnisse», doch versteht es diese historisch gewiß nicht ganz falsche Angabe als ein Reden in *Geheimworten*, die nur einem Kreis von Auserwählten verständlich sein konnten und auch denen nur durch komplizierte Sonderauslegungen erschlossen zu werden vermochten. Aus der freien, jedem Hörer zugänglichen Rede wird schon bei dem frühesten uns erhaltenen Evangelisten somit eine esoterische Kryptographie, die schon wieder Theologen, diesmal von der «christlichen» «Gemeinde» akkreditierte Auslegungsexperten, benötigt, um ohne Irrtum tradiert und interpretiert zu werden. Unsinniger konnte es in ein paar Jahrzehnten nach dem Tode JESU offenbar nicht kommen!

In Wahrheit läßt sich nach JESU Vorbild von Gott nicht reden, außer man riskiert denselben Freimut, dieselbe Ursprünglichkeit, die gleiche Einheit von Wort und Leben, die in seiner Art zu reden und zu wirken lag. Bereits das Auftreten eines *Propheten* ist «zeichenhaft», bereits das Wirken eines *Therapeuten* ist «symbolisch»; doch die Art JESU, von Gott zu sprechen, war wesentlich *poetisch*, indem sie Bilder und Szenen gestaltete, die zu *heilen* vermochten und die gerade dadurch den «Anbruch» des «Gottesreichs» in verdichteten Erlebnissen erfahrbar machten.

Aber wer kann so etwas? Aber wer wagt so etwas? Ja, *darf* man «das» überhaupt?

«Ich bin, glaube ich, eine gute Christin, aber eine Dichterin – das ist zu viel!» sagte protestierend nach einem Vortrag über JESUS von Nazareth eine Frau; sie faßte das Wort «Dichter» so auf, wie es von Literaturwissenschaftlern gern aufgefaßt wird – im Sinne einer Person, die mit ihren literarischen Werken Aufmerksamkeit und Achtung einer größeren Leserschaft erwirbt und (nach Meinung der Literaturwissenschaftler) verdient. Doch in diesem Sinne war JESUS kein «Dichter»; in diesem Sinne ist es auch nicht gemeint, wenn wir in seinem Namen eine «dichterische» Weise der Rede von Gott postulieren und proklamieren. Gemeint ist vielmehr, daß *jeder Mensch* in sich einen Ton trägt, den nur er zu einem Gesang ausgestalten kann, daß in ihm ein Wort liegt, das darauf wartet, sich als ein «Gedicht» auszusingen und auszusagen, und würde jemand diesen «Gesang», dieses «Gedicht» seines Lebens nicht komponieren, so hätte er die eigentliche Aufgabe seines Lebens vertan, gleichgültig, bis wie hoch hinauf die Leiter seiner Karriere ihn im übrigen gebracht haben würde.

«Aber ich glaube gar nicht wirklich an Gott. Wie soll ich da zu meinem Kind von Gott reden?» wandte eine andere Frau ein. «Ich glaube nicht» – damit meinte sie, daß ihr die kirchliche Lehre von Gott seit langem schon fremd und nichtssagend geworden war. Doch dann erzählte sie, wie sie des Abends ihr Kind in die Nacht begleitet. Es soll keine Angst haben; und so setzt sie sich zu ihm ans Bett und liest ihm ein Märchen vor, streichelt ihm über die Stirn, gibt ihm einen Kuß und flüstert ihm dabei ins Ohr: «Ich bin doch bei dir.» Sie möchte mit diesen Worten dem Kinde versichern, daß es niemals allein sein werde, daß es begleitet und behütet sei, kurz, daß es sich nicht zu fürchten brauche, also gut schlafen könne. Und doch verspricht sie mit diesen Worten etwas, das sie bei allem guten Willen ihrem Kinde nicht garantieren kann: – Heute nacht noch kann ihr etwas zustoßen, das sie, vielleicht für immer, außerstande setzt, ihrem Kinde zur Seite zu stehen. Und dennoch hat sie recht, ihm eine derartige Zusage zu geben, wie sie es tut: – «Eigentlich» besitzt jedes Kind, das zur Welt kommt, ein Anrecht auf eine solche Geborgenheit, nur daß zwischen dem, was sein müßte, und dem, was sein könnte, ein unendlicher Graben klafft. Über diesen Graben hinweg trägt diese Frau allein ein Vertrauen, das sie selbst nicht begründen kann, ja, für das es überhaupt keinen «vernünftigen» Grund gibt; und doch setzt sie einen solchen «unvernünftigen» Grund voraus. Sie verspricht ihrem Kinde etwas Absolutes, das sie selber niemals erfüllen kann und auf das sie doch hinweist mit ihrer Liebe und mit ihrem Wunsch nach Geborgenheit für ihr Kind und nicht zuletzt für sich selbst. Diese Frau, die eben noch sagte, sie glaube gar nicht an Gott und sie wisse auch gar nicht von ihm zu reden, vermittelt ihn doch und «verkündet» ihn doch mit ihrer Liebe. Ja, sie gebraucht dabei sogar, ohne es selber zu wissen, das einzige Wort, mit dem in der Bibel Gott selbst seinen Namen ausspricht. «Ich bin doch bei dir», sagt sie ihrem Kinde. Und wieder ist *der Unterschied* deutlich.

Als am 26. Februar des Jahres 2000 Papst JOHANNES PAUL II., der «Stellvertreter Gottes auf Erden», wie die *Welt am Sonntag* tags darauf über ihn schrieb, den Berg Sinai und das orthodoxe Katharinenkloster (mit der kleinen Moschee) besuchte, zeigte man ihm hinter dem Altar der Kirche jenen Strauch, aus dem heraus Gott als ein loderndes, den Dornstrauch nicht verzehrendes Feuer sich geoffenbart haben soll; gefragt nach seinem Namen, hat er geantwortet: «Ich bin da, als der ich da sein werde» (Ex 3,14).

Der *jüdischen* Theologie zufolge ist aus diesen Worten, aus dem *jihejäh* («er wird sein») der für Juden unaussprechliche Gottesnamen Jahwe, das Tetragramm JHWH, herauszulesen, eine religionsgeschichtlich gewiß unhaltbare Etymologie. Der *christlichen* Theologie alter dogmatischer Schule zufolge ist in diesen Worten die «Aseität» Gottes, das «aus sich selbst Sein» (das *ens a se*) angedeutet, und dieser Interpretation gab auch der Papst Ausdruck, indem er bei seinem Pilgerbesuch der mitgereisten Menge erklärte, an diesem Orte habe Gott sich dem MOSES mit einem Namen geoffenbart, der kein Name sei, sondern der die Einheit von Wesen und Sein, von Essenz und Existenz bezeichne. Zum Unglück des Papstes hat der Gott vom Sinai hebräisch, nicht scholastisch gedacht; ihm lag nicht daran, sich in den Kategorien aristotelischer Philosophie auszudrücken; kein Alttestamentler – außerhalb des Vatikans – wird noch dieser alten, doch immer schon falschen Ansicht folgen; was die Worte sagen wollen, ist etwas ganz anderes, weit Wichtigeres; worum es sich handelt, ist *eine Beistandserklärung* Gottes an «seinen» Propheten und an «sein» Volk, – an *jeden* Menschen, wenn man so will: «Ich werde da sein» – wann immer du mich brauchst, «ich werde da sein» – an jedem Ort, zu jeder Zeit; «ich werde zuverlässig sein in meinem Beistand und Schutz». *Nur*, muß man, den Satz paraphrasierend, fortfahren: «Es gibt keine Möglichkeit, mich auf eine vergangene Erfahrung festzulegen; wie ich sein werde, bestimmt sich von Situation zu Situation neu.» Es gibt in diesem Sinne überhaupt kein philosophisch zu denkendes «Wesen» Gottes, nur eine Zusage, nur eine Versicherung, nur das Versprechen, niemals verlassen zu sein, weil doch Gott «da ist».

Und so muß man sagen: Jene «unwissende» Frau, die ihrem

Kinde versicherte: «Ich bin doch bei dir», schenkte in all dem, was sie selber wohl sagen wollte, doch gar nicht zu sagen vermochte, gültig und ganz ihrem vierjährigen Mädchen den Gottesnamen; jener «wissende» Papst verfehlte ihn mit der scholastischen Definition des Göttlichen, die er im polnischen Krakau in den 50er Jahren gelernt und seither nie korrigiert hatte. Diese Frau, ohne es zu wissen und zu wollen, war im Sinne JESU zweifellos eine «Dichterin» Gottes, der Papst als der «Stellvertreter Gottes» blieb nur ein «Dogmatiker» bis in das Herz eines zweifellos subjektiv ehrlich gemeinten Gebetes hinein.

Doch die Sache findet noch eine Fortsetzung: Wie versteht man unter solchen Umständen die Bibel «richtig»?

Oft genug schon haben wir die irreführende Vergegenständlichung gerade der wichtigsten Stellen der Bibel in der fundamentalistischen «Wörtlichnahme» des kirchlichen Dogmas beklagt. Bleiben wir, um zu zeigen, was dabei auf dem Spiel steht, bei der Szene vom Sinai. «Hier hat Gott sich geoffenbart.» Der Papst mag das als historische Tatsache glauben, doch wenn «hier» der heutige Berg Sinai sein soll, so läßt die Geschichte von der «Berufung des MOSES» sich in keiner Weise historisch festlegen. Sie ist, wie fast alle Geschichten einer Prophetenberufung in der Bibel, nicht die Beschreibung eines äußerlich datierbaren und lokalisierbaren Ereignisses; wenn überhaupt an ihr etwas «Historisches» sein sollte, so stellt sie den Versuch dar, die an sich wohl historische, doch zeitlich schwer einzuordnende Person des MOSES nach Art einer *Legende* zu deuten. Und so immer wieder, wenn die Bibel sich der Erzählgattungen von Mythen, Sagen und Märchen bedient. Es ist keinesfalls so, daß in ihr lediglich ausnahmsweise einige Propheten es geliebt hätten, sich «dichterisch» auszudrücken; gerade wenn es ihr «darauf ankommt», gerade an den religiös wesentlichen Begebenheiten kann offenbar die Bibel selber gar nicht anders, als sich in der verdichtenden Sprache großer Dichtung auszudrücken, um etwas über Gott und den Menschen mitzuteilen, das sich überhaupt nur, wie ein sich realisierender Traum, in dichterischer Sprache wiedergeben läßt.

Mit dieser Feststellung allein läßt sich jenem Problem begegnen, das die historisch-kritische Exegese schon des 19. Jh.'s unausweichlich bei der Lektüre der Bibel entdecken mußte und das, wie wir sehen, immer wieder auf Grund einer unangemessenen Fragestellung die Menschen in den Unglauben hat treiben müssen: Ist eine Geschichte wie die Erzählung von der «Berufung» des MOSES «wahr», hat sie sich «wirklich» ereignet, oder ist sie *nur* eine Legende, also nicht wirklich, also unwahr? Diese falsche Fragestellung gilt es zu überwinden. In Wahrheit versteht man die Wirklichkeit eines Menschen wie MOSES offenbar überhaupt erst, wenn man sie mit Dichteraugen betrachtet und die Geschichten, die von ihm erzählt werden, als lebendige Dichtung versteht; so erst hat eine Geschichte wie die vom Sinai auch uns Heutigen etwas Wesentliches zu sagen; ansonsten enthielte sie nichts weiter als eine historisch zweifelhafte, ja, geradewegs falsche Information, die zudem kaum *mehr* in ihrer Wirkungsgeschichte hinterlassen kann als den üblichen Absolutheitsanspruch der solcherweise «Belehrten». Schauen wir uns die Erzählung in Ex 3; 4 indes einmal als die verdichtete Antwort auf die Frage an, wie ein Mensch es wagen kann, im Namen Gottes aufzutreten, so erhalten wir eine überaus aufregende, für jedermann «typische» Geschichte.

Gezeichnet wird uns in der Gestalt des MOSES eine Person, die zutiefst unter dem Unrecht leidet, welches das Volk, dem sie selber sich zugehörig fühlt, in der Fronarbeit unter den Ägyptern zu erdulden hat. (Wir sehen einmal davon ab, inwieweit selbst diese Darstellung *historisch* zutrifft. Wir wissen es nicht, wir können nur vermuten, daß in der Zeit der Hyksos auch aramäische Volksgruppen, darunter vielleicht die «Rachelstämme» der Bibel, ins Nildelta eingedrungen sind und daß sie nach dem Wiedererstarken der thebanischen Regierung unter KAMOSE um 1560 unter Umständen beim Aufbau von Städten und Grenzbefestigungen eingesetzt wurden. «Mose» übrigens ist ein aus dem Ägyptischen stammender, verstümmelter Name, der besagt: «(er) hat ihn gezeugt»; der *Er* ist in den ägyptischen Pharaonennamen meist ein Gott: *Re* (= Ramses) oder *Thot* (= Thutmoses), oder, wie bei KA-

MOSE, das *Ka*, die belebende, die Person mit dem Universum verbindende «Seele».) MOSES also wird der Geschichte nach zum Zeugen, wie ein ägyptischer Aufseher einen hebräischen Fronarbeiter erschlägt, und dieser Anblick brutaler Gewalt erregt und entsetzt ihn derart, daß er in einem Anfall «heiligen Zorns» den Ägypter ermordet. Da geht die Rede von einem überaus starken Gerechtigkeitswillen, und doch scheint mit diesem ersten Auftritt für MOSE bereits alles verdorben: Er, der ägyptische Höfling, muß fliehen vor den Ägyptern aus Angst vor Strafe und findet Zuflucht bei den Madianitern; dort heiratet er eine Tochter des Priesters JETHRO und verdingt sich bei seinem Schwiegervater als Schafhirte. Doch die Frage arbeitet weiter in ihm, wie er «seinem» Volke beistehen kann; und diese Frage polarisiert sich in ihm zu einem äußersten Widerspruch.

Die Geschichte von der «Berufung» des MOSES versteht man erst, wenn man vor allem das «große Gesicht» begreift, das MOSE beim Viehtrieb in der Steppe vor sich sieht und das er selber in der Erzählung zu ergründen sucht: da steht ein Dornstrauch vor ihm in Flammen, aber der Dornbusch wird vom Feuer nicht verzehrt!

Was hat man nicht alles für «Erklärungen» beigebracht, um diese wichtige Erzählung doch noch als eine historische Berichterstattung zu «retten»! Da sollte der Dornstrauch im Schein der untergehenden Sonne strahlen wie Feuer – aber dann wäre dem MOSE kein Gott erschienen, er wäre nur einer optischen Täuschung erlegen; oder: ein Sankt Elms-Feuer! Eine Gewitterwolke kann unter Umständen wirken wie eine Kondensatorplatte, die von den Masten eines Schiffes oder eben: von einem Dornstrauch eine Funkenstrecke kalten Lichtes auf sich zieht – man spricht von der Spitzenwirkung im Dielektrikum; – aber selbst wenn «historisch» eine solche Möglichkeit nicht auszuschließen wäre, so wäre MOSES lediglich zum Opfer seiner kompletten Unkenntnis in Angelegenheiten der Elektrophysik geworden, und diejenigen Religionskritiker alter Schule könnten triumphieren, die schon immer wußten, daß Religion nichts weiter sei als ein Aberglaube, gegründet auf der Unwissenheit der Menschen von den Naturkräften. –

Wir lernen an diesem Beispiel noch einmal: Wann immer man versucht, den Glauben an Gott «dingfest» zu machen, widerlegt man die Religion, statt sie zu ermöglichen. Einzig im Inneren redet Gott, – so auch hier zu dem Mann MOSE.

Das «Wunder» des «brennenden Dornstrauchs» wird uns indessen sogleich verständlich, wenn wir in ihm ganz entsprechend ein Bild für den Propheten selber erkennen. In seinem Herzen lodert eine verzehrende, göttliche Leidenschaft – der Wille nach Freiheit und Unabhängigkeit für ein ganzes Volk, aber kann er, darf er sich eine solche Führungsrolle nach allem, was schon geschehen ist, zutrauen? Offenbar nein! Er selber – das ist so ein unnützer, unbrauchbarer, stacheliger Dornstrauch, für genügsame Schafe und Ziegen vielleicht begrenzt nahrhaft, doch für Menschen nur hinderlich. Schlimmer! Es geht mittelbar um die Frage, ob sich MOSE zu dem Führer «seines» Volkes «berufen» glauben darf; kann es nicht sein, daß gerade eine Persönlichkeit wie er als Führer allen anderen nur zur Gefahr werden wird, und zwar nicht nur, weil seine ganze Idee vom Ende der Sklaverei womöglich ein vermessener Wahn ist, sondern weil er persönlich zu einer derart ungeheueren Aufgabe durchaus ungeeignet, eben *nicht* berufen ist? Ist die Vision, ein ganzes Volk aus der Knechtschaft zu führen, nicht insgesamt schon die bloße Ausgeburt eines maßlosen Geltungsdrangs, eines unbeherrschten Feuerkopfes und Schlagetots, der gar nicht die Geduld aufbringen wird, die zu einem so großen Unternehmen nötig ist?

Die Bibel selber kennt noch an anderer Stelle eine Dichtung, in welcher wie zur Bestätigung unserer Deutung dieselbe Frage in dasselbe Bild gekleidet wird. Im Buch der *Richter* (9,1–7) wird davon erzählt, wie ABIMELECH bei Sichem in Samaria sich zum König ausrufen lassen will. Die Idee dafür ist irgendwie reif – alle Völker ringsum werden von Königen regiert, und es scheint auf die Dauer unmöglich, im Kulturland sich gegenüber einer Vielzahl äußerer Gefahren zu behaupten, – unter SAUL wenig später wird denn auch, in Antwort auf die Bedrohung der indogermanischen Philister, die Einsetzung eines hebräischen Königs unvermeidbar. Aber die Propheten wollen keinen «Gottesstellvertreter» auf Erden, der mit einem sakralen Machtanspruch als «Sohn Gottes» über die Menschen regiert, und ein solcher Dichterprophet in Samaria ist JOTHAM. Gegen die Machtergreifung ABIMELECHS setzt er ein Lied, das er vom Berge Garizim herab vorträgt; darin erzählt er, wie die Bäume sich einen König erwählen wollten, wie aber alle «nützlichen» Bäume, vom Ölbaum über den Feigenbaum bis hin zum Weinstock, sich weigerten, ihre natürliche Fruchtbarkeit aufzugeben, nur um auf unnatürliche Weise «Herrscher» zu spielen. Einzig der Stechstrauch ergreift die Gelegenheit voller Begeisterung. Er, der ganz unnütze, möchte am allerliebsten «König» werden. – Wer eigentlich, fragt JOTHAM in dieser wohl stärksten antimonarchischen Dichtung der Weltliteratur (Ri 9,7–15), hat das Zeug, Macht über andere Menschen ausüben zu wollen? Die wirklich brauchbaren und nützlichen Charaktere brauchen es nicht und wollen es nicht, aber die unbrauchbarsten, die krüppeligsten, niedrigsten und unnützesten halten es nicht aus, nur das zu sein, was sie sind: – schon um ihre (nur allzu berechtigten!) Minderwertigkeitsgefühle zu kompensieren, drängen sie sich überall vor, um ihre Mitmenschen zu drangsalieren. Und wenn es nur dabei bliebe! Leute dieser Art sind nicht nur eine Plage, sie sind das Verderben für sich und alle anderen! «Feuer ging aus von dem Dornstrauch und verbrannte (sogar) die (prachtvollen) Zedern des Libanon.» (Ri 9,15) Mit diesen Worten endet JOTHAM sein psychologisch überaus scharfsinniges Kabinettstück gegen ABIMELECH als «König».

Aber nun MOSE! Kann es nicht sein, daß er genau so ein «Dornstrauch» ist, der aus lauter Selbstverachtung nach der Hochachtung aller anderen strebt und in seiner maßlosen Gier nach Geltung am Ende alle vernichtet? Das Bild vom «brennenden Dornstrauch» enthält alle Selbstzweifel, die einem Manne kommen *müssen*, der sich fragt, ob er zu einem solchen Werk, wie es MOSE vorschwebt, «berufen» sein kann. Doch mehr noch! Gerade wenn sein Gott nicht eine bloße Ausgeburt psychischer Reaktionsbildungen darstellt, wenn er wirklich das Gegenüber der Freiheit eines jeden Menschen ist, wie denn will ein Mensch einem solchen Gott standhalten, ohne an dieser übermächtigen Wirklichkeit zu «verbrennen»? «Warum der Dornstrauch *nicht* ‹verbrennt›» – das ist es, was MOSE an seinem «großen Gesicht» interessiert und was er herausfinden *muß*, wenn irgend er, ein zerbrechlicher Mensch, ein «Dornstrauch» nur, das Licht Gottes zu den Menschen tragen will.

Wir übergehen hier einmal zahlreiche andere wichtige Einzelheiten der Berufungsgeschichte des MOSES und weisen nur darauf hin, daß es ein ganz entscheidendes Indiz für die «Richtigkeit» der Interpretation derartiger Texte darstellt, wenn der weitere Verlauf einer Geschichte sich als die Lösung einer zumeist am Anfang bereits formulierten Problemstellung zu erkennen gibt. Und gerade das ist in der Geschichte des MOSES der Fall: sie findet ihre Fortsetzung literarkritisch nicht in der Namenserklärung Gottes (dieser Teil der Geschichte gehört einem anderen Erzählstrang zu), sondern in den Zweifeln und Selbstzweifeln des MOSES in Ex 4,1–17: Was wird sein, fragt da der Prophet seinen Gott, wenn ich zum Volke gehe, man mir aber nicht glaubt? Die Frage ist mehr als verständlich. Es kann ja sein, daß jemand vieles, womöglich alles ganz richtig will und meint, er selber aber kein Vertrauen findet, und zwar nicht weil seine Sache an sich falsch wäre, sondern weil er für die richtige Sache der falsche Mann ist! Was freilich zur Beantwortung dieser Frage jetzt folgt, liest sich erneut reichlich disparat, ja, es wirkt geradezu lächerlich, solange man es rein äußerlich nimmt. Gott nämlich fragt da seinen Propheten, was er in der Hand habe, und als dieser antwortet: «einen Stab», fordert er ihn auf, doch den Stab auf die Erde fallen zu lassen; MOSE tut das, und der Stab verwandelt sich in eine Schlange, vor der MOSE flieht. Doch Gott fordert MOSE auf, die Schlange zu ergreifen; er tut auch dieses, und sie verwandelt sich in seinen Stab zurück. Was, fragt man sich, soll das?

«Historisch» betrachtet, gab es natürlich schon im Alten Orient derartige «Zaubertricks» in den Händen von Priestern und Magiern, die es, wie noch heute in Indien, verstanden, eine Gruppe von Menschen mit hypnotischen Künsten in Staunen zu setzen. Selbst in der modernen Exegese kommt man an dieser Stelle nicht weiter als bis zu der Erklärung, MOSE habe eben die Zweifel «seines» Volkes mit just solchen «Priesterkunststücken» zerstreuen sollen. Doch schaut man genau hin, geht es in der Geschichte gar nicht um die Zweifel des «Volkes» an Gott, es geht um die Zweifel des MOSES an sich selbst, ob er ein glaubwürdiger Künder des Gottesworts sein kann. Daß es sich so verhält, zeigt denn auch gleich die nächste Szene: da fordert Gott den MOSE auf, seine Hand in die Tasche zu stecken, und wie er sie hervorholt, ist sie weiß vom Aussatz; als aber MOSE noch einmal seine Hand wegsteckt und auf Gottes Anweisung hervorholt, ist sie wieder rein und gesund.

All dieses eigenartige Hin und Her begreift man erneut allein unter der Voraussetzung, daß man darin die Bilder eines *inneren* Dialogs in dem Manne MOSE selber zu erkennen hat. Die Frage Gottes an ihn gilt ganz wörtlich: «Was hast du in der Hand?» Denn es ist jetzt die alles entscheidende Frage, was MOSE aus seinen Möglichkeiten zu machen wagt: ob er sie nutzt oder aus lauter Angst «wegwirft». In letzterem Falle, so das Bild von der Schlange, wird die Angst nicht aufhören, im Gegenteil: die Flucht vor den anderen wird sehr bald zu einer Flucht vor sich selber werden, und was eigentlich Kraft und Stärke bedeuten könnte, wird wie ein Verfolger hinter ihm herkommen. – Es ist eine «Logik», wie Gott sie später auch dem Propheten JEREMIA nahebringen wird: als dieser sich aus Angst vor dem Volke für «zu jung» erklärt, um den Auftrag Gottes auszuführen, quittiert Gott diese Weigerung mit dem lakonischen Satz: «Erschrickst du vor ihnen, so schreck ich dich vor ihnen.» (Jer 1,17) (Übrigens zeigt sich hier noch einmal, daß auch in der «Erbsündengeschichte» von Gen 3,1-7 das Symbol der *Schlange* als ein Bild der Angst des Menschen vor sich selber zu verstehen ist!)

Es ist daher als ein alles entscheidender göttlicher Befehl zu verstehen, das Leben der Flucht aufzugeben und die Angst, die verfolgende «Schlange», «anzupacken»; dann, aber auch nur dann, wird es sich schon zeigen, wie stützend und zuverlässig ein Mensch sich selber zu sein vermag, den Gott zu seinem Dienst bestellt. Doch noch einmal, und sogar gesteigert: es ist auch möglich, aus lauter Angst und Resignation alle Handlungen einzustellen, seine «Hand» in die Tasche zu stecken und gar nichts mehr zu tun; auch dann wird die Folge keinesfalls Ruhe und Frieden sein, man wird nur erleben, wie man sozusagen bei lebendigem Leibe verfault; die Angst vor den anderen Menschen wird es schließlich dahin bringen, daß man selber den anderen mit der Fäulnis des eigenen Daseins einen Schrecken einjagt, ja, daß man sie vor sich warnen muß wie vor einer schleichenden Ansteckungsgefahr; schließlich wird es zur Pflicht, die anderen vor sich selber auf Sicherheitsabstand zu halten (Lev 13,45). Diese durchaus aktuelle Gefahr läßt sich nur vermeiden, wenn man beherzt seine «Hand» aus der «Tasche» hervorholt.

All das aber ist auch in der Berufungsgeschichte am Sinai nur erst ein Spiel mit Möglichkeiten, die MOSE im Grunde davon überzeugen sollen, daß er, außerhalb seiner Selbstzweifel, durchaus zu der gestellten Aufgabe imstande wäre. Und doch hat hier Gott gewissermaßen seine Rechnung ohne den Propheten gemacht. MOSE nämlich, wie zum äußersten getrieben, setzt jetzt den Selbsteinwand aus sich heraus, der ihn die ganze Zeit über offenbar gequält hat: «Ich», erklärt er sinngemäß, «bin kein Mann der Worte, ich war es noch nie, und ich bin es auch nicht geworden, seitdem du mit deinem Knecht redest, sondern: schwer die Zunge, schwer der Mund – ich!»

Die letzten Worte bilden auch im Hebräischen keinen Satz mehr, sie sind klobig und ungefüg, ganz so, wie MOSE selber in ihnen sich darstellt. «Seitdem du redest mit deinem *Knecht*» – das soll heißen: «Ich möchte nichts lieber als tun, was du sagst; aber dagegen steht meine ganze Lebenserfahrung, dagegen stehe ich selber. Ich bin nicht imstande, mit den Menschen zu reden. Alles bei mir kommt stockend und schwer über die Lippen. Wenn du mit mir zu tun haben willst, so müßtest du aus mir schon einen anderen Menschen machen; das aber ist nicht der Fall. Ich bin geblieben, der ich bin. Gegen deine ganze Berufung gibt es nur einen einzigen, aber absolut gültigen Einwand: Ich! Meine Person!»

Verzweifelter eigentlich kann ein Mensch sich nicht fühlen als jemand, der, wie hier MOSE, in aller Klarheit vor sich sieht, was er tuen sollte und wozu er bestimmt ist, und der es sich doch nicht zutraut, sich nicht zutrauen *darf* auf Grund seiner ganzen Lebenserfahrung, auf Grund von allem, was er von sich weiß. Der Mann MOSE kennt sich zu gut, um zu glauben, daß er zu «so etwas», wie ihm vorschwebt, «berufen» sein könnte. Wie viele Gebete von Menschen in ähnlicher Lage gehen dahin, die den Himmel bestürmen, Gott möge bestimmte Fehler, Charaktermängel, Persönlichkeitsstörungen oder einfaches Unvermögen an ihnen nun endlich umschaffen! Doch es geschieht nicht. Statt dessen spricht Gott an dieser Stelle einen Satz, der zu den erschütterndsten der ganzen Bibel zählt: «Wer ist es, der den Menschen setzt als blind oder stumm oder lahm oder taub? Nicht etwa – ich? Und jetzt gehst du, und ich werde in deinem Munde sein.» (Ex 4,15)

All die Zeit über haben wir betont, wie sehr der Religion im Sinne JESU eine therapeutische Funktion zukommt, und jetzt, an einer zentralen Stelle der Bibel, müssen wir miterleben, daß es «Krankheiten» gibt, die Gott gar nicht heilen will, sondern für deren Ursache er sich sogar selber erklärt! Ist ein größerer Kontrast denkbar? Und wie soll er sich lösen?

Tatsächlich ist die Vorstellung nicht richtig, als sei die (heutige Form von) Psychotherapie imstande, das Leben eines Menschen von Grund auf zu *ändern*. Da die entscheidenden psychischen Prägungen schon in früher Kindheit erfolgen und sich unmittelbar an die Gehirnentwicklung anlehnen, kommt der Psychoanalyse wohl das Verdienst zu, die Bedeutung der ersten Lebensjahre für den Charakteraufbau eines Menschen erkannt zu haben, doch im Grunde ist diese Erkenntnis der Psychoanalyse zugleich identisch mit dem Eingeständnis ihrer eigenen Ohnmacht: Wirklich verändern kann auch die Psychotherapie im Leben eines Menschen nicht viel; erreichbar allerdings ist denn wohl, daß ein Mensch mit sich selbst besser zu leben vermag, und das freilich kann vieles an Selbstwidersprüchen und Symptomen in ihm beseitigen helfen. Ein Mensch, der sich selbst zu verstehen und sogar zu akzeptieren beginnt, lebt geschlossener nach außen, verliert an innerer «Reibung» und wird auch seine Beziehungen zu anderen Menschen offener und freundlicher gestalten können. Sagen wir so: Wie im Falle des MOSES kann es vielen Menschen geschehen, daß ihnen ihr Leben erscheint wie eine einzigartige Zerstörung und Beraubung von Möglichkeiten und Fähigkeiten, die es geben müßte und die sogar auch einmal bestanden haben, doch dann wurden sie mehr und mehr eingeschränkt und wie fortgestohlen; und fast unvermeidbar ging dieser Eindruck einher mit Gefühlen der Angst, der Trauer, der Selbstablehnung und einer breit angelegten Resignation: Aus dir wird nichts, du bist nichts, du *bist* verloren, denn du *hast* alles verloren, was du einmal warst …

So oder ähnlich hört man die Klagen so vieler Menschen gerade in einer Psychotherapie. Wie aber, es ließe sich im Bilde dieser Geschichte vom Sinai gemeinsam ein Weg finden zu dem Eindruck, den manch ein Bildhauer haben wird: daß er aus dem Rohstein Stück um Stück herausmeißeln muß, um gerade so ein Kunstwerk entstehen zu lassen? Wie oft wird man Menschen schon einfach für all das lieb gewinnen, was sie in ihrem Leben durchgemacht haben! Und wie erst, es öffneten sich ihre Augen dafür, wie sogar die vermeintlichen Mängel allererst die Voraussetzungen boten und bieten für das, was auf der anderen Seite als Vorzug gewertet werden wird! Es ist nicht möglich, das eine haben zu wollen, ohne das andere. Und es ist – hoffentlich! – eines baldigen Tages schon möglich, zu sehen, wie beides aus den Händen des gleichen «Schöpfers» hervorging.

Was zum Beispiel wäre MOSE ohne die Ablehnung jener Gewalt, die er in sich selbst erst bekämpfen muß, ehe er der Menschheit das Gebot geben wird: «Du sollst nicht töten»? Und was wäre er ohne die Bedingungslosigkeit seiner Visionen und seines Gerechtigkeitswillens, mit denen er immer wieder Szenen vor Augen gestellt finden wird, die ihn stotternd und stumm vor Zorn und Verzweiflung werden lassen?

Die letzte Antwort auf all die psychologisch gerade bei besonders sensiblen und introspektionsfähigen, bei «berufenen» Menschen so überdeutlich erlebten Gründen zu Selbstzweifel und Selbstverachtung läßt sich, ganz wie die Bibel es in der Vorbildgestalt des MOSES schildert, gewiß niemals rein psychologisch finden, sondern nur in einem Vertrauen, in allem, im Licht wie im Schatten, leben zu können und leben zu dürfen. Wo dieses Vertrauen sich bildet, da allemal ergreift, jenseits dessen, was Menschen einander zu sagen vermögen, Gott selber das Wort in Zuspruch und Widerspruch, im Ja zu uns selbst und im Nein zu all dem, was in uns und um uns verneint, was wir sind. Gott ist, sagt ein schönes Bildwort aus dem *Jakobus*brief, ein Licht ohne Schatten, er ist der «Vater (der Ursprung) der Lichter» (Jak 1,17); er ist die Helligkeit, die wir, wie hinter den Fenstern einer gotischen Kathedrale, im Jenseits der Bilder erhoffen dürfen als die Kraft, die macht, daß die «Bilder» uns leuchten und daß sogar unsere Augen sie sehen.

Die Zukunft der Religion, so viel steht fest, gehört nicht länger den Verwaltungsbeamten eines müde gewordenen, schläfrigen Gottes; sie gehört allein den sich Wagenden: den Propheten, den Therapeuten, den Dichtern, und sie wird wahr in dem Augenblick, wo diese drei Seiten der menschlichen Wirklichkeit sich in ein und derselben Person zusammenfinden: der *Prophet*, indem er den Menschen verbindet mit der Macht, die es erlaubt, inmitten einer unmenschlichen Welt die Menschlichkeit zu finden und nie mehr aus den Augen zu verlieren, der *Therapeut*, indem er den Menschen mit der inneren Natur verbindet, und der *Dichter*, indem er den Menschen zu der Schönheit und Größe der äußeren Natur hin öffnet.

Es gibt, so sahen wir, viele Wege, sich Gott vorzustellen. Eine ebenso zutreffende wie zusammenfassende Bezeichnung von den genannten drei Erfahrungen des Göttlichen fand MAHATMA GANDHI. Er meinte, daß nicht allein die Überzeugung gelte, Gott sei die Wahrheit, sondern auch umgekehrt: die Wahrheit sei Gott, denn wie könne man an Gott glauben, ohne daß er die Wahrheit sei, der Weg zu Gott aber führe nur über die Wahrheit; an sie glaubten sogar viele, die formal die Existenz eines Gottes (im Sinne der «Realität» bestimmter Gottesbilder) strikt leugneten; die Wahrheit (*sat*) aber lebe nur im Erkennen (*cit*), und ihre Aneignung bedeute dem Erkennenden reines Glück (*ananda*). Gott also selber sei würdig bezeichnet als *sat-cit-ananda*.

Setzen wir, daß der Prophet der *Wahrheit*, der Therapeut dem *Erkennen* und der Dichter dem *Glück* des Lebens Ausdruck gibt, so stehen wir derselben «Dreifaltigkeit» des Göttlichen gegenüber; so verstehen wir, auf welche Weise Gottes «Wort» in unsere Herzen Eingang finden kann.

ANHANG:

Eine Art «Stichwort-Katalog»

Vielleicht ist es hilfreich, am Ende dieser Überlegungen noch einmal verschiedene Begriffe aufzugreifen, die in der Kirchensprache zwar die größte Rolle spielen, den meisten Lesern aber nur noch dann verstehbar sein dürften, wenn man sie von ihren möglichen Mißverständnissen befreit und in einen verständlichen Zusammenhang stellt.

Es handelt sich dabei um Worte, die auch in den vorgelegten Ausführungen eine gewisse Rolle gespielt haben, ohne an der jeweiligen Stelle ihres Vorkommens immer schon gebührend erklärt worden zu sein, und so mag der nachstehende «Stichwort-Katalog» ebenso als eine Art Zusammenfassung des Gesagten wie auch als eine gewisse Anregung zum Weiterüberlegen und Weitersuchen dienen. Die Frage, auf welche die folgenden 14 Stichworte antworten möchten, lautet ganz einfach: «Was meine ich, wenn ich sage: *Auferstehung* oder *Erbsünde* oder *Erlösung* oder …?»

1. Gott, Gottes«beweise»

Mit dem Wort «Gott» kann alles gemeint sein, woran ein Mensch sein Herz hängt. Rein psychologisch betrachtet, ist «Gott» der Konzentrationspunkt der stärksten seelischen Energie, doch es fragt sich natürlich, was das sein sollte, – was wirklich verdient, als «Gott» genommen zu werden. Alle Mächte und Dinge, die dem Menschen zum Leben wesentlich sind, wurden in der Religionsgeschichte als göttlich erlebt: Tiere, Pflanzen, Sterne, Winde, Berge, Flüsse – alles, auch seelische Gegebenheiten wie Liebe und Haß,

Weisheit und Hoffnung, oder gesellschaftliche Aktionen wie Ernte und Krieg, oder bestimmte Personen wie Kaiser und Päpste; doch immer läßt sich feststellen, daß die Freiheit des Menschen eingeengt wird, wenn man irgend etwas als Gott verehrt, das nur einen Teil des Lebens, etwas Relatives, nicht etwas Absolutes darstellt.

Eine wirkliche Kulturschwelle wurde deshalb überschritten, als die Bibel es insgesamt untersagte, Gott mit irgend etwas «Geschaffenem» zu identifizieren, und darüber hinaus ein ausdrückliches Verbot erließ, sich von Gott feste Vorstellungen, «Bilder» zu machen. Fortan galt es als Daseinsverfehlung, als «Sünde», sich absolut zum Relativen (und damit relativ zum Absoluten) zu verhalten. Wer oder was aber ist dieses Absolute?

In Übernahme der griechischen Philosophie hat die «christliche» Theologie schon der ersten zwei Jahrhunderte damit begonnen, den Gott der Bibel als «Seinsgrund» zu denken: Alles, was ist, stammt von etwas anderem ab, das es nicht selbst ist; Gott demgegenüber muß *das* sein, was «aus sich selber» ist, was also den Grund seines Daseins in sich selbst trägt. Da alles in der Welt von etwas anderem abhängt, muß die ganze Welt von etwas abhängen, das selber absolut ist; Gott muß die Welt *geschaffen* haben.

Dieser «Gottesbeweis» aus der Nicht-Notwendigkeit der Welt wurde in der theologischen Argumentation Jahrhundertelang vorgetragen, er überzeugt aber nicht, ja, er beruht offenbar auf einem Fehlschluß vom Teil aufs Ganze, der leicht zu widerlegen ist: Wenn alle Menschen eine Mutter haben, muß nicht auch die ganze Menschheit eine Mutter haben; warum kann nicht das Universum, auch wenn alle Teile in ihm voneinander abhängen, als ganzes in sich selber gründen; warum kann nicht – im Sinne des Pantheismus oder Atheismus – das ganze Weltall «Gott» sein?

Von daher wird nicht selten das «Gesetz» in den Dingen oder die «Vernunft», die alles regiert, mit Gott bezeichnet. Aber wie soll ein Mensch leben, wenn das Letzte und Höchste, das er zu erreichen vermag, ein oberstes Prinzip ist, das sich am besten in physikalischen Gleichungen darstellen läßt? Die Welt braucht zur Erklärung ihrer Existenz offenbar keinen Gott, und Gott seinerseits braucht keine Religion; eine religiöse Beziehung zu Gott brauchen einzig wir Menschen, um uns als Menschen inmitten einer Welt zu begründen, die menschlich nicht sein kann. Woran müssen wir Menschen als absolut glauben, um Menschen zu sein? Das ist die eigentliche Frage nach Gott.

Begriffe, die sehr gut bezeichnen können, was Gott ist (oder doch sein sollte), sind die durch und durch menschlichen Worte Wahrheit und Liebe.

Viele Menschen gibt es, die von sich behaupten, daß sie an Gott nicht glauben, doch schaut man genau hin, so lehnen sie nur eine bestimmte Vorstellung von Gott ab, die sie im Namen der Wahrheit bekämpfen; es ist die Wahrheit, die ihnen die Kraft gibt, das Bild eines Götzen zu zerstören, und gleichgültig, ob man Gott als die Wahrheit bezeichnet oder die Wahrheit Gott nennt, – ganz sicher erreichen einzig Menschen, die der Wahrheit folgen, jene Wirklichkeit, die unbedingt in unserem Leben gelten sollte.

Andere Menschen wenden sich von den verfaßten Religionen ab, weil sie die starren moralischen Bewertungen des Lebens und die Intoleranz der Dogmen als lieblos empfinden. Für sie ist Gott die Liebe (1 Joh 4,16), oder sie stehen nicht an, die Liebe selber als Gott zu bezeichnen. Diesen Menschen schenkt der Glaube an die Liebe die Weisheit, daß sie Haß und Gewalt nicht für die eigentliche Wirklichkeit des Lebens halten; sie verleiht ihnen die seelische Stärke, an bestimmte Menschen oft mehr zu glauben, als diese an sich selbst zu glauben vermögen.

Beide Erfahrungen: die Wahrheit wie die Liebe, gehören zusammen, so wie das Denken und das Fühlen; denn was wäre eine Wahrheit ohne Liebe, und was wäre eine Liebe ohne Wahrheit? Doch geht damit die Frage noch ein Stück weiter: Läßt sich Wahrheit denken ohne eine Person, die sie sagt oder sucht, und läßt sich Liebe vorstellen ohne eine Person, die zum Lieben imstande ist? In jeder Religion suchen Menschen nach einem Halt für das, was sie selber sind; Wahrheit und Liebe sind zweifellos die Energien, die ihr Leben zu ordnen und menschlich zu gestalten vermögen; doch wirklich fähig wird ein Mensch zu diesen Einstellungen nur durch das Vertrauen, selber als Person von einer anderen Person vorbehaltlos und unbedingt gemeint und gewollt zu sein; nur in diesem Vertrauen findet er zu seiner Wahrheit und zur Stärke seiner Liebe.

Mit Gott ist, so verstanden, das absolute Gegenüber, der Bezugspunkt all unserer Suche nach Wahrheit und Liebe gemeint, der personale Grund eines Vertrauens, das uns selber die Fähigkeit schenkt, als freie Personen zu leben. «Gott», meinte der russische Dichter F. M. DOSTOJEWSKI, «ist schon deshalb nötig, weil er das einzige ist, was ein Mensch sein ganzes Leben lang verehren kann.»

2. Schöpfung

«Gott hat die Welt geschaffen» – damit meinte man bis in die Gegenwart hinein, die Existenz und die Eigenart der Welt theologisch erklären zu können. Seit dem Mittelalter galt «Gott» als die Erst- und die Zielursache von allem, was ist. Es war die moderne Naturwissenschaft, die zu Recht auf das enorme Maß an chaotischen, ziellosen Prozessen hinwies: – Die gesamte Evolution ist ein Spiel von Zufall und Notwendigkeit, nicht das Ergebnis einer «planvollen Vernunft», und über die Anfänge des Universums machen sich heute die Physiker ihre eigenen Gedanken.

Mit dem Wort: «Gott schafft» ist in naturwissenschaftlichem Sinn nichts erklärt. Vor allem das unvermeidbare Leid auf Erden steht der Annahme eines gütigen und weisen Schöpfers entgegen. Zu der Vorstellung von Gott hingegen gehört unabdingbar der Gedanke der Liebe und der Gerechtigkeit – menschliche Begriffe, die uns nicht helfen, den Ablauf der Welt, wie er nun einmal ist, zu erklären, die aber notwendig sind, um uns als Menschen gegenüber einer Welt, die menschlich nicht sein kann, zu begründen.

Wenn ich sage: «Gott» habe die Welt «geschaffen», so meine ich damit, daß ich an die Liebe glaube, obwohl sie in der Welt so selten vorkommt, und daß dieser Glaube nötig ist, um selber menschlich zu werden oder zu bleiben; denn ohne diesen Glauben stünde das Leben der Menschen allein unter den Gesetzen des Kampfs ums Dasein und des Überlebens der Tauglichsten.

Wenn ich «Gott» den «Schöpfer» nenne, so meine ich, daß ich an Gerechtigkeit glaube, obwohl die Welt und die menschliche Geschichte erkennbar nicht gerecht sind; und wieder ist es nötig, einen solchen Glauben vorauszusetzen, um die Menschlichkeit gegenüber einer nicht-menschlichen Welt zu begründen.

Vor allem um die Freiheit und die Personalität jedes einzelnen Menschen ernst zu nehmen, muß ich ihn anders betrachten denn als ein bloßes Produkt aus biologischem Erbe, psychischer Beeinflussung und sozialer Prägung; um einem anderen Menschen menschlich zu begegnen, muß ich ihn als ein unvertauschbares Geheimnis betrachten; und dieses Geheimnis, das in seiner Existenz erscheint, nenne ich Gott. Die ganze Welt kann ich befragen, warum es sie gibt, und sie gibt keine Antwort. Doch sobald ich irgend etwas in dieser Welt wirklich liebgewinne, da begreife ich plötzlich, daß es dieses an sich so überflüssige und zufällige Etwas geben «muß». Da begegnet mir Gott, die ewige Liebe, als «Schöpfer» dieser so lieblosen Welt, und er hilft mir, mich einzusetzen gegen das scheinbar sinnlose Leid so vieler fühlender Wesen. Ein bloßes Weltgesetz würde mich gleichgültig stimmen; der Glaube an Gott als Person aber stimmt mich stets dankbar, mitunter glücklich und manchmal, wenn nötig, macht er mich mutig zum Widerspruch.

3. Symbol

Gott läßt sich weder denken noch vorstellen. Alles, was wir von ihm sagen können, basiert auf einer bildhaften, symbolischen Sprache, mit der wir bestimmte religiöse Erfahrungen deuten.

Dabei zeigt sich, daß die Symbole des Religiösen nicht beliebig sind; die wichtigsten von ihnen hatten eine lange seelische Entwicklung schon im Erleben der Tiere hinter sich, ehe sie beginnen konnten, das Erleben heutiger Menschen in den großen Religionen der Menschheitsgeschichte zu formen.

Wasser zum Beispiel, das in den Riten der Religion die Bedeutung von Reinigung und Wiedergeburt annimmt, kann deshalb als ein Universalsymbol fungieren, weil das Leben selbst auf diesem Planeten vor 3,5 Milliarden Jahren im Wasser entstanden ist und weil noch heute die Geburt eines jeden Säugetieres in gewissem Sinne noch einmal jenen Schritt wiederholt, mit dem die ersten Wirbeltiere im Oberen Devon vor 300 Millionen Jahren aus dem Urmeer ans Land gegangen sind.

Oder die *Bäume*. Sie spielen im Symbol von Kreuz und Kirchturm oder Tempelberg allüberall in der Religion eine große Rolle. Der Grund dafür liegt darin, daß vor 50 Millionen Jahren die Bäume für eichhörnchenähnliche Lebewesen eine wichtige Übergangsstation auf dem Wege zur Menschwerdung bildeten. Kein Wunder deshalb, daß im psychischen Erleben noch heute das Symbol des Baumes soviel verspricht wie (mütterliche) Geborgenheit, Halt und Nahrung.

Ganz allgemein kann man also sagen, daß die religiösen Symbole an Erfahrungen anknüpfen, die im Erleben der Tiere einmal reale Orte und Szenen der Daseinssicherung darstellten. Dementsprechend wurden sie im Zwischenhirn der Säugetiere verankert, um in Momenten von Gefahr eine Hilfe zur Orientierung und zur Rettung anzubieten. Die Religion indessen, die es mit der Angst des menschlichen Daseins insgesamt zu tun hat, greift diese irrtümlichen Erfahrungen im Erleben der Tiere auf und verwandelt sie für uns Menschen in Hinweise und Zeichen für eine Geborgenheit und Zuversicht jenseits der erfahrbaren Welt.

Sehr wichtig ist es deshalb, die zentralen Vorstellungsinhalte und Überlieferungen der Religion in ihrer bildhaften Aussage zu verstehen und ihre symbolische Rede nicht länger als eine Information über vermeintlich historische Tatsachen und innerweltliche Gegebenheiten aufzufassen. Denn sonst müßte die schwebende, dichterische Sprache der Religion, die einen tröstenden Glauben begründen möchte, sich unfehlbar in einen ungeistigen, ängstigenden und abergläubischen Dogmatismus verwandeln. Die mögliche Wahrheit des Religiösen würde dann zu einer unwahren Wahrheitsbehauptung, gestützt auf eine Zeichensprache, die sie als die Sache selber mißverstünde. Das Kultsymbol würde dann zum Fetisch, die rituelle Gebärde verwandelte sich in Magie, und die für die Religion unentbehrliche Sprache des Mythos geriete von einer Deutung menschlicher Geschichte zu einem absurden «Beweis» für das vermeintliche «Eingreifen» Gottes in die menschliche Geschichte. Um eine falsche Wahl zwischen Glauben und Unglauben zu vermeiden, ist es unerläßlich, die symbolische Ebene der Religion mit den Mitteln der Psychologie zu interpretieren und damit jedweder fundamentalistischen Vergegenständlichung des Glaubens entgegenzuwirken.

4. Glauben – Wissen

«Glauben heißt nicht wissen» – so denken wir und meinen damit, daß alle Anschauungen der Religion im letzten unbeweisbar seien. Tatsächlich hat denn auch die Philosophie der Aufklärung vor 200 Jahren schon gezeigt, daß es nicht möglich ist, Gott aus dem Gang der Welt oder der menschlichen Geschichte zu «beweisen». Ein bewiesener Gott ist kein Gott, sondern ein Gedankending, das wir selber uns geschaffen haben.

Tatsächlich aber meint im Munde JESU das Wort «Glauben» auch etwas ganz Anderes als ein «Fürwahrhalten» von Lehren, die man nicht beweisen kann. Wenn JESUS Kranken, die er heilt, am Ende sagt: «Dein Glaube hat dir geholfen» (vgl. Mk 5,34), so deshalb, weil er ein Vertrauen in den Menschen zu wecken vermochte, das die Angst in ihnen überwand, und ein solches angstüberwindendes, heilendes, alles veränderndes Vertrauen hieß in der Sprache JESU «Glaube». Gemeint ist ein Sich-Festmachen des Menschen im Gegenüber Gottes. Immer wieder forderte JESUS deshalb die Menschen auf, «Mut» zu haben und «Vertrauen» zu lernen, nicht aber «kleingläubig» oder «ängstlich» zu bleiben.

Für JESUS bedeutete ein solches Vertrauen auf Gott die Gegenkraft zu aller Verzweiflung im Getto der Gottesferne, eine Aufhebung dessen, was in der Sprache der kirchlichen Lehre als «Sünde» bezeichnet wird. Was JESUS dabei wollte, lief auf eine Veränderung der menschlichen Existenz im ganzen hinaus, auf eine Änderung des Vorzeichens der Grundeinstellung des Lebens von Angst in «Glaube», von Verzweiflung in Selbstannahme, von Aussichtslosigkeit in Zuversicht.

Insofern ist und war es ein schwerer Fehler, daß im Verlauf der Kirchengeschichte die Botschaft JESU von der Menschlichkeit des Vertrauens in Gott in ein dogmatisch verwaltetes «Offenbarungswissen» verwandelt wurde. Aus Fragen des Existierens wurden auf diese Weise Fragen des Dozierens, die einfache Humanität des Wirkens JESU verwandelte sich in die Pose eines göttlichen Wahrheitsbesitzes, aus einer Botschaft, die alle Menschen miteinander verbinden und versöhnen sollte, wurde der Exklusivanspruch eines absoluten, unfehlbaren Lehramtes, die Gottunmittelbarkeit des Menschen, in welcher der «Glaube» JESU wesentlich bestand, verformte sich nunmehr zu einem komplizierten Instanzenzug der «Kompetenz» von «Gottesgelehrten», die auf Grund einer langjährigen Ausbildung als «Fachleute» den einfachen Leuten, den «Laien», allererst zu sagen vermögen, was das wohl ist: ein rechtes «Glauben», das den Menschen aus dem Abgrund rettet.

5. Erbsünde und Angst

Noch im «Weltkatechismus» von 1992 lehrt die katholische Kirche, daß am «Anfang» der Menschheit «historisch» die «Tat» eines Menschenpaares, von Adam und Eva, gestanden habe, die durch ihren «Ungehorsam» gegen den «Willen Gottes» verstoßen hätten und damit aus der «Gnade» Gottes herausgefallen seien; seither habe zur «Strafe» die gesamte Natur sich verschlechtert, – Krankheit und Tod seien die Folgen der «Erbsünde», und auch moralisch neige der Mensch nunmehr zum Bösen. In dieser Form vorgetragen, ist die Lehre von der «Erbsünde» erkennbar unsinnig: Sie vereinbart sich nicht mit den elementaren Forderungen menschlicher Gerechtigkeit – es ist nicht richtig, für die Tat eines Einzelnen all seine Kinder in Sippenhaft zu nehmen; sie vereinbart sich nicht mit den Grunddaten der Biologie – der Tod kam mit der Mehrzelligkeit der Lebewesen in die Welt, so wie der Schmerz unvermeidbar mit dem Nervensystem ins Leben trat, beide haben mit dem Verhalten von Menschen nichts zu tun; zudem vereinbart eine solche Lehre sich nicht mit dem heutigen Wissen von der Herkunft des Menschen aus der Tierreihe – wer eigentlich soll Adam und Eva gewesen sein: der *Australopithecus africanus* vor 3 Millionen Jahren, der *homo erectus* vor 1 Millionen Jahren, der *Neandertaler* vor 100 000 Jahren, der *Cro-Magnon*-Mensch vor 30 000 Jahren oder erst die frühen Ackerbauern vor 8000 Jahren? Das biblische «Weltbild» umfaßt einen Zeitraum von nur etwa 6000 Jahren, und es ist und war ein schwerer Fehler, die symbolischen Erzählungen am Anfang der «Genesis» von dem «Sündenfall» Adams und Evas als Informationen über «historische» «Tatsachen» mißzuverstehen. In Wirklichkeit handelt es sich um Bilder, die das Dasein des Menschen deuten; sie zeigen eine Alternative auf, vor der ein jeder steht, wenn er seiner Lage in dieser Welt bewußt wird, nämlich, ob er sein Leben von Angst oder von der Haltung eines tieferen Vertrauens bestimmt sein läßt.

Bereits höher entwickelte Tiere werden in Gefahrenmomenten von *Angst* heimgesucht; sie merken, daß ihr Leben bedroht ist, und versuchen, der jeweiligen Gefahr zu entkommen. Auch wir Menschen haben Angst vor dem Tod, doch anders als jedes Tier wissen wir unser Leben lang, daß wir im letzten dem Tod nicht entlaufen können. In der Sprache der Mythen spricht da die «*Schlange*», der verschlingende Rachen des Nichtseins, mit uns und stellt uns die Frage, wie wir mit der Angst umgehen, die zu unserer Existenz als Menschen gehört.

Psychologisch scheint es unvermeidlich, auf die Angst immer noch so zu antworten, wie es Tiere tun würden, nur daß sich in unserem Erleben die Angst verunendlicht und nach einer endgültigen Lösung drängt. So häufen wir aus Angst vor dem Verhungern auf der Nordhalbkugel der Erde so viele Geld- und Nahrungsmittel an, daß zwei Drittel der Menschheit dabei verarmen und verhungern; aus Angst vor einem möglichen Feind rüsten wir die Armeen der Länder so weit auf, daß sie die Menschheit vielmal vernichten können; und aus der Angst, als Mensch stets zu wenig, nur «Staub der Erde» zu sein, versucht ein jeder von uns, aus seinem Leben so viel wie möglich zu machen, etwas Absolutes, das man ohne Widerspruch anerkennen muß.

Doch dieses Streben, «wie Gott zu sein», offenbart nur um so deutlicher, wie hilflos und «nackt» wir Menschen in Wahrheit sind, und so dreht die Spirale der Angst sich unrettbar immer weiter.

Nicht einen Akt des «Ungehorsams» oder des «Stolzes» beschreibt daher das Symbol der «Erbsünde», sondern es kennzeichnet die Deformation eines Daseins, das von Grund auf durch Angst geprägt ist. Eben deswegen ist es nicht möglich, auf die Not des menschlichen Daseins mit moralischen Mitteln: mit Geboten und Appellen, zu antworten. Die Angst eines Menschen löst sich nicht mit Willensentschlüssen und guten Vorsätzen, sondern nur im Gegenüber einer Person, der er absolut vertrauen kann; dann auch begreift er erst, wie sinnlos all die verzweifelten Fluchtmechanismen der Angst, die vormals so unvermeidbar schienen, in Wirklichkeit sind. Erst wenn ein Mensch das Gefühl wiederbekommt, trotz allem geliebt zu werden, wird er auf dieser Welt wieder zu Hause sein. Dann erst, als ein «durch Gnade» «Erlöster», vermag er den Zustand der Verzweiflung seines Daseins aus Angst als etwas Unnötiges, als «Daseinsschuld» zu begreifen. Nicht zur Anklage, sondern zum tieferen Verstehen des Menschen in seiner Entfremdung sollte die Lehre von der «Erbsünde» dienen.

6. Erlösung: der Kreuzestod Jesu

Eine unaufgebbare Lehre des Christentums scheint es zu sein, daß JESUS durch seinen Tod am Kreuz die Menschheit von der (Erb)Sünde erlöst habe. Die «Erlösung», wenn es so steht, kommt zustande, indem Gott, besänftigt durch das Sühneopfer seines Sohnes, dem Menschen die Schuld vergibt. Was aber sollte das für ein Gott sein, der erst durch einen so barbarischen Akt wie die Hinrichtung eines zudem völlig unschuldigen Menschen «gnädig» gestimmt werden müßte, und was für eine Schuld sollte das sein, die da so unverzeihlich schon von Geburt an auf einem jeden Menschen läge?

In Wahrheit hat JESUS uns Menschen einen Gott nahebringen wollen, der ohne Vorleistungen alle Schuld vergibt und nur eines von uns möchte: daß auch wir es lernen, einander ohne Vorbehalt zu vergeben. In gewissem Sinne wollte JESUS uns bei der Hand nehmen und uns in die Welt eines verlorenen Vertrauens, in das «*Paradies*» in der Sprache der Bibel, zurückführen, indem er gegen die Grundhaltung der Angst ein unbedingtes Vertrauen zu setzen suchte. Gott sollte nicht länger in den widersprüchlichen Gefühlen von Liebe und Haß, von Angst und Abhängigkeit erlebt werden; vielmehr sollte das Vertrauen zu Gott uns gerade befähigen, die angstbedingten Gegensätze in und zwischen den Menschen zu überwinden.

So vermochte JESUS durch die Kraft seines Vertrauens seelisch Kranke zu heilen. Demonstrativ lud er die Ausgegrenzten und Chancenlosen an *einen* Tisch und setzte damit an die Stelle eines ausgeklügelten Gesetzesgehorsams den Geist der Freiheit und der Güte. Die Entschuldung des Menschen vor Gott erlaubte es in seinen Augen nicht, daß die Priester im Tempel sich an der Angst der Gläubigen bereicherten.

Von daher bedeutete und bedeutet die Botschaft JESU von einem *Reich Gottes* auf Erden, das niemanden ausschließt, eine komplette Infragestellung all der religiösen, sozialen und politischen Praktiken seiner Zeit und aller Zeit. JESUS sagte endgültig *nein* zu der Neigung, auf Angst mit Angstverbreitung zu antworten; er sagte endgültig *nein* zu der Verfestigung der Angst in der Starre institutioneller religiöser, staatlicher und sozialer Herrschaftsverhältnisse; er wollte ein für allemal, daß Menschen dahin gelangten, sich nicht länger einschüchtern zu lassen und statt dessen in Freiheit die Wahrheit zu leben, die in ihnen liegt.

So war es indessen unvermeidlich, daß JESUS, indem er die Angst der Menschen vor sich selbst und vor anderen überwand, all denen Angst machte, deren Macht einzig auf Angst basiert, indem sie selbst Gott zu einer Verwaltungsgröße nicht endender Angst- und Schuldgefühle erniedrigen. Er, der das Leben wollte, rief notwendig alle Kräfte des Todes gegen sich auf den Plan. Gerade darin aber bestand die Tat seiner «Erlösung»: daß er selbst vor seiner Hinrichtung nicht zurückwich, sondern an seiner Mission festhielt, den Himmel auf die Erde zu bringen. Wer wie JESUS durch die Kraft des Vertrauens und der Liebe die Angst vor dem Tod überwindet, der allein ist wirklich frei. Den allein bezeichne ich als «erlöst».

7. Heilung

Historisch steht fest, daß JESUS, im Unterschied etwa zu seinem Lehrer JOHANNES DEM TÄUFER, Kranke geheilt hat. Schon im Neuen Testament wird in dieser Tätigkeit Jesu etwas *Wunderbares* gesehen, ein «Beweis» für die göttliche Macht, die in ihm gewohnt habe. Vor allem die kirchliche Lehre hat sich denn auch besonders der Heilungsgeschichten der Evangelien bedient, um JESUS als den «Sohn Gottes» zu beglaubigen.

Tatsächlich aber schreibt noch das *Markus-Evangelium* (6,5), daß JESUS mancherorts gar keine Heilungen wirken konnte, weil er keinen «Glauben» fand, daß er aber seinen Jüngern auftrug, sie sollten in den Dörfern Galiläas Kranke heilen und Dämonen austreiben und dann den Menschen sagen, wie nahe das «Reich Gottes» ihnen (gekommen) sei (Mk 6,13).

Die «Kraft», mit welcher JESUS «heilte», lag offenbar in dem

Vertrauen, das er in den Menschen, die ihm zuhörten, erzeugen konnte; nennt man Gott, wie der *1. Johannes-Brief* (4,8) es tut, die Liebe selber, so kann man wirklich sagen, daß JESUS mit der «Macht Gottes» die krankhaften Zustände psychischer und psychosomatischer Angstbesetzung zu überwinden vermochte.

Das zu tun, war JESUS *wesentlich.* Er wollte nie anders von Gott zu den Menschen reden, als daß darunter sich Verlorenheit, Verzweiflung, Einsamkeit und Selbstzerstörung öffnen ließen zu einer Form der Selbstannahme, der Geduld, des Reifens und einer unbedrohten, neu gewonnenen Beziehung zu sich selber und zu anderen Menschen.

Insofern bedeutete für JESUS die Heilung seelisch Kranker in der Tat so etwas wie ein «Zeichen» dafür, daß Gott beginnt, im Herzen der Menschen wieder lebendig zu werden. Freilich, man warf ihm vor, daß er mit seiner Freiheit gegenüber den Fesseln einer behördlich gesetzten versteinerten Religion, die selber Angst erzeugt, statt Angst zu lindern, sich gegen Gott auflehne und seine Heilungen als eine Art schwarzer Magie, mit Hilfe des Obersten der Teufel, wirke (Mk 3,22). Doch in Wahrheit waren für JESUS der Glaube an Gott und die Befreiung des Menschen von Angst ein und dasselbe.

So begründete und verlangt JESUS im Grunde eine «Seelsorge», die in wörtlichem Sinn «therapeutisch» ist, indem sie zu verstehen sucht, was den Menschen fehlt, statt mit moralischem Anspruch ihre Fehler und Verfehlungen zu verurteilen.

8. Wunder

«Das Wunder ist des Glaubens liebstes Kind», pflegt man zu sagen und meint damit, daß für den Frommen notfalls zwei mal zwei auch fünf sein könnte, weil Gott die Ordnung der Welt, die er geschaffen hat, kraft seiner Allmacht auch jederzeit wieder zu ändern vermöchte. Besonders die christliche Theologie sieht von alters her in den Wundern, von denen die Bibel erzählt, einen

«Beweis» für das «Eingreifen» Gottes. Wohl gibt man (inzwischen) zu, daß den Menschen vergangener Zeiten und Kulturen vieles als «Wunder» vorkommen mochte, was durch den Fortschritt naturwissenschaftlicher Erkenntnisse uns Heutigen als ganz «natürlich» erscheint; auch räumt man ein, daß die Bibel, wenn sie von «Wundern» spricht, im wesentlichen damit «Zeichen» zur Beglaubigung einer göttlichen Botschaft an die Menschen meint. Trotzdem aber hält das kirchliche Dogma daran fest, daß Erzählungen wie die von der «jungfräulichen Geburt» Jesu oder von dem «leeren Grab» am Ostermorgen als Berichte von biologischen und physikalischen «Tatsachen» verstanden werden müßten, die zwar auch eine «symbolische» Seite aufwiesen, aber eben doch «Realsymbole» seien. Mit solchen «Erklärungen» stellte und stellt sich die kirchliche Theologie in der Neuzeit zunehmend in Gegensatz zu dem naturwissenschaftlichen Weltbild, das von einer naturgesetzlichen, kausal geordneten Welt ausgeht und innerhalb dessen «Wunder» als eine «Aufhebung» der Naturgesetze definiert werden müßten.

Aber wenn Gott «allmächtig» ist, sollte er dann nicht tun können, was er will und wie er will und wann er will? Manche Theologen denken noch immer so; andere hingegen neigen mittlerweile zu der Ansicht, daß Gott sich womöglich ein für allemal an die Einrichtung «seiner» Schöpfung gebunden haben könnte und es mithin als Zeichen seiner «Treue» zu begreifen sei, wenn er die Naturgesetze *nicht* immer mal wieder nach Belieben außer Kraft setze. Zudem erscheinen all die wunderbaren «Manifestationen» der Allmacht Gottes merkwürdig unangemessen gegenüber den wirklichen Problemen, die in der Welt bestehen: was soll das Wunder einer jungfräulichen Geburt bei all dem Unheil, das die menschliche Geschichte gebiert?

Und noch ein Punkt: Besondere Schwierigkeiten bereiten die biblischen Wundererzählungen der christlichen Theologie von alters her durch den Umstand, daß so gut wie alle Religionen *ähnliche* Geschichten überliefern: auch der BUDDHA wurde «jungfräulich geboren», auch ROMULUS fuhr vor den Augen seiner Anhänger zum Himmel auf, auch im *Asklepios*-Heiligtum von

Epidauros wurden Kranke über Nacht gesund usw. In dieser Lage half sich die frühe Kirche mit einem ebenso disparaten wie desparaten «Argument»: Bei allen Wundergeschichten außerhalb der Bibel, erklärte sie, handle es sich um «Mythen», Eingebungen des Teufels bzw. um bloße Phantasiegeschichten; wenn dasselbe hingegen in der Bibel erzählt werde, so handle es sich um «historische Tatsachen», um «wirkliche» Wunder. Seitdem gehört neben einem starren Fundamentalismus eine dogmatisch ablehnende (und verleumdende) Einstellung gegenüber allen anderen Religionen zu der kirchlich verwalteten Form des Christusglaubens. Und was genauso schwer wirkt: Zugleich isolierte sich das Kirchendogma von den (unbewußten) Kräften der menschlichen Seele, aus denen die Bilder der Mythen und Legenden, aber auch die heilenden Kräfte der Psyche im Umgang mit Psychoneurosen und psychosomatischen Erkrankungen wirklich stammen. Interkulturelle Intoleranz und innerpsychische Abspaltungen waren und sind die unausbleiblichen Folgen dieser uralten falschen Wörtlichnahme der biblischen Texte.

In Wirklichkeit lassen sich die Wundergeschichten der Bibel natürlich nicht anders interpretieren, als es auch sonst geschieht und richtig ist: Zum größten Teil handelt es sich um traumähnliche Erzählungen, in denen seelische Zustände und Vorgänge in die Außenwelt projiziert werden; man mißversteht Erzählungen dieser Art, wenn man sie als Darstellungen «realer» Begebenheiten deutet; man mißversteht sie aber auch, wenn man sie als bloße «Wunscherfüllungsphantasien» abtut; genau dazwischen kommt es darauf an, die psychische Realität zu verstehen, die sich in ihnen ausspricht. Eine Geschichte vom Sturm auf dem Meere (Mk 4,35–41) oder vom Seewandel Petri (Mt 14,22–33) oder vom brennenden Dornbusch (Ex 3,2–4) ist symbolisch als ein wesentlich innerer Vorgang zu interpretieren, und die ständige Frage dabei muß wie in der Traumpsychologie lauten: Was sagen die Personen, Orte, Szenen und Vorgänge in den jeweiligen Erzählungen über das seelische Erleben eines Menschen aus? Was bedeutet innerseelisch Sturm, Meer, Dornbusch usw.?

Erst von diesem Ansatz her lassen sich insbesondere die Heilungserzählungen in und außerhalb der Bibel verstehen. Viele von ihnen gehen auf die reale Erfahrung zurück, daß manche psychoneurotischen Symptome, wie hysterische Lähmung, Erblindung, Sprach- und Gehörverlust etc., solange anhalten können, wie unbewußte Ängste den Zugang des Willens zur Motorik oder zur Wahrnehmung blockieren; die Begegnung mit einer Person indessen, die Vertrauen genug mobilisiert, um die unbewußten Ängste zu überwinden, oder auch andere vergleichbare Erlebniseinbrüche können dazu führen, daß selbst langdauernde Krankheiten dieser Art, die ja nicht auf Organschädigungen basieren, überraschend in einem Augenblick verschwinden. Solche «Spontanremissionen» hartnäckiger und quälender Symptome werden wohl auch heute noch mit einem gewissen subjektiven Recht als «Wunder» erlebt. Anders verhält es sich bei Erkrankungen, die deutlich psychosomatischer Natur sind oder sein können; sie sind nicht, wie hysterische Symptome, als seelischer Ausdruck zu interpretieren, sondern folgen auf Grund seelischer Fehlsteuerungen eigenen ursächlichen Zusammenhängen auf der Körperebene; sie sind demgemäß auch keiner «Spontanheilung» zugänglich, sondern können nur nach und nach durch Bewußtmachung der zugrundeliegenden Konflikte und einer entsprechenden Verhaltensänderung abgearbeitet werden. Erzählungen über «Wunderheilungen» solcher Krankheitsformen lassen sich gleichwohl in gewissem Umfang lesen wie traumnahe Szenarien, wobei insbesondere auf die wechselseitige Entsprechung zwischen der Symptomsprache der Krankheit und der Symbolsprache des «therapeutischen» Eingreifens in diesen Geschichten zu achten ist.

9. Kirche

«Gott ja, Kirche nein» – auf diese kurze Formel läßt sich das «Glaubensbekenntnis» vieler Menschen heute bringen. Die Kirche als eine religiöse Institution erscheint ihnen nicht nur als überflüssig, sondern geradewegs als hinderlich und irreführend. Sie erleben die kirchlichen Behörden als unglaubwürdig, weil sie etwas lehren, an das sie selber sich nicht halten – wie zum Beispiel Armut, Menschlichkeit und Liebe. «Wenn es drauf ankommt, geht es denen doch nur um sich selbst» – das ist die Erfahrung der meisten, die den derzeit verfaßten «Großkirchen» ablehnend gegenüberstehen.

In der Tat, wenn irgendeine «christliche» Kirche Sinn machen sollte, so müßte sie mit der Person und Botschaft JESU lebendig verbinden; das heißt, sie besäße im besten Falle eine vermittelnde Funktion, und die Hauptschwierigkeit der Menschen mit der Kirche liegt darin, daß die Kirche sich zu einem Selbstzweck gemacht hat: Sie erweckt den Eindruck, als lasse sie von den Worten JESU nur gelten, was ihren Zwecken dient, während sie andere Worte, wie zum Beispiel die Forderung nach Armut oder das Verbot des Schwörens (Mt 5,33–37), einfach umgeht; zudem erweckt sie vielfach den Eindruck, als habe sie nur noch ihre eigenen Lehrmeinungen und Überlieferungen im Sinn und weigere sich, von der Not der Menschen her sich wirklich berühren zu lassen und sich selbst in Frage zu stellen. So viel ist klar: Eine Kirche, die weder das tut, was JESUS wollte noch was die Menschen brauchen, ist nicht «des Herrn» (wie es das griechische Wort «Kirche» eigentlich sagt), sondern sie ist die Institution einer reinen Machtverwaltung, einer «Stellvertretung» Gottes gegenüber den Menschen und auf Kosten der Menschen.

Eine der Formeln, unter denen das geschieht, ist der Anspruch insbesondere der katholischen Kirche, «der fortlebende Christus» oder der («mystische») Leib «des Herrn» zu sein. Wenn es so steht, ist es natürlich von vornherein ausgeschlossen, sich etwa im Sinne der protestantischen Kirchen auf die Bibel zu beziehen und daran die Kirche Roms notfalls auch kritisch zu messen. Dabei ist es historisch unmöglich, daß JESUS je so etwas wie eine «Kirche» überhaupt hätte gründen und mit ihren Institutionen und «Sakramenten» hätte «einsetzen» wollen. Der Mann aus Nazareth verkündete den Aufbruch der «Gottesherrschaft» (Mk 1,15), und er war weit davon entfernt, eine eigene Religionsform mit einer eigenen Organisation gegen die Religion seines eigenen Volkes stellen und «stiften» zu wollen. Die von der römischen Kirche immer wieder zur Begründung des päpstlichen «Petrus-Amtes» in Anspruch genommene Stelle aus Mt 16 ist erkennbar in der (syrischen) Gemeinde des Matthäusevangeliums entstanden; sie ist kein echtes JESUSwort und hat außerdem nichts im Sinn mit dem römischen Papsttum, wie es sich seit dem 11. Jh. zu einer absolutistischen Monarchie nach dem Vorbild der römischen Caesaren entwickelt hat.

In Wahrheit hat die Kirche sich aus der Enttäuschung entwickelt, die entstehen mußte, als das von JESUS verkündete *Weltende* ausblieb; ihre Chance hätte darin gelegen, der «Welt» der menschlichen Geschichte in ihrer Gewaltbereitschaft und Habgier ein Ende zu bereiten und die Revolution JESU mit der gleichen Energie, die er vorgelebt hatte, weiterzuführen; statt dessen wurde die «Kirche» zu einer Art «institutionalisierter Revolution», – zu einem hölzernen Eisen. Von ihrem jüdischen Ursprung entfernte sie sich immer mehr, indem sie eine Fülle von rituellen und dogmatischen Vorstellungen aus der Welt des Hellenismus übernahm; gleichzeitig aber warf sie den Juden vor, an «Christus» nicht zu glauben, das heißt im Grunde die Entwicklung nicht mitzumachen, zu der sie selber sich gedrängt sah und die sie im letzten zu einem «Judentum für die Heiden» mit allen Chancen und Gefahren gemacht hat.

Tatsächlich gibt es in der Botschaft JESU *ein* Moment, das es rechtfertigt, den Glauben an Gott als den «Vater» *aller* Menschen zur Öffnung der jüdischen Religion in Richtung auf die Welt der «Völker» zu nutzen, – das ist die *Einladung* JESU, ohne Voraussetzungen und Bedingungen, an alle Menschen in Not; nur dieser Haltung verdanken wir es eigentlich, daß wir, die wir aus den «Heiden» sind, das Wort JESU haben kennenlernen können. Insbesondere PAULUS hat die Botschaft JESU nicht zu Unrecht als eine solche grenzenlose Hinwendung an alle Menschen der Welt verstanden. Die Frage ist nur: will man «alle Menschen» einer bestimmten kircheneigenen Doktrin unterwerfen (womöglich mit Berufung auf den «Missionsbefehl» des «Auferstandenen» in Mt 28,18), oder will man bei der Grundhaltung JESU bleiben, daß der ganze «Inhalt», den es von Gott weiterzusagen gilt, einzig in einer Güte ohne Grenzen besteht?

Die entscheidende Erfahrung, die eine jede Gemeinschaft vermitteln müßte, die sich auf das Vorbild JESU ernsthaft beziehen will, sollte in einem Gefühl bedingungsloser Akzeptation bestehen. In den Evangelien wird berichtet, daß JESUS gerade durch dieses Empfinden, das er mit seinem Auftreten erzeugte, *Wunder* der Heilung zu wirken vermochte. In diesem Sinne müßte die Kirche ein Ort sein, an dem Menschen als erstes nicht gefragt werden: «Was mußt du tun?», sondern an dem die erste Frage lautet: «Was geht in dir vor?» Und: «Was hat man mit dir gemacht, daß du wurdest, was du bist?» Ein «Haus der Gnade» zu sein für *alle* Menschen – *das* wäre eine «Kirche» in der Art, wie JESUS die Gemeinschaft seiner Jünger gewollt hat; eine solche «Kirche» wäre buchstäblich heilend und heilsam; eine solche «Kirche» würde sich selbst nicht immer wieder im Wege stehen.

Darüber hinaus sollte die «Kirche» eine Gruppe von Menschen bilden, die nicht nur die Schäden der Gesellschaft in jedem Einzelfall zu heilen versucht, sondern die zugleich die wirtschaftlichen, politischen und psychischen Faktoren bekämpft, die imstande sind, Menschen krank, abhängig und unfrei zu machen. Fragen von Krieg und Frieden, Fragen des Umweltschutzes, Fragen der Gleichberechtigung von Mann und Frau, die Probleme der Dritten Welt, das Postulat sozialer Gerechtigkeit – all das sollte zu den Hauptanliegen kirchlicher Stellungnahmen und Aktivitäten zählen. Eine solche «Kirche» würde gerade von Menschen in Not als buchstäblich notwendig empfunden werden; sie nähme wirklich die Revolution wieder auf, die JESUS durchsetzen wollte. An jeder Stelle müßte zu diesem Zwecke die Kirche sich selber allerdings auf die entsprechenden Ziele hin neu formen; es ist nicht möglich, die Freiheit der Menschen mit innerlich und äußerlich unfreien Menschen betreiben zu wollen, und die Zeit scheint zu

Ende zu gehen, in der Menschen, die schon nicht mehr von der
«Kirche» zu JESUS geführt werden, in ihrem Glauben zumindest
noch bereit sind, buchstäblich «um Jesu willen» die «Kirche» in
Kauf zu nehmen. Wenn die Fenster der Kathedralen das Licht der
Sonne mehr verdunkeln als zeigen, so ist es offenbar nötig, den In-
nenraum des «Kirchenschiffes» zu verlassen, um unverstellt die
Helligkeit des Lichts zu schauen, das überall Blumen zum Blühen
bringt. In jedem Fall ist Gott, wie JESUS ihn uns bringen wollte,
unendlich größer als jede religiöse Behörde – als jede Kirche, als
jede Konfession, als alles institutionalisierte «Glaubenswissen»
über Gott.

10. Engel und Schutzengel

Engel – gibt's die? Volksbefragungen zeigen ein eigentümliches
Bild: eine große Zahl von Deutschen, auch solche, die sich sonst
als Atheisten oder Nichtchristen bezeichnen, sind geneigt, an die
Existenz von Engeln und Schutzengeln zu glauben. Es ist, als trä-
te hier ein Bedürfnis zu Tage, das nach einer anderen Religion verlangt, als sie vom tradierten Kirchenglauben repräsentiert wird.
Das scheint um so merkwürdiger, als die Bibel selber eine höchst
schwankende, ebenso vielfältige wie widersprüchliche Grundlage
für einen Glauben an Engel und Schutzengel bietet.

Zu den mythischen Resten des alten Glaubens an den Stammesgott Jahwe gehörte ursprünglich wohl die Vorstellung, daß der
Gottheit im Himmel eine eigene Streitmacht geistiger «Heerscha-
ren» zur Verfügung stehe und an der Seite der «Kinder Israels» mit
in die Schlacht ziehe – so wie der «Erzengel» *Michael* nicht nur
den «Teufel» besiegt haben soll (Apk 12,9), sondern vermeintlich
auch als «Patron der Deutschen» den Truppen des Kaisers (und
«Führers»!) zu Gebote stand.

Eine ganz andere Vorstellung verbindet sich mit dem «Engel»
als dem «Boten Gottes». Dieser «Bote Gottes» ist in der biblischen
Sprechweise eigentlich keine selbständige Kraft oder Persönlichkeit, sondern der Träger eines bestimmten Aspektes, unter dem

das Göttliche einem Menschen erfahrbar wird; er verkörpert gewissermaßen die Seite oder den Inhalt, innerhalb deren Gott sich einem einzelnen Menschen mitteilt. Der «Bote Gottes» enthält in dieser Sicht etwas sehr Persönliches und Intimes, ist aber, streng genommen, selber keine Person.

Dasselbe gilt von denjenigen religionsgeschichtlichen Vorstellungen, die in den engelähnlichen Gestalten eine Art Wesensbild der individuellen Person eines Menschen erblicken. So kannten zum Beispiel die alten Ägypter das Bild der *Ka*-Seele. «Ka» war für sie alles, was dem Menschen Kraft zum Leben schenkte, was ihn mit dem Universum verband und was seine innere Gestalt ausmachte; bildlich konnte die *Ka*-Seele deshalb wie eine Art zweites Ich dargestellt werden. Auch hier meint das Bild des «Engels» etwas, das den Menschen persönlich führt und lenkt, doch selber keine Person ist. Anregend auf den Engel-Glauben der Bibel hat die ägyptische Vorstellung von der *Ka*-Seele übrigens nicht gewirkt.

Anders verhält es sich mit dem Alten Persien. Die dualistische Religion ZARATHUSTRAS kannte eine Fülle von geistigen «Zwischenwesen», die zwischen dem absolut Guten (dem Gott *Ahura Mazda*) und dem absolut Bösen (*Ahriman*) vermittelten. Es scheint kein Zufall, daß das einzige Buch der Bibel, das in strengem Sinne von einem «Schutzengel» spricht, die Geschichte des Büchleins *Tobit*, schon rein räumlich nach Persien führt. Erzählt wird in dieser Geschichte von dem «Erzengel» *Raphael* («Gott heilt»), der dem jungen *Tobit* hilft, seine Angst vor einem Fisch zu besiegen und schließlich sogar den bösen Geist *Asmodi* zu vertreiben, der die junge *Sara* gefangen hält. Psychoanalytisch läßt sich dieser «böse Geist» als die Gestalt des eigenen Vaters (*Raguel*) deuten, während *Raphael* eine Kraft verkörpert, die dem Menschen hilft, Vertrauen ins Leben und in die Liebe zu fassen; am Ende trägt *Raphael* auch dazu bei, daß Tobits altem, erblindetem Vater die Augen aufgetan werden.

Andere mythische Vorstellungen von Engelwesen sind vor allem von Mesopotamien her in die Bibel eingedrungen. So gibt es die Vorstellung von den *Seraphim* (den «Branddrachen»), die nach

Gen 3,24 mit einem Flammenschwert den Paradieseseingang versperren, oder von den *Kerubim* (den «Greifen») – Flügelwesen, deren Kopf menschengesichtig, deren Leiber stierähnlich und deren Pranken löwenartig waren; sie bildeten eine ideale Einheit von Weisheit, Macht und Stärke, verbunden mit gottgleicher Allgegenwart, und wurden als Zug«tiere» für den göttlichen Himmelswagen betrachtet; im Tempel *Salomos* standen im Chorraum zwei solcher Kerube (1 Kg 6,23), entsprechend dem «Thron» der «Bundeslade», die bereits auf MOSES zurückgeführt wurde (Ex 37,7). Im weitesten Sinne symbolisieren «Engel» also Erfahrungsformen (oder Erfahrungsräume) des Göttlichen, und in dieser sehr allgemeinen, schwebenden «Gestalt» entsprechen sie offenbar am ehesten den religiösen Bedürfnissen vieler. Die kirchliche Lehre von Gott als dem «Vater» und «Richter» erfüllt viele eher mit Angst und Scheu als mit Vertrauen und Zuversicht, und so spricht sich in dem Glauben an «Engel» eigentlich so etwas aus wie eine Sehnsucht nach dem, was Religion eigentlich vermitteln sollte. Bezeichnenderweise ist, im Widerspruch zur Bibel, die Gestalt der «Engel» immer mehr verweiblicht worden. Das Bedürfnis gilt offenbar dem Empfinden eines tiefen «mütterlichen» Behütet- und Geborgenseins, das inmitten einer anonym verwalteten Massenbürokratie in Kirche und Gesellschaft die Züge der persönlichen Berechtigung und Wertschätzung (je)des Einzelnen vermittelt. Daß Gott liebevoll zugewandt ist einem jeden Lebewesen, das aus seinen «Händen» stammt – wenn dieser Glaube sich in dem Bild des Engels oder Schutzengels ausspricht, so gilt die Engel-Suche vieler in der Gegenwart ganz offensichtlich der Rückgewinnung einer vertrauensvollen Form von Frömmigkeit, die nicht länger mehr an Strafängste und Schuldgefühle gebunden ist. Die esoterische Vergegenständlichung der Engel-Symbolik hat freilich mehr mit den Lehren des alexandrinischen Philosophen PLOTIN (ca. 205–270) und seinen Vorstellungen von den absteigenden Stufen des Geistes hinein in die «Niederungen» der materiellen Welt zu tun als mit einem rechten Verständnis der biblischen Sprache vom «Engel».

11. Der Teufel

Keine Vorstellung der Religionsgeschichte hat sich quälender und grausamer auf die Seele der Menschen gelegt, als die Idee des personifizierten Bösen in der Gestalt des Teufels. Laut kirchlicher Vorstellung kann er von Menschen Besitz ergreifen, so daß sie selbst zu «Besessenen» werden. Diese Vorstellung rechtfertigte Jahrhunderte lang die Schrecknisse von Inquisition, Hexenverbrennung und Heiligem Krieg, ja, sie lebt noch fort im sogenannten Exorzismus der römischen Kirche. Zu ihren Lehren gehört das Dogma von der Existenz des Teufels.

Biblisch allerdings ist diese Ansicht kaum begründet. An Gott und nur an ihn zu glauben war der biblischen Religion wichtiger, als sich mit der Existenz von Teufeln zu befassen. Aber natürlich mußte sie sich mit den Anschauungen des alten Orients auseinandersetzen, und vor allem nach dem Babylonischen Exil im 6. Jh. v. Chr. drang von Persien her der Glaube an das absolut Böse, personifiziert in geistigen Mächten, nach und nach auch in die Bibel ein. Für die spätere christliche Vorstellung maßgebend wurde vor allem ein kanaanäischer Mythos, der schon in Jes. 14,12 aufgegriffen wird: Der Morgenstern (Luzifer) versuchte, die Sonne zu überstrahlen, wurde von ihr aber in die Nacht zurückgestoßen. Symbolisch gelesen, handelt es sich um die ewige Auseinandersetzung zwischen Hell und Dunkel, Gut und Böse im Menschen selber. Man mißversteht Geschichten dieser Art, wenn man in ihnen historische Berichte, z. B. vom «Sündenfall» der «Engel» infolge ihres «Stolzes», sieht und mit ihnen (metaphysisch) die Wirklichkeit zu erklären versucht, so als seien die vielerlei Übel der Welt und der menschlichen Geschichte von einem Satan und seinen Helfershelfern hervorgebracht. Die Gesetze der Natur können nicht anders sein, als sie sind, und für die menschliche Geschichte sollten die Menschen selber die Verantwortung übernehmen.

Wenn insbesondere das Neue Testament von *Besessenen* redet, so sind darunter nach heutigem Verständnis nicht «dämonisch» infizierte, sondern seelisch leidende Menschen zu verstehen, die sich innerlich von vielerlei Komplexen und Instanzen «besetzt» und abhängig fühlen und in deren Seele vor allem im Triebbereich allzuviel «verteufelt» wurde. Statt solche Menschen für «böse» zu halten, sollte man sie in aller Regel als die hilflosen Opfer von gesellschaftlichen, kirchlichen und familiären Zwängen aller Art betrachten. Nicht ängstliche Ausgrenzung, nur menschliche Zuwendung, wie JESUS sie in den Evangelien beispielhaft lebte, vermag ihnen (neben psychiatrischen Maßnahmen) wirklich zu helfen.

Eine geistreiche Mythe enthält der Koran (2,35; 7,12–20): Als Gott den Menschen schuf, sollten alle Engel sich vor dem Menschen verneigen; Iblis aber (von griechisch *diabolos*) weigerte sich, weil *er* aus Feuer, der Mensch aber nur aus Staub geschaffen wurde.

«Teuflisch» ist es nach dieser Geschichte, den Menschen seiner Schwäche wegen zu verachten. Menschen, die als religiöse oder politische Fanatiker so tun, dienen am Ende wirklich einem «Teufel» von Gott.

12. Auferstehung, Himmelfahrt, Wiedergeburt

Alle Religion ist wohl so alt wie der Augenblick, da Menschen den individuellen Tod als die entscheidende Infragestellung ihres Daseins zu begreifen begannen. Bereits vor 70 000 Jahren deuten Spuren in den Höhlen von Shanidar in Persien darauf hin, daß Neandertaler ihre Toten mit Blumenbeigaben bestatteten, in der Hoffnung vermutlich, sie möchten, wie Blumen nach den Monaten des Winters, nach einer Weile des Grabes zu neuem Leben erwachen. Eine andere Antwort auf das Rätsel des Todes findet sich in den schamanistischen Stammesreligionen in Form der weitverbreiteten Vorstellung von der *Himmelfahrt*: Man denkt, daß im Augenblick des Todes die «Seele» sich freisetzt und zum «Himmel» aufsteigt. Im Neuen Testament taucht eine entsprechende Vorstellung in dem Glauben auf, JESUS sei im Augenblick des Todes auf

Golgotha zur «Rechten Gottes» versetzt worden; diese Ansicht stellt wohl die früheste Schicht der theologischen Deutung des Todes JESU überhaupt dar, ehe sie dann bei *Matthäus* (Mt 28,16-20) und *Lukas* (Apg 1,4-11) in historisierter Form als ein Ereignis in Raum und Zeit an das Ende des Osterzyklus gerückt wurde.

Eine andere ebenfalls urtümliche Chiffre von Hoffnung angesichts des Todes entstammt dem Bild der *Wiedergeburt*. Vielfacher Brauch war es in der Antike, die Toten in der Stellung eines Embryos im Schoß der Mutter Erde beizusetzen, auf daß sie aus ihr zu neuem Leben erwachten. Besonders in den indischen Religionen wird noch heute der Tod als Übergang zu neuen Stufen der Reifung in neuen Existenzformen begriffen; das Leben selber erscheint dort als eine allmähliche Läuterung; vorausgesetzt ist bei dieser Vorstellung der Glaube an eine Seele, die in verschiedene leibliche Formen einzugehen vermag. Auch für viele Christen ist der Glaube an ein «Leben nach dem Tode» identisch mit den Gedanken des PYTHAGORAS und des PLATON von der «Unsterblichkeit» der Seele, wenn auch die Kirche die Lehre von der Reinkarnation dogmatisch als Irrlehre verurteilte.

Erst relativ spät in der Bibel taucht die Erwartung der «Auferstehung» auf; sie rechnet nicht mit einer unzerstörbaren Substanz im Menschen, die den Tod überdauern könnte, sondern sie ergibt sich ganz und gar aus der Hoffnung, daß Gott, der uns erschuf, uns nicht im Tode lassen werde, sondern durch eine «neue Schöpfung» ins Dasein zurückrufen möge. Begründet wird diese Hoffnung in der christlichen Dogmatik mit der «Auferstehung Christi am dritten Tage» (1 Kor 15,4), jedoch führt der Versuch schon der Evangelisten, sich das «Ereignis» der «Auferstehung» JESU als ein historisches Geschehen vorzustellen, zu unauflösbaren Widersprüchen. In Wirklichkeit hat JESUS den Glauben an die «Auferstehung» nicht begründet, sondern – mit den Pharisäern seines Volkes – einfach als Teil seiner Hoffnung auf Gott vorausgesetzt. Entscheidend neu in der Botschaft JESU ist nicht die Tatsache, daß er an Auferstehung glaubt, sondern daß er diesen Glauben, den religionsgeschichtlich nachweisbar bereits die Alten Ägypter kannten und rituell begingen, existentiell derart ernst nahm, daß er die Angst vor dem Tode exemplarisch zu überwinden vermochte. Indem er durch den Tod hindurchging, lehrte er uns, an die Liebe mehr zu glauben als an die Angst, und eben dieser Glaube an einen Gott, der «stärker» ist als der Tod, machte ihn gütiger, vertrauensvoller und lebendiger; statt weiter die Todespraxis eines ständigen Kampfs ums Dasein als unvermeidbar zu übernehmen, führte die Hoffnung auf «Auferstehung» JESUS dahin, selbst in die Zonen von Haß und Zerstörung Worte des Verstehens und der Vergebung zu tragen. Das ganze Leben verändert sich dadurch. Wer könnten wir Menschen sein, wenn der Tod nicht mehr die Macht besäße, unser Dasein in permanente Angstflucht und Aggression zu verformen? Nichts vermöchte uns dann noch von Gott zu trennen, auch nicht der Tod (Röm 8,38.39), in Gott aber wüßten wir uns auf ewig miteinander verbunden.

Freilich, wer das Schicksal JESU betrachtet, dem stellt sich unausweichlich die Frage, was er nun glauben soll: daß es möglich war, JESUS zu töten und damit seine ganze Botschaft als irrig zu erweisen, oder umgekehrt: daß gerade der Tod JESU zeigt, daß seine Person und sein Wort den Menschen aller Zeiten wahres Leben bedeuten, wohingegen seine Gegner ganz offensichtlich nichts weiter zu tun vermochten, als ihn zu töten. Jeder, dem JESUS zum wahren Maßstab seines Lebens geworden ist, der sieht, bildhaft gesprochen, den Himmel offen und JESUS selber am «Richterstuhl» Gottes stehen, als den wahren «König», als den zum «Messias» «Erhobenen», als den «zum Himmel Aufgefahrenen» (Apg 7,56); der sieht sein Grab am Ostermorgen wortwörtlich «leer», und dem zeigt er sich selbst wie den Frauen und Jüngern in Mk 16,9–14 und Lk 24 als «auferstanden»; der vernimmt Worte, wie sie der Engel am Ostermorgen an die Frauen am Grab richtete: «Gehet (geistig) nach Galiläa (zurück zu der Art von Leben, das er verkörperte); dorthin ist er euch (immer) voraus.» (Mt 28,7)

«Auferstehung» bedeutet in diesem Sinn, daß die Liebe sich «lohnt», weil der Tod niemals die Macht hat, Menschen voneinander zu trennen, die durch ihre Liebe auf immer für einander bestimmt sind.

Ein wunderschönes Wort für diese menschheitliche Hoffnung auf Auferstehung fand vor über 3000 Jahren die Gattin des früh verstorbenen Pharao TUT-ENCH-AMUN; auf einem Skarabäus schrieb ENCHES-AN-PA-ATON die Worte: «Ich habe dich geliebt, großer TUT-ENCH-AMUN, und meine Trauer, daß du gehst, ist groß; aber vergiß, daß die Zeit Zeit ist, denn nach der Zeit sehen wir uns wieder.»

13. Gericht, Himmel, Hölle, Fegefeuer

Schon im Alten Ägypten um 3000 v. Chr. formte sich der religiös überaus wichtige Gedanke des Totengerichtes: Die Göttin der Wahrheit (*Maat*) wog nach ägyptischer Vorstellung auf der Waage der Gerechtigkeit, ob das Herz des Verstorbenen so leicht und unbeschwert (von aller Schuld) sei wie eine Feder aus ihrem Haar. Zwei Erfahrungen sprechen sich in einem solchen Glauben aus: der Wunsch nach Gerechtigkeit, der auf Erden immer wieder so bitter enttäuscht wird, und das Verlangen nach Vollendung unseres Lebens, das in den wenigen Jahren unserer schattenverwirrten irdischen Existenz niemals dahin gelangt, sich selber ganz zu begreifen.

Im Christentum kleidet sich der gleiche Gedanke in die doppelte Vorstellung von einem «persönlichen Gericht», dem jeder im Augenblick seines Todes unterzogen werde, und von einem «allgemeinen Gericht», dem am «Jüngsten Tage» die ganze Menschheit entgegen gehen werde. Jeder kennt die Darstellungen an den Portalen gotischer Kathedralen, die zeigen, wie Christus «wiederkommt, zu richten die Lebenden und die Toten». Deutlich sieht man dort, wie unter den Augen des «Richters» die Menschen von einander «geschieden» werden: Engel führen auf der einen Seite die Guten in die Gefilde der Seligen, während sie auf der anderen Seite die Bösen in den offenen Rachen der Hölle treiben.

Es war insbesondere diese Vorstellung von der «ewigen Höllen-strafe», die bis in die Gegenwart hinein in der christlichen Lehre das Bild Gottes mit schlimmen Ängsten verdüstert hat. Wie aber soll es möglich sein, daß ein Gott der Liebe Menschen mit ewiger Qual bestraft? Trotz dieses offenbaren Widerspruchs wurde die Lehre von der Hölle katholischerseits immer wieder mit der Er-klärung begründet, Gott nehme halt den «freien Willen» der Menschen absolut ernst, auch wenn sie sich gegen ihn entschie-den. Doch damit verschärft sich nur das Problem: Welch ein Mensch entscheidet sich schon «freiwillig» für seine ewige Pein? Es gibt gewiß auf Erden eine Fülle von Leid, das Menschen sich selber zufügen, doch schaut man genau hin, so hat sich, wenn sie so tun, in ihrer Seele nur all die Verneinung und Zerstörung ver-innerlicht, der sie vermutlich seit Kindertagen bereits ausgesetzt waren. Es ist leider richtig, daß angesichts solcher Zustände Mah-nungen und Warnungen oft nicht viel helfen und daß auch psy-chotherapeutisch oft nur wenig oder gar nichts dagegen auszu-richten ist. Warum aber sollte Gott ein ebensolcher Stümper sein wie wir, und warum sollte man ihm nicht zutrauen dürfen, daß er die *Unfreiheit* des «Bösen» im Menschen zu durchbrechen ver-möchte?

Man müsse an die Hölle glauben, erklären manche Theologen, weil JESUS im Neuen Testament von der Hölle gesprochen habe. Das hat er freilich, – doch teilte er damit lediglich den Glauben seiner Zeit. Will man wissen, was JESUS wirklich an Eigenem und Neuem mit dem *Bild* von der Hölle aussagen wollte, so ist es nicht die Behauptung, es gebe eine Hölle, sondern der Inhalt, mit dem er die Vorstellung von der Hölle verknüpft.

So schilderte er zum Beispiel (nach dem Vorbild eines ägypti-schen Märchens), wie ein reicher Mann im Jenseits bestraft wird, weil er einen armen Bettler vor seiner Haustüre hat Not leiden las-sen. (Lk 16,19–31) Die Hölle, so verstanden, ist in den Augen JESU ein Zustand mangelnder Liebe, und genauso malt er es auch in dem Gleichnis vom Großen Weltgericht in Mt 25,31–46 aus: Die einzig wichtige Frage an unser Leben wird sein, wie wir uns Men-

schen in Not gegenüber verhalten haben. Wollte JESUS wirklich
sagen: Menschen, die lieblos sind, *kommen* in die Hölle? Im
Grunde sagte er: Menschen, die hartherzig genug sind, um am
Leid ihrer Mitmenschen ungerührt vorübergehen zu können, leben längst schon (wie) in der Hölle. Das Bild von der «Höllen-
strafe» wirkt in der Verkündigung JESU wie eine perspektivische
Diagnose, die zeigen soll, wohin, endgültig gedacht, ein solcher
Seelenzustand führen muß. Wie aber wird ein Mensch «hartherzig» und wie heilt man die Verletzungen, die ihn dahin gebracht
haben? Diese Frage stellt sich im Neuen Testament nicht. Dafür
erzählt die christliche Mythe, daß JESUS nach seinem Tode in die
«Hölle» hinabgestiegen sei, um den Verdammten die Erlösung zu
bringen; doch warum erst «nach seinem Tode»? Die «Hölle», aus
welcher JESUS uns befreien wollte, war offensichtlich unser ganz
«normales», gewohntes Leben. Vermutlich hat ORIGENES (185–254)
JESUS richtig verstanden, wenn er mit der Liebe Gottes, die er verkündete, nur die Rettung aller verbinden konnte; das kirchliche
Lehramt verurteilte ihn zwar als Irrlehrer; doch welch ein Irrtum
könnte größer sein als ein «Glaube», der mit seiner Höllenangst in
den Kerkern der Heiligen Inquisition noch vor gar nicht so langer
Zeit 100 000e von Opfern gefordert und unzählige Menschen
schon auf Erden um ihr Glück betrogen hat?

Man kann es nicht anders sagen: Die gesamte Vorstellung ist
offenbar falsch, daß Gott nach dem Vorbild eines irdischen Richters dem Menschen Strafe und Lohn in «Gerechtigkeit» zumesse;
all die (altägyptischen) Bilder lassen sich nur als Chiffren eines
existentiellen Entscheidungsernstes deuten. Dann aber geht es bei
dem Gedanken des «Gerichtes» überhaupt nicht um irgendein
äußeres Urteil; gemeint ist mit dem «Gerichtsgedanken» vielmehr,
daß wir im Tode der Macht gegenübertreten, die wollte, daß wir
sind; dann werden wir zum ersten Mal uns selber und unser Leben zu betrachten vermögen mit den Augen reiner Liebe; dann
werden uns all die Momente von Herzen leid tun, an denen wir
aus Angst und Enge zu einer großzügigen Weitherzigkeit gar nicht
imstande waren; andererseits werden sich dann bestätigend all die

Augenblicke unseres Lebens wie Goldkörner beim Sanddurchlauf eines Siebes sammeln, in denen wir trotz allem manchmal über unseren Schatten zu springen vermocht haben.

Die klassische Lehre, die einen solchen Zustand des «Gerichtes» beschreibt, ist in der christlichen Dogmatik die Vorstellung vom *Fegefeuer.* Auch diese Lehre wurde in der katholischen Kirche mit Angst und Magie aufgeladen und bot in der groben Veräußerlichung des Handels mit «Ablässen» zur Rettung der «armen Seelen» aus dem Fegefeuer sogar den unmittelbaren Anlaß für die Reformation MARTIN LUTHERS. Doch was mit der Vorstellung vom *Fegefeuer* eigentlich gemeint sein könnte, entbehrt nicht der Weisheit: Menschen leiden darunter, wenn sie deutlich zu spüren beginnen, wie sie hätten leben sollen, es aber nicht mehr ändern können, anders gelebt zu haben, und am meisten leiden sie darunter, wenn sie mitansehen müssen, wie sie andere Menschen durch ihr Verhalten geschädigt haben, ohne die Chance zu besitzen, ihnen zu helfen. In solch einer Lage bedeutet es tatsächlich eine «Erlösung» aus dem «Fegefeuer», wenn es Menschen gibt, die heilend in die Lücken treten, die wir mit unserem eigenen Leben gerissen oder hinterlassen haben.

Das nämlich ist die eigentliche Botschaft der Bilder vom Großen Weltgericht: daß wir in allem untrennbar zusammengehören. Da gibt es kein Reich der für immer Toten und daneben ein Reich der heute noch Lebenden, kein Reich der für immer Geretteten und daneben ein Reich der für immer Verdammten, es gibt nur ein einziges Reich der Liebe, in dem wir auf immer unter den Augen Gottes gemeinsam sind.

14. Weltanfang, Weltende

Die Frage nach dem Anfang und dem Ende der Welt hat die Menschheit von alters her beschäftigt. Zwar erfordert der Gedanke einer Schöpfung der Welt durch Gott nicht notwendig einen zeitlichen Anfang des Universums – Gott könnte ebenso gut seit

Ewigkeit der Schöpfer der Welt sein –, doch glaubte die Kirche sich durch die ersten Worte der Bibel: «Im Anfang schuf Gott Himmel und Erde» (Gen 1,1) zu der Aussage berechtigt, daß die Welt einen Anfang haben müsse, da ja Gott es so «geoffenbart» habe. Tatsächlich rechnet die Bibel, sehr im Gegensatz zu der Weltsicht anderer Religionen, die das Weltalter in Zyklen von vielen Jahrmillionen zu messen pflegen, mit einem außerordentlich kurzen Zeitraum von nur rund 6000 Jahren seit dem Bestehen der Welt, das ist *weniger* als die Anfänge der Entwicklung der Grundlagen heutiger Kultur in der Jüngeren Steinzeit (im Neolithikum)! Doch gerade diese unglaublich kurze Sicht auf die Weltwirklichkeit ermöglichte die zentralen Vorstellungen des Christentums von der Menschwerdung Gottes in Jesus Christus vor 2000 Jahren auf dem Planeten Erde und, damit verbunden, die anthropozentrische Weltsicht, wonach der Mensch den Mittelpunkt, das Ziel und die Sinnachse der gesamten «Schöpfung» darstellt. Inzwischen wissen wir, daß die Erde seit etwa 4,5 Milliarden Jahren besteht und daß nicht einmal die Evolution des Lebens auf der Erde eine solche Weltsicht rechtfertigt.

Gleichwohl glaubten manche Theologen sich bestätigt, als in den 20er Jahren des 20. Jh.'s Astrophysiker auf Grund der Rotverschiebung der Spektrallinien des Lichtes ferner Sterne und Galaxien zu der «Standardtheorie» des «Urknalls» gelangten: Vor etwa 12–15 Milliarden Jahren, so glauben wir heute, muß das ganze Universum aus einer «Singularität» unvorstellbarer Einfachheit, in der alle Naturkräfte noch miteinander verbunden waren, entstanden sein – und mit dem Universum auch die Strukturen der Raumzeit. Obwohl man eigentlich nicht fragen darf, was «vor» der Zeit war (so wenig wie man fragen kann, welch eine Temperatur es «vor» dem absoluten Nullpunkt gibt), sahen und sehen nicht wenige Theologen ihre Meinung dadurch als erwiesen an, daß die «Ursache» des «Urknalls» nur Gott sein könne. Inzwischen sieht es freilich so aus, als wenn sich auch der «Urknall» durch eine «Vereinigung» der heute gültigen Theorien über sehr kleine und sehr große Massen verstehen ließe; jedenfalls sollte der

Glaube der Menschen nicht von dem jeweils neuesten Stand der Hochenergiephysik abhängig sein.

In Wirklichkeit meint die Bibel mit ihrem berühmten Satz: «Im Anfang schuf Gott Himmel und Erde» gar nicht einen zeitlichen Anfang; etwas frei, aber sinngemäß richtig müßte man das Wort «Anfang» mit «prinzipiell», «wesentlich» wiedergeben und sagen: «*Wesentlich* hängt die Welt in jedem Augenblick von der Schöpfermacht Gottes ab», und noch genauer müßte man das Wort «Welt» («Himmel und Erde») wiedergeben mit «unser ganzes Verständnis als Menschen»; die Aussage lautet dann: «Wir als Menschen können uns selber wesentlich nur verstehen im Gegenüber eines Gottes, von dessen Güte wir in jedem Augenblick leben.» Weder um die philosophischen noch um die physikalischen Grundlagen eines «Anfangs» der Zeit geht es dabei, sondern (wie stets in der Religion!) einzig und allein um unser Selbstverständnis als Menschen.

Ganz entsprechend verhält es sich mit der Lehre vom *Ende* der Welt. Auch hier rechnet das Weltbild der Bibel mit geradezu winzigen Zeiten. Vor allem die *jüdische Apokalyptik* erwartete den baldigen Untergang der Welt und den Anbruch der «Herrschaft Gottes». Auch JESUS hat offenbar so geglaubt: bald schon werde «der Menschensohn» (nach Dan 7,13) kommen und die Welt «richten»; diese seine Erwartung ist, äußerlich genommen, offensichtlich nicht eingetroffen – die Welt besteht immer noch. Dennoch hat sich schon auf dem Boden des Neuen Testamentes die Vorstellung entwickelt, der «Menschensohn», dessen «Kommen» JESUS verkündete, sei er selber, und so lehrt man bis heute, daß «Christus» «am Ende der Welt» «wiederkommen» werde, «zu richten die Lebenden und die Toten». Doch offensichtlich mißversteht eine solche Aussage sich selbst, wenn sie sich «wörtlich» statt symbolisch darbietet.

Denn auch die Frage nach dem «Ende» der «Welt» in äußerem Sinne ist heute ein Gegenstand physikalischer Forschung. So wissen wir heute recht genau, wie das Ende der Erde, auf der wir leben, sich vollziehen wird: In etwa 5 Milliarden Jahren wird die

Sonne sich als ein Roter Riese über die Erdbahn hinweg ausdehnen und dann zu einem Weißen Zwerg kollabieren; alles Leben in unserem Planetensystem wird dann zu Ende sein. Über das Schicksal des Universums wissen wir noch nicht endgültig Bescheid; ob seine derzeitige Ausdehnung sich immer weiter bis zum «Kältetod» des Alls fortsetzen oder ob es sich wieder zu einer «Singularität» zusammenziehen wird, hängt von der «kritischen Masse» ab, die in ihm enthalten ist, und es ist bis heute problematisch, darüber Aussagen zu machen. Doch wieder kann der Glaube der Religion nicht von den neuesten Erkenntnissen der Physiker über den Umfang «dunkler» (nicht strahlender) Massen im Universum abhängen.

Den Glauben JESU an das baldige «Ende» der «Welt» jedenfalls versteht man erst, wenn man begreift, daß es ihm überhaupt nicht um «Prophezeiungen» äußerer Tatbestände zu tun war, sondern um ein Ende *der* «Welt», in der wir leben und in der wir uns entwerfen. Er konnte nur wünschen, daß eine «Welt» *bald* vorüber sei, in der Gewalt und Krieg, Ausbeutung und Gleichgültigkeit die Normalität von Naturgesetzen zu gewinnen scheinen; «geirrt» hätte JESUS sich mit dieser seiner Hoffnung eigentlich nur, wenn und solange wir zögern würden, in *die* «Welt» einzugehen, die er uns bringen wollte.

Das «Ende» der «Welt» ist somit in der Sprache der Bibel kein astronomisches Datum, sondern es ist eine Chiffre für ein vollkommen geändertes Verständnis unseres Daseins. Mit dem «Anfang» und dem «Ende» der «Welt» ist letztlich gemeint, daß unser Leben ganz und gar in der Hand Gottes steht; von ihm kommen wir, und zu ihm gehen wir; er ist Grund und Ziel von allem, was wir sind; die zeitliche Aussage ist nur das Bild für eine bestimmte Auslegung unserer Existenz.

Gleichwohl läuft unser Leben in der Zeit tatsächlich einem sehr realen Ende zu. Mit der Deutung dieses Endes, das *der Tod* jedes einzelnen Menschen ist, verbinden sich die religiöse Hoffnung von *Auferstehung*, ewigem Leben und *Gericht*.